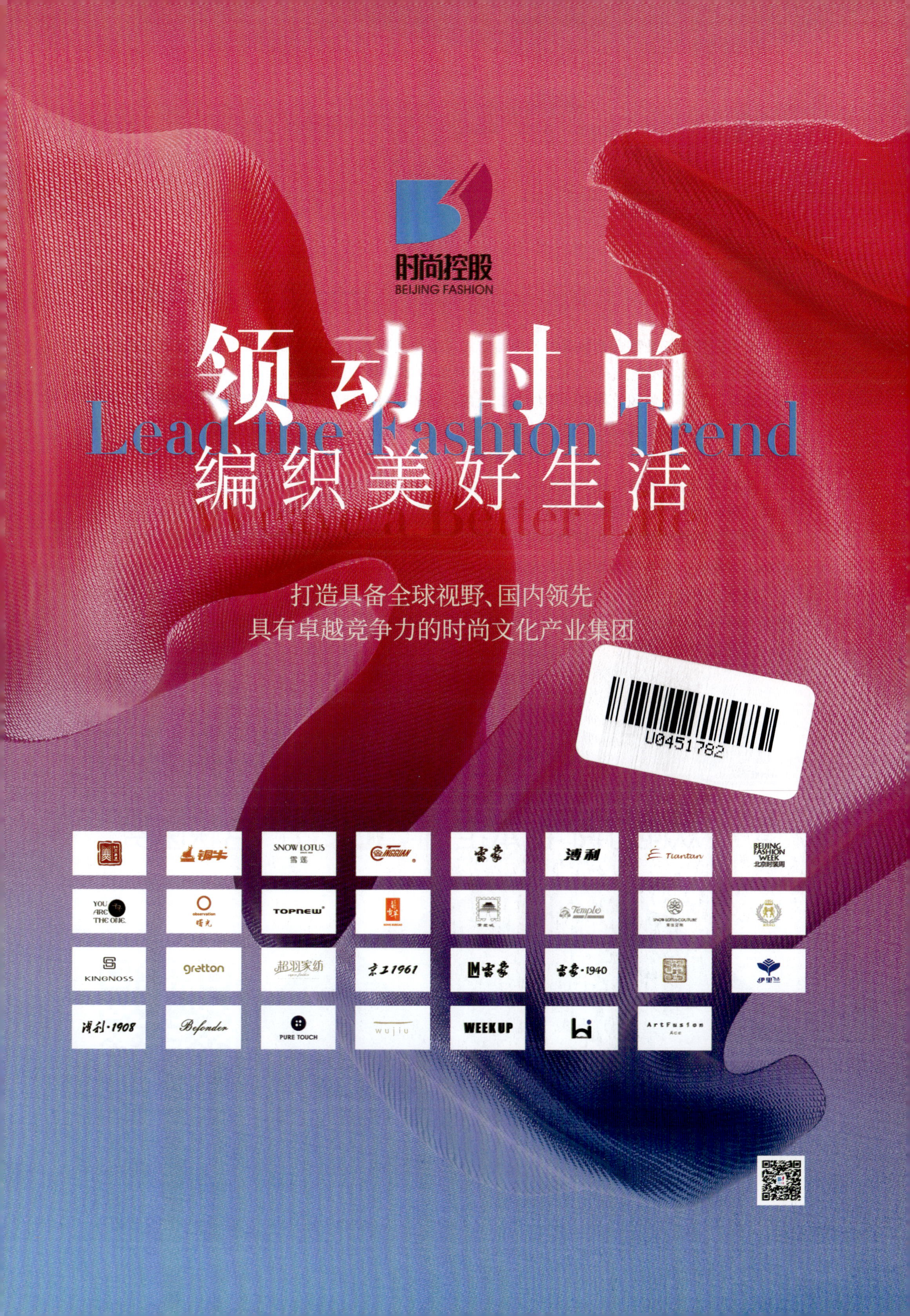

领动时尚
Lead the Fashion Trend
编织美好生活
Weave a Better Life

打造具备全球视野、国内领先
具有卓越竞争力的时尚文化产业集团

隆重推出：
2023/2024 《中国纺织工业发展报告》
——纺织行业白皮书

由中国纺织工业联合会编著的《中国纺织工业发展报告》，是集权威性、前瞻性、研究性、指导性于一身的中国纺织行业白皮书。该书是集中反映中国纺织工业及棉、毛、麻、丝绸、化纤、长丝、印染、针织、服装、家纺、产业用、纺织机械制造各子行业年度发展与趋势预判的研究报告。自2001年出版发行以来，以其观点鲜明、内容丰富、数据翔实、指导性强等特点，深受行业内外人士的欢迎，已成为行业的品牌图书。

《2023/2024中国纺织工业发展报告》涵盖行业运行、现代化产业体系、新质生产力、行业研究、原料供求、统计资料等栏目。该书围绕贯彻落实党的二十大精神，立足高质量建设现代化纺织产业体系目标任务，加强了我国纺织行业发展形势研判和趋势、方向研究。栏目多样可读，内容丰富翔实，视角开阔新颖，研究深入实际，具有较高的使用和参考价值。

该书主要面向国内外纺织行业及相关企业，各级政府与行业社团组织、金融与投资、贸易与咨询、科研与教育机构，极具参考、使用、研究和收藏价值。

《2023/2024中国纺织工业发展报告》将于2024年6月由中国纺织出版社有限公司正式出版，每本定价380元（含邮资），发行数量有限，欢迎订阅。

品牌图书　行业发布　每年推新

欢迎订阅　每本定价 **380元** 含快递费

订阅专线 010-85229411　85229284

本广告引用的相关数据和调查结果由中国纺织工业发展报告提供

2023/2024 中国纺织工业发展报告
2023/2024 CHINA TEXTILE INDUSTRY DEVELOPMENT REPORT

中国纺织工业联合会　编著

中国纺织出版社有限公司

图书在版编目（CIP）数据

2023/2024中国纺织工业发展报告 / 中国纺织工业联合会编著 . -- 北京：中国纺织出版社有限公司，2024.6
ISBN 978-7-5229-1781-8

Ⅰ. ①2… Ⅱ. ①中… Ⅲ. ①纺织工业－工业发展－研究报告－中国－2023－2024 Ⅳ. ①F426.81

中国国家版本馆CIP数据核字（2024）第102965号

责任编辑：沈　靖　孔会云　　责任校对：高　涵
责任印制：王艳丽

中国纺织出版社有限公司出版发行
地址：北京市朝阳区百子湾东里A407号楼　邮政编码：100124
销售电话：010—67004422　传真：010—87155801
http://www.c-textilep.com
中国纺织出版社天猫旗舰店
官方微博 http://weibo.com/2119887771
廊坊市佳艺印务有限公司印刷　各地新华书店经销
2024年6月第1版第1次印刷
开本：889×1194　1/16　印张：17.25
字数：418千字　定价：380.00元
京朝工商　广字第8172号

凡购本书，如有缺页、倒页、脱页，由本社图书营销中心调换

《2023/2024 中国纺织工业发展报告》

编辑委员会

顾　　问：杜钰洲　王天凯　许坤元

主　　任：高　勇　孙瑞哲

副 主 任：夏令敏　陈伟康　王久新　徐迎新　陈大鹏　李陵申
　　　　　端小平　杨兆华　阎　岩　梁鹏程

委　　员：（按姓氏笔画排列）
　　　　　王加毅　叶志民　冯德虎　邢冠蕾　朱　莎　朱　超
　　　　　朱北娜　朱晓红　伏广伟　华　珊　刘　欣　刘家强
　　　　　孙晓音　苏　红　李　波　李振洁　李桂梅　李斌红
　　　　　杨　健　杨金纯　张传雄　张庆辉　陈志华　陈新伟
　　　　　林　琳　林云峰　周腊权　郑伟良　房　娜　赵明霞
　　　　　胡　松　段　红　袁红萍　顾　平　钱有清　倪阳生
　　　　　徐　红　徐　峰　徐建华　殷　强　郭宏钧　唐　琳
　　　　　董春兴　董奎勇　谢　青

特约撰稿人：孙瑞哲　李陵申

撰 稿 人：（按文章先后顺序）
　　　　　牛爽欣　宁翠娟　吴文静　窦　娟　郭占军　张书勤
　　　　　刘　焱　王睿哲　牛春华　金婷婷　刘文全　柳恩见
　　　　　贾慧莹　孔　清　李鹏飞　王　岩　张希成　魏　薇
　　　　　瞿　静　刘　静　袁　正　王　冉　白　晓　孙少波
　　　　　赵翠琴　惠露露　白　静　李超群　田　洁　郭宏钧
　　　　　赵志鹏　刘　冰　徐丙顺　汪慧努　崔晓凌　郭久畅
　　　　　胡　晶　陆　健　王　静　刘　卉　郑　剑　白　婧
　　　　　胡高帆　王伟飞　何玲莉　孔令方　蒋雅丽

中国纺织经济研究中心策划编辑

主　　编：华　珊

副 主 编：程　晧　刘　欣　赵明霞　夏　雪

编 辑 部：赵明霞　张　倩　牛爽欣　白　婧　李超群

发 行 部：夏　雪　姚　兰　侯晓春　刘　颖　张志斌

内 容 提 要

《2023/2024国纺织工业发展报告》集中反映我国纺织工业及其子行业年度发展现状与趋势，即"中国纺织工业白皮书"。主要内容包括：行业运行（包括纺织工业及化学纤维、棉纺织、毛纺织、麻纺织、丝绸、长丝织造、印染、针织、服装、家用纺织品、产业用纺织品、纺织机械等各子行业的年度分析与展望）；现代化产业体系；新质生产力；行业研究；原料供求及国内外统计资料。该书主要为国内外纺织企业、金融与投资、贸易与咨询、科研与教育等机构，以及各级政府综合管理部门和行业社团组织提供权威性指南，为相关企业、部门机构科学决策和国家宏观经济管理提供可靠依据。

Abstract：

2023/2024 China Textile Industry Development Report, the white paper for China's textile & apparel industry, is the only report that reflects the annual development trend of China's textile & apparel industry and individual sectors within the industry chain. The main contents of the 2023/2024 edition include the followings：

- The performance analysis of China's textile & apparel industry in 2023 and the development trend prospection in 2024
- Annual review and prospection of the 12 sectors within China's textile & apparel industry chain, including chemical fiber, cotton textile, wool textile, bast fiber textile, silk, filament weaving, printing and dyeing, knitting, apparel, home textile, industrial textile and textile machinery
- Modernization of the Industrial System
- New Quality Productive Forces
- Industrial Research
- Raw Material Demand and Supply
- Statistics

The target readers of the report are mainly domestic and overseas textile enterprises, agencies of finance, investment, textile trade, scientific research and education, as well as the government, textile industrial associations and organizations. The report provides an authoritative guide for all textile organizations related.

目 录 Contents

行业运行 Industries

纺织工业	Textile Industry	2
化纤业	Chemical Fiber Industry	11
棉纺织业	Cotton Textile Industry	16
毛纺织业	Wool Textile Industry	23
麻纺织业	Bast and Linen Fiber Textile Industry	28
丝绸业	Silk Industry	36
长丝织造业	Filament Weaving Industry	45
印染业	Printing and Dyeing Industry	52
针织业	Knitting Industry	60
服装业	Apparel Industry	66
家用纺织品业	Home Textile Industry	73
产业用纺织品业	Industrial Textile Industry	79
纺织机械制造业	Textile Machinery Manufacturing Industry	85

现代化产业体系 Modernization of the Industrial System

建设纺织现代化产业体系行动纲要（2022—2035年） 94
Action Plan for Building a Modernized Textile and Apparel Industrial System (2022—2035)

以科技创新引领纺织行业新型工业化建设 109
Lead the New Industrialization Construction of the Textile and Apparel Industry by Scientific and Technological Innovation

2023年度中国纺织工业联合会科学技术奖基本情况 113
Brief Introduction on the Science and Technology Prize Awarded by China National Textile and Apparel Council in 2023

2023年度中国纺织工业联合会科学技术奖授奖名单 114
Projects Awarded the Science and Technology Prize by China National Textile and Apparel Council in 2023

2023年中国纺织服装品牌发展报告 124
Development Report of China Textile and Apparel Brand Building in 2023

纺织服装人才培养体系的现状、比较和展望 129
Current Status, Comparison and Prospects of Talented Personnel Training Systems for Textile and Apparel Industry

2023年纺织行业相关发展政策、信息汇总 132
Summary of the Related Development Policies of China's Textile and Apparel Industry in 2023

新质生产力　New Quality Productive Forces

以新质生产力赋能纺织现代化产业体系建设 ------------------------------------ 148
Empower the Construction of Modernized Textile and Apparel Industrial System with New Quality Productivity Forces

纺织行业数字化转型现状及发展趋势 ------------------------------------ 154
Current Status and Development Trends of Digital Transformation of Textile and Apparel Industry

专注与创新的力量——2023年纺织行业"专精特新"企业发展报告 ------------------ 159
The Power of Focus and Innovation—Development Report of China Textile and Apparel Industry "Specialized and Sophisticated Enterprises that Produce New and Unique Products" in 2023

生成式AI背景下服装智能制造转型趋势 ------------------------------------ 165
Research on Intelligent Manufacturing Transformation Trend of Apparel Industry under the Background of Generative AI

行业研究　Industrial Research

开启高质量共建"一带一路"金色十年——我国与"一带一路"国家纺织品服装贸易回顾及形势展望 ------------------------------------ 174
Start the Golden Decade of High-quality Joint Construction of the Belt and Road Cooperation—Review and Prospect of Textile and Apparel Trade between China and Belt and Road Countries

2023年纺织服装专业市场运行分析及2024年展望 ------------------------------ 179
Analysis on Specialized China's Textile and Apparel Markets Operation in 2023 and the Prospect for 2024

2023年纺织服装行业上市公司情况综述 ------------------------------------ 185
Overview of China's Listed Textile and Apparel Companies in 2023

中国纺织服装行业合规建设基线研究报告 ------------------------------------ 194
Baseline Study on Compliance Management of China's Textile and Apparel Industry

纺织行业单项冠军企业培育现状及发展措施建议 ------------------------------ 199
Cultivation Status and Development Suggestions for Individual Single-product Champion Enterprises of Textile and Apparel Industry

原料供求　Raw Material Demand and Supply

2023年棉花市场回顾及2024年展望 -- 206
Review of the Cotton Market in 2023 and the Prospect for 2024

2023年涤纶市场回顾及2024年展望 -- 212
Review of the Polyester Market in 2023 and the Prospect for 2024

2023年全球羊毛市场回顾 -- 218
Production, Marketing and Trade of the Wool Market in 2023

统计资料　Statistics

国内统计 -- 224
Domestic Statistics

国际统计 -- 256
Overseas Statistics

2023/2024 中国纺织工业发展报告

2023/2024 CHINA TEXTILE INDUSTRY DEVELOPMENT REPORT

行业运行

纺织工业

中国纺织工业联合会产业经济研究院

2023年是全面贯彻党的二十大精神的开局之年，是三年新冠病毒疫情防控转段后经济恢复发展的一年，纺织行业面临的国内外发展环境更为复杂严峻。国际政治经济形势变乱交织，全球通胀压力虽缓慢回落，但利率中枢仍处高位、金融市场波动加剧、发达经济体债务风险提升拖累经济复苏进程，需求端增长持续乏力，地缘政治冲突余波未散，颠覆性技术不断涌现，对全球产业链供应链合作与布局产生深刻影响。我国经济社会全面恢复常态化运行，国民经济持续回升向好，2023年国内生产总值（GDP）同比增长5.2%，增速较2022年回升2.2个百分点，居全球主要经济体前列；高质量发展扎实推进，我国推动共建"一带一路"走过金色十年，以务实行动为世界经济复苏注入更多确定性和稳定性。

面对错综复杂的形势，我国纺织行业全面贯彻落实党中央、国务院决策部署，坚持稳中求进工作总基调，深入推进产业转型升级，在内销市场持续回暖以及国家一系列扩内需、防风险政策举措支持下，经济运行持续回升，生产、出口、投资等主要经济运行指标降幅逐步收窄，利润增速由负转正，现代化产业体系建设取得积极进展。2023年纺织工业主要经济运行指标情况见表1。

2024年是新中国成立75周年，也是实现"十四五"规划目标任务的关键一年。面对更趋错综复杂的发展形势，纺织行业将深入贯彻落实党的二十大精神和中央经济工作会议部署，立足构建现代化产业体系目标任务，进一步扎实推进高质量发展，加快培育激活新质生产力，在新型工业化道路迈出更加坚实的步伐。

2023年纺织行业经济运行情况

一、综合景气指数保持扩张

2023年，受外部环境复杂影响，我国纺织行业

表1 2023年纺织工业主要经济运行指标分季度累计同比增长情况（%）

主要指标	一季度	上半年	前三季度	全年
工业增加值（规模以上企业）	-3.7	-3.0	-2.2	-1.2
营业收入（规模以上）	-7.3	-5.1	-3.3	-0.8
利润总额（规模以上）	-32.4	-21.3	-8.8	7.2
纺织品服装出口总额	-6.9	-8.8	-10.1	-8.9
我国服装、鞋帽、针纺织品限额以上零售额	9.0	12.8	10.6	12.9
我国穿类商品网上零售额	8.6	13.3	9.6	10.8

资料来源：国家统计局，中国海关

企业生产经营压力有所加大。随着内需带动作用渐强，行业产销衔接、经济循环状况持续好转，企业发展预期及信心逐步改善，全年行业综合景气持续位于扩张区间。根据中国纺织工业联合会调查数据，2023年四个季度纺织工业综合景气指数分别为55.6%、57%、55.9%和57.2%，回升至近年来的较高位水平（图1）。

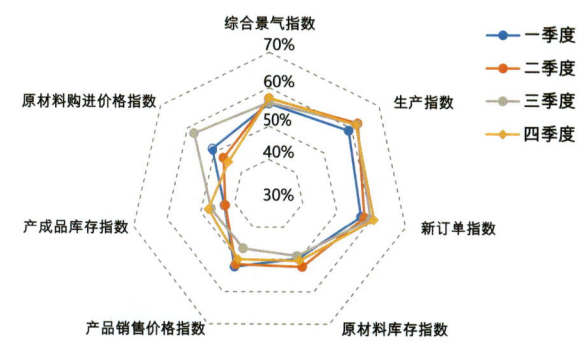

图1 2023年纺织工业综合景气指数及分项指数情况

资料来源：中国纺织工业联合会产业经济研究院

二、生产形势稳中有升

2023年，纺织行业产能利用率和生产形势总体呈现稳中有升态势。根据国家统计局数据，2023年纺织业和化纤业产能利用率分别为76.4%和84.3%，均高于同期全国工业产能利用水平，其中化纤业产能利用率较2022年提高2个百分点。规模以上纺织企业工业增加值同比减少1.2%，降幅较2022年收窄0.7个百分点。化纤、棉纺织、毛纺织、长丝织造等子行业工业增加值同比实现正增长，其中化纤业工业增加值增速于一季度由负转正后持续加快，全年同比增长9.6%，较2022年回升8.5个百分点；产业链终端服装、家纺、产业用等子行业工业增加值仍未扭转负增长态势（图2）。

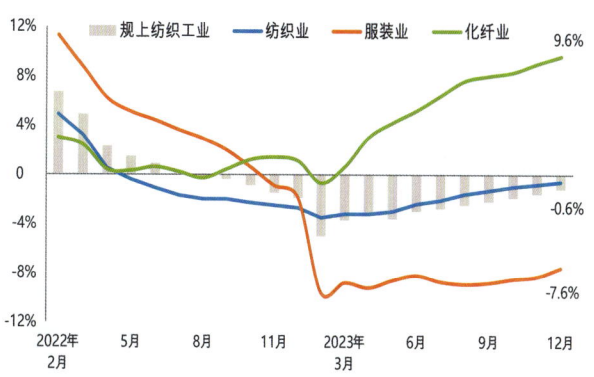

图2 2023年规模以上纺织工业及主要分行业工业增加值同比增速

资料来源：国家统计局

大部分大类产品产量增速呈现同步回升态势（图3）。根据国家统计局数据，2023年全社会化学纤维产量为7127万吨，同比增长10.3%，增速较2022年回升10.5个百分点；纱、布产量分别为2234.2万吨和294.9亿米，同比分别减少2.2%和4.8%，但降幅较2022年分别收窄3.2个百分点和2.1个百分点。规模以上企业印染布产量同比增长1.3%，增速较2022年回升8.8个百分点；非织造布（无纺布）、服装产量同比分别减少3.6%和8.7%，增速较2022年分别放缓4.2个百分点和5.3个百分点（化学纤维、纱和布产量增速依据国家统计局《2023年国民经济和社会发展统计公报》，其他产品产量增速为规模以上企业统计数据）。

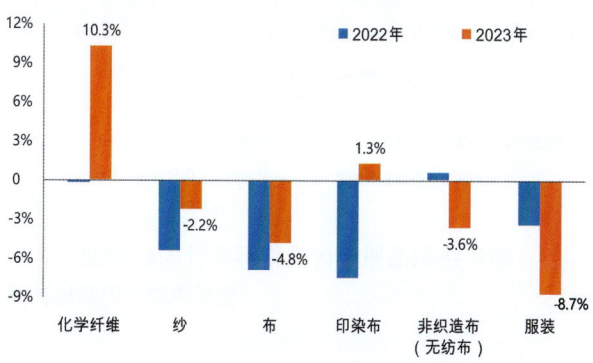

图3 2023年规模以上纺织企业主要大类产品产量增长情况

资料来源：国家统计局

三、内销市场持续回暖

2023年，新冠病毒疫情防控转段带动消费场景全面加快恢复，居民多样化、个性化衣着消费需求加快释放，支撑我国纺织服装内需保持较好回暖势头。国家统计局数据显示，2023年我国人均衣着消费支出为1479元，同比增长8.4%，增速较2022年回升12.2个百分点；全国限额以上单位服装、鞋帽、针纺织品类商品零售额为1.4万亿元，同比增长12.9%，增速较2022年大幅回升19.4个百分点，整体零售规模超过新冠病毒疫情前水平。网络渠道零售增速实现良好回升，2023年全国网上穿类商品零售额同比增长10.8%，增速较2022年大幅回升7.3个百分点（图4）。

2023年，国货潮品、户外运动仍然是我国纺织品服装消费热度较高的领域。拼多多、抖音、得物等电商平台信息显示，近两年"国潮"服饰行业年增长率超过230%；2023年女性消费者购买新中式服饰的订单量同比大幅增长195%，其中马面裙、汉服订单量分别增长8.4倍和3.4倍。艾媒咨询（iiMedia Research）相关报告显示，2023年我国运动鞋服市场规模达到4926亿元，较2022年增长12%，预计2025年市场规模有望突破6000亿元。

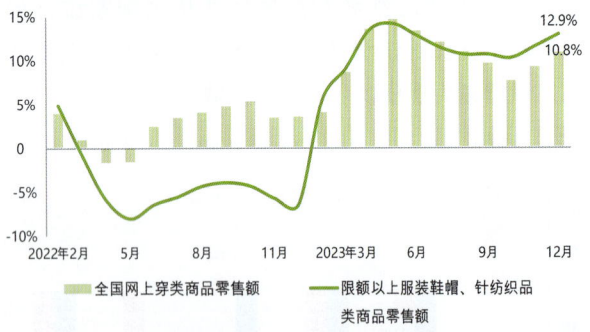

图4 纺织品服装内销指标累计同比增速

资料来源：国家统计局

四、出口压力有所加大

受海外需求收缩、贸易环境风险上升等因素影响，2023年我国纺织行业出口规模较2022年有所缩减。中国海关数据显示，2023年我国纺织品服装出口总额（包括海关HS编码50～63章及94章中的纺织品服装）为3104.6亿美元，连续第四年超过3000亿美元，但较2022年减少8.9%，增速较2022年回落11.4个百分点。从月度走势看，三季度以来，纺织品服装出口降幅呈现逐步收窄态势，但整体仍处于低位（图5）。

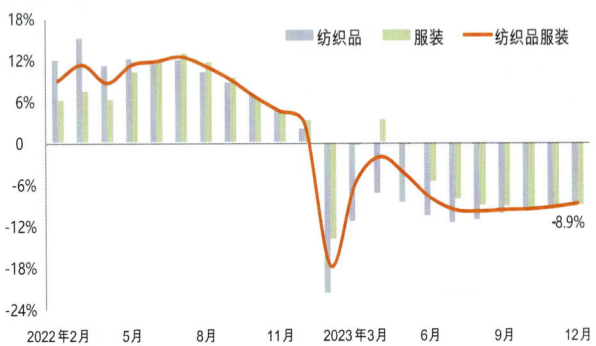

图5 纺织品服装出口金额累计同比增长情况

注 2022年纺织品服装出口累计同比增速根据中国海关快报数据加总所得。

资料来源：中国海关

从出口产品结构看，2023年我国纺织品出口额为1431.5亿美元，同比减少8.7%，其中纺织纱线、织物及制品出口额同比分别减少8.9%、8.6%和8.8%；服装出口额为1673.1亿美元，同比减少9.1%。化纤纱、化纤织物、特种纱线、地毯等产品出口呈现量增价跌走势，主要原因：一是2022年国际大宗商品价格上涨，推高出口价格基数；二是需求疲弱导致市场竞争加剧。2023年我国纺织服装大类产品出口量价变化情况见表2。

从出口市场结构看，受需求疲弱拖累，我国对主要市场纺织品服装出口规模均有所减少。2023年，我国对美国、欧盟、日本、东盟纺织品服装出口额分别为516.7亿美元、400.4亿美元、183.7亿美元和521.4亿美元，同比分别减少11.7%、18.2%、14.2%和10.4%。我国出口企业开拓多元化市场取得积极成效，对部分新兴市场出口仍具韧性，2023年

表2 2023年我国纺织服装大类产品出口金额、数量及价格同比变化情况

主要大类产品	出口金额（亿美元）	金额同比（%）	数量同比（%）	价格同比（%）
纺织品服装（合计）	3104.6	−8.9		
纺织品	1431.5	−8.7		
纺织纱线	137.3	−8.9	9.9	−17.2
棉纱线（合计）	9.6	−29.6	−16.7	−15.4
化纤纱（合计）	114.8	−7.0	11.7	−16.7
纺织织物	394.6	−8.6	0.6	−9.2
棉织物	96.8	−18.0	−9.4	−9.3
化纤织物	278.1	−5.1	2.8	−7.9
纺织制品	899.6	−8.8		
特种纱线等	75.6	−4.9	5.5	−9.7
地毯	40.0	3.9	15.0	−9.6
特种布等	56.7	−6.7		
工业用纺织品	92.6	−9.5		
针织织物	215.2	−9.9	1.3	−11.5
其他纺织品	332.6	−11.7		
褥垫、睡袋等	86.5	−2.6		
服装及衣着附件	1673.1	−9.1		
针织服装及衣着附件	825.7	−9.2		
机织服装及衣着附件	704.2	−8.4		

资料来源：国家统计局，中国海关

对非洲、俄罗斯、土耳其纺织品服装出口额分别为245.1亿美元、75.5亿美元和24.3亿美元，同比分别增长0.9%、12.1%和2.9%（表3）。

五、效益水平有所改善

受市场需求不足造成成本传导压力加大等因素影响，2023年纺织企业经营情况承压，但下半年在内需市场支撑下，效益水平稳步改善。根据国家统计局数据，2023年全国3.8万户规模以上纺织企业营业收入同比减少0.8%，降幅较2022年收窄0.1个百分点；利润总额同比增长7.2%，增速较2022年大幅回升32个百分点，全年实现由负转正；营业收入利润率恢复至3.8%的年内最高水平，较2022年提高0.3个百分点。产业链绝大多数环节效益情况较2022年明显改善，化纤、毛纺织、丝绸、长丝织

造、印染等行业营业收入同比实现正增长；化纤、丝绸、棉纺织、毛纺织、麻纺织和纺织机械等行业利润总额同比增幅超过10%。

纺织企业运营质量有所下滑。2023年，规模以上纺织企业产成品周转率为11.1次/年，总资产周转率为1次/年，同比分别放缓5.8%和3.6%；三费比例为6.6%，与2022年持平；资产负债率为58.6%，较2022年提高1个百分点（图6、表4）。

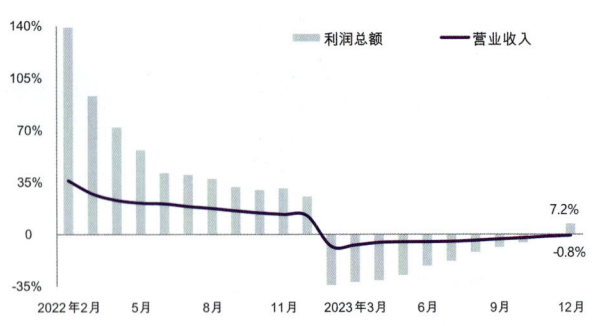

图6 2023年规模以上纺织企业主要效益指标增速

数据来源：国家统计局

表3 2023年我国对全球主要国家和地区纺织品服装出口情况

国家和地区	出口金额（亿美元）	同比（%）	出口金额占比（%）
全球	3104.6	−8.9	100.0
美国	516.7	−11.7	16.6
欧盟	400.4	−18.2	12.9
日本	183.7	−14.2	5.9
东盟	521.4	−10.4	16.8
"一带一路"共建国家	1234.6	−5.3	39.8

资料来源：中国海关

表4 2023年纺织工业及主要分行业主要运行质量指标

行业	营业收入利润率 2023年（%）	同比增减（百分点）	产成品周转率 2023年（次/年）	同比（%）	总资产周转率 2023年（次/年）	同比（%）
纺织行业	3.8	0.3	11.1	−5.8	1.0	−3.6
纺织业	3.7	0.3	10.1	−8.2	1.0	−4.5
化纤业	2.5	0.7	14.3	−4.1	0.9	0.4
服装业	5.1	0.1	10.7	−3.6	1.1	−5.0

资料来源：国家统计局

六、投资降幅有所收窄

在经营压力加大背景下，2023年纺织企业投资信心仍显不足，但企业高端化智能化绿色化转型升级步伐加快，区域布局优化调整有序推动，行业投资降幅呈现逐步收窄态势。根据国家统计局数据，2023年我国纺织业、服装业和化纤业固定资产投资完成额（不含农户）同比分别减少0.4%、2.2%和9.8%，增速均较2022年回落，但较2023年内最低增速分别收窄10.6个百分点、3.5个百分点和1.8个百分点。另据中国纺联对重点企业开展的调查，在新增固定资产投资项目用途中，技改升级占比最高，2023年四个季度均达到40%以上，新建产能和生产生活配套比重较为稳定且大致相当，均保持在20%左右（图7）。

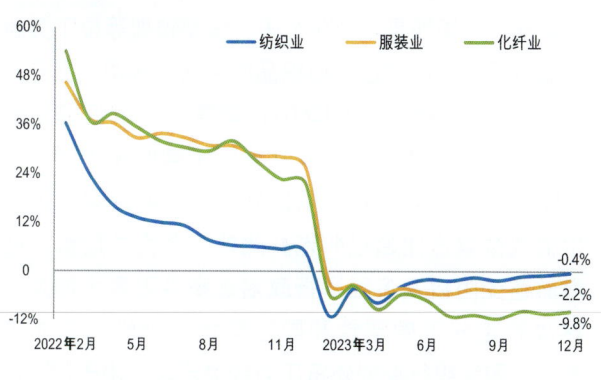

图7 纺织分行业固定资产投资增速

资料来源：国家统计局

2023年纺织行业运行中存在的主要问题

一、市场需求持续承压

2023年，纺织行业需求端延续了2022年以来的疲弱态势，订单不足问题贯穿全年。综合中国纺联调研掌握的情况，产业链上游的棉纺织企业自3月以来反馈订单下滑的数量逐渐增多，产业链终端的服装、家纺企业外贸订单不足的情况较2022年更为普遍。根据中国纺联《纺织行业景气指数分析报告》，

2023年四个季度纺织企业国外新订单指数分别仅为42.9%、42.7%、46.9%和47.7%，均位于50%临界值以下，持续处于收缩态势；四个季度反映内销订单不足的企业数占比分别达到57%、60.3%、48.5%和53.5%，反映国际市场订单不足的企业数比例更高，达到六成以上。

二、效益改善难度较大

2023年，在需求不足、竞争加剧的市场形势下，纺织行业产品价格普遍下行，成本沿产业链传导困难，企业经营压力加大。根据中国棉花协会、中纤网、棉纺织信息网相关数据，2023年国内棉花、PTA均价较2022年分别下滑10.9%和3.5%，纯棉纱、32英支纯棉坯布月均价格较2022年分别减少10.3%和9.3%。由于产销不畅，纺织企业库存水平持续处于高位，为加快资金回笼、降低累库，企业多采取降价去库的举措，但在低迷市场行情下库存水平不降反升，2023年纱线综合库存（月均）升至32.5天的高位，短纤布综合库存在30天水平波动且未见显著下降（图8）。2023年3月以来，生产32英支纯棉纱的表观即期利润已为负，直至年底仍未扭转。

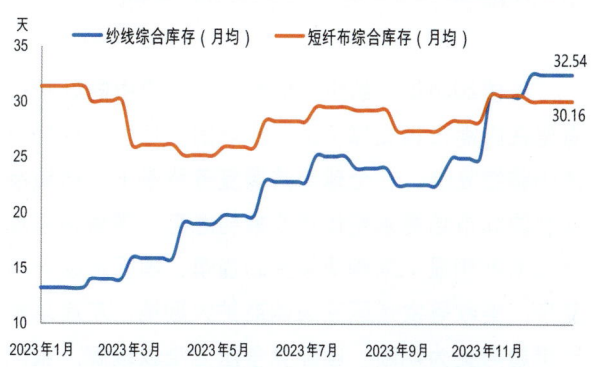

图8 2023年纱线、坯布综合库存变化情况

资料来源：棉纺织信息网

三、国际市场竞争加剧

2023年，国际市场需求疲软，叠加商业库存累

升以及国际品牌商"近岸化""友岸化"采购策略调整等因素，使得我国纺织行业参与国际市场竞争压力加大，在主要发达经济体市场份额呈现下滑态势。根据美国商务部、日本海关和欧盟统计局数据，2023年我国在美国、日本和欧盟纺织品服装进口市场所占的份额分别为24%、52.2%和29.7%，较2022年分别下降0.7个百分点、3.2个百分点和2.5个百分点，与2010年前后的市场份额峰值相比已分别下滑17.2个百分点、26.3个百分点和12.8个百分点。同期，意大利、葡萄牙、法国在美国进口市场份额分别提高0.5个百分点、0.1个百分点和0.1个百分点，带动欧盟在美国进口市场份额整体提升至5.1%；墨西哥、土耳其、印度在美国进口市场份额较2022年分别提高0.6个百分点、0.2个百分点和0.2个百分点，孟加拉国市场份额已连续两年超过7%；越南、缅甸、印度尼西亚等东盟国家在日本进口市场份额提升较为明显，分别比2022年高1.3个百分点、0.6个百分点和0.2个百分点；土耳其、越南在欧盟进口市场份额分别提升0.4个百分点、0.1个百分点，达到12.6%和5.8%。

2024年纺织行业运行走势预判

展望2024年，纺织行业经济运行稳中向好基础有望在内需市场支撑下进一步巩固，但发展形势总体仍错综复杂。在全球经济弱复苏背景下，纺织品服装国际市场需求整体难改疲弱态势，零售端压库存效果不明显，采购决策更趋谨慎；国际贸易环境复杂，美欧等发达国家采购商扩大近地、友岸采购比重趋势更为明晰，国际竞争压力难以缓解。我国宏观经济持续向好、国内超大规模内需市场将为纺织行业平稳发展提供积极支撑，但消费场景回归因素的影响逐步消减，内销规模难以显著扩大。综合基数因素判断，2024年纺织行业整体仍将延续承压恢复态势，产销规模预计与2023年大致相当，投资和效益增速将回归恢复性增长轨道。

一、出口压力较难以缓解

2024年，海外终端需求疲弱、国际采购商库存高位、国际供应链竞争加剧仍是我国纺织行业出口面临的主要挑战。一季度以来，全球经济增长延续承压态势，紧缩货币环境下全球通胀水平继续回落，但利率水平高位、物价黏性仍制约消费和投资改善。随着发达经济体疫后积累的超额储蓄逐渐消耗，个人衣着消费呈现明显降温趋向，国际纺织服装供应链面临需求普降压力。2024年1月，美国、日本和欧盟自全球进口纺织品服装金额同比分别减少14.2%、3.1%和21.4%。国际采购商去库存进展不及预期，截至2024年1月美国服装服饰零售库存已连续18个月维持在600亿美元以上的历史高位水平。全球纺织产业链供应链深度调整，美欧采购商扩大近地采购，自墨西哥、萨尔瓦多、洪都拉斯等拉丁美洲国家以及欧盟内部进口纺织品服装的比例明显提升。美国时尚产业协会（USFIA）调查显示，近80%的受访企业未来两年将减少从我国采购服装比例，有97%的受访企业在除我国以外的亚洲新兴国家采购价值或数量占比超过40%。此外，乌克兰危机、红海航道受阻以及多国举行政治选举等因素将加大全球政策走向不确定性和国际环境复杂性。总体来看，我国纺织行业的外贸压力较为严峻，由于2023年出口仍处于历史高位水平，2024年纺织品服装出口总额不排除负增长可能（图9）。

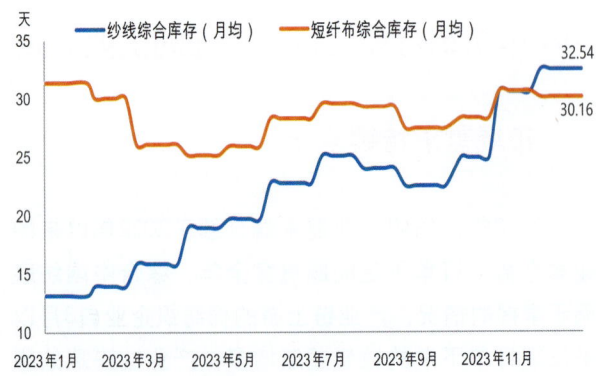

图9 全球供给端和需求端主要宏观指标变化趋势

资料来源：IHS Markit，OECD

二、内需市场仍具改善空间

2024年，我国宏观经济持续向好、国内超大规模内需市场将为纺织行业平稳发展提供首要支撑。国家持续保障民生改善，将带动居民收入及消费信心稳定，带动纺织服装消费增长。国家统计局数据显示，2024年一季度我国人均衣着消费支出同比增长12.4%，增速在八大类消费支出中位居前列。内需消费升级趋势赋予个性化、智能化、绿色化产品较好增长空间，以"新中式"为代表的国潮消费、"大健康""可持续"等消费热点仍将焕发活力。此外，新冠病毒疫情防控转段后婚庆、旅游等场景消费需求加快释放，龙年或迎来生育小高峰支撑母婴、儿童服装家纺产品需求回暖。与此同时，国家稳预期、稳增长、稳就业系列政策取向也将为纺织行业延续恢复态势创造良好环境，今年2月央行下调5年期贷款市场报价利率（LPR），且创下2019年以来最大降息幅度，有利于减轻居民房贷负担，提振消费预期；有关政府部门出台汽车等新一轮消费品"以旧换新"、实施大规模设备更新改造等政策举措，也将为产业用纺织品创造应用空间，推动纺织服装企业智能化、高端化、绿色化转型升级加速进程。预计全年纺织行业内销可保持中低速增长，投资表现或逐步改善。

2024年纺织行业重点发展方向

2024年是新中国成立75周年，也是实现"十四五"规划目标任务的关键一年。面对错综复杂的发展形势，纺织行业将深入贯彻落实党的二十大精神和中央经济工作会议部署，坚持稳中求进、以进促稳、先立后破，立足构建现代化产业体系目标任务，扎实推动全产业链高质量发展，加快培育激活新质生产力，在新型工业化道路迈出更加坚实的步伐。

一、完善纺织现代化产业体系，发展新质生产力

夯实先进制造基础，加快纤维新材料、纺织染整加工、先进纺织制成品全产业链关键技术及装备研发应用，提升先进制造能力，强化产业规模优势、体系优势。深入推进纺织行业增品种、提品质、创品牌，加强全产业链流行趋势研究发布，提高高端优质纺织服装产品设计创新和供给能力。

强化科技创新，加强高性能、功能性纤维新材料及下游产业用纺织品应用开发，突破产业链"卡脖子"关键技术，打造产业链新增长点。强化基础研究，充分发挥骨干企业在基础创新领域的作用，促进纺织行业与生物制造、商业航天、低空经济等先导产业的融合发展，主动布局未来产业，发展新质生产力。

加快数字化、智能化升级，推动纺织全产业链智能制造生产线及关键设备应用，提高智能化装备的国产化研发和制造水平。加快工业互联网平台、大数据中心等新型基础设施建设，推动数字技术在研发设计、工艺改进、营销管理、消费体验等领域的创新应用，推动数据资源要素化，提升纺织供应链运转质量与效率。

二、着力扩大国内需求，稳定外贸基本盘

激发终端市场潜力，加强产品研发创新及消费潮流引领，促进非遗手工技艺、中华老字号等优秀传统文化与自主原创品牌成长深度结合，积极培育纺织行业在智能家居、文娱旅游、户外运动、国货"潮品"等领域的新消费增长点。立足先进、智能制造基础，顺应消费升级大势，有效满足个性化、多元化消费需求。借助平台经济，打造消费新场景，丰富消费体验；深耕下沉市场，激活县乡消费活力。利用好国家支持大规模设备更新有关政策措施合理扩大投资，以产业转型升级和新质生产力发

展带动投资与消费的互促循环。

加快培育外贸新动能，依托规模化先进制造能力，巩固美欧、日韩等传统市场份额，把握高质量共建"一带一路"重大机遇，拓展西亚、东盟、非洲等新兴市场，形成多元贸易格局，化解市场风险。推动自主品牌"走出去"，自主建设国际营销网络，创新贸易业态，有序发展跨境电商，培育新的外贸增长点。用好国内外优质会展平台，加强供需对接，积极开拓国际市场。

三、加强社会责任建设，推进绿色低碳发展

加快绿色低碳转型，促进全产业链清洁生产关键技术应用，优化行业用能结构，积极稳妥推进碳达峰碳中和。加快废旧纤维制品再生循环关键技术研发及产业化应用，推动废旧纺织品服装社会回收体系建设，发展纺织循环经济。加强消费理念引导，推动形成绿色低碳的生活方式。优化行业绿色发展公共服务，完善纺织行业绿色低碳标准体系，探索开展足迹核算、信息披露、认证及标识等服务。

持续增强社会责任建设，坚持就业优先导向，持续改善就业环境，保障劳动者权益和就业稳定。

推进诚信体系建设，提升契约精神，维护公平竞争的市场环境，推动形成大中小融合、产业链协同的产业生态。持续增强行业 ESG 信息披露体系、ESG 绩效评估体系和 ESG 能力提升支持体系能力建设。

四、做强集群经济，促进区域协调发展

统筹落实新型城镇化和乡村振兴战略，建设纺织产业集群现代化示范区，持续完善集群公共服务体系，促进优质资源向集群高效流动，引导集群企业加快智能化、高端化、绿色化升级。把握好国家支持生物制造、新型储能等新兴产业发展机遇，推动纺织与相关产业融合发展，培养形成新型产业集聚。

加强产业布局调整与区域发展战略联动，培育好长江三角洲、粤港澳大湾区等地区世界级纺织产业集群，推动中西部结合区位条件、资源和政策优势有序承接产业转移，培养特色突出的现代产业集群，充分挖掘边疆民族地区纺织非遗资源，因地制宜发展特色产业，构建优势互补、有序竞争、差异化发展的区域经济布局和现代产业体系。

（撰稿人：牛爽欣）

化纤业

中国化学纤维工业协会

2023年是全面落实党的二十大精神、推进中国式现代化新征程的开局之年，是国际地缘政治风云变幻、全球经济艰难前行的一年。2023年，我国经济恢复发展，呈现回升向好态势，供给需求稳步改善，为纺织化纤产业链平稳运行和发展提供了重要基础条件和积极支撑。在此背景下，化纤行业全年经济运行情况呈现积极向好的趋势：一是行业产销基本稳定，市场相对平稳；二是化纤出口保持增长态势，出口量创历史新高；三是行业运行状况环比逐步改善，特别是下半年效益改善明显；四是高性能纤维和生物基纤维行业持续稳步发展。

2023年化纤行业运行基本情况

一、产量增速提升，库存水平正常

2023年，化纤产量增速较2022年有所提高。一方面，行业原本计划在2022年投产的装置由于市场行情的原因，部分延后至2023年，使得2023年产能再次集中投放；另一方面，行业总体开工负荷高于2022年同期，以直纺涤纶长丝为例，一季度受春节因素影响较大，平均开工负荷约67%；二季度平均开工负荷约84%；三、四季度平均开工负荷约90%；全年平均开工负荷较2022年提升约10个百分点。

根据中国化纤协会统计，2023年化纤产量为6872万吨，同比增长8.5%（表1）。其中，莱赛尔纤维产量为33.6万吨，同比大幅增加138.3%；氨纶产量为96万吨，同比增加11.6%；涤纶产量为5702万吨，同比增加8.7%。

在行业高投产、高开工的情况下，化纤总体库存仍处于正常水平。以涤纶POY为例，全年平均库存约15天，较2022年下降11天，尤其6~9月，平均库存均在15天以下。

二、内需逐步回暖，外需压力明显

供应端的高增长离不开需求端的支撑，受益于社交场景恢复，2023年纺织行业国内市场需求韧性较强，国内纺织服装类商品零售明显修复。国家统计局数据显示，1~12月全国限额以上单位服装、鞋帽、针纺织品类商品零售额同比增长12.9%，增速较2022年大幅回升19.4个百分点，整体零售规模超过2019年水平，且明显好于社会消费品零售整体水平。同时，网络零售增速实现良好回升，2023年全国网上穿类商品零售额同比增长10.8%，增速较2022年大幅回升7.3个百分点。

受海外需求收缩、贸易环境风险上升等因素影响，2023年我国纺织行业出口压力明显加大，但行业发展韧性在外贸领域持续显现，对"一带一路"部分市场出口实现较好增长，带动纺织品服装出口总额降幅逐步收窄。中国海关快报数据显示，2023年我国纺织品服装出口总额为2936.4亿美元，同比减少8.1%，增速较2022年回落10.6个百分点，但累计降幅自9月以来逐步收窄。主要出口产品中，纺织品（纺织纱线、织物及制成品）出口额为1345亿美元，同比减少8.3%；服装出口额为1591.4亿美元，同比减少7.8%。主要出口市场中，我国对美国、欧盟、日本等市场纺织品服装出口规模均较上年有所减少，对"一带一路"沿线的土耳其、俄罗斯等国家出口金额稳中有升。

整体来看，终端需求较2022年有所改善，带动化纤下游产品需求同步改善。从化纤下游主要

表1 2023年中国化纤产量完成情况

产品名称	2023年产量（万吨）	同比（%）
化学纤维	6872	8.5
再生纤维素纤维	479.4	12.3
其中：黏胶纤维	416.8	8.2
短纤	398	8.2
长丝	18.8	8.6
莱赛尔纤维	33.6	138.3
合成纤维	6393	8.2
其中：涤纶	5702	8.7
短纤	1193	9.2
长丝	4509	8.5
锦纶	432	5.4
腈纶	60.4	6.7
维纶	8.5	2.4
丙纶	41.8	1.2
氨纶	96	11.6

注 2023年协会统计口径有调整，涤纶短纤中包含全部的再生涤纶短纤，涤纶长丝中不包含加弹等后加工产品；同时，按照同口径调整2022年基数。

资料来源：中国化学纤维工业协会

行业（加弹、织机、涤纱）开机率来看，均处于近几年的偏高水平。从中国轻纺城成交量来看，也略好于2022年同期，特别是9月之后成交量明显提升。

三、出口金额保持增长态势，出口量创历史新高

近年来，全球纺织产业分工持续深化，产业链前端和中间产品贸易更趋活跃，体现出产业链供应链融合加深，我国化纤产业正是国际纺织供应链的核心参与方。根据中国海关数据统计，2023年化纤出口量为650.7万吨，同比增加15.1%（表2），较2022年提升6.3个百分点；出口数量占全部化纤产品出口量的9.5%，较2022年提升0.8个百分点。其中，涤纶长丝、涤纶短纤出口量增幅均超过20%，出口拉动作用明显，如涤纶短纤月均出口10万吨，远超往年同期水平。从出口目的地看，印度、土耳其、越南、巴基斯坦、埃及、巴西位列前六，出口市场向纺织业快速发展的新兴市场集中。其中，出口印度70.3万吨，同比增长45.5%，出口占比超10%；出口土耳其62.8万吨，同比增长30.5%，出口占比为9.7%；出口越南61万吨，同比增长12.7%，出口占比为9.4%。

表2 2023年化纤主要产品进出口情况

项目	进口量 2023年(吨)	进口量 2022年(吨)	同比(%)	出口量 2023年(吨)	出口量 2022年(吨)	同比(%)
化学纤维	623053.6	615972.4	1.2	6507300.3	5654455.3	15.1
其中：涤纶长丝	69494.4	88333.6	−21.3	4033800.6	3353747.8	20.3
涤纶短纤	101838.7	90620.6	12.4	1230617.2	1017213.4	21.0
锦纶长丝	45710.6	56995.8	−19.8	391725.2	381042.1	2.8
腈纶	50980.6	45586.3	11.8	42065.1	66800.3	−37.0
黏胶长丝	561.6	263.1	113.5	102672.4	119310.5	−14.0
黏胶短纤	94732.6	93268.5	1.6	266024.7	312916.5	−15.0
氨纶	47938.9	25836.7	85.6	69628.2	71025.4	−2.0

资料来源：根据中国海关数据整理

四、价格波动减弱，行情相对平稳

2023年，原油价格中枢低于2022年，且波动较为平稳（图1）。整体来看，上半年原油价格基本保持在70~80美元/桶区间内震荡，阶段性受到美欧银行业危机、OPEC+减产、美联储加息、欧美出行需求旺季等因素影响；三季度，受加息暂缓和沙特减产等影响，原油价格开启上涨模式，涨幅高达32.6%，且在9月中下旬超过90美元/桶；10月以后，原油价格震荡下跌，年末跌至约70美元/桶。

PTA和化纤产品价格基本跟随原油价格走势，但涨跌幅度较原油平缓（图2），尤其是三季度原油价格上涨明显，PTA、化纤产品价格涨幅有限，仅上涨10%左右。整体来看，化纤产品价格总体较为平稳。以涤纶为例，全年价差不超过1000元/吨。年末POY价格约为7580元/吨，较年初上涨约390元/吨，涨幅为5.4%。

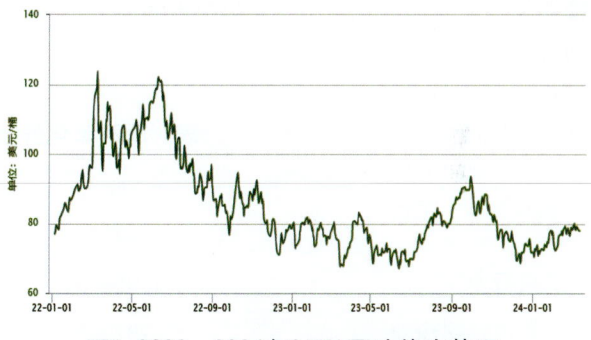

图1 2022~2024年2月WTI油价走势图

资料来源：中纤网

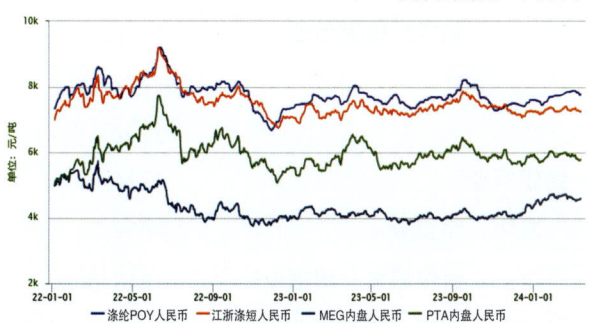

图2 2022~2024年2月涤纶及其原料价格走势图

资料来源：中纤网

五、营收保持增长，效益环比改善

2023年化纤行业经济效益指标呈现向好趋势。国家统计局数据显示，化纤行业营业收入为10975.3亿元，同比增加6.8%；自8月起，累计同比增速转正。实现利润总额270.7亿元，同比增加43.7%，自10月起，累计同比增速转正；利润同比大幅增加的原因，一方面是由于行业经济运行情况在下半年有很大改善，另一方面很大程度上是因为2022年四季度基数较低。化纤行业为纺织全行业贡献约15.7%的利润，较2022年提升4个百分点；行业亏损面为25.5%，较2022年收窄6.4个百分点，亏损企业亏损额同比减少35.4%（表3）。

分行业来看，涤纶、锦纶、腈纶和氨纶行业分别约贡献化纤利润总额的39%、19%、1%和5%，其中涤纶行业利润总额增加明显，分产品来看，涤纶长丝利润呈现逐步修复态势，涤纶短纤加工差横盘维持，效益不及涤纶长丝；腈纶行业利润总额下降明显，主要原因在于下半年原料丙烯腈价格有所回升。

六、固定资产投资下滑，产能惯性增长

国家统计局数据显示，2023年化纤行业固定资产投资额同比减少9.8%（图3），但是从实际新增产能来看，2023年仍是集中投放期，化纤行业产能惯性增长。固定资产投资额的下降，意味着化纤行业本轮扩产周期结束，未来一段时间，行业新增产能压力将有所缓解。

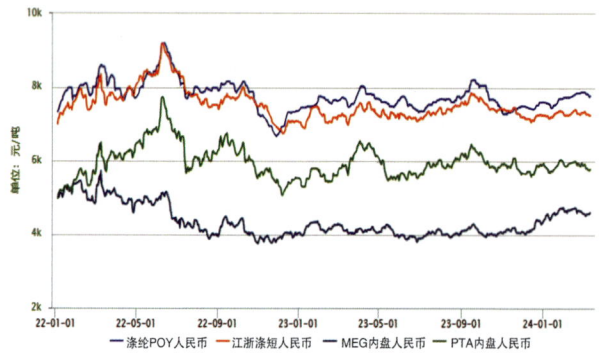

图3 2008~2023年化纤行业固定资产投资增速变化

资料来源：国家统计局

表3 2023年化纤及相关行业经济效益情况

项目	营业收入（亿元）	同比(%)	营业成本（亿元）	同比(%)
纺织行业*	45959.0	−0.9	40554.8	−1.3
其中：纺织业	22879.1	−1.6	20235.4	−1.9
纺织服装、服饰业	12104.7	−5.4	10177.3	−6.4
化学纤维制造业	10975.3	6.8	10142.2	5.6

项目	利润总额（亿元）	同比(%)	亏损企业亏损额（亿元）	同比(%)
纺织行业*	1724.1	6.7	416.5	−19.4
其中：纺织业	839.5	5.9	207.3	−16.9
纺织服装、服饰业	613.8	−3.4	95.1	4.5
化学纤维制造业	270.7	43.7	114.0	−35.4

*表示本表中纺织行业数据为三项合计。

资料来源：国家统计局

2024年化纤行业发展展望

2023年，面临国际政治经济环境不利因素增多、国内周期性和结构性矛盾叠加等多重困难挑战，我国宏观调控政策"组合拳"行之有效，经济持续回升向好，高质量发展扎实推进。中央经济工作会议要求，2024年要坚持稳中求进、以进促稳、先立后破，多出有利于稳预期、稳增长、稳就业的政策，在转方式、调结构、提质量、增效益上积极进取，不断巩固稳中向好的基础。预计随着我国经济的持续恢复、就业形势的不断改善、市场供给的稳步提升和优化，加上促消费政策的发力显效，恢复和扩大消费的基础将不断巩固，进而支撑我国化纤行业经济运行持续恢复向好。

春节以来，化纤各品种均出现不同程度累库，叠加节后雨雪天气导致终端恢复节奏偏慢，春装销售也有所延后，市场节奏预期调整。但2024年全年来看，内销方面，我国纺织品服装消费需求韧性仍在，同时消费圈层丰富、产业用纺织品应用领域持续拓展、网络零售新业态层出不穷等也将不断催生新的消费需求；外销方面，随着我国纺织行业国际分工地位改变，产业链各类主要产品的对外贸易结构正在调整和优化，预计化纤及其制品的出口份额仍将呈现较好增长态势；供应方面，新增产能的压力将有所缓解，有助于避免供需矛盾进一步升级，但近两年累积下来的新增产能的释放仍需要时间去消化，建议企业继续做好行业自律。此外，原油价格的不确定性仍将对化纤行业经济运行产生重要影响。在全球经济增长动力依然疲弱的背景下，原油需求仍将承压，而供应端仍相对充裕，但欧佩克＋大概率将继续控制产量以维持油价。从金融面来看，美联储降息的可能性较大，有利于支撑油价。总体来看，全球能源市场正在深度调整中寻找平衡，2024年仍需关注地缘局势变化、美联储降息进程、美国总统大选等因素对国际油价带来的影响。

2024年是实现"十四五"规划目标任务的关键一年。中央经济工作会议将"以科技创新引领现代化产业体系建设"列为2024年九项重点工作任务之首，提出要以科技创新推动产业创新，特别是以颠覆性技术和前沿技术催生新产业、新模式、新动能，发展新质生产力。行业要将认识和行动统一到党中央决策部署上来，加快发展新质生产力，高质量建设纺织化纤现代化产业体系。例如，围绕前沿技术、功能性、大健康、智能穿戴、生物来源、高性能纤维、关键设备等，加强技术创新、产品创新，拓展市场需求；加快应用数字化技术，逐步打造企业智能车间、智能工厂系统，同时通过工业互联网加速构建新型产业结构；围绕节能减排、绿色能源、循环再利用、可降解、低碳技术等，主动探索可持续发展模式，推进绿色制造体系建设，并引导绿色消费，助力"双碳"目标顺利实现。

（撰稿人：宁翠娟　吴文静　窦　娟）

2023/2024中国纺织工业发展报告 CHINA TEXTILE INDUSTRY DEVELOPMENT REPORT

棉纺织业

中国棉纺织行业协会

2023年，我国棉纺织行业经济运行在回升中遇到一些困难和挑战：前端原料价格大幅波动，终端有效需求不足，"涉疆问题"持续冲击，融入"双循环"存在堵点。棉纺织行业受上下游双向挤压，从"强预期，弱现实"转向"弱预期，弱现实"。为有效应对和化解各类风险挑战，我国棉纺织行业以习近平新时代中国特色社会主义思想为指导，全面贯彻落实党的二十大和二十届二中全会精神，坚持稳中求进工作总基调，围绕高质量发展，聚焦现代化产业体系建设，全面提升行业科技、绿色、时尚水平，保障产业链供应链平稳顺畅。在国家一系列宏观政策支持下，棉纺织行业经济持续恢复，信心底气逐步增强。

展望2024年，国际地缘政治对经济的影响或将延续，主要研究机构普遍预测，受利率高企、消费支出放缓等因素影响，发达经济体经济在2024年可能减速，许多发展中国家由于金融条件收紧，财政空间缩小，外需疲软，短期增长前景也不容乐观，低收入的脆弱经济体面临越来越大的国际收支平衡压力和债务可持续风险。2023年12月召开的中央经济工作会议指出，进一步推动经济回升向好需要克服一些困难和挑战，主要是有效需求不足、部分行业产能过剩、社会预期偏弱、风险隐患仍然较多，国内大循环存在堵点，外部环境的复杂性、严峻性、不确定性上升，但从宏观角度看，现阶段我国棉纺织行业发展面临的有利条件仍然强于不利因素，行业经济回升向好、长期向好的基本趋势没有改变，我国棉纺织产业体系的完备程度与产业韧性活力仍然最具国际优势，在国际供应链地位不可替代，行业要进一步增强信心和底气。

2023年我国棉纺织行业经济运行概况

一、棉纺织业承压前行，主要经济指标边际逐步改善

2023年，与工业、制造业及纺织行业相比，我国棉纺织行业经济运行承压更加明显，主要表现为：营业收入降幅大，营业收入利润率偏低，产成品库存周转天数更高，销售和库存压力大。2023年，规模以上棉纺纱和棉织造行业的营业收入同比分别降低6.6%和3.6%。由于低基数效应，棉纺纱和棉织造的利润总额同比回升明显，但营业收入利润率处于较低水平，分别仅为2.46%和3.75%，亏损面仍然较大，分别为24.0%和18.5%。2023年底，棉纺纱和棉织造的资产负债率分别为62.1%和54.3%，处于相对合理区间，棉纺纱和棉织造的产成品库存周转天数分别为34.9天和39.8天，销售和库存压力处于高位（表1）。

二、景气指数收缩多于扩张，市场信心由强转弱

据中国物流与采购联合会数据，2023年全球制造业PMI均值为48.5%，较2022年下降3.3个百分点，全年各月均维持在50%以下的疲弱态势，全球经济增长势头较2022年放缓。分区域看，亚洲制造业PMI均值为50.7%，位于荣枯线上，非洲、美洲和欧洲制造业PMI均值均位于荣枯线下，在地缘政治冲突和主要经济类持续加息的影响下，国际大部分地区制造业持续弱势。国家统计局发布的我国制造业

PMI全年均值为49.9%，3/4的时间位于收缩区间。在全球及我国制造业面临宏观经济增速放缓的大环境下，中国棉纺织景气指数面临较大挑战（表2、图1），景气指数仅在"金三银四"及"金九银十"传统旺季的前期位于荣枯线以上，全年处于收缩的时间多于扩张，景气指数显示出行业旺季不旺和淡季

表1 2023年规模以上棉纺织企业主要经济运行指标情况

项目	营业收入同比（%）	利润总额同比（%）	营业收入利润率（%）	亏损面（%）	资产负债率（%）	产成品存货周转天数
工业企业	1.1	−2.3	5.76	—	57.1	19.3
制造业	1.3	−2.0	5.00	—	56.4	21.6
纺织行业	−0.8	7.2	3.83	21.4	58.6	32.5
棉纺纱加工业	−6.6	20.3	2.46	24.0	62.1	34.9
棉织造加工业	−3.6	8.1	3.75	18.5	54.3	39.8

资料来源：国家统计局

表2 2023年中国棉纺织景气指数及分项指数

单位：%

月份	中国棉纺织景气指数	原料采购指数	原料库存指数	生产指数	产品销售指数	产品库存指数	企业经营指数	企业信心指数
1月	48.4	49.2	51.9	47.2	48.3	47.7	45.9	52.8
2月	53.2	53.9	51.1	54.2	53.5	51.3	54.1	51.3
3月	50.8	51.6	49.7	51.5	50.9	49.8	51.4	48.7
4月	49.3	49.3	49.1	49.4	49.0	49.8	49.5	48.6
5月	50.0	51.0	49.7	50.2	50.7	49.8	50.1	47.6
6月	48.8	49.2	49.1	49.4	49.8	48.6	49.5	43.9
7月	49.0	48.6	48.8	49.2	49.5	48.8	48.9	49.3
8月	50.5	52.2	49.6	50.1	51.1	49.8	50.7	50.1
9月	50.1	51.7	50.4	49.6	50.2	49.4	49.8	50.5
10月	48.7	48.8	49.4	49.7	48.9	49.6	49.6	43.5
11月	49.0	47.9	49.6	49.7	48.4	48.9	49.5	47.1
12月	50.7	48.7	48.3	51.3	49.5	52.5	51.8	50.5

资料来源：中国棉纺织行业协会

低迷的市场特征。市场信心及行业运行从"强预期，弱现实"逐步转向"弱预期，弱现实"。

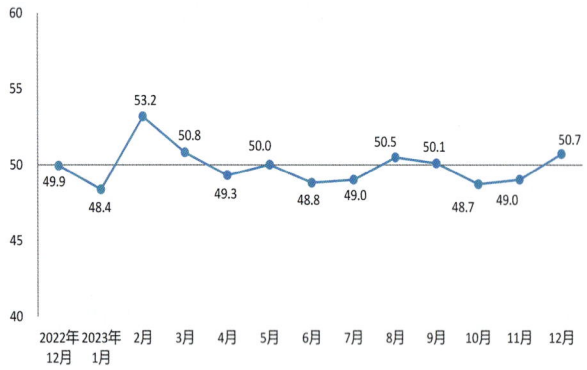

图1 2023年中国棉纺织景气指数

资料来源：中国棉纺织行业协会

2023年棉纺织原料及产品价格走势分析

一、棉花价格波动明显，化纤走势趋于平稳

2023年，标准级棉花全年均价为16432元/吨，同比降低10.9%，全年最高价为18600元/吨，最低价为14390元/吨，最低到最高价波动幅度为29.3%。涤纶短纤全年均价为7393元/吨，同比降低5.1%，全年最高价为7970元/吨，最低价为7005元/吨，最低到最高价波动幅度为13.8%。黏胶短纤全年均价为12988元/吨，同比降低6.1%，全年最高价为13400元/吨，最低价为12380元/吨，最低到最高价波动幅度为8.2%（图2）。

在棉纺织应用量最大的三种纤维原料中，棉花价格不仅均价的同比降幅最大，其价格波动幅度也最大。主要原因是影响棉花价格走势的影响因素多且复杂，国内外价格联动、金融属性、天气因素、政策因素、市场情绪、贸易风险等各种影响因素交织，其价格的大幅波动及向下游传导不畅对棉纺织行业经济运行有较大制约和影响。5月之前，棉花价格在14000~16000元/吨区间窄幅波动；5月之后，

棉价脱离基本面，在预期减产、抢收等消息刺激下持续上涨，延续至10月，与棉纺织实际经济运行情况产生明显背离；10月之后，国家宏观政策调控发挥作用，棉价迅速向供需基本面回归。

与棉花相比，涤纶短纤和黏胶短纤作为生产集中度更高的工业品，其价格走势更为平稳，尤其是在行业经济运行承压的情况下，化纤短纤价格的相对稳定对棉纺织企业资金链安全的冲击更小，这也是棉花价格向下游传导不利、价格剧烈波动时，企业更加倾向于使用化纤短纤的重要原因。

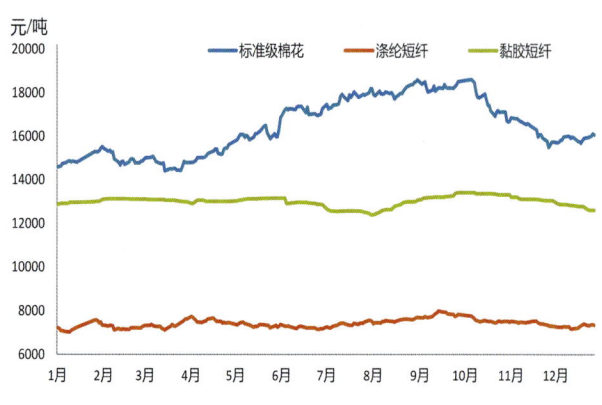

图2 2023年棉纺织主要原料价格走势

资料来源：TTEB

二、内外棉价倒挂趋势扭转

自2022年3月下旬以来，受"涉疆问题"及国际汇率波动等因素影响，国际棉价开始反超国内棉价，内外棉价持续倒挂，一直到2023年5月，内外棉价倒挂趋势发生扭转，国内棉花价格开始高于进口棉花。5月之后，与国际棉花价格相比，国内棉花价格长时间延续强势格局，直至12月，内外棉价差开始趋于稳定。从内外棉价差历史数据来看，主要受进口配额限制，多数时间国内棉花价格高于国际，这种状况一定程度上从原料端削弱了我国棉纺织行业的国际竞争力，结合内外价差合理制定棉花进口配额政策或是宏观调控需要考虑的因素（图3）。

行业运行

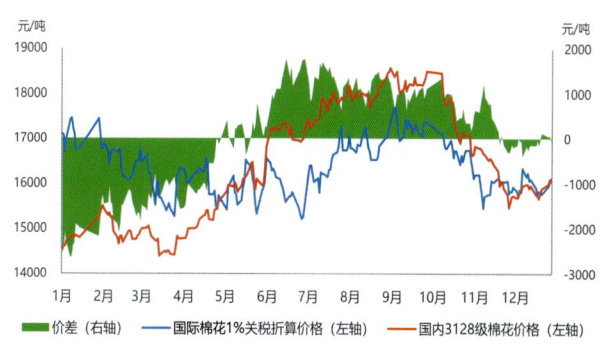

图3 2023年棉花价差走势图

资料来源：TTEB

三、原料与产品价差收缩，企业盈利难度加大

以具有代表性的纯棉纱和棉花的价差为例，5月前，32英支纯棉普梳纱和棉花价差维持在7000~8000元，多数企业即期利润在盈亏线以上，后续价差持续缩小，内地企业即期利润开始亏损，新疆棉纺织企业受电费、运费补贴等政策支持，效益普遍好于内地企业，但利润空间也在持续压缩（图4）。

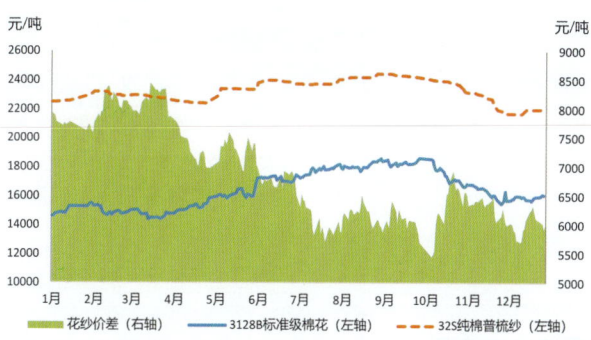

图4 2023年代表性棉纺织原料与产量价差走势图

资料来源：TTEB

2023年进出口市场分析

一、棉花进口量同比微涨，来源国美巴澳位居前三

据中国海关统计数据，2023年我国累计进口棉花196万吨，同比增长1.1%。在主要进口来源国中，美国占比38%，较2022年回落21个百分点，依然排在首位；巴西占比29%，比重与2022年基本持平，排第二位；澳大利亚占比14%，较2022年提升13个百分点，排第三位。从贸易方式来看，2023年以加工贸易方式直接进口的棉花量仅为7.6万吨，同比减少40.3%，主要原因为2023年发放的75万吨滑准税配额不限定贸易方式，与2022年发放的40万吨滑准税配额限定为加工贸易方式相比，进口贸易方式更加灵活，更受企业欢迎。2023年7月下旬，国家发展改革委发布了《关于2023年棉花关税配额外优惠关税税率进口配额申请有关事项的公告》，之后增发的滑准税配额陆续发放，在2023年8月之后，棉花进口量有明显增加（图5）。

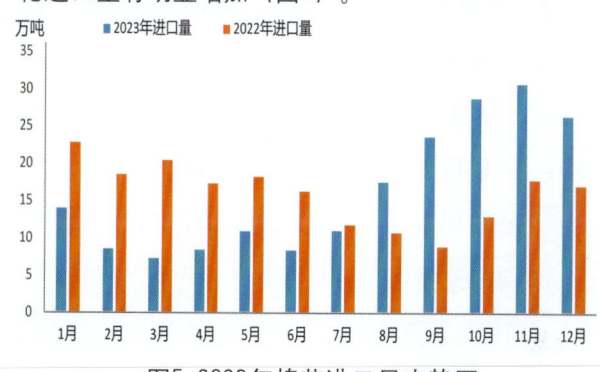

图5 2023年棉花进口量走势图

资料来源：中国海关

二、纯棉纱进口同比大增，进口纱成本有优势

据中国海关数据，2023年我国进口合成纤维纱线20.4万吨，棉纱线169万吨，进口的棉纱线以纯棉纱为主（按照海关归类原则，含棉量≥85%的棉纱线归类为纯棉纱）（表3）。在进口来源国中，越南继续凭借区位和零关税优势，保持着第一大进口来源国的地位，从印度进口的纯棉纱同比大幅增加，促使印度反超巴基斯坦等国，跃居至第二位，巴基斯坦被印度反超后下降至第三位，其后分别是乌兹别克斯坦、印度尼西亚和马来西亚等国。如前文所述，2023年5月，内外棉价倒挂趋势发生扭转，国内棉花

价格开始高于进口棉花，国内棉花价格在之后的长时间延续强势格局。东南亚和西亚等国的纺纱原料成本优势再次显现，凭借成本优势进入我国，我国进口棉纱线同比大幅上涨41.9%。

三、棉制纺织品服装出口延续下降，"涉疆问题"持续影响

2023年，海外主要经济体持续高通胀，与食品和能源等生活物资相比，纺织品服装刚性需求弱，以美元计价的棉制纺织品服装出口规模同比降幅较为明显。根据中国海关数据，2023年我国纺织品服装出口2936.4亿美元，同比下降8.1%，同期棉制纺织品服装出口降幅为14%，降幅高于纺织品服装整体5.9个百分点。棉制纺服出口占纺服整体出口比重继续下降，对美出口棉制纺服占对全球出口棉制纺服的比重持续下降，我国棉制纺服在美市场份额也在持续下降，且降幅更加明显（表4）。

表3 2023年纯棉纱进口情况

国别	数量（万吨）	同比（%）	2023年占比（%）	2022年占比（%）
合计	155.6	41.9	100	100
越南	66.7	9.0	42.9	55.8
印度	24.8	339.2	15.9	5.1
巴基斯坦	27.0	86.4	17.4	13.2
乌兹别克斯坦	13.0	49.6	8.4	7.9
印度尼西亚	4.3	41.5	2.7	2.7
马来西亚	6.7	12.8	4.3	5.4

资料来源：中国海关

表4 我国棉制纺织品服装出口情况

年份	出口全球（亿美元）	同比（%）	棉制纺服出口额占行业出口额比重（%）	出口美国（亿美元）	同比（%）	棉制纺服对美出口占对全球出口比重（%）
2021年	1051.7	−15.7	33.8	177.9	−28.6	16.9
2022年	1013.2	−3.7	31.7	166.5	−6.4	16.4
2023年	871.1	−14.0	29.7	138.3	−17.0	15.9

资料来源：中国海关

20

2024年我国棉纺织行业发展形势展望

一、发展机遇

国内宏观环境。2023年12月召开的中央经济工作会议指出，2024年要坚持稳中求进、以进促稳、先立后破，多出有利于稳预期、稳增长、稳就业的政策，在转方式、调结构、提质量、增效益上积极进取，不断巩固稳中向好的基础。要强化宏观政策逆周期和跨周期调节，继续实施积极的财政政策和稳健的货币政策，加强政策工具创新和协调配合。2023年，在国家一系列宏观政策的支持下，棉纺织行业经济运行持续恢复，预计2024年国家还将出台新措施、新政策，增量政策和存量政策将形成叠加，有力推动棉纺织经济运行继续恢复向好。

外部贸易环境。2024年，随着全球通胀压力逐渐缓和，金融环境收紧导致经济增速放缓，市场对主要经济体放松货币政策的预期逐渐升温。主要经济体通胀压力缓解及海外终端品牌持续去库取得成效，将有利于棉纺织产业链订单情况得到改善。其次，自我国提出"一带一路"倡议以来，我国对"一带一路"共建国家纺织品服装出口额及占行业对全球出口比重均不断增长，随着共建"一带一路"高质量发展走深走实，棉纺织产业链将继续把握合作机遇，推动落实产品、产能、资本、品牌走出去，深度融入全球纺织服装价值体系。再者，我国在2024年加入全面与进步跨太平洋伙伴关系协定（CPTPP）的条件将更加成熟。据商务部消息，我国政府对加入CPTPP非常重视，组织了相关部门、重点产业对CPTPP的所有条款进行了充分、全面、深入的评估，还对CPTPP里所涉及的货物贸易、服务贸易和投资方面的规则进行了全面、深入、充分的研究。我国将继续在各个层级和CPTPP成员进行充分交流，对内加强试点和试验，积极推进加入CPTPP。加入CPTPP，将为我国拓展经贸合作提供重要机遇，进一步加快产业链供应链合理分工，推动全球范围内的贸易自由化。

二、面临的问题及应对

原料价格大幅波动。原料占棉纺织的生产成本比重大，原料价格波动对棉纺织企业的经济运行影响明显，尤其是棉花，国内外价格联动、金融属性、天气因素、政策因素、市场情绪、贸易风险等各种因素交织影响。从过往原料价格走势看，2024年棉纺织原料价格仍存在较大幅度波动可能。棉纺织企业应加强市场研判，有效利用对冲工具等控制风险

终端有效需求不足，对外依存度高。我国棉纺纱和棉织造产能占全球比重分别在50%和45%以上，我国人口占全球比重为17.5%，我国棉纺织终端产品对外依存度高。主要研究机构普遍预测，由于利率高企、消费支出放缓等因素，预计美国等发达经济体经济在2024年将减速，终端有效需求尤其是外需不足，将可能影响行业经济运行。行业应充分用好国际国内两个市场，以"专精特新"融入新发展格局。以无锡一棉为例，企业不断创新探索差异化和符合消费者需求的产品，同时积极发展高级定制。在与国际国内知名品牌保持紧密合作的同时，紧抓"一带一路"倡议带来的新机遇，充分利用国际优质资源投资埃塞俄比亚，促进了企业的高质量发展。

产业链安全存在隐患。"涉疆问题"持续影响。近几年来，美国以所谓的"涉疆法案"为执法依据，将经济和产业问题政治化，试图将新疆产品排除出国际产业链供应链，以"涉疆问题"为典型的产业链安全问题持续影响棉纺织行业。面对影响，行业内受影响的企业采取各种方法积极应对，如溢达朝"微笑曲线"两端加速转型，在原智能制造业务基础上，向发展培育品牌和技术输出两方面发力。华孚时尚投资AIGC智算中心项目，引领纺织行业数字化转型。为有效应对"涉疆问题"影响，企业应加大拓展新疆棉内需市场和非棉纤维外贸空间。

弱预期持续影响行业信心。棉纺织行业在发展

中，一些困难和挑战对行业的信心造成影响，但总体来看，行业发展的有利条件大于不利因素。行业应充分发挥宏观政策和有效市场作用，提振信心。2024年，协会将坚持把恢复和扩大消费摆在优先位置，加大力度开展一系列促内需、提振信心的行业活动。

融入"双循环"存在堵点。对多数棉纺织企业，开展内贸与外贸是两种经营模式下的经济活动，在技术、质量、标准上存在一定壁垒。棉纺织企业在融入"双循环"存在堵点。为打通堵点，棉纺织企业应聚焦下游企业需求、市场反馈和供应链建设，努力实现在国内国际两个市场顺畅切换。

（撰稿人：郭占军）

毛纺织业

中国毛纺织行业协会

过去几年,由于国际政经形势、地缘政治与大国博弈的深度影响,一些国家推行所谓"去风险化"政策,全球供应链进入重构变革期。作为高度全球化分工和区域化合作的毛纺产业,也处于全球产业链的不断调整重构的过程中。2023年,对于中国毛纺行业是挑战与机遇并存的一年。在诸多不利因素影响下,毛纺织行业生产与市场结构改革不断调整推进,整体持续恢复态势没有改变,表现出了较强韧性。企业由规模发展型向质量效益型、服务制造型方向转型,通过技术创新和市场多元化等措施,维持了稳中有进势头。展望2024年,毛纺织行业积极应对国际贸易政策调整、抓住机遇,寻求创新并进一步提升行业竞争力实现行业高质量发展。

2023年我国毛纺织行业经济运行情况

一、生产形势总体平稳

2023年,受市场需求不足、企业竞争加剧等因素影响,毛纺织行业生产形势有所波动,工业增加值累计增速自5月以来落入负增长区间,下半年随着内需市场回暖,带动行业生产降幅逐步收窄。

大类产品产量增长表现呈分化态势。从近十年的两类毛纺主要产品的增速变化来看,毛针织和机织类产品基本呈现相反趋势。2023年,规模以上企业毛纱线产量同比增长5.8%,但受到国际贸易环境不确定性、国内外竞争加剧等因素影响,同期毛织物产量同比则下滑5.3%(图1)。

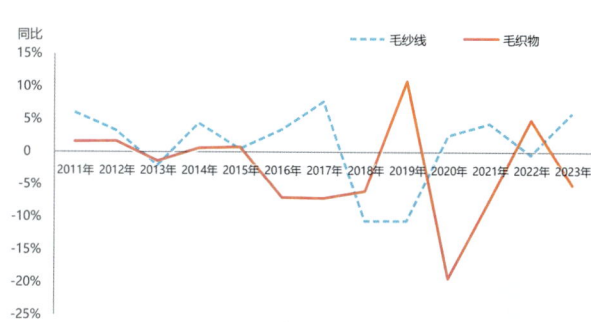

图1 2011~2023年毛纱线及毛织物产量同比变化情况

资料来源：国家统计局

二、国内外市场呈现差异

（一）内销市场逐渐回暖

根据国家统计局数据,2023年我国社会消费品零售总额达到47.1万亿元,同比增长7.2%,创下历史新高。我国纺织品服装内销市场逐步回暖,全年限额以上单位商品服装鞋帽零售同比增长12.9%,网上穿类商品零售额同比增长10.8%,基本恢复至新冠病毒疫情前水平（图2）。

图2 2015~2023年限额以上商品服装鞋帽零售增速与穿类商品网上零售增速变化情况

资料来源：国家统计局

（二）出口形势发生波动

出口方面，2023年国际毛纺消费市场仍受发达国家经济形势及居民消费信心的影响，衣着消费需求改善乏力，我国毛纺织原料及制成品出口回暖空间较为有限。根据中国海关数据，2023年我国毛纺原料与制品累计出口额121亿美元，同比减少1.4%，出口同比增速已连续两年下滑（图3）。

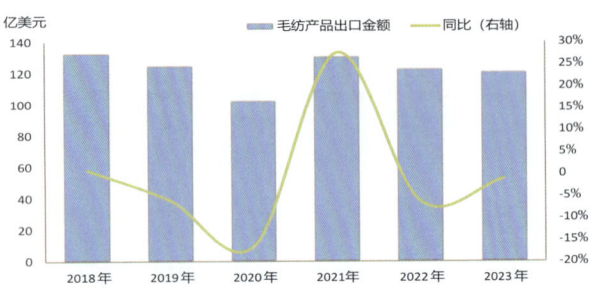

图3 2018~2023年毛纺原料与制品出口金额与同比变化情况

资料来源：中国海关

1.不同品类毛纺产品市场形势调整

2023年，毛纺中间产品市场形势略好于成品市场形势。羊毛条出口5万吨，同比增长15.7%，毛纱线出口2.8万吨，同比增长2.6%，毛织物出口7074万米，同比减少3%（图4）。

毛纺制成品市场形势受到终端消费市场形势及地缘政治因素等影响，全年表现较为疲软。全年羊毛衫出口5893万件，同比减少2.6%，毛梭织服装出口1898万件，同比增长持平，毛毯出口约8亿条，同比增长1.4%。

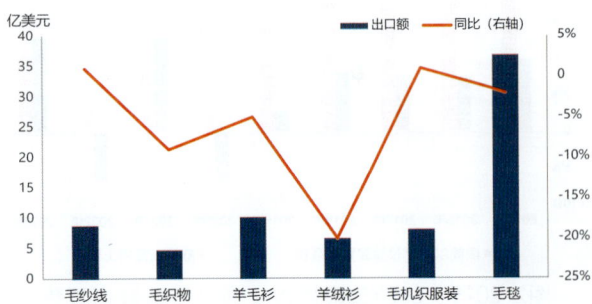

图4 2023年主要毛纺出口品类出口额及同比情况

资料来源：中国海关

2.多边毛纺贸易受宏观经济等因素影响较大

2023年，总体毛纺原料与制品的出口目的地市场变化不大，美国、欧盟和东盟依然是最主要的出口目的地。但进一步观察以羊毛为主要原料的毛纺产品出口市场情况，受国际政治经济形势影响，美国市场占比13.2%，较2022年下滑2.5个百分点；对东盟的以羊毛为主要原料的毛纺产品出口占比12%，较2022年下滑1.4个百分点（图5）。

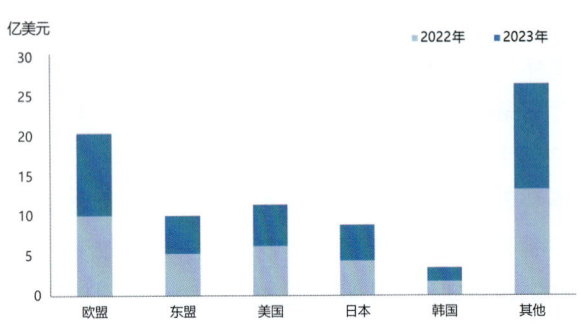

图5 2022~2023年我国毛纺产品对主要市场出口金额变化情况

资料来源：中国海关

受外需疲弱影响，2023年我国对传统和新兴市场毛纺原料及制品出口规模呈现较为明显的下滑态势。中国海关数据显示，2023年我国对欧盟、日本市场毛纺原料及制品出口额同比分别减少0.11%、4.03%，对"一带一路"沿线新兴市场出口额同比减少9.32%。在美国消费韧性支撑下，2023年我国对美国毛纺原料及制品出口额同比微幅增长0.43%（图6）。

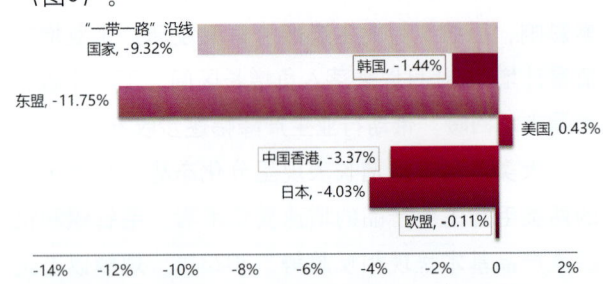

图6 2023年毛纺原料与制品主要出口目的地出口金额同比变化情况

资料来源：中国海关

（三）羊毛原料进口有所回升

2023年中国的羊毛进口量29.7万吨，同比增长3.9%，进口额20.4亿美元，同比减少8.9%（图7）。其中，进口含脂毛25.3万吨，同比增长10%。从主要产毛国进口的羊毛数量均保持增长。

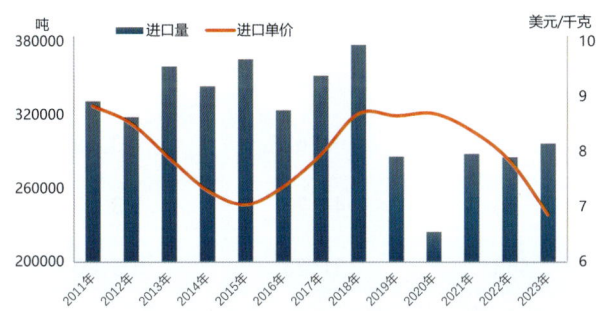

图7　2011～2023年羊毛进口量与单价变化情况

资料来源：中国海关

从各类毛纺原料价格看，在汇率与需求的影响下，羊毛进口单价在年内呈现下滑态势，同时影响出口羊毛的单价呈现逐月下滑。羊绒与其他动物毛的价格在年内较为平稳（图8）。

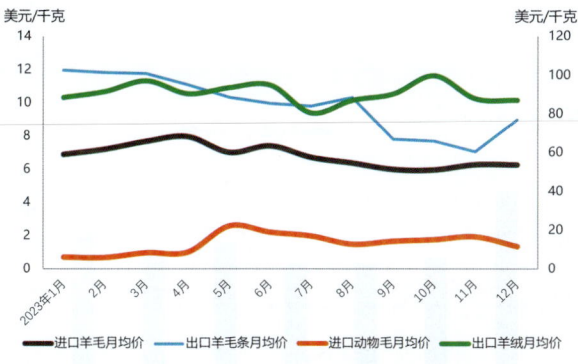

图8　2023年1~12月主要毛纺原料月进口及出口单价情况

资料来源：中国海关

（四）山羊绒进出口均呈现下滑态势

2023年，山羊绒原料与制品进出口总额21.25亿美元，同比下降15.38%，进出口同比均出现下滑。其中出口16.15亿美元，同比下降12.16%，进口5.10亿美元，同比下跌24.20%。山羊绒行业进出口仍面临巨大下行压力。

出口方面，山羊绒纱线、粗梳山羊绒织物保持增长。山羊绒纱线累计出口4345.73吨，出口金额4.59亿美元，同比分别增长23.47%和14.38%，其中精梳纱线增长较快，全年累计出口1350.82吨，增长78.83%，金额1.38亿美元，增长75.88%；粗梳山羊绒织物同样保持恢复性增长，全年累计出口数量和金额分别增长131.28%、100.00%。羊绒衫和羊绒围巾等终端产品受全球市场多重不利因素影响，出口数量和金额仍下滑较快，山羊绒衫累计出口2184.94万件，出口金额6.66亿美元，数量和金额同比降幅分别为12.13%、19.78%，其中混纺类和轻薄类产品占比有所提高，对产品单价产生一定影响。围巾披肩类产品总体呈现出量跌价升态势，出口数量、金额和单价同比增速分别为-2.02%、5.63%和7.81%，其中针织围巾出口仍处于两位数增长区间，机织围巾出口大幅下滑，数量和金额同比分别下降22.67%和3.24%（表1）。

进口方面，山羊原绒和无毛绒在新冠病毒疫情后通过大量补充库存，原料阶段性供需偏紧局面在2023年趋于平稳。类似情况也表现在山羊绒纱线、粗梳山羊绒织物、羊绒衫和围巾披肩等产品进口数量和价格的双双下跌。在羊绒衫和围巾披肩进口量价齐跌的背景下，这两类产品进口单价分别涨幅8.89%和8.20%，这也从一个侧面反应出山羊绒制品在国内市场框架和内循环驱动下，高端产品和高附加值产品依然存在巨大的市场空间。

三、效益情况基本平稳

（一）整体形势向好

2023年，毛纺企业经济运行基础得到进一步巩固，营业收入、利润总额等主要指标均呈现两位数增长。行业整体经营状况在调整中进一步向好，平均利润率保持稳定且维持上升态势。亏损企业数量虽然较"十三五"末期大幅减少，但亏损面同比2022年仍处于较高水平。随着技术进步、创新需求

表1 2023年我国山羊绒制品出口情况

项目	单位	数量	出口金额（万美元）	出口数量同比（%）	出口金额同比（%）
无毛绒	千克	3798867	35015	−30.59	−28.37
山羊绒纱线	千克	4345733	45936	23.47	14.38
其中：精梳山羊绒纱线	千克	1350821	13844	78.83	75.58
粗梳山羊绒纱线	千克	2986590	32015	8.62	−0.59
手编山羊绒纱线	千克	8322	76	−44.20	8.13
粗梳山羊绒织物	米	114636	463	131.28	100.00
羊绒衫	件	21849437	66620	−12.13	−19.78
山羊绒围巾	条	5896501	11697	−2.02	5.63
其中：山羊绒针织围巾	条	4057950	6506	11.46	13.95
山羊绒机织围巾	条	1838551	5191	−22.67	−3.24
山羊绒产品出口合计			161510		−12.16

资料来源：中国海关

以及竞争加剧等宏观趋势不断影响企业战略策略的调整方向，迫切需要企业从成本消耗型向盈利增长动力型转变，实现企业增长和盈利能力提升（图9）。

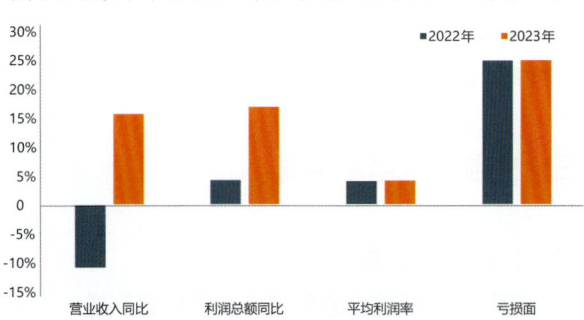

图9 2023年我国规模以上毛纺织企业生产经营情况

资料来源：国家统计局

2023年规模以上毛纺织及染整精加工企业营业收入同比增幅达15.7%，增速实现较快回升（图10）。

图10 2017~2023年规模以上毛纺织企业营业收入变化情况

资料来源：国家统计局

规模以上毛纺织及染整精加工行业利润总额同比增长16.9%，行业平均利润率为4.2%（图11）。

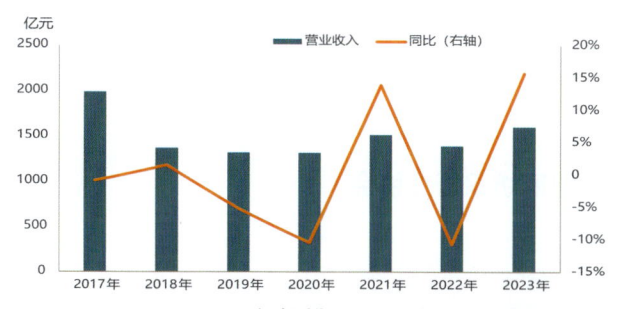

图11 2015~2023年规模以上毛纺织企业平均利润率变化情况

资料来源：国家统计局

生产与销售的衔接仍待进一步顺畅。全年规模以上毛纺织及染整精加工企业的产成品库存同比增长4.9%，占流动资产的比重进一步上升，达21%（图12）。

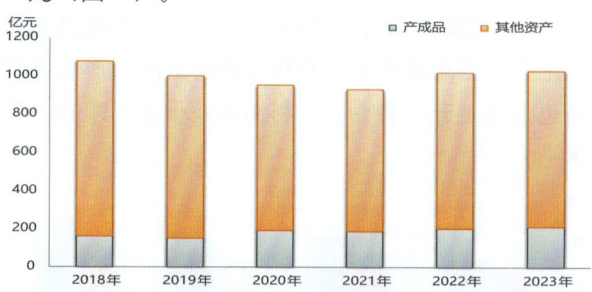

图12 2018~2023年流动资产及产成品变化情况

资料来源：国家统计局

（二）行业发展分化加剧，企业压力仍然存在

虽然整体层面形势向好，但企业面临的生产与经营压力仍然存在。2023年我国规模以上毛纺织企业亏损面为24.9%，仍处于较高水平，企业两极分化情况进一步加剧（图13）。

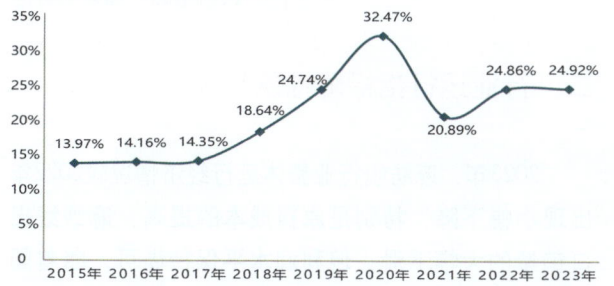

图13 2015~2023年我国毛纺织行业亏损面变化情况

资料来源：国家统计局

2024年毛纺织行业发展趋势及转型路径

在全球贸易环境的不断变化和经济复苏的疲软态势下，我国毛纺行业展现了其独特的抗压性和稳定性。为了抓住时代的机遇并应对各种挑战，毛纺企业正在新的发展阶段积极寻找突破点，紧密围绕高质量发展的核心目标，巩固制造基础，强化产业链间的协作，并努力提升基础能力和现代化水平。

《建设纺织现代化产业体系行动纲要（2022—2035年）》，为增强行业共识，把握中国式现代化目标任务提供了行业行动指引。一是在科技创新方面，努力发掘催生新产业、新模式、新动能潜力，发力"专精特新"，坚持增品种、提品质、创品牌的"数字化三品战略"落地实施，增强发展新质生产力的核心要素支撑。二是在市场创新方面，对内立足国内优势，根据市场需求凝练发展方向，充分发挥市场推动产业科技创新的孵化器、加速器、放大器作用；对外积极融入双循环新发展格局，兼顾效率与提高供应链安全，整合传统与新兴市场，优化布局。三是在可持续发展方面，加快产业低碳转型，推动绿色发展，积极践行社会责任，形成企业为主体的良好产业链生态。四是在行业层面继续扩大高水平对外交流，利用IWTO、CCMI等国际组织平台，以及主要毛纺供应与市场国家行业组织平台，加强企业协作对话，扩展国际合作空间。相信在全行业有效应对国际贸易政策调整、坚持深化供给侧结构性改革和着力扩大有效需求协同发力下，审时度势，创新求变，毛纺企业将在转型破局中进一步实现行业的高质量发展。

（撰稿人：张书勤　刘　焱　王睿哲）

麻纺织业

中国麻纺织行业协会

2023年全球经济复苏迟缓，国际环境依然复杂严峻，中国经济延续恢复态势，国内需求仍显不足，经济回升内生动力不强，经济面临转型换挡，但中国经济积极推进高质量发展，取得了来之不易的发展成绩。国家统计局和中国海关数据显示，2023年我国国内生产总值超过126万亿元，同比增长5.2%，增速较2022年加快2.2个百分点。我国货物贸易进出口总额41.76万亿元，同比增长0.2%。其中，出口23.77万亿元，同比增长0.6%；进口17.98万亿元，同比下降0.3%，总体较平稳。我国纺织服装累计出口2936.4亿美元，同比下降8.1%。其中，纺织品出口1345.0亿美元，同比下滑8.3%；服装出口1591.4亿美元，同比下滑7.8%。2023年国际纺织服装市场的整体需求疲软，纺织服装出口压力较大。

2023年，社会消费品零售总额超过47万亿元，同比增长7.2%，总量创历史新高。最终消费支出拉动经济增长4.3个百分点，对经济增长的贡献率达82.5%，消费成为2023年带动经济恢复的重要力量。全国限额以上服装、鞋帽、针纺织品类商品零售额14095亿元，同比增加12.9%。纺织品服装国内消费的快速恢复，带动整个纺织行业运行指标逐步回升。

2023年麻纺织行业营业收入有所下滑，出口额出现小幅萎缩，但是利润水平保持良好，麻纺织行业在全年出口疲弱的困境下，依靠国内消费的提升，行业运营表现出逐月向好的缓慢恢复态势。

展望2024年，麻纺织行业运行受原料供应、国际市场等重要因素的影响，整个行业发展预期保持谨慎。

2023年麻纺织行业运行基本情况

一、行业盈利水平回升

据国家统计局数据，麻纺织行业以往利润率水平较高，2023年依然表现良好，营业收入利润率上升至4.13%，高于纺织业平均的3.67%，其中麻纺纱和麻织造营业收入利润率分别为4.05%和4.50%，均较2022年有所回升（图1）。盈利能力上升最主要原因是随着麻纺原料价格的上涨，产成品价格也大幅上升，营业收入利润率处于近年来的中等水平。

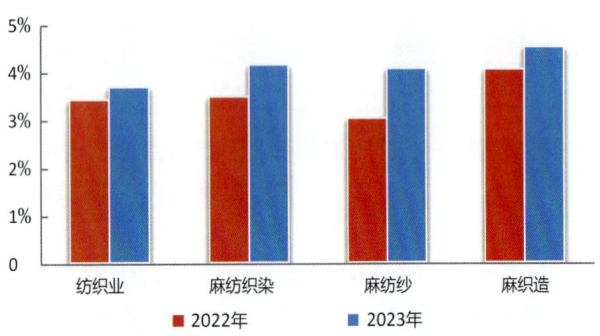

图1 2022年和2023年规上纺织业和麻纺织行业营业收入利润率比较

资料来源：国家统计局

二、行业运行指标降幅逐步收窄

2023年，麻纺织行业整体运行经济情况较2022年出现小幅下降，特别是原料成本的提高，麻纱线出口销量的大幅下滑，但利润水平保持尚可。随着国内外订单逐步恢复，部分经济指标缓慢修复，降幅逐步收窄。据国家统计局数据，2023年全国274家规模以上麻纺企业累计实现营业收入同比下降1.17%，利润总额同比上升17.54%。从逐月累计的同比数据分析，麻纺企业营业收入降幅下半年逐步收窄（图2），利润增幅由负转正，行业运营逐步稳定向好。

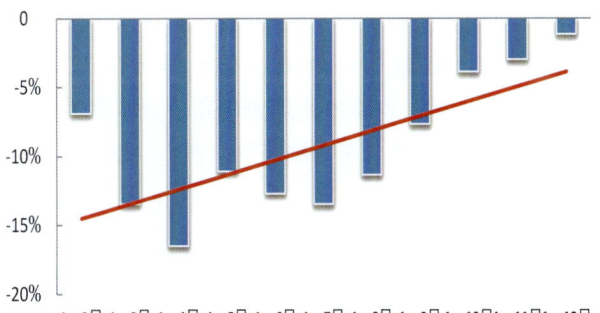

图2 2023年规上麻纺企业累计营业收入同比增幅

资料来源：国家统计局

三、规模以上麻纺织企业亏损面稍有加大

根据国家统计局数据，2023年274家规模以上麻纺织企业亏损60家，亏损面占21.90%。与2022年亏损面18.28%相比，增幅稍有扩大，麻纺纱和麻织造企业亏损面基本保持相同增幅（图3）。但是亏损企业亏损额同比明显下降，企业亏损额为2.48亿元，同比下降41.04%。其中，麻纺纱亏损企业亏损额同比下降51.70%，麻织造企业同比下降15.47%，从数据上看，麻纺纱亏损企业亏损额依然较大，原料大幅上涨，面临的困难更加严峻。

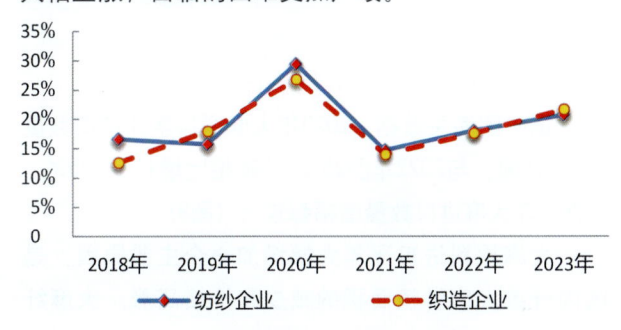

图3 2018~2023年规上麻纺纱和织造企业亏损面比较

资料来源：国家统计局

四、规模以上麻纺企业出口交货值下滑

据国家统计局数据，2023年规模以上麻纺织及染整精加工企业出口交货值27.86亿元，同比下降9.65%，其中，麻纺纱出口交货值同比下降17.50%（图4）。

2023年麻纺企业遭遇到亚麻原料短缺、原料价格暴涨、出口订单萎缩等困境，特别是亚麻、大麻纱线出口数量下降较大。部分麻纺企业选择加大开拓国内市场销售，以解决企业开工率和生存问题。

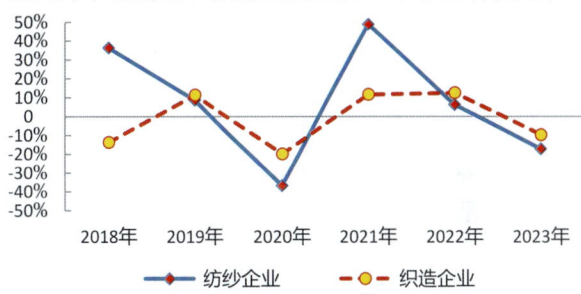

图4 2018~2023年规上麻纺织企业出口交货值同比增速

资料来源：国家统计局

五、麻纺主要原料价格暴涨

据中国海关统计，2023年主要麻类原料进口金额11.11亿美元，同比增长64.11%，成为麻纺原料进口金额历史上最高的一年。亚麻纤维为主要进口麻纺原料。

（一）亚麻原料进口数量与金额再创历史最高

据中国海关数据，2023年进口亚麻原料23.72万吨，同比增长14.65%，累计进口金额10.95亿美元，同比增长66.16%，进口数量和金额均创历史新高。其中，进口亚麻打成麻14.32万吨，同比增加6.63%，接近历史最高进口数量；进口亚麻短纤维9.25万吨，同比增长29.19%，亚麻短纤维进口增幅巨大，进口数量创历史最高。由于亚麻打成麻的紧缺和价格涨幅过高，使亚麻短纤维的进口量大增，同时也说明了亚麻原料价格上涨后，较便宜的亚麻混纺面料市场需求旺盛。从近十几年来亚麻纤维每年进口总数量上分析，每3～4年都有一个周期性增长，目前国内麻纺产能基本趋于饱和，今后亚麻纤维进口数量继续增长可能性不大，目前过高的价格也会制约亚麻纤维进口量的增长（图5）。

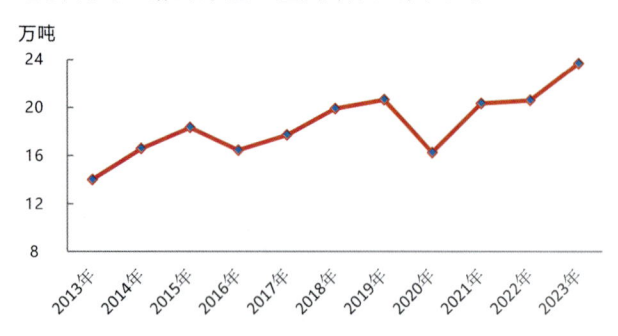

图5 2013~2023年亚麻原料进口累计数量

资料来源：中国海关

（二）亚麻纤维进口来源国格局未有大变

2023年由于亚麻纤维主要产地法国受自然灾害影响，亚麻纤维大幅减产，品质欠佳。2023年中国进口法国打成麻10.41万吨，低于2021年最高的11.59万吨，略高于2022年的10.26万吨，2023年进口法国亚麻短纤维有所增加，进口法国亚麻纤维总量并没有下滑。同期，进口的埃及、比利时打成麻和短纤维都有较大增加，弥补了国内需求量的缺口，基本满足了国内对短纤维的需求，埃及亚麻进口占比第一次突破10%，比2022年提高3个百分点，比利时进口占比提高2个百分点（图6）。法国亚麻纤维进口占比62%，处于近十年的低位，法国亚麻纤维的一家独大地位没有改变。

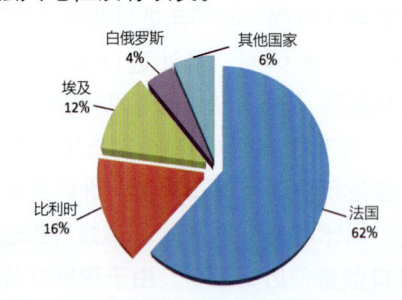

图6 2023年中国进口亚麻主要国家数量占比

资料来源：中国海关

（三）亚麻原料进口单价急剧飙升

据中国海关数据，2023年我国亚麻原料进口数量同比增幅为14.65%，但进口金额达10.95亿美元，同比增长66.16%，增幅巨大，主要是货源紧张、卖家惜售导致进口单价暴涨。其中，亚麻打成麻累计平均单价同比增长55.97%，单月的平均单价屡创新高；亚麻短纤维累计平均单价同比增长25.45%，也创平均单价的历史最高。近年来进口亚麻纤维平均单价基本是一路高升（图7、图8）。

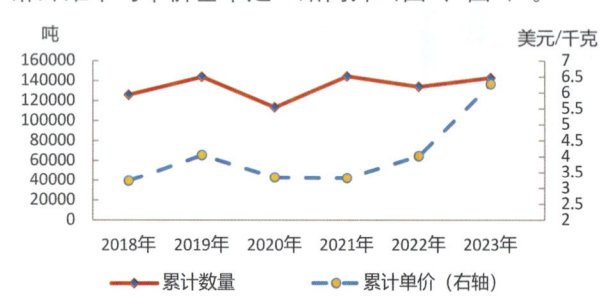

图7 2018~2023年亚麻打成麻进口数量及单价

资料来源：中国海关

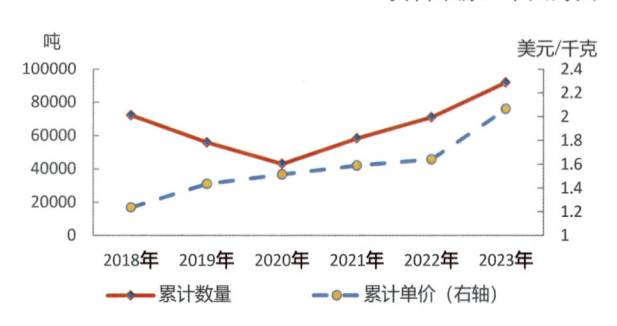

图8 2018~2023年亚麻短纤维进口数量及单价

资料来源：中国海关

（四）大麻原料进口数量快速增长

据中国海关数据，2023年大麻原料累计进口数量4324.85吨，与2022年的2672.19吨相比增长61.85%。近两三年大麻进口数量增幅都较大（图9）。

大麻原料进口逐年大幅增加一个主要原因，是国内纤维大麻种植面积的减少和价格高涨。大麻纤维进口数量增加较快，整体数量不大，大麻原料的供应还是以国内种植和加工为主，进口大麻原料为辅。从企业自身角度来看，主要还是考虑原料来源多元化结构布局和价格平衡机制。

图9 2018～2023年大麻纤维及短纤维进口数量及价格

资料来源：中国海关

（五）黄麻原料进口数量连续下滑

2023年黄麻原料累计进口数量为1.67万吨，同比下降6.18%，累计进口金额1084.62万美元，同比减少30.46%。黄麻进口数量已是连续几年下降，现在仅为2018年的一半，黄麻产业规模不断收缩（图10）。从海关数据看，黄麻原料是唯一进口数量和单价都下降的麻纺原料。

图10 2018～2023年黄麻纤维及短纤维进口数量及价格

资料来源：中国海关

六、麻纺主要产品出口金额全线下滑

据中国海关数据，2023年麻纱线、麻织物、麻制品累计出口金额18.77亿美元，同比下滑3.30%。麻纺行业主要产品出口金额小幅下滑，但从部分产品出口数量上看，有较大萎缩，特别是麻纱线出口。其中，亚麻纱出口数量同比下滑28.70%，大麻纱同比下滑48.90%。

麻纺产品出口三大主要板块是麻纱线、麻织物、麻制品。麻纱线出口金额2.75亿美元，占比是14.67%，这是麻纱线出口金额第一次低于麻制品，也是5年来占比第一次低于18%。麻织物出口金额13.12亿美元，占比达到69.88%；麻制品出口金额2.90亿美元，占比15.44%；据海关统计数据分析，中国亚麻纱出口的几个主要目的国，欧洲国家进口数量下滑巨大。其中，前几年进口量最大的意大利同比下滑34.1%，土耳其同比下滑36.2%，葡萄牙同比下滑57.5%。中国亚麻面料出口的几个主要目的国，亚洲国家进口数量同比小幅上升，欧洲国家同比小幅下滑。

（一）亚麻纱、布合计出口金额基本持平

据中国海关数据，2023年我国亚麻纱线累计出口1.75万吨，出口金额2.41亿美元；亚麻布累计出口3.79亿米，出口金额12.24亿美元。亚麻纱、亚麻布合计出口金额与2022年基本持平；其中，亚麻纱线出口金额下滑19.13%，亚麻布出口金额增长4.64%（图11、图12）；从亚麻纱出口数量上计算，亚麻纱线出口下滑巨大，这也造成了国内长麻纺企业生产经营承压升高、危机感加大。

图11 2018～2023年亚麻纱线出口金额、单价比较

资料来源：中国海关

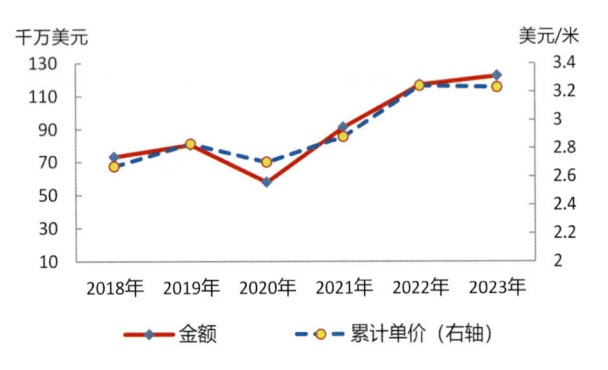

图12 2018～2023年亚麻织物出口金额、单价比较

资料来源：中国海关

麻纺产品出口主要还是亚麻产品。从中国海关数据分析，2023年我国亚麻纱、布出口数量和金额占绝对优势。

2023年亚麻纱、布合计出口金额在四类麻中占比达94%，是近5年来占比最高（图13）。一方面彰显了亚麻产品出口市场的龙头地位，另一方面也说明大麻、苎麻、黄麻产品出口下滑更加严重。

图13 2018～2023年亚麻纱、布出口金额占比变化

资料来源：中国海关

（二）苎麻纱、布合计出口金额连创新低

2023年苎麻纱线累计出口282.15吨，累计金额370.08万美元，出口金额同比下滑29.52%；苎麻布累计出口1812.64万米，累计金额5436.85万美元，出口金额同比下滑6.27%（图14、图15）。继2022年合计出口金额新低后，苎麻纱、苎麻布合计出口金额进一步下滑。苎麻纱、布合计出口已是连年下滑，现在只是10年前出口金额的十分之一。

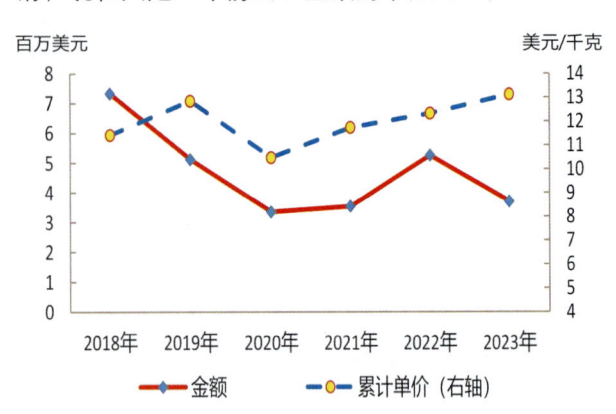

图14 2018～2023年苎麻纱线出口金额、单价比较

资料来源：中国海关

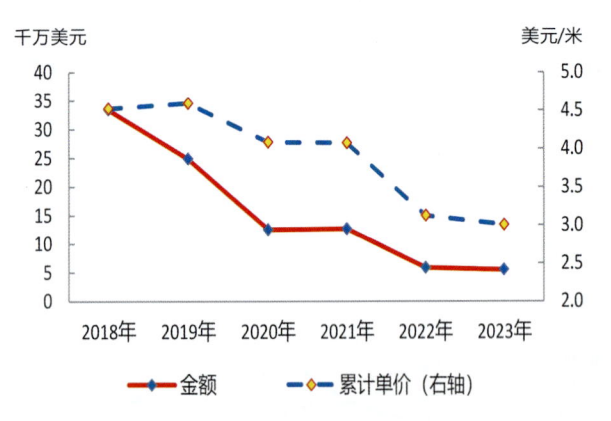

图15 2018～2023年苎麻织物出口金额、单价比较

资料来源：中国海关

（三）大麻纱、布合计出口金额大幅下滑

2023年大麻纱累计出口631.11吨，累计金额949.64万美元，出口金额同比下滑35.05%；大麻机织布累计出口253.31万米，累计金额1413.74万美元，出口金额同比下滑34.05%。大麻纱和机织面料都出现较大下滑，让本已步入快速发展热潮的大麻纺织产业，感受到严酷的出口"寒冬"（图16、图17）。近几年来，大麻企业在国外展会频繁亮相，助推了中国大麻产品走向国际市场，获得了包括无印良品等国际品牌的认可。

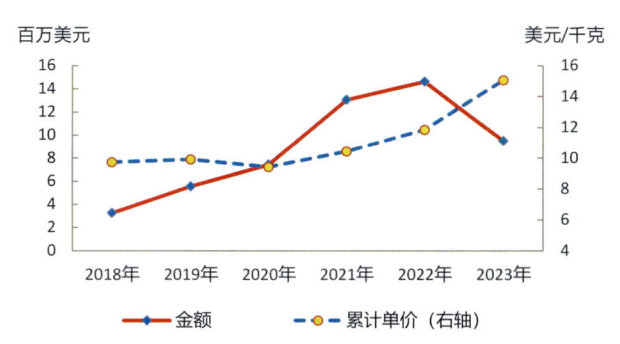

图16 2018~2023年大麻纱线出口金额、单价比较

资料来源：中国海关

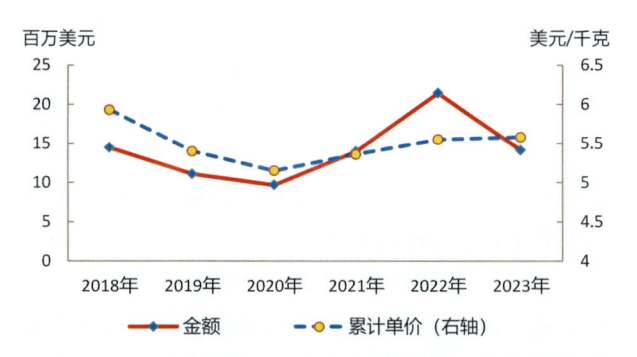

图17 2018~2023年大麻织物出口金额、单价比较

资料来源：中国海关

（四）黄麻纱、布合计出口金额下滑平缓

黄麻纱累计出口2387.83吨，累计金额717.37万美元，出口金额同比下滑17.90%；黄麻布累计出口1191.14万米，累计金额588.13万美元，出口金额同比上升4.82%。黄麻产品出口金额在连续两年回升后出现缓慢下滑（图18、图19）。黄麻在四类麻纱、布合计出口中仅占比1%。

图18 2018~2023年黄麻纱线出口金额、单价比较

资料来源：中国海关

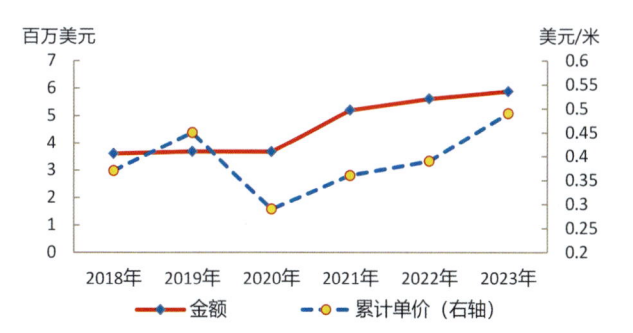

图19 2018~2023年黄麻织物出口金额、单价比较

资料来源：中国海关

行业前景面临主要问题

2023年世界经济和贸易增长力度整体较新冠病毒疫情前明显放缓。贸易保护主义、地缘政治冲突不断加剧，最近红海航运通道受阻等因素也对贸易活动形成巨大干扰；美欧利率持续高企，区域冲突升级，国际贸易疲软，以及自然灾害增多，给全球经济增长带来巨大挑战。

2023年国际麻纺产品市场需求较弱，行业运营压力明显，出口金额小幅下降，纱线产品出口降幅较大，在内需市场恢复支撑下，主要运行指标逐步修复。

一、地缘政治局势复杂演变

2023年以来，全球政治局势更趋复杂，俄乌冲突、巴以冲突、红海危机等突发情况此起彼伏，地缘政治风险明显有上行趋势。部分国家推行"去风险化"政策，进一步加剧了国际贸易形势的不确定性。世界贸易组织测算，2023年全球货物贸易量增幅可能只有1.7%，不仅低于2022年2.7%的增长率，也低于过去12年来2.6%的平均增长水平。在复杂形势下，我国纺织品服装在欧、美、日等传统主销市场占比仍居首位，但市场份额呈现持续小幅下滑态势，麻纺织企业必须考虑寻求安全和发展的新平衡。

二、麻纺原料供给的困扰因素

麻纺原料问题一直都是困扰行业稳定发展的重大问题，也是2023年麻纺织营业收入萎缩、出口萎缩的重要原因之一。

亚麻原料进口数量和金额连创历史新高，品质、数量、价格完全受制于供方市场。2023年亚麻原料进口数量同比上升14.93%，进口金额同比上升66.16%。众多纺纱企业为了保障生产，不惜重金抢麻、囤麻。国家统计局数据显示，2023年麻纺纱企业财务费用同比增加38.91%，库存（主要是原材料）同比增加20.25%；极大增加了运营成本，麻纺织企业销售压力加大。2024年亚麻原料更加紧张，价格大幅下行的可能性不高，终端产品还需要国际采购商慢慢接受上涨的报价。

大麻原料受到国内种植面积不稳定和进口亚麻原料涨价的影响，2023年大麻纤维也是价格暴涨。由于种植面积受政策影响的波动较大，大麻纤维加工能力正在逐步配套，纤维品质参差不齐，原料高价问题可能在2024年后续产品销售上带来较大影响。

三、产业链整合的不确定因素

目前各国、各行业都在加强产业链、供应链修复和重构。现在看来，全球产业链重构的根本原因是成本驱动，同时叠加了地缘政治因素。

2019年后的全球产业链重构，是源于中美贸易冲突、新冠病毒疫情冲击和俄乌冲突等地缘政治扰动。中国是此次产业链转移的直接冲击对象，加之中国经济增速的转型换挡，可能会给麻纺织行业带来不可预知的阵痛。现在吸引投资、资金的热度最高的国家可能是墨西哥、巴西和印度，这些地区麻纺也得以快速发展。现在中国纺织在全球产业链和供应链中处于枢纽位置，考虑到成本、效率及集聚效应，麻纺织产业优势十分明显，在世界地位能力难以被取代。

我国麻纺行业整合从未停止，麻纺企业经过三年疫情历练，既有新建"入场"、停工"离场"，现在也有企业考虑海外投资建厂。

国际供应链格局调整、贸易环境复杂将给行业修复带来不确定性，麻纺织行业可能面临更强大的竞争。

2024年行业运行趋势预测

据IMF在《世界经济展望》中最新预测，2024年全球经济增速为3.1%，远低于历史平均水平，中国由于房地产行业持续疲软、外部需求低迷，预计2024年经济增速将放缓至4.6%。2024年，我国经济走势会面临一些挑战和困难，但是中国经济长期向好的基本趋势没有改变，支撑中国经济高质量发展的要素条件在不断积累增多。

2024年我国纺织行业处于高质量发展阶段。智能制造、绿色化转型、数字化融合给整个行业发展带来新活力，纺织行业运行有望平稳向上。麻纺企业需要开拓新的国际市场，更需要扩大麻制品内需市场融入双循环战略，抵御出口市场变化带来的风险。

预计2024年对原料的需求大体相当，亚麻原料的短缺和涨价，给企业造成的困扰可能加深和延续。

一、麻纺产品出口传统市场修复压力较大

美国、欧洲是我国麻纺产品的传统市场，也是下滑最大的市场。麻纺产品2023年出口下滑的主要原因，一是亚麻原料的大幅涨价，欧美客户消费欲望降低，需缓慢承受上升的价格；另一个原因就是所谓的"脱钩断链"让不少欧美客户保持观望，转移部分供货渠道，减少自身风险。

自2022年3月开始，美联储已进行11次加息，利率为2001年以来的最高水平。美国经济指标好于预期，目前经济活动稳步扩张，就业增长强劲，通货膨胀缓解，但仍处于高位。但是美国激进的加息政策已进入尾声，可能在2024年6月后迎来政策转向，美联储和欧洲央行都可能降息，这可以释放出巨大的

消费能量，带动贸易量的增长，有利于明年麻纺产品欧美出口市场的增长。

欧洲是亚麻原料主产区，原料生产加工的不稳定性制约我国麻纺产品的生产和出口。2024年亚麻的产量和品质，可能依然制约我国亚麻行业的正常生产运营和国际贸易。2023年麻纺规模以上纺纱生产企业原料库存、财务费用都同比增长20%以上，急需出口市场的突破解决，企业正常生产循环和出口稳步恢复需要一定时间。

二、新兴市场更需要精耕细作

新兴市场的增长给纺织产品出口带来了惊喜。随着"一带一路"倡议的推进和中国与东盟国家自贸协定的实施，中国不断与国际高标准经贸规则对接，将形成一个统一高效的大市场，进而更好地参与国际大循环、国际竞争，东南亚市场已经成为我国出口的重要目的地，我国对"一带一路"沿线国家进出口规模连创历史新高。此外，俄乌冲突的两年来，让中国扩大了对俄罗斯、中亚市场的出口，中俄贸易量暴增。2023年中俄双边货物贸易额达到2401亿美元，比上年增长26.3%。中国与中亚国家的贸易也突飞猛进，2022年中国与中亚五国贸易额达到702亿美元，2023年的贸易额或将达到800亿美元，成为中亚各国最大的贸易伙伴之一。

三、开拓内需市场融入双循环战略

近年来我国人均GDP超过了全球1.1万美元的人均GDP，随着全国居民人均消费支出的增长，我国具有成为超大规模消费市场的优势。中国正在构建以国内大循环为主体、国内国际双循环相互促进的新发展格局。2023年全国限额以上服装、鞋帽、针纺织品类商品零售额同比增加12.9%，纺织品服装国内消费得到快速恢复，也使得麻纺行业在出口萎缩背景下，国内消费支撑行业利润保持增长。2024年随着国内经济保持稳定增长，我国居民收入、消费都会有不同程度增长，这对国内麻纺产品消费提升具有重大意义。在新的发展格局下，麻纺行业应该深化国内市场开拓，推动麻纺产品消费升级，努力保持行业运行基本稳定。

总体来讲，麻纺外销市场可能由于产品价格上浮原因会走势偏弱，原料供应链尚未保持健康稳定，贸易环境风险因素仍然存在，麻纺行业在国际市场上面临较大发展压力。因此对2024年麻纺行业发展保持谨慎态度。

（撰稿人：牛春华　金婷婷）

丝绸业

中国丝绸协会

2023年丝绸业经济运行情况

2023年，世界经济持续低迷，国际格局不断演变，地缘政治冲突频发。面对复杂严峻的国内外环境，丝绸行业承压前行，坚持稳中求进工作总基调，深入落实国家一系列扩内需、提信心、防风险的政策举措，聚焦高质量发展首要任务，加快产业结构优化升级，推动行业发展稳中向好，经济效益稳步提升，为国民经济平稳持续增长做出了积极贡献。

一、工业生产情况

（一）主要产品产量下降

据国家统计局统计，2023年，丝绸行业规模以上企业主要产品产量同比有所下滑（表1）。其中，丝产量同比下降9.85%；绸缎产量同比增长0.44%；蚕丝被产量同比下降40.32%。

（二）各省市产量有增有减

2023年生丝产量排名前五位的省（区）为广西壮族自治区、江苏、浙江、四川和云南，各省（区）生丝产量同比均出现不同程度下降。其中，广西壮族自治区生丝产量同比下降5.9%，占全国总产量的45.44%；江苏和浙江生丝产量全国占比分别为15.13%和11.78%，同比分别下降5.12%和12.05%；四川和云南生丝产量下降幅度较大，同比分别下降25.91%和24.00%。绸缎产量前五位的省份中，浙江同比下降4.51%，占全国总产量的46.63%；四川同比增长1.45%，产量占比25.48%；江苏、广西壮族自治区、安徽三省（区）的绸缎产量同比分别增长15.82%、9.05%和4.39%。蚕丝被年产量排名前五的省份是浙江、江苏、广东、山东、广西壮族自治区等五省（区），其中，浙江产量同比增长18.78%，全国占比为33.79%；江苏产量同比增长6.95%，全国占比为31.88%；广东、山东和广西壮族自治区，蚕丝被产量同比分别下降3.22%、增长10.42%和下降0.35%（表2~表4）。

表1 2023年全国规模以上丝绸企业产量情况

主要产品	同比(%)
丝类	−9.85
绢丝	−0.33
绸缎	0.44
蚕丝被	−40.32

资料来源：国家统计局

表2 2023年各省市丝（含绢丝）产量表

序号	地区	同比(%)	序号	地区	同比(%)
1	广西壮族自治区	−5.90	9	山东省	−6.08
2	江苏省	−5.12	10	重庆市	−13.33
3	浙江省	−12.05	11	陕西省	−21.73
4	四川省	−25.91	12	贵州省	−12.20
5	云南省	−24.00	13	江西省	−42.78
6	安徽省	−3.46	14	广东省	−17.45
7	河南省	9.25	15	山西省	−0.41
8	辽宁省	22.70	16	湖北省	−6.98

资料来源：国家统计局

表3 2023年各省市真丝绸缎产量表

序号	地区	同比(%)	序号	地区	同比(%)
1	浙江省	−4.51	6	山东省	−1.52
2	四川省	1.45	7	重庆市	8.46
3	江苏省	15.82	8	青海省	−0.85
4	广西壮族自治区	9.05	9	云南省	−20.97
5	安徽省	4.39	10	江西省	2.08

资料来源：国家统计局

表4 2023年各省市蚕丝被产量表

序号	地区	同比(%)	序号	地区	同比(%)
1	浙江省	18.78	9	贵州省	−6.56
2	江苏省	6.95	10	陕西省	9.51
3	广东省	−3.22	11	安徽省	42.04
4	山东省	10.42	12	上海市	26.13
5	广西壮族自治区	−0.35	13	河南省	113.61
6	江西省	−95.32	14	重庆市	−6.01
7	湖南省	−88.17	15	福建省	−46.54
8	湖北省	14.20	16	四川省	51.03

资料来源：国家统计局

二、经济效益情况

（一）工业经济持续恢复增长

据国家统计局统计，2023年全国规模以上丝绸企业营业收入同比增长9.01%；利润总额同比增长40.81%。其中，缫丝加工营业收入同比增长7.43%；利润同比增长122.85%。丝织加工营业收入同比增长11.05%；利润同比增长31.92%。丝印染加工营业收入同比增长5.81%；利润同比下降9.22%（图1、图2）。

2023年以来，丝绸行业经济运行呈现持续恢复增长态势，企业营业收入和利润增速实现双增长。丝绸行业规模以上企业营业收入增速较2022年提高12.41个百分点，利润增速提高60.53个百分点（图3、图4）。

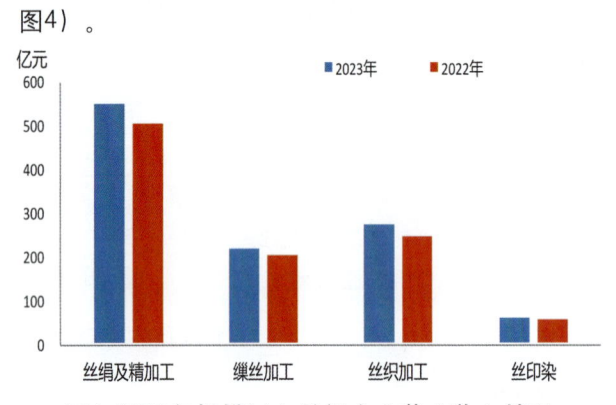

图1 2023年规模以上丝绸企业营业收入情况

资料来源：国家统计局

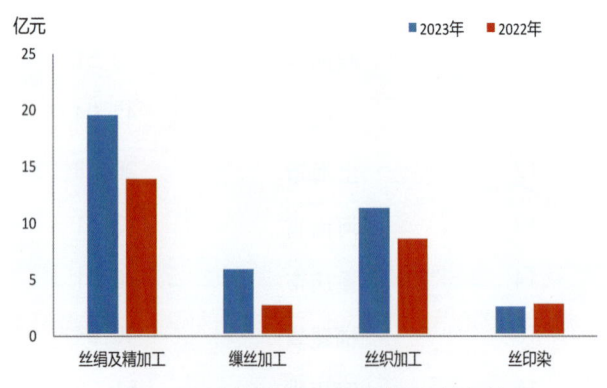

图2 2023年丝绸业各子行业利润情况

资料来源：国家统计局

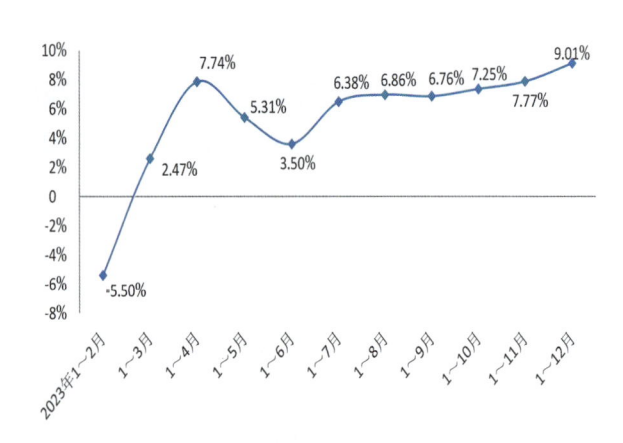

图3 2023年丝绸业营业收入增速情况

资料来源：国家统计局

图4 2023年丝绸业利润增速情况

资料来源：国家统计局

（二）行业运行质效稳步提升

2023年，丝绸行业规模以上企业亏损总额同比下降2.7%；亏损面26.11%，较2022年同期下降4.84个百分点，行业亏损面高于纺织行业平均水平4.69个百分点。企业存货138.97亿元，同比增长1.67%；企业销售费用4亿元，同比下降8.02%；管理费用15.83亿元，同比增长2.19%；财务费用6.72亿元，同比增长0.12%。整体来看，虽然亏损丝绸企业的数量明显下降，亏损面进一步收窄，但受市场需求不足、成本压力增大等因素影响，三费支出不降反增，营业成本增长过快，丝绸行业运行仍然继续承压（表5）。

表5　2023年丝绸业主要经济指标变化情况

序号	主要经济指标	2023年同比(%)	2022年同比(%)	同比变化(百分点)
1	利润总额	40.81	−19.72	60.53
2	营业收入	9.01	−3.40	12.41
3	营业成本	9.15	−2.64	11.79
4	三费支出	0.00	−2.23	2.23
5	亏损面	26.11	30.95	−4.84
6	负债合计	2.57	8.21	−5.64
7	亏损企业亏损总额	−2.7	30.35	−33.05

资料来源：国家统计局

三、丝绸贸易情况

（一）丝绸内销市场小幅增长

据商务部监测，2023年全国50家丝绸样本企业销售额为37.29亿元，同比增长13.2%。从分类丝绸产品销售情况来看，真丝绸缎销售额13.37亿元，同比增长12.8%；家纺产品销售额14.88亿元，同比增长9.83%；真丝服装销售额4.28亿元，同比增长10.24%；真丝服饰销售额2.09亿元，同比增长0.79%；其他丝绸产品销售额2.68亿元，同比增长68.8%。从2023年1～12月单月的销售数据看，2023年真丝绸产品月均销售额3.11亿元，较2022年同比增长13.21%，显示出丝绸内销市场正在稳步恢复（图5）。

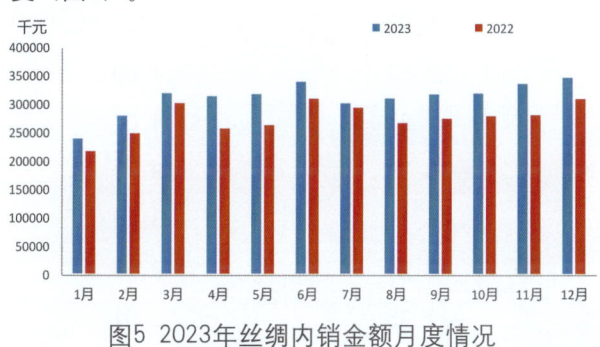

图5　2023年丝绸内销金额月度情况

资料来源：商务部

（二）真丝绸商品出口整体下滑

据中国海关统计，2023年全国真丝绸商品出口金额14.97亿美元，同比下降11.63%，丝类、绸缎和丝绸制成品等三大类商品出口金额均有所下滑。其中，丝类产品出口金额43005.65万美元，同比下降10.28%，占比28.69%，出口单价55.64美元/千克，同比增长3.11%；真丝绸缎出口金额38644.64万美元，同比下降16.65%，占比25.78%，出口单价6.51美元/米，同比下降1.52%；丝绸制成品出口金额68036.33万美元，同比下降9.4%，占比45.39%（图6）。

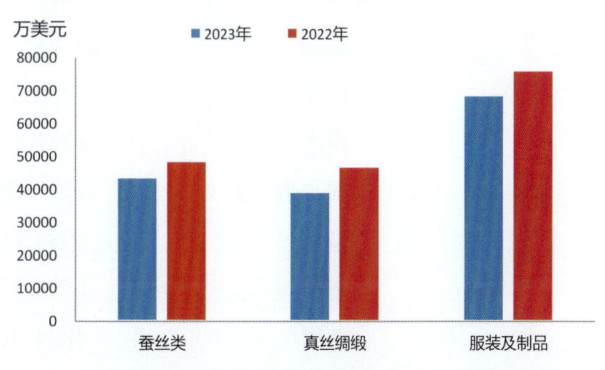

图6　2023年真丝绸主要商品出口金额情况

资料来源：中国海关

1. 主销市场出口全面下降

2023年，国内真丝绸商品对主销市场的出口呈全面下滑态势。出口金额排名前十位的主销市场中，除越南同比增长2.87%以外，其余国家和地区均出现不同程度下降。其中，欧盟与美国占据出口市场前两位，其出口金额分别为43001.79万美元和27264.26万美元，同比分别下降9.56%、4.94%；与2022年相比，对欧盟的出口份额占比增长0.76个百分点，对美国的出口份额增长1.29个百分点。其他主销市场中，对印度和中国香港的出口下滑幅度较大，同比分别下降29.01%和28.52%（表6）。

从丝类、绸缎、丝绸制成品等分类产品的出口情况分析，丝类产品方面，欧盟、印度、越南、日本、美国等市场位列前五，出口金额分别为17379.03万美元、9295.6万美元、4601.45万美元、4164.94万美元、1469.24万美元，对欧盟、越南和美国出口金额同比分别增长5.6%、12.11%、25.79%，对印度和日本的出口金额分别下降36.31%和10.81%。绸缎类产品方面，排名前五位的国家和地区为欧盟、巴基斯坦、印度、斯里兰卡和中国香港，出口金额分别为9235.84万美元、4795.79万美元、3799.03万美元、2759.66万美元和2389.87万美元，同比分别下降27.6%、12.26%、5.02%、21.83%、21.87%。丝绸服装及制品方面，美国、欧盟、中国香港、澳大利亚和英国排名前五位。其中，对美国出口金额25078.69万美元，同比下降5.56%；对欧盟出口16386.92万美元，同比下降10.56%；对中国香港出口4570.47万美元，同比下降31.8%；对澳大利亚出口4336.04万美元，同比增长0.24%；对英国出口3968.33万美元，同比下降7.13%。

2. 主要省市出口分化明显

2023年，全国各省（区）市真丝绸商品的出口金额同比下降11.63%。在出口金额前十位的省（区）市中，排名前五位的浙江、江苏、广东、上海、山东等东部沿海省市出口总金额超过12.18亿美元，占总额比重的81.21%，同比分别下降16.53%、8.22%、13.29%、2.07%、16.88%。而广西壮族

表6 2023年中国真丝绸商品主销市场出口情况

排名	国家和地区	出口金额(万美元)	同比(%)	占总额比重(%)
1	欧盟27国	43001.79	−9.56	28.73
2	美国	27264.26	−4.94	18.21
3	印度	13238.64	−29.01	8.84
4	日本	9227.86	−16.90	6.16
5	中国香港	7021.59	−28.52	4.69
6	越南	6094.00	2.87	4.07
7	巴基斯坦	5584.69	−16.38	3.73
8	英国	4824.13	−5.15	3.22
9	澳大利亚	4764.95	−0.24	3.18
10	韩国	3901.00	−17.35	2.61

资料来源：中国海关

自治区、青海和云南等西部省（区）和辽宁的出口则出现较大幅度增长，同比分别增长21.44%、13.89%、10.11%和26.13%（表7）。

四、茧丝交易市场情况

2023年以来，随着国内经济社会全面恢复常态化运行，国民经济运行延续恢复向好态势，特别是国家扩内需促消费系列政策红利的持续释放，国内丝绸消费市场需求得到有效激活，拉动了茧丝价格的不断攀升。11月中旬，为稳定茧丝绸行业发展，维护蚕农利益，促进产销平衡，国家茧丝绸协调办公室通过公开招标方式开展了中央储备生丝收储工作，收储5A级及以上生丝数量500吨，有效提振了市场信心。截至12月底，国内干茧和4A级生丝的价格分别为16.14万元/吨、48.9万元/吨，同比分别增长12.61%和12.65%，均创近五年来价格新高（图7、图8）。

图7 2023年干茧价格走势

资料来源：中国茧丝绸交易市场

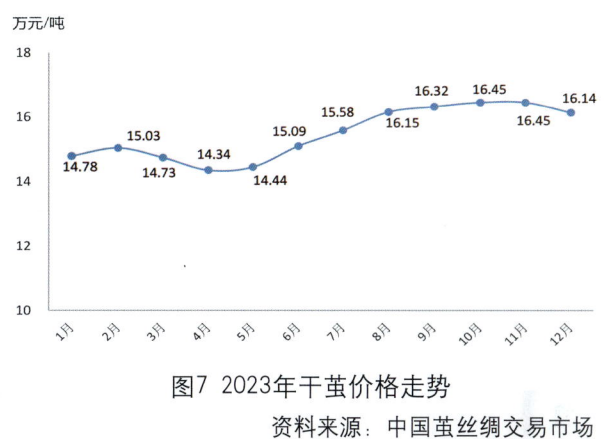

表7 2023年真丝绸商品各省市出口情况

排名	省区市	出口金额（万美元）	同比（%）	占总额比重（%）
1	浙江省	53106.20	-16.53	35.42
2	江苏省	28382.56	-8.22	18.93
3	广东省	17006.64	-13.29	11.34
4	上海市	13256.80	-2.07	8.84
5	山东省	10005.95	-16.88	6.67
6	四川省	8297.92	-11.15	5.53
7	广西壮族自治区	5115.65	21.44	3.41
8	辽宁省	3417.63	26.13	2.28
9	青海省	1885.61	13.89	1.26
10	云南省	1572.75	10.11	1.05
11	福建省	1327.88	42.07	0.89
12	重庆市	1210.41	-24.07	0.81
13	安徽省	1131.32	-10.35	0.75
14	河北省	618.55	73.61	0.41
15	北京市	582.39	-20.74	0.39

资料来源：中国海关

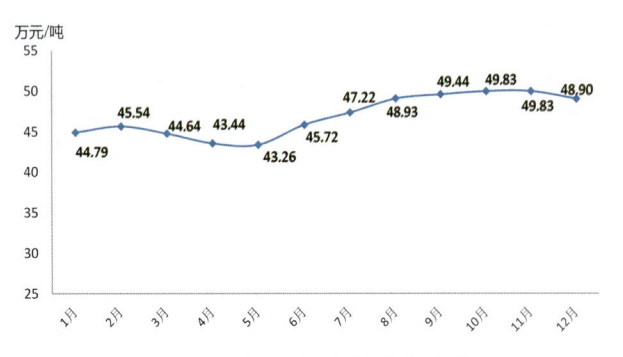

图8 2023年4A级生丝价格走势

资料来源：中国茧丝绸交易市场

2024年丝绸行业发展趋势展望

一、行业面临的发展环境

（一）世界经济进入深度变革期

2024年，地缘政治冲突、紧缩货币政策的滞后效应和高企的经济成本等因素将继续拖累全球经济增长，预计全球经济表现依然疲弱。根据国际货币基金组织、世界银行的预测，2024年全球经济增速为3.1%、2.4%，仍然低于2000～2019年以来的平均增长水平。欧美等发达经济体推出所谓的"去风险化"政策，特别是美国频繁对外挑起"贸易战"，严重干扰正常的国际经贸往来，加剧全球经济"脱钩"风险。随着国家间经济力量对比发生深刻变化，主要大国间的博弈不断升级，贸易保护主义与资源民族主义依然盛行，全球经济面临的风险和挑战显著增加。另外，在第四次工业革命浪潮下，以新兴技术为基础的新产业、新业态和新模式不断涌现，人工智能（AI）技术日益广泛的应用，对世界经济与社会带来颠覆性影响，将加快重塑世界经济发展格局。

（二）国内经济持续回升向好

2024年政府工作报告明确指出，按照中央经济工作会议部署，坚持稳中求进工作总基调，完整、准确、全面贯彻新发展理念，加快构建新发展格局，着力推动高质量发展，全面深化改革开放，推动高水平科技自立自强，加大宏观调控力度，统筹扩大内需和深化供给侧结构性改革，统筹新型城镇化和乡村全面振兴，统筹高质量发展和高水平安全，切实增强经济活力、防范化解风险、改善社会预期，巩固和增强经济回升向好态势，持续推动经济实现质的有效提升和量的合理增长，增进民生福祉，保持社会稳定，以中国式现代化全面推进强国建设、民族复兴伟业。我国具有显著的制度优势、超大规模市场的需求优势、产业体系完备的供给优势、高素质劳动者众多的人才优势，科技创新能力在持续提升，新产业、新模式、新动能在加快壮大，发展内生动力在不断积聚，经济回升向好、长期向好的基本趋势没有改变也不会改变。

（三）产业政策加码释放积极信号

国家有关部委和相关部门出台的《关于加快传统制造业转型升级的指导意见》《纺织工业提质升级实施方案（2023—2025年）》《建设纺织现代化产业体系行动纲要（2022—2035年）》等政策文件，围绕全面建成社会主义现代化强国目标任务，深刻分析国内外形势变化，对推动经济发展作出重要战略部署，为行业加快形成新质生产力，实现高质量发展提供了行动指南。2024年1月，商务部等7部门印发《关于推动茧丝绸行业高质量发展促进丝绸消费的实施意见》文件，将围绕丝绸消费恢复和增长，深入实施蚕桑茧丝绸重大项目建设，加快推进产业转型和优化升级，为全面促进茧丝绸消费提供支撑。商务部将牵头组织开展"消费促进年"等系列活动，各地通过减税降费、发放消费券、举办购物节、优化购物环境等系列政策措施，不断激发消费市场潜力，国内丝绸消费市场有望继续保持向好态势。

二、丝绸行业发展趋势与重点方向

（一）行业发展趋势预判

工业生产方面。据中国丝绸协会对全国180余家会员企业问卷调查分析显示，由于国内外市场需求动力不足，企业预计2024年主要丝绸产品产量将有所下降，81.82%的样本企业预计企业营业收入小幅增长，经营效益比2023年有所提升。劳动力成本上涨、招工难，原材料价格波动大，国内外市场需求不足，融资困难等是当前丝绸企业比较关注的问题。资源约束趋紧、要素成本上升，企业经营效益改善受到制约，同时对企业技术改造、增资扩产投资意愿造成一定影响。但随着产业发展生态持续优化，经济内生增长动力逐步修复，预计国内丝绸工业生产有望逐步走出低谷。

内销市场方面。随着国家稳经济、扩内需、促消费等一揽子政策效应逐步显效，城乡居民消费结构发生新变化，消费软环境进一步改善。国潮消费、绿色消费、健康消费和数字消费蔚然成风，Z世代、新中产等为代表的新消费群体崛起，结合线上线下融合发展的新零售模式持续激发市场活力，将推动丝绸产品结构和市场结构不断优化，为产业发展提供广阔空间。

外贸出口方面。2024年，全球经贸形势严峻复杂，受产业链调整、地缘政治冲突、区域贸易争端等影响，增加了企业出口的风险和不确定性。国际消费需求复苏乏力，欧美市场订单逐渐减少，外贸出口下行压力短期内难以缓解，企业仍将继续面临外需走弱、订单下降和供给能力不足等多重困难。此外，国外客户的小批量、定制化需求增加了接单难度，加上企业融资担保难、产品设计更新快、专业人才缺乏、原料价格波动大等其他因素，也为丝绸外贸企业带来较大的困难和挑战。

（二）行业发展重点方向

2024年是实现"十四五"规划目标任务的关键一年。在战略机遇与风险挑战并存，不稳定、不确定因素依然较多的复杂形势下，丝绸行业将全面贯彻落实党的二十大和二十届二中全会精神，按照中央经济工作会议部署，坚持稳中求进工作总基调，全面贯彻新发展理念，加快构建现代化产业体系，统筹扩大内需和深化供给侧结构性改革，以科技创新推动产业创新，加快形成新质生产力，持续推动行业经济实现质的有效提升和量的合理增长。

1.加强产业区域统筹协调

继续优化产业区域结构，推进跨区域协作和专业化分工。在江苏、浙江、广东等东部地区，适度探索发展人工饲料工厂化养蚕，打造一批丝绸服装家纺产业集群，培育一批专业交易市场、专精特新"小巨人"企业和制造业单项冠军企业。在四川、云南、安徽、广西壮族自治区等中西部地区，积极承接"东绸西移"战略，重点推广智能化养蚕新型技术装备，打造一批全国优质茧丝绸生产基地，夯实产业原料基础；在辽宁、吉林等地东北地区，重点推动柞蚕品种繁育与保护及柞蚕丝绸系列产品开发，进一步提升精深加工能力。

2.完善行业科技创新体系

集中财政资金实施机器选茧、智能化自动缫丝机等一批具有前瞻性、战略性的重大科技项目，精准推动"政产学研"深度融合，协同解决跨行业跨领域关键技术问题。加大智能化养蚕、数字化煮茧、机可洗整理等新技术装备的推广应用力度，重点推动蚕丝蛋白相关化妆品、人造骨钉、微针材料等高新技术产品的产业化，培育行业经济新的增长点。鼓励科研机构开展茧丝绸全产业链生命周期评价、产品碳足迹标准体系研究，推动产业绿色低碳转型。

3.推进行业质量品牌建设

深化行业标准化工作改革，加强重点领域和基础公益类标准的制定，聚焦新技术、新产业、新业态和新模式，扩大先进适用标准供给，进一步提升丝绸产品质量水平。开展企业品牌价值评价研究，加大"高档丝绸标志"行业公共品牌的市场化推广力度，跟踪培育一批拥有自主知识产权、核心技术和市场竞争力强的知名品牌，不断提升产业软实力。

4.强化丝绸内外市场拓展

加大内销市场建设投入，引导企业发展品牌旗舰店、直营店、加盟店，扩大连锁经营规模，提升体验式购物服务质量。大力推动丝绸电商平台建设，通过线上主动引流促进线下现场消费。鼓励有条件的地区举办丝绸展销会、丝绸购物节等活动，丰富丝绸消费新场景、新业态、新模式。研究发布"中国丝绸流行趋势"，打造国际时尚前沿风向标。鼓励支持企业深耕传统出口市场、拓展新兴市场，扩大与"一带一路"共建国家贸易规模，培育壮大跨境电商主体，稳定国际丝绸市场份额。

5. 加大产业宏观调控力度

加快完善国家生丝储备管理制度，参照中央储备糖、猪肉、棉花等储备制度的成功经验，建立收储与投放决策预警机制，充分发挥价格稳定器的功能作用，为促进上下游产业链可持续发展保驾护航。加强各地鲜茧收购秩序引导，强化茧丝绸质量监测，健全茧丝绸产品质量检验监测运行机制，继续推行公证检验交易结算制度，促进质量信息互联和共享服务。

（撰稿人：刘文全　柳恩见）

长丝织造业

中国长丝织造协会

2023年是全面贯彻党的二十大精神的开局之年，是三年新冠病毒疫情防控转段后经济恢复发展的一年，我国纺织行业在复杂的外部环境中保持了回升向好态势。在此背景下，我国长丝织造行业坚持"稳中求进"的工作总基调，顶住外部压力、克服内部困难，在国家一系列扩大内需、优化结构、提振信心、防范风险政策举措支持下，内需市场持续回温，外贸市场承压前行，利润总额增速由负转正，总体呈现稳定修复态势。2024年开年，中央多部门就当前经济形势和今年稳工业、扩内需、培育外贸增长新动能等方面的工作思路密集表态，释放出稳增长的积极信号。综合来看，虽然内外环境依旧复杂严峻，但行业发展面临的有利条件强于不利因素，平稳向好的基本面没有改变。

2023年中国长丝织造行业经济运行情况

一、行业运行持续修复

2023年，全球经济整体呈现弱复苏态势，地缘政治冲突加剧，主要市场需求疲软，纺织行业经营情况承压，但在内需回暖的支撑下，全年效益稳步改善。据国家统计局统计，2023年我国规模以上纺织全行业营业收入同比下降0.8%，利润总额同比增长7.2%。分行业来看，2023年我国化纤织造及印染精加工业（规模以上）营业收入同比增长3.7%，利润总额同比增长2.8%，利润率为2.8%（同比微减）。其中，化纤织造行业（规模以上）营业收入同比增长4.1%，利润总额同比增长2.7%，利润率为2.8%；化纤织物染整行业（规模以上）营业收入同比增长1.8%，利润总额同比增长3.6%，利润率为2.6%（表1）。

2023年我国长丝织造行业（规模以上）主要经济指标呈现回升向好的复苏曲线，营业收入一季度开始实现同比正增长，全年增速相对稳定；利润总额年底累计增速较年初大幅回升47.1个百分点，较2022年回升3.7个百分点；销售利润率稳定提升；行业亏损面持续收窄（图1、图2）。盈利能力虽有所改善，但企业普遍表示受国际政治经济形势影响，市场竞争加剧，主营产品价格低位，叠加生产、用工等成本上涨的影响，运行压力仍然存在。

表1 2023年我国化纤织造及印染精加工业主要经济指标同比增减情况

指标名称	营业收入(%)	营业成本(%)	三费合计(%)	利润总额(%)
化纤织造及印染精加工	3.65	3.57	0.76	2.81
化纤织造加工	4.07	4.22	-1.60	2.65
化纤织物染整加工	1.80	0.62	7.78	3.58

资料来源：国家统计局

图1 2023年长丝织造行业（规上）营业收入、利润总额同比增速

资料来源：国家统计局、中国长丝织造协会

图2 2023年长丝织造行业（规上）利润率、亏损面变化情况

资料来源：国家统计局、中国长丝织造协会

二、产量稳步增长

据中国长丝织造协会统计，截至2023年底，我国长丝织造行业织机规模达到92.7万台，其中喷水织机85.5万台，同比增长11%。新兴产业集群织机产能占总产能的65.3%，比重较2022年扩大5.7个百分点。

2023年全年总产量达到631亿米，同比增长6.1%。除2020年受新冠病毒疫情影响产量有所减少外，近十年我国化纤长丝织物产量基本保持稳步增长。新增产能主要集中在安徽、河南等中西部地区，部分设备尚未完全投入使用，对全年的产量贡献有限，产能仍待进一步释放（图3）。

图3 2014~2023年中国化纤长丝织物产量及增速

资料来源：中国长丝织造协会

三、原料价格震荡起伏

图4为我国主要化纤长丝、棉花、PTA期货及布伦特原油价格走势变化情况。2023年1~5月，布伦特原油基本保持在70~90美元/桶的价格区间；5~9月，在市场供应紧张和需求增加的局面下，原油价格持续上涨突破90美元/桶；9月后，受美联储加息预期升温以及高利率环境对经济带来的实质性压力，加之欧佩克深化减产的力度并没有得到市场认可，原油价格一路下调至77美元/桶，跌回二季度末低位价格。

2023年前三季度国内棉花价格一路上行，四季度从高位回落，目前棉与涤纶的价差仍在历史偏高位置。在高价差、高成本的作用下，化纤替代效应显现，一定程度促使化纤价格上浮。

整体来看，2023年我国化纤长丝价格以震荡起伏、成本支撑逻辑为主，全年基本呈现两次先震荡上涨、随后震荡回落的走势，2023年价格中枢低于2022年。常用涤纶DTY价格同比下降3.5%，涤纶FDY价格同比下降1.3%，锦纶FDY价格同比下降3.6%，此外宏观风险、存量供应情况、季节性需求也对化纤市场价格产生一定影响。年末我国化纤长丝价格翘尾，一方面是受成本端支撑叠加供需关系阶段性好转，织造企业节前囤货，价格小幅上扬；另一方面也反映企业家对市场预期信心正在恢复。

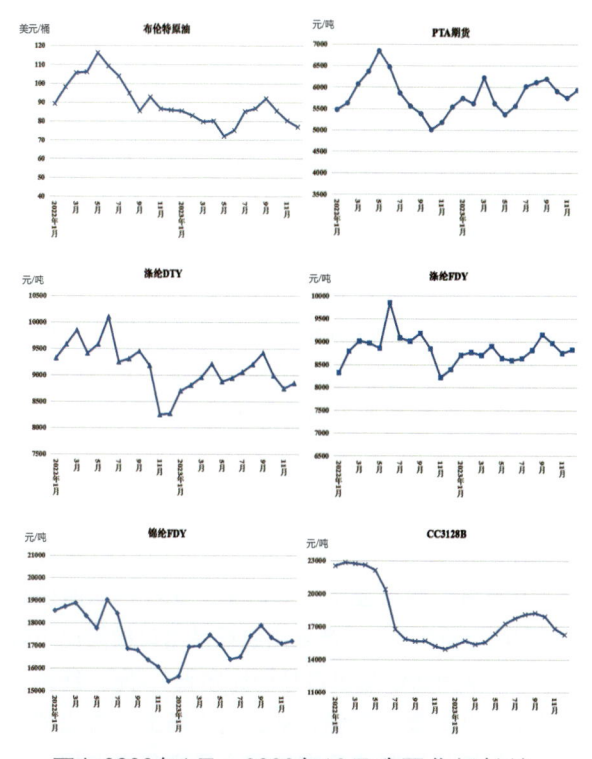

图4 2022年1月～2023年12月我国化纤长丝、棉花、PTA期货及布伦特原油价格走势

资料来源：中国长丝织造协会

四、内销市场加速回暖

2023年，新冠病毒疫情防控转段带动消费场景全面加速恢复，随着国家一系列扩内需促消费政策措施发力显效，我国纺织品服装内需保持较好回暖势头。根据国家统计局数据，2023年全国限额以上服装、鞋帽、针纺织品类商品零售额同比增长12.9%，增速较2022年大幅回升19.4个百分点；网上穿类商品零售额同比增长10.8%，增速较2022年增加7.3个百分点。

从中国轻纺城的交易量来看，2023年，一季度国内纺织市场需求震荡回升，新风格面料成交量明显增加。二季度内需订单持续增加，化学纤维坯布、涤纶面料、涤氨面料成交价量小幅推升，日用家纺、窗纱类面料市场较好，大提花窗帘、涤氨四面弹、涤塔夫销量可观。三季度秋冬创新产品订单增加，中厚度保暖面料、四面弹有不同程度热销，内贸品牌行情升温。进入四季度，整体市场产销相比前三季度呈现震荡小跌走势，但冰雪经济释放活力，尼丝纺面料大量出货。

总体来看，在网上消费体验提升、电商蓬勃发展、节日备货季等积极因素带动下，内销市场总景气程度同比上升。我国主要化纤长丝织物个性化、特色化产品消费需求较旺，中高端面料、国风国潮产品、大提花马面裙面料市场认可度提升，兼具功能性、运动性和舒适性的科技面料利润相对可观。

五、外贸市场承压前行

（一）出口价格压力凸显，增速持续放缓

2023年，受世界经济复苏乏力、海外需求降温、贸易环境风险上升、局部冲突和动荡频发等多重风险因素交织影响，我国纺织行业出口压力明显加大。据中国海关统计，2023年我国纺织品服装出口额为2936.4亿美元，同比下降8.1%。其中，服装出口额1591.5亿美元，同比下降7.8%；纺织品出口额1345.0亿美元，同比下降8.3%。但纺织品服装累计出口额降幅自9月以来逐步收窄，年底较年初收窄10.6个百分点，行业韧性持续显现。

在此背景下，我国长丝织造行业出口量增价跌，产品价格压力突出。据中国海关数据，2023年我国化纤长丝织物累计出口金额198.8亿美元，同比下降2.7%；累计出口数量225.9亿米，同比增长4.4%；出口单价0.9美元/米，同比下降6.8%。除去汇率的影响，以人民币计，2023年我国长丝织物出口单价同比下降1.4%。2023年，涤纶长丝织物累计出口199亿米，同比增长6.7%；出口单价达0.8美元/米，同比下降6.9%（以人民币计，同比下降1.7%）；锦纶长丝织物累计出口5.8亿米，同比下降4.5%；出口单价1.6美元/米，同比下降5.3%（以人民币计，同比下降1%）。我国长丝织物出口价格下降一是由于2022年出口价格涨幅较大，导致当年基数较高；二是受成本端价格影响，所用原料

价格同比均有所下调；三是由于人民币汇率影响。此外，我国锦纶长丝织物出口量价齐跌，反映出海外市场消费能力弱，对中高端产品购买力不足（表2）。

从全年情况来看，2023年我国长丝织造行业出口承压开局、量价齐跌，二季度开始出口量增速由负转正，增速基本稳定在4%左右，主要出口产品呈现量升价跌态势。2023年全年出口情况好于年初预期，但增速较2022年放缓6.9个百分点（图5）。

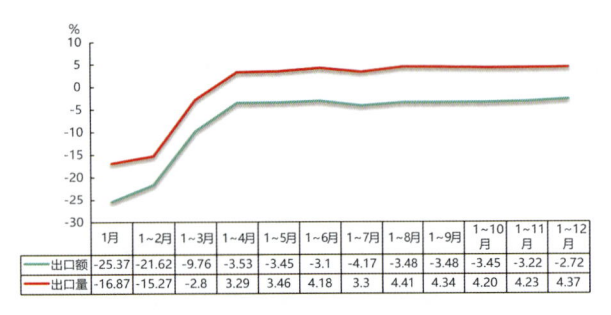

图5 2023年我国长丝织物累计出口金额、出口数量增速

资料来源：中国海关、中国长丝织造协会

（二）进口量价齐跌，涤纶长丝织物均价微扬

中国海关数据显示，2023年，我国化纤长丝织物累计进口9.3亿美元，同比下降14.9%；累计进口数量为3.7亿米，同比下降11.9%；进口平均价格为2.3美元/米，同比下降3.5%，长丝织物进口量价齐跌（表3），价格下跌主要是受全球商品价格水平下行影响。我国化纤长丝织物进口数量近几年连续下降，结合出口情况分析，这反映出我国长丝织物生产能力基本可以满足国内市场需求，并通过持续创新提升自身竞争力引领全球市场。

（三）终端化纤机织家纺制成品市场偏好

从化纤长丝织物终端市场制成品出口表现来看，中国海关数据显示，2023年，化纤机织服装出口额同比下降5.5%，产业用纺织品出口额同比下降11.7%，家用纺织品出口额同比增长4.2%，终端家纺制成品出口表现稳健。从终端市场出口占比情况来看，化纤机织制成品在终端市场竞争中占据一定

表2 2023年1~12月我国长丝织物累计出口情况

指标名称	累计出口金额		累计出口数量		平均价格	
	数值（亿美元）	同比(%)	数值（亿米）	同比(%)	数值（美元/米）	同比(%)
长丝织物	198.83	−2.72	225.88	4.37	0.88	−6.79
锦纶长丝织物	9.09	−9.63	5.81	−4.53	1.56	−5.34
涤纶长丝织物	167.91	−0.67	198.95	6.67	0.84	−6.88

资料来源：中国海关

表3 2023年1~12月我国主要长丝织物累计进口情况

指标名称	累计进口金额		累计进口数量		平均价格	
	数值（亿美元）	同比(%)	数值（亿米）	同比(%)	数值（美元/米）	同比(%)
长丝织物	8.33	−14.94	3.69	−11.86	2.26	−3.50
锦纶长丝织物	2.29	−19.20	1.27	−5.78	1.80	−14.24
涤纶长丝织物	3.75	−13.82	1.48	−14.41	2.53	0.69

资料来源：中国海关

优势，化纤机织家纺、产业用制成品占纺织制成品出口总额比重39.8%，化纤机织服装占机织服装出口总额比重61.4%。

2024年中国长丝织造行业运行展望

2024年，外部环境的复杂性、严峻性、不确定性上升，我国长丝织造行业运行进一步保持稳中向好恢复态势仍将面临诸多挑战。从外贸市场来看，开年国际货币基金组织对2024年全球经济增长预期上调至3.1%，但仍低于3.8%的历史年均增速，全球经济复苏缓慢且不均衡，消费能力和消费信心仍受抑制。加之国际政治环境错综复杂，一方面发达国家所谓的"近岸""友岸"布局趋向明显，"去中国化""硬脱钩"政策加剧，保护主义、单边主义上升；另一方面地缘政治局势紧张、红海航运通道受阻等不确定、难预料因素增加，导致国际市场需求改善压力较大，可能给长丝织造行业稳外贸造成干扰和阻碍。但同时也要看到，美国经济复苏好于预期、通胀率走低以及欧美企业库存的持续消化，一定程度上对国际需求有积极影响。

从内需市场来看，1月我国经济景气水平回升，释放了开年经济运行积极信号，我国经济回升向好、长期向好的基本趋势没有改变。随着国家扩内需促消费政策的"走深走实"，居民消费能力和消费意愿有望持续改善。长丝织造行业作为支撑服装、家纺和产业用纺织品的基础性产业，将立足超大规模、不断升级的内需市场，以满足人民日益增长的美好生活需要为出发点和落脚点，围绕大健康、绿色生态、银发经济、国货潮品等新消费热点持续发力，夯实"稳增长、提质量、增效益"的发展基础，把发展成果不断转化为人民生活品质。

展望全年，面对异常复杂的国际环境和艰巨繁重的发展稳定任务，长丝织造企业要时刻关注国内外市场动向、贸易环境变化、原料价格走势和人民币汇率等，坚持稳中求进、以进促稳、先立后破。要不断加强科技创新，加速推进产业数字化进程，加快发展新质生产力，持续扩大产品研发投入，推动发展方式绿色转型，加大人才储备和水平提升力度，实行现代化企业管理，从而实现更高水平、更可持续的高质量发展，巩固和增强行业运行回升向好态势。

2024年中国长丝织造行业发展趋势与重点方向

2024年是全面贯彻落实党的二十大精神的关键之年，是深入实施"十四五"规划的攻坚之年。中央经济工作会议围绕推动高质量发展做出全面部署，各部门也密集出台了一系列促进民营经济发展壮大，推动纺织工业提质升级，制造业高端化、智能化、绿色化发展等支持行业高质量发展的相关政策措施，加快推进纺织新型工业化进程，进一步巩固纺织优势产业领先地位。在此背景下，长丝织造行业坚决贯彻落实党中央决策部署，全面贯彻落实党的二十大、二十届二中全会和中央经济工作会议精神，完整、准确、全面的贯彻新发展理念，着力提高行业"含金量""含智量""含绿量"，向创新要动力，向管理要效益，向人才要活力，加快发展新质生产力，为建设高端化、智能化、绿色化、融合化的纺织现代化产业体系和高质量发展做出新贡献。

一、强化科技创新引领作用

中央经济工作会议提出要以科技创新推动产业创新，发展新质生产力，引领现代化产业体系建设。一方面要加快全行业落后设备的淘汰改造步伐，积极采用新设备、新技术，如电子送经、电子卷取、电子双储纬器，以共轭凸轮开口代替连杆开口机构，配备永磁直驱电动机及数字化电控系统等，进一步提升全行业的智能化生产水平；另一方面要注重数字技术推广应用，加强产学研合作，强化企业科技创新主体地位，开发应用全流程的数字化生产管理系统，对生产过程的关键点、工艺参数实现在线检测、自动控制和数字化管理，提升产品质量与生产效率，加快实现高水平科技自立自强。

二、产品研发实现新的突破

2024年政府工作报告指出，推动制造业"增品种、提品质、创品牌"行动，打造更多有国际影响力的"中国制造"品牌。对于长丝织造企业来说，打造品牌首先要持续加大产品创新力度，提高原创设计比例，以差别化、绿色化、功能化、时尚化和个性化特色产品构建核心竞争力，引领产业提质升级。要深耕细分领域，加强企业品牌建设，走稳专精特新发展之路，努力打造一流产品，特别是要注重拓展纤维素类纤维与合成纤维的交织物、非氨纶弹性纤维织物及绿色再生纤维织物产品的开发与生产，力争培育出有国际影响力的长丝面料品牌和企业品牌。同时要深入研究市场消费需求，优化供给，更好满足广大人民日益增长、不断升级和个性化的需要。积极探索产业用面料的应用领域和应用场景，如航空航天、国防军工等高精尖领域。

三、加大人才储备与水平提升力度

在新发展阶段，更高素质的劳动者才是新质生产力的第一要素。因此，企业要更注重人才培养，加大人才储备与水平提升力度。一是要全面提升基层管理人员的专业基础素养；二是可以采取引进专业技术人才与开展系统专业培训相结合的方式，进一步提升高技能人才培训、急需紧缺人才培训，着力培养创新型、应用型、技能型现代企业人才；三是可以通过校企合作，开展高层次管理人才研修班，全面提升企业管理人才创新精神、现代管理水平、战略思维能力和总揽全局的决策能力，加快建设世界一流企业，为我国长丝织造产业继续保持国际竞争优势和实现高质量发展奠定人才基础。

四、坚持绿色低碳可持续发展理念

2024年政府工作报告明确提出，要大力发展绿色低碳经济，推进发展方式绿色转型，加快重点领域节能节水改造，积极稳妥推进碳达峰碳中和。对长丝织造行业来说主要是要把握好生产原料端，开发利用环保材料，增加绿色新产品开发；实现绿色生产技术突破，进一步加快化纤长丝织物免上浆技术、易分解浆料上浆技术、无锑纤维纺丝织造及染整技术、喷水织造污水的低成本处理和高效回用技术等先进技术的研究与应用；积极推广使用清洁生产工艺，进一步提高喷水织机污水处理水质、效率及中水回用率，使用光伏发电等清洁能源；重视废旧纺织品的循环利用，打造绿色低碳供应链，积极落实"双碳"目标，推动全行业可持续发展。

五、走现代化企业管理之路

党的二十大报告指出，要巩固优势产业领先地位，完善中国特色现代企业制度，弘扬企业家精神，加快建设世界一流企业。一流的企业离不开一流的管理，企业家要提高战略定位，从产品、技术、管理、人才等多个方面提升，全面做深做实管理提升工作。在企业内部推行"精益管理"的理念，通过对"产、供、销、人、财、物"全要素全方位反复优化整合，取得创新驱动、快速反应、提高效率、提升品质、降低消耗、减少用工、绿色低碳的根本性转变。打造企业核心竞争力，构筑企业竞争优势。

六、高质量建设产业集群

长丝织造产业集群的高质量发展就是要走"专业、开放、协同"之路，专业化、差异化、特色化是集群做优做强的根本。传统集群应转变发展思维，提质升级；新兴集群应强化规划引领，重视协同创新，强化产品优势，科学健康有序发展；产业萌芽地要科学规划、合理布局，防止产能盲目扩张和低水平重复建设，因地制宜谋发展。

新征程新使命，党中央做出一系列重大决策部署，推动高质量发展成为全党全社会的共识和自觉行动，成为经济社会发展的主旋律。习近平总书记强调，高质量发展需要新的生产力理论来指导，而新质生产力已经在实践中形成并展示出对高质量发展的强劲推动力、支撑力，需要我们从理论上进行总结概括，用以指导新的发展实践。这也为长丝织造行业工作指明了前进方向、提供了根本遵循。长丝织造产业作为具有国际竞争优势的产业，在新阶段，要更加注重科技创新与产品研发，持续提升创新能力，加快绿色发展脚步，着力培养高素质人才，实行现代化企业管理，加强产业发展国际化，主动融入新发展格局，保持领先的产业地位。以高质量发展的实际行动和成效，为以中国式现代化全面推进强国建设、民族复兴伟业做出新的更大贡献。

（撰稿人：贾慧莹　孔　清）

印染业

中国印染行业协会

2023年是全面落实党的二十大精神、推进中国式现代化新征程的开局之年，是三年新冠病毒疫情防控转段后经济恢复发展的一年。这一年，全球经济整体呈现弱复苏态势，经济增长动能不足，国际市场需求下降；地缘政治风险上升，全球纺织服装产业链、供应链格局加速调整，国际贸易面临诸多挑战。国内经济发展面临总需求不足、社会预期偏弱的阶段性考验。面对复杂严峻的国内外发展环境，印染行业顶住外部压力、克服内部困难，在国家稳增长促消费政策支持下及纺织品服装内销市场持续回暖、国际市场需求恢复的带动下，行业生产形势逐步好转，全年印染布产量实现小幅增长；外贸保持较强韧性，主要产品出口规模再创新高；主要经济指标持续修复，企业发展质效不断提升，印染行业经济运行整体呈现恢复向好态势。

2023年印染行业经济运行情况

一、终端消费持续回暖，行业生产恢复向好

根据国家统计局数据，2023年，印染行业规模以上企业印染布产量同比增长1.30%，增速较2022年提高8.82个百分点。一季度，印染行业生产承压开局，印染布产量增速为负；二季度，由于2022年同期基数较低，印染布产量增速小幅走高；三季度，印染行业生产形势转弱，企业生产订单减少，产量增速有所回落；四季度，随着国家稳增长促消费政策持续发力显效，以及国庆长假、"双十一"购物节、圣诞节促销备货等拉动节日消费，纺织服装终端需求持续回暖，印染行业生产恢复向好，产量增速有所回升（图1）。从当月产量来看，前6个月规模以上印染企业当月产量均保持在50亿米以上，7月产量创年内新低，之后逐月提高，11月重回50亿米以上，12月产量环比增长9.48%，为4月以来单月最高产量（图2）。

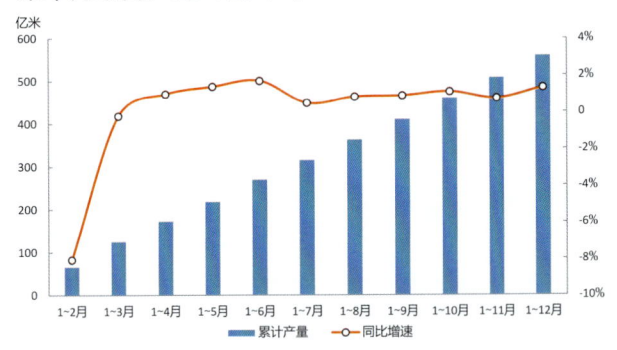

图1 2023年印染行业规模以上企业累计产量及增速情况

资料来源：国家统计局

图2 2023年印染行业规模以上企业当月产量及增速情况

资料来源：国家统计局

分地区来看，2023年我国印染行业产能集中度有所下降，浙江、江苏、广东、福建、山东等东部沿海五省规模以上印染企业印染布产量占全国总产量92.76%，占比较2022年下滑0.98个百分点。沿海

五省中，广东省印染布产量大幅增长，同比提高17.78%，福建省印染布产量下降幅度较大，同比减少13.55%，广东省印染布产量超过福建省，跃居全国第三位。山西、安徽、江西、湖南、重庆、新疆维吾尔自治区等中西部地区印染布产量增速均高于全国平均水平，其中，重庆、湖南、新疆维吾尔自治区实现大幅增长，增速分别达156.72%、90.17%和88.55%（表1）。

二、外贸展现较强韧性，出口市场表现分化

2023年，受国际市场需求收缩、国际贸易风险上升等因素影响，我国印染行业出口整体承压，但立足产业规模优势和配套优势，行业出口规模逐步回稳，外贸韧性持续彰显。根据中国海关数据，2023年，我国印染八大类产品出口数量311.86亿米，同比增长4.91%，为有统计以来首次超过300亿米，创历史新高；出口金额301.25亿美元，同比降低3.89%；出口平均单价0.97美元/米，同比降低8.39%。一季度，印染行业出口明显承压，印染八大类产品出口量价齐跌；自二季度开始出口增速保持基本平稳，主要产品出口呈现量升价跌态势；四季度随着海外需求逐步改善，出口金额降幅收窄至年内最低水平（图3）。

印染产品间接出口面临下行压力，但出口降幅逐步收窄。2023年，我国累计完成服装及衣着附件出口1591.4亿美元，同比下降7.8%，降幅较前三季度收窄1.0个百分点；家纺产品出口459.78亿美元，同比下降2.29%，降幅较前三季度收窄0.93个百分点。

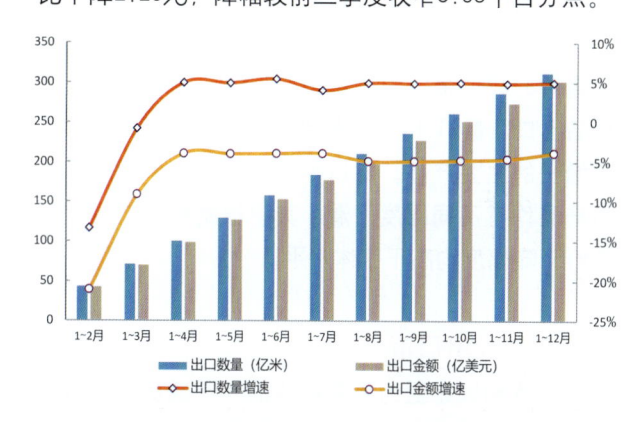

图3 2023年我国印染八大类产品出口情况

资料来源：中国海关

表1 2023年我国部分地区印染布产量增速情况

序号	地区	同比(%)	序号	地区	同比(%)
1	浙江	1.09	9	湖北	−27.57
2	江苏	0.90	10	重庆	156.72
3	广东	17.78	11	河南	−12.57
4	福建	−13.55	12	江西	6.31
5	山东	8.02	13	新疆维吾尔自治区	88.55
6	湖南	90.17	14	安徽	3.59
7	河北	−0.62	15	山西	6.45
8	四川	−46.12	16	广西壮族自治区	−12.54

注 以上地区为印染布年产量超过1亿米的省份（直辖市、自治区）。

资料来源：国家统计局

（一）主要产品出口情况

美国于2022年6月实施生效的所谓"涉疆法案"对我国棉制印染产品出口产生持续性影响。2023年，我国印染八大类产品中，纯棉染色布、棉混纺印花布、T/C印染布出口数量分别下滑4.01%、21.32%和13.88%，纯棉印花布、棉混纺染色布出口数量增速不及印染八大类产品平均出口增速（表2）。涤纶短纤织物、人纤短纤织物出口数量实现较快增长，增速分别高于印染八大类产品出口总量增速5.13个百分点和17.71个百分点。合成长丝织物出口数量223.52亿米，同比增长4.17%，占印染八大类产品出口总量71.67%，是带动印染产品出口规模实现增长的主要产品。出口平均单价方面，印染八大类产品均有不同程度下滑，其中棉制相关产品出口单价下降幅度均高于整体水平。

（二）主要出口市场情况

东盟和以东盟为重要组成的RCEP成员国是我国印染产品出口的主要市场。2023年，我国印染八大类产品对东盟出口70.52亿米，同比增长2.08%，占出口总量的22.61%，增速低于出口总量增速2.83个百分点；对RCEP成员国出口75.71亿米，同比增长1.33%，增速低于出口总量增速3.58个百分点。对东盟和RCEP成员国出口增速放缓主要受欧美等传统消费市场对纺织服装需求收缩的传导影响，导致这些市场对我国印染面料的需求下降。2023年，我国印染八大类产品对菲律宾、泰国、马来西亚、韩国等国家出口呈现不同程度下滑，对越南、缅甸出口增速低于出口平均增速。

从主要出口国家来看，我国印染八大类产品对出口规模排名前十国家的出口表现呈现分化。2023年，对前十国家出口数量达133.38亿米，占出口总量的42.77%，其中，对孟加拉国、巴基斯坦、菲律宾出口分别下滑6.05%、16.78%和12.58%，对尼日利亚、越南、缅甸出口实现小幅增长，对印度、俄罗斯等新兴市场的出口表现良好，同比分别增长9.47%和12.54%。对前十国家的出口平均单价同比下降9.14%，降幅高于整体水平0.75个百分点，仅对越南出口单价小幅增长0.12%，对尼日利亚、印度尼西亚、印度、缅甸、巴基斯坦出口平均单价降

表2 2023年我国印染八大类产品出口情况

品种	出口数量（亿米）	数量同比（±%）	出口金额（亿美元）	金额同比（±%）	出口单价（美元/米）	单价同比（±%）
纯棉染色布	12.17	−4.01	24.31	−14.42	2.00	−10.84
纯棉印花布	12.88	3.03	14.52	−6.69	1.13	−9.44
棉混纺染色布	3.96	4.51	8.25	−7.20	2.09	−11.20
棉混纺印花布	0.48	−21.32	0.94	−32.87	1.97	−14.68
合成长丝织物	223.52	4.17	194.43	−3.26	0.87	−7.13
涤纶短纤织物	13.59	10.04	12.74	7.65	0.94	−2.17
T/C印染布	11.20	−13.88	13.49	−21.69	1.20	−9.07
人纤短纤织物	34.07	22.62	32.58	11.69	0.96	−8.92
合计	311.86	4.91	301.25	−3.89	0.97	−8.39

资料来源：中国海关

幅超10%（表3）。出口产品价格下降的原因，一是受2022年国内新冠病毒疫情扰动，印染产品供应链衔接不畅，出口价格涨至近年来较高水平，导致同比基数抬高；二是2023年国际市场需求下降，行业竞争加剧，企业利润空间受到挤压；三是受人民币对美元贬值影响，出口产品价格以美元计出现下滑。

三、运行质量恢复缓慢，经营效益持续改善

2023年，受宏观经济下行风险加大、全球市场需求疲软、市场竞争加剧等因素影响，我国印染企业盈利明显承压。随着国家一系列扩内需、提信心、防风险政策举措实施显效，内销市场持续回暖，企业效益水平逐步改善，但主要运行质量指标仍待进一步修复。

（一）运行效率仍处低位

根据国家统计局数据，2023年，全国规模以上印染企业三费比例6.95%，同比提高0.19个百分点，其中，财务费用同比增长13.25%，是三费增长的主要原因，反映当前印染企业融资成本依然偏高；产成品周转率13.83次/年，同比降低11.84%；应收账款周转率8.01次/年，同比提高0.26%；总资产周转率0.97次/年，同比降低0.24%。从年内走势来看，印染行业主要运行质量指标在低位波动，产成品周转率和总资产周转率尚未扭转负增长态势，其中产成品周转率下滑明显，反映企业产销衔接不畅；应收账款周转率呈逐步修复态势，全年实现小幅增长，但恢复进程相对缓慢，与新冠病毒疫情前相比仍有差距（表4）。

（二）经济效益持续恢复

2023年，印染行业主要经济效益指标在2022年较低基数的基础上实现恢复性增长，企业营收逐步回升，带动利润持续改善。国家统计局数据显示，2023年，规模以上印染企业营业收入同比增长1.44%，利润总额同比增长9.26%；成本费用利润率5.03%，同比提高0.38个百分点；销售利润率4.66%，同比

表3 2023年我国印染八大类产品出口前十国家情况

国家	出口数量（亿米）	数量同比（±%）	出口金额（亿美元）	金额同比（±%）	出口单价（美元/米）	单价同比（±%）
尼日利亚	23.55	1.25	15.08	−14.38	0.64	−15.44
越南	22.78	0.35	36.29	0.47	1.59	0.12
印度尼西亚	17.95	9.43	16.23	−3.59	0.90	−11.90
孟加拉国	14.52	−6.05	20.92	−14.18	1.44	−8.66
巴西	13.19	17.10	9.79	7.99	0.74	−7.78
印度	9.74	9.47	7.22	−5.25	0.74	−13.45
缅甸	9.69	3.64	10.33	−8.01	1.07	−11.24
巴基斯坦	8.57	−16.78	9.14	−26.71	1.07	−11.93
俄罗斯	7.10	12.54	6.90	9.86	0.97	−2.38
菲律宾	6.30	−12.58	5.91	−21.18	0.94	−9.84

资料来源：中国海关

表4 2023年规模以上印染企业主要运行质量指标增速（％）

主要指标	一季度	上半年	前三季度	全年
产成品周转率	−14.79	−9.00	−10.70	−11.84
应收账款周转率	−9.13	−0.97	−0.29	0.26
总资产周转率	−6.85	−2.95	−2.09	−0.24

资料来源：国家统计局

提高0.33个百分点。1781家规模以上印染企业亏损户数为548户，亏损面30.77％，较2022年小幅收窄0.23个百分点；亏损企业亏损总额同比降低9.71％，亏损情况较2022年有所好转。

2023年前10个月，规模以上印染企业营业收入、利润总额降幅逐步收窄，11月增速实现由负转正，12月增速进一步提高（图4）。利润总额从1~2月同比下降89.29％回升至全年增长9.26％，企业盈利能力明显改善。销售利润率不断提升，从1~2月仅为0.23％的低位水平逐步回升至5％左右的行业正常水平（图5）。行业亏损面持续收窄，部分亏损企业扭亏为盈，一季度行业亏损面为45.44％，全年收窄至30.77％，收窄14.67个百分点；亏损企业亏损总额同比下降，部分企业经营效益得到修复。

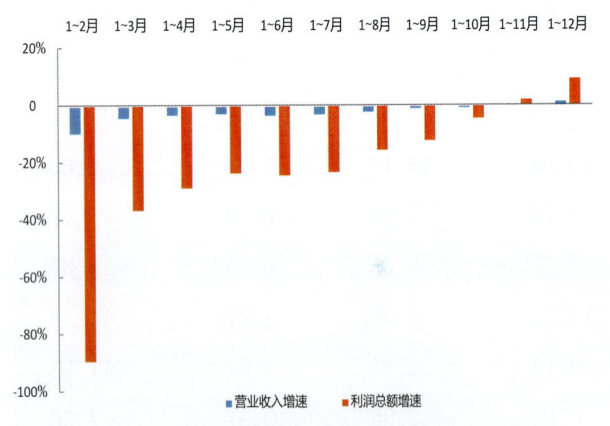

图4 2023年规模以上印染企业营业收入和利润总额增速情况

资料来源：国家统计局

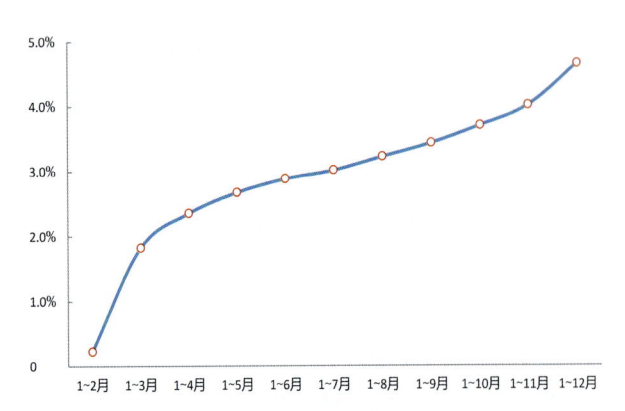

图5 2023年规模以上印染企业销售利润率变化情况

资料来源：国家统计局

2023年印染行业面临的主要问题

一、需求恢复不及预期，企业生产订单不足

2022年12月我国宣布全面放开新冠疫情防控，与快速升温的复苏预期形成鲜明对比的是经济基本面的现实依然偏弱。从宏观层面来看，2023年中国制造业采购经理指数（PMI）总体呈M型走势，在2月达到年内高点后先后经历了快速回落、温和回升、再次转弱的波动过程，见图6。12月PMI指数为49.0％，连续3个月处于收缩区间，"供强需弱"特征仍突出。对印染行业而言，企业对于订单不足的感受较为普遍，多数印染企业产能利用率仅维持在70％左右，部分中小企业产能利用率不足五成。产

能利用率不高，企业成本承压，规模效应弱化，盈利能力下降。订单不足主要归因于市场需求疲软，国内因疫情带来的"疤痕效应"尚未消退，社会预期有待改善，居民消费信心仍需提振，尽管四季度以来内销市场有所回暖，但恢复向好的基础仍需进一步巩固；国际方面，主要发达经济体因核心通胀高企而采取紧缩性货币政策，加大世界经济下行风险，国际市场对纺织品服装的需求下降。

图6 2023年中国制造业PMI指数变化情况

资料来源：国家统计局

二、国际贸易风险上升，行业面临订单转移压力

2023年，全球地缘政治紧张局势延宕，国际贸易环境日趋复杂。乌克兰危机、巴以冲突等对全球地缘政治格局产生持续性冲击；红海-苏伊士运河危机导致产品交货周期延长，运费大幅上涨，对包括中国在内的纺织服装出口国造成较大影响。另外，一些西方国家鼓吹"脱钩断链"，推行"去中国化"战略，采购"友岸化""近岸化"趋势明显，我国印染行业生产订单面临国际转移压力。2023年我国在美、欧盟纺织品服装进口额中所占比重分别为24%和29.7%，与2010年的峰值相比分别下降17.2个百分点和12.8个百分点；在日本纺织品服装进口额中所占比重为52.2%，较2009年的峰值下降26.3个百分点。越南、孟加拉国以及墨西哥、土耳其等国在美欧日市场份额有所增加，这些国家对我国印染面料的需求逐步上升。2023年，我国印染八大类产品对越南、孟加拉国出口数量较2011年分别增长204.4%和120.5%。近年来，随着新兴国家印染产能的扩张和生产配套的完善，我国印染订单向国外转移的趋势越加明显。

三、市场竞争加剧，企业盈利承压

2023年，在企业订单不足、国际供应链结构深入调整的背景下，我国印染行业面临的市场竞争越加激烈。国际上在面临越南、孟加拉国、印度等新兴纺织制造国的竞争同时，也面临着来自欧美发达国家在技术创新、品牌建设等方面的挑战。从协会调研情况来看，2023年多数印染企业加工费有所下调，一是因为随着染化料、能源等价格回落，企业生产成本降低，下调加工费是企业的主动作为；二是因为市场订单不足，企业为争取市场订单、维持正常运转而选择低价策略。这种低价竞争行为不仅压缩了行业的利润空间，增加企业盈利压力，还影响到企业在技术创新、设备更新、产品开发等方面的投资意愿，对企业转型升级和长远发展产生负面影响。

2024年印染行业发展形势

展望2024年，印染行业经济运行将面临新的机遇和挑战。一方面，全球经济增速放缓已成为普遍共识，尽管当前全球通胀问题已得到阶段性缓解，但导致全球经济下行的短期和长期因素依然很多，印染行业对传统市场出口或仍将承压。依托出口市场多元化战略的深入实施及我国跨境电商的蓬勃发展，我国印染行业在新兴市场将迎来新的发展机遇。另一方面，随着国家宏观政策显效发力，居民消费能力和消费意愿有望持续改善，内销市场持续恢复的基础将进一步巩固，超大规模内需市场潜力将逐步释放，国内消费有望转向持续扩大，这为印染行业实现平稳发展提供重要支撑。

一、出口或将量价齐升，但价格改善程度有限

2024年世界经济仍将行进在中低速增长轨道上，全球贸易增速将温和回升。2023年10月世界贸易组织的预测表明，2024年贸易增速为3.3%，高于2023年增速2.5个百分点。外需改善的动因主要在于，美欧等发达经济体的通胀问题有望进一步缓和，货币政策转向将提振国际市场对纺织品服装的需求，但需求改善带动产品价格大幅修复的可能性较低，阻碍2023年经济增长的因素在2024年仍将存在，叠加2024年"超级大选年"的来临，全球贸易恢复进程仍面临诸多不确定性因素。另外，随着出口市场多元化持续推进，我国印染行业将继续深耕非洲、南美洲、"一带一路"共建国家等新兴市场，这些地区将成为我国印染产品出口增长的重要支撑。同时跨境电子商务的发展有利于降低面料等中间品的贸易成本，提高交货效率，这将进一步增强我国印染产品在新兴市场的竞争力。

二、内销有望持续恢复，发展质效将逐步改善

在一系列政策推动下，2023年四季度，我国纺织服装消费市场呈现企稳回升态势。全年限额以上单位服装鞋帽、针纺织品类商品零售额同比增长12.9%，增速较前三季度提高2.3个百分点，12月当月同比增长26.0%，连续两个月增速保持在20%以上。2024年，宏观政策将持续对经济恢复提供有力支撑，终端消费潜能将进一步释放。中央经济工作会议强调"要激发有潜能的消费"，商务部将2024年定义为"消费促进年"，将着力优化消费环境，推动扩大消费需求。预计在系列政策叠加支持下，社会预期将逐步改善，居民储蓄倾向将逐步向消费、投资转化，内销市场有望延续2023年底的恢复态势。消费复苏将带动印染行业盈利能力整体改善，企业经营压力将有所缓解。

2024年印染行业重点发展方向

一、以产品提质和品类创新为切入点，着力扩大国内消费

内需是中国经济发展的根本动力，也是满足人民日益增长的美好生活需要的必然要求。当前，人们对纺织服装的生存性需求逐步向发展性、享受型需求升级，心理预期正从数量向质量转变，优质制造正在得到市场更多关注，品质消费已成为新的发展趋势。印染行业作为纺织产业链提升产品品质、创造市场价值的关键环节，要加快培育新质生产力，通过新材料、新工艺、新装备的系统性创新应用，推动印染产品科技感、价值性、功能性持续提升。要坚持以市场需求为导向，加大差异化产品开发力度，积极构建与新时期市场相适应的制造体系，满足多样化细分市场的消费需求，以创新驱动、高质量供给引领和创造新需求。

二、以结构调整和产业升级为支撑，积极应对产业转移

随着全球经济技术的发展，产业的国际化转移成为必然趋势。近年来，随着全球纺织服装产业向新兴经济体转移，东南亚、南亚国家快速崛起，分流部分中国的中低端订单。与新兴国家相比，我国印染行业在产业规模、生产配套、生产效率、产品质量等方面仍具有明显竞争优势，实施错位竞争是避免产业过快外移的重要战略。印染行业应加大科技创新和研发投入，加快产品结构调整和产业数字化智能化转型，实现生产力系统跃迁，深化提升自身软实力。聚焦中高端消费市场，促进产业向高附加值升级，避免同质化、低水平项目的重复投资建

设，重塑行业国际竞争新优势。同时，印染行业也要顺应产业发展大势，积极开展国际产能合作，深度参与全球产业链供应链的优化调整，推动形成多元、高效的生产力布局。

三、以节能减排和社会责任为关键，加快产业绿色转型

绿色发展是顺应自然、促进人与自然和谐共生的发展，是高质量发展的底色，体现着社会演进、产业变革的趋势与方向。2024年是印染行业实现"十四五"绿色发展目标的关键一年，行业要坚持把实现减污降碳协同增效作为促进产业全面绿色转型的总抓手，积极践行社会责任担当。加强资源节约集约高效利用，加快能源结构调整优化，积极稳妥推进碳达峰碳中和。加大节能减排先进技术推广力度，推动大中小企业协调发展，不断提升行业绿色发展基础能力和内生动力。充分发挥产业链中间关键环节优势，加强与纤维材料、染化料、纺织机械、服装家纺等产业协同发展，深入推进绿色供应链体系建设，突破国际绿色贸易壁垒。

（撰稿人：李鹏飞　王　岩）

针织业

中国针织工业协会

2023年，我国针织行业面临的外部环境复杂严峻，新冠病毒疫情疤痕效应、地缘政治冲突、大国博弈加剧等导致海外需求萎缩、内生动力不足、国际订单转移，行业运营质效总体承压。但行业企业顶住压力，攻坚克难，创新求变，努力化解不利因素，行业整体回升向好，营收、利润、出口等主要经济运行指标出现边际改善迹象。2023年针织行业出口1040.9亿美元，出口额较新冠病毒疫情前提高15.64%，连续三年出口额超千亿美元。在线下消费场景恢复、国家一系列扩内需促销费政策措施落地显效推动下，内销市场持续回暖。展望2024年，针织行业面临的发展形势依然复杂严峻，深入推动产业基础高级化和产业链现代化建设，开辟发展新领域新赛道，不断塑造发展新动能新优势，扎实推动产业向高端化、智能化、绿色化方向发展。

2023年我国针织行业经济运行情况

一、行业整体回升向好，服装占比持续提升

根据国家统计局数据，2023年针织行业规上企业主营业务收入同比下降4.17%，降幅较前三季度收窄0.55个百分点（图1）。其中，针织织物规上企业营业同比下降1.78%；针织服装规上企业营业收入同比下降5.53%。受复杂国内外环境影响，海外需求收缩，竞争加剧，行业营收放缓，全年在负增长区间运行。但在国家一系列稳增长、促消费政策支撑下，内需带动作用渐强，行业产销衔接、经营状况持续好转，整体呈回升向好走势。针织织物织造环节的表现要好于终端针织服装（表1）。

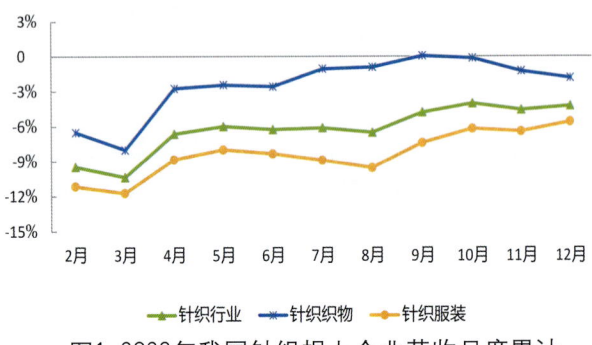

图1 2023年我国针织规上企业营收月度累计增速变化情况

资料来源：国家统计局

针织服装产量方面，虽然同比有所收缩，但随着消费场景的持续创新，消费习惯向休闲、运动转变，促使针织类外衣面料生产工艺有了长足进步；衬衫、西服、女士外套、防晒服等针织服饰产品开发应用迅速提升，针织服装的占比持续上升。2023年，规上企业服装产量同比下降8.69%；其中针织服装产量同比下降5.08%。目前，针织服装产量占服装总产量的比重为66.19%，占比值较2022年提高4.06个百分点，比疫情前2019年提高近12个百分点（图2）。

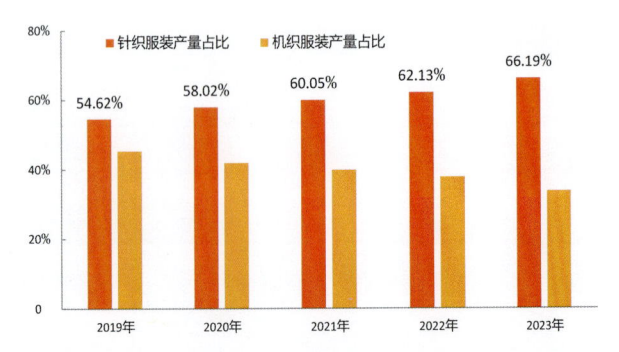

图2 2019~2023年我国针织服装产量占比变化情况

资料来源：国家统计局

表1 2023年针织行业规上企业营业收入增速情况

行业	同比(%)
纺织行业	-0.78
针织行业	-4.17
针织织物	-1.78
针织织物织造	-1.22
针织物印染精加工	9.34
针织织品制造	-6.24
针织服装	-5.53
运动休闲针织服装	-7.35
其他针织服装	-3.89

资料来源：国家统计局

二、营运优化，盈利质量稳步改善

2023年，受市场需求偏弱、成本传导压力不畅等因素影响，企业经营情况承压，但在内需市场回暖支撑下，企业通过优化运营管理、降本控费，加大产品创新力度，深挖细分赛道机会，效益水平稳步改善。根据国家统计局数据，2023年针织行业规上企业利润总额同比下降4.22%，降幅较2023年前三季度收窄2.38个百分点，较2022年收窄6.59个百分点。其中，针织织物利润总额同比增长1.35%，实现增速由负转正；针织服装利润总额同比下降7.14%（表2）。

2023年针织行业规上企业利润率为4.32%，较2023年前三季度提高0.45个百分点，维持了2022年水平；亏损面持续下降，全年亏损面水平为19.27%，较2023年前三季度下降5.37个百分点，比2022年下降0.35个百分点；总资产周转率和产成品周转率同比略有放缓，但基本维持在合理区间。

表2 2023年针织行业规上企业运营质量情况

行业	利润总额同比(%) 前三季度	利润总额同比(%) 全年	利润率(%) 前三季度	利润率(%) 全年	亏损面(%) 前三季度	亏损面(%) 全年
针织行业	-6.60	-4.22	3.87	4.32	24.64	19.27
针织织物	-3.82	1.35	3.26	4.22	21.18	15.87
针织服装	-7.81	-7.14	4.22	4.38	26.54	21.13

资料来源：国家统计局

续表

行业	三费占比(%)		产成品存货同比(%)		产成品周转率(次/年)	
	前三季度	全年	前三季度	全年	前三季度	全年
针织行业	7.53	7.45	-2.92	-2.36	12.56	12.92
针织织物	5.88	5.88	6.27	7.06	11.00	11.27
针织服装	8.49	8.38	-8.78	-8.44	13.71	14.17

资料来源：国家统计局

三、内销持续回暖，消费热点频现

内销方面，随着国家一系列促销费政策的持续发力、线下消费场景逐步恢复、购物节等多种促销手段的推进激发消费热情，国内市场呈现回暖递进。2023年，全年国内生产总值超126万亿元，比2022年增长5.2%。全年社会消费品零售总额约47万亿元，同比增长7.2%，增幅较2022年提高7.4个百分点。其中，限额以上服装、鞋帽、针纺织品类商品零售额同比增长12.9%，实物商品网上穿类商品零售额同比增长10.8%（图3）。

图3 2023年我国社会消费品零售情况

资料来源：国家统计局

销售渠道加速向线上迁移，视频种草、直播变现。同时，随着线下场景的逐步恢复，品牌商对细分场景深度挖掘、创新；时尚IP、消费热点频现。轻量化户外针织服饰风起，含有高科技功能性纤维的针织防晒衣、户外冲锋衣、滑雪服饰细分产品热销，儿童户外运动服饰处于蓝海；融入传统文化、民族元素的国潮、国风消费爆款不断涌现。大众消费愈加趋于理性，由关注"性价比"转向关注"心价比"，"平替""白牌"成为消费热词，加工商及品牌商纷纷迎来发展的机遇期。

四、出口降幅逐步收窄，全年再破千亿美元

2023年我国针织产品出口额在"十四五"期间连续第三年突破千亿美元，全年累计出口1040.94亿美元，在2022年高基数基础上同比下降9.36%，累计降幅自7月以来逐步收窄（图4）。其中，针织织物出口215.23亿美元，同比下降9.3%；针织服装及附件出口825.71亿美元，同比下降7.8%。从单月增速看，呈现明显收敛状态。且8~12月，我国针织产品对美国单月出口均实现正增长，释放需求回暖信号。

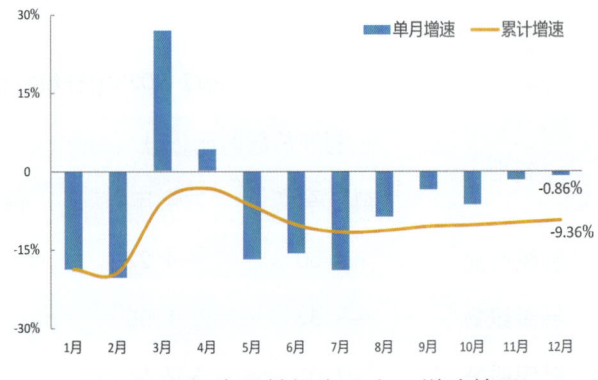

图4 2023年我国针织产品出口增速情况

资料来源：国家统计局

行业运行

从出口市场来看，我国针织产品的出口结构持续调整，贸易市场呈多元化发展。2023年我国针织产品对美国、东盟、欧盟、日本出口同比分别下降12.24%、13.51%、17.73%和12.75%（图5）。同期我国对中亚、中东、俄罗斯等国家和地区出口表现良好。2023年我国针织产品对中亚五国出口同比增长45.41%；对俄罗斯出口同比增长20.64%；对土耳其出口同比增长18.71%（图6）。此外，对尼日利亚、喀麦隆、巴西等国家出口也实现较好增长。

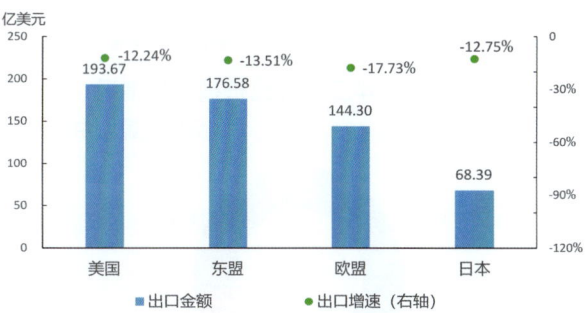

图5 2023年我国针织产品主要出口市场出口额及增速

资料来源：中国海关

图6 2023年我国针织产品新兴出口市场出口额及增速

资料来源：中国海关

从市场份额来看，主要发达经济体如美、欧、日等对针织产品的整体进口需求较去年同期均有所下降，同时我国产品在上述市场中的份额占比也有所减少。

目前，美国针织产品进口前五大来源国分别为中国、越南、柬埔寨、孟加拉国、印度。从近10年数据看，中国在美国的市场份额大幅下降，降低近15个百分点；与此同时，越南占比有较大幅度提升，十年间提高近7个百分点，进一步缩小与中国之间的差距（图7）。

欧盟地区，中国、孟加拉国位居其针织产品进口的前两位，二者占比之和超过50%。随着近十年的发展，孟加拉国的份额直逼中国，中孟两国的占比差额从领先19%到不足3%（图8）。另外，受转口贸易因素影响，未来我国向日本出口或面临越南等国的挤压，值得重视和关注（图9）。

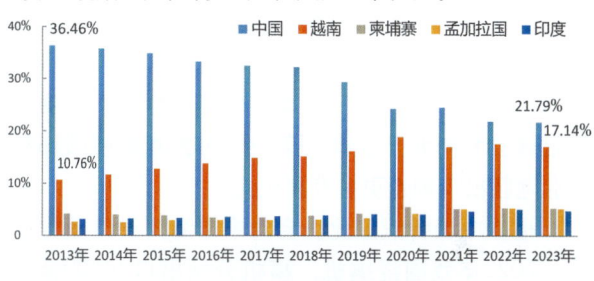

图7 2013~2023年美国针织产品前五大进口来源国份额占比情况

资料来源：美国商务部

图8 2013~2023年欧盟27国针织产品前五大进口来源国份额占比情况

资料来源：欧盟统计局

图9 2013~2023年日本针织产品前五大进口来源国份额占比情况

资料来源：日本海关

63

从细分品类来看，2023年T恤衫、袜子等产品出口降幅较小（表3）。其中起绒织物、内衣家居服的出口降幅明显收窄，较上半年分别收窄4.55个百分点和5.00个百分点。

地方海关数据显示，2023年新疆、广西、湖北、四川等中西部省市出口增长较快，出口增速分别为58.13%、18.42%、45.70%和55.26%（表4）。目前东部沿海五省的出口额合计占全国比重为75.24%，其占比较2022年下降2.18个百分点，同期中西部省市出口占比有所提高，产业东中西进一步协调发展。未来随着"一带一路"政策效应持续释放，新疆自贸区建立和向北开放政策实施，将为我国中西部和东北地区出口创造更多有利机会。

根据中国针织工业协会对中国海关出口数据整理，2023年我国经编机、横机分别出口88000余台和64000余台，同比大幅上涨39.95%和45.97%；同期，圆机的出口数量为143000余台，同比下降18.65%（图10）。从出口分布情况来看，印度、越南、孟加拉国、土耳其等为我国针织机械的主要出口目的国，该四国的占比之和约占我国针织机械出口总额的50%（图11）。近年来，我国针织三大机型出口整体呈加速趋势，充分体现了我国针织装备技术的长足进步，为我国针织机械企业打开了国际市场的发展空间，但也从另一个侧面反映了海外产能的增长和产业转移趋势。

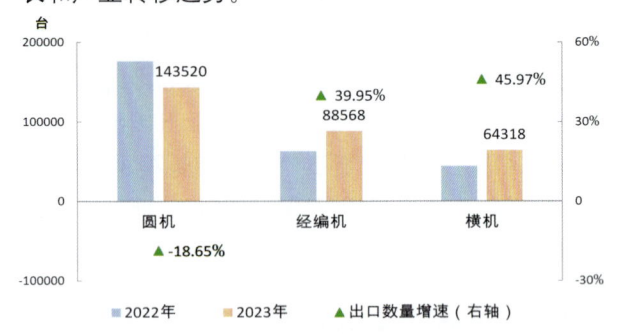

图10 2023年三类针织机械出口情况

资料来源：中国海关

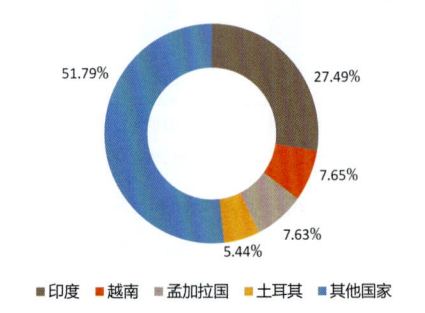

图11 2023年我国针织机械出口分布情况

资料来源：中国海关

表3 2023年针织产品细分品类出口情况

产品品类	出口金额（亿美元）	出口金额同比（%）
起绒织物	52.20	−8.67
经编织物	12.54	−7.22
针织衫	199.61	−10.34
内衣家居服（不含文胸）	96.62	−8.01
T恤汗衫	90.36	−1.63
袜子	69.29	−2.19
手套	30.32	−8.06
运动装	20.95	−14.83
童装	16.80	−21.52
衬衫	16.48	−8.01

资料来源：中国海关

表4 2023年地方海关针织产品出口统计

注册地名称	出口金额(亿美元)	出口金额同比(%)
浙江省	304.62	-4.09
广东省	143.64	-17.07
江苏省	133.39	-16.17
山东省	101.74	-7.01
福建省	99.77	-18.20
上海市	59.41	-10.35
新疆维吾尔自治区	55.69	58.13
广西壮族自治区	26.68	18.42
江西省	24.90	-26.18
湖南省	15.30	-41.69

资料来源：中国海关

2024年针织行业发展形势展望

展望2024年，国内经济有望延续回升向好态势，但稳增长、调结构、促改革任务依然艰巨，消费和投资信心的恢复仍面临压力。国内有效需求不足、外需收缩、电商直播平台低价竞争，行业价格"内卷"的趋势可能加剧，企业效益修复仍面临挑战。

国际贸易方面，地缘政治风险上升，大国博弈加剧，全球贸易体系处于新秩序建立前夜的脆弱期，世界将面临更多不确定的因素。国际货币基金组织（IMF）预测2024年全球经济增速将放缓至2.9%，国际市场需求端难有大的改善。从海外服装品牌的库存周期看，去库存化趋于尾声，后续采购需求将有所上升，但难以抵消国际供应链重组对行业的深远影响。预计2024年行业出口仍将延续下滑态势，继续向疫情前的常态化发展回归，跨境电商将加速发展。出口市场呈"东升西降"之势，即对欧美日发达经济体的出口下降，而对一带一路沿线国家出口上升，市场份额向拥有国际供应链布局和核心竞争优势的头部企业集中。

尽管外部环境复杂多变，充满不确定性，但中国针织行业供应链的连接力与效率、人才与数字化红利在国际供应链重构中仍具有无可比拟的优势，行业韧性强、潜力大、空间广的基本面没有变。文化自信带来国货崛起，国风新潮、休闲运动、绿色健康、数字消费、文化娱乐等新消费场景、新消费特点持续涌现，国家经济长期向好的大趋势给行业发展提供了坚实的支撑。行业要坚定信心，以习近平新时代中国特色社会主义思想为指导，坚持稳中求进、以进促稳、先立后破，围绕高质量发展，聚焦现代化产业体系建设，持续深化转型升级，主动适应国际供应链重构的变化，优化产能布局，通过全价值链的持续创新，数智赋能，实现产业基础高级化和产业链现代化，开辟发展新领域新赛道，不断塑造发展新动能新优势，推动产业向高端化、智能化、绿色化方向发展。

（撰稿人：张希成 魏薇 瞿静）

服装业

中国服装协会

2023年，我国服装行业面临的外部环境更趋复杂严峻，全球经济增长放缓，国际市场需求收缩，服装行业承压前行。随着我国宏观经济回升向好以及一系列扩内需促消费政策措施落地显效的带动，内销市场持续回暖，我国服装企业转型升级和创新发展不断推进，行业经济呈现"总体降速运行、年末边际改善"的态势。展望2024年，随着国内经济回升向好、内销市场信心和活力逐渐增强，我国服装行业经济平稳运行基础更趋巩固，但外部形势仍然复杂严峻，行业经济保持恢复性增长的压力依然较大，整体上将回归到新冠病毒疫情之前的深度调整和低速运行周期。

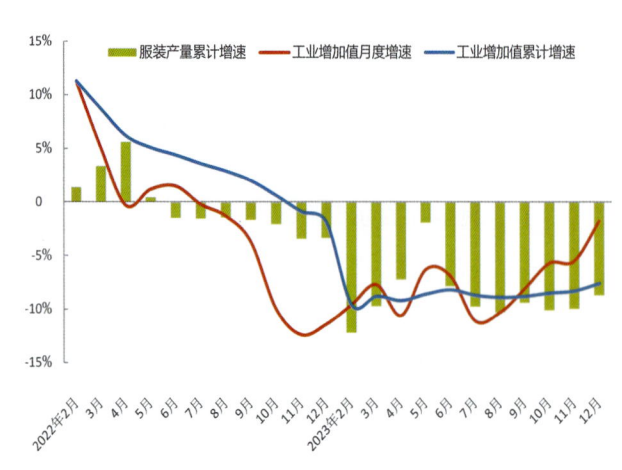

图1 2022～2023年服装行业生产增速情况

资料来源：国家统计局

2023年中国服装行业经济运行情况

一、服装生产明显下滑

2023年，受外需收缩、内需增长乏力、成本上涨等因素影响，我国服装行业生产规模有所下降，工业增加值持续负增长。根据国家统计局数据，2023年，服装行业规模以上企业工业增加值同比下降7.6%，降幅比前三季度收窄1.2个百分点，比2022年加深5.7个百分点；规模以上企业完成服装产量193.9亿件，同比下降8.7%，降幅比前三季度收窄0.7个百分点，比2022年加深5.3个百分点（图1）。从主要品类产量来看，2023年，服装行业规模以上企业梭织服装产量为65.6亿件，同比下降15%，针织服装产量为128.3亿件，同比下降5.1%，降幅分别比2022年加深9.9个百分点和2.8个百分点。在针织服装中，羽绒服装、西服套装和衬衫产量同比分别下降23.8%、9.4%和9.9%。

二、内销市场持续回暖

2023年，国内社会经济全面恢复，就业形势大体稳定，为消费回暖提供有力保障。叠加产业供给不断优化、新业态新模式刺激潜在消费需求以及扩内需促消费政策落地显效等因素的有力拉动，我国服装内销市场实现较快增长，市场活力持续回升，消费需求逐渐释放。根据国家统计局数据，2023年，我国限额以上单位服装类商品零售额为10352.9亿元，同比增长15.4%，增速比2022年提升23.1个百分点。

在企业积极推进数字化转型、消费环境优化改善、消费体验丰富提升等因素带动下，大商场、专业市场等实体店铺服装销售持续改善。根据中华全国商业信息中心的统计，2023年，全国重点大型零售企业服装类商品零售额同比增长11.4%，零售量同比增长12.4%，分别比2022年提升26.2个百分点和31个百分点。同时，直播电商、内容电商、社群营销等新业态新模式快速发展，线上服装消费增势良好，2023年穿类商品网上零售额同比增长10.8%，增速比2022年加快7.3个百分点（图2）。

图2 2023年国内市场服装销售情况

资料来源：国家统计局

三、服装出口金额有所减少

2023年，受国际市场需求收缩、"去中国化"趋势加剧等因素影响，我国服装出口延续2022年四季度增速放缓的态势，出口下行压力加大，出口规模明显下降。根据中国海关数据，2023年，我国累计完成服装及衣着附件出口1591.4亿美元，同比下降7.8%，增速比2022年回落11个百分点（图3）。从全年出口走势来看，服装出口在小幅回升后持续负增长，年末翘尾现象较为明显。1~4月，随着国内供应链恢复、积压订单集中交付，服装出口同比增长2.5%。5月开始，服装出口压力明显加大，累计出口金额持续负增长。四季度，在圣诞节、新年等节日消费需求提升及美国去库存显效等因素作用下，2023年末两月服装出口明显向好，11月降幅收窄至2.8%，12月当月服装出口恢复正增长，同比增长1.9%，全年服装出口降幅比前三季度收窄1个百分点。

服装出口市场多元化持续推进，我国对美国、欧盟和日本服装出口延续下降态势，对东盟服装出口呈先增后降趋势，对非洲和"一带一路"共建国家和地区服装出口逆势增长。根据中国海关数据，

图3 2023年我国服装及衣着附件出口情况

资料来源：中国海关

2023年，我国对美、欧、日三大传统市场服装出口金额合计727.8亿美元，同比下降15.1%，占我国服装出口总额的45.7%，比2022年减少3.9个百分点；对东盟服装出口金额155.1亿美元，同比下降4.3%，自7月开始，我国对东盟单月服装出口转为负增长，10月和11月降幅分别达30.7%和17.2%，12月降幅收窄为4.5%。同期，我国对一带一路沿线国家和地区服装出口同比增长1.4%，拉动我国服装出口增长0.4个百分点，其中对哈萨克斯坦同比增长72.5%；对非洲服装出口同比增长15%，拉动我国服装出口增长0.7个百分点。

四、投资规模小幅下降

在国内外市场需求整体疲弱、企业经营压力加大、市场预期不稳以及高基数等因素的影响下，我国服装行业投资信心略显不足，固定资产投资规模小幅下降，但降幅逐步收窄。根据国家统计局数据，2023年，我国服装行业固定资产投资完成额同比下降2.2%，比2022年下滑27.5个百分点，但降幅比2023年上半年和前三季度分别收窄3.1个百分点和2.5个百分点（图4）。行业数字化、智能化转型升级明显提速，在新增固定资产投资项目中，以产能升级改造为主，涉及智能化设备的开发应用、智能工厂建设、供应链优化、品牌营销、渠道拓展、仓储物流等多个领域。

图4 2014年以来服装行业固定资产投资增速情况

资料来源：国家统计局

五、运行质效表现不佳

2023年，我国服装行业营业收入和利润总额的萎缩态势仍在延续，企业运行效率放缓，盈利难度加大，行业经济运行质效承压。根据国家统计局数据，2023年我国服装行业规模以上（年主营业务收入2000万元及以上）企业13625家，实现营业收入12104.7亿元，同比下降5.4%，降幅比2022年加深0.8个百分点；利润总额613.8亿元，同比下降3.4%，降幅比2022年收窄2.9个百分点；营业收入利润率为5.1%，高于2022年0.1个百分点（图5）。受益于年末服装出口和内销市场的向好表现，行业效益指标明显改善，全年营业收入和利润总额降幅分别比前三季度收窄2.7个百分点和3.8个百分点，营业收入利润率比前三季度提高0.7个百分点。

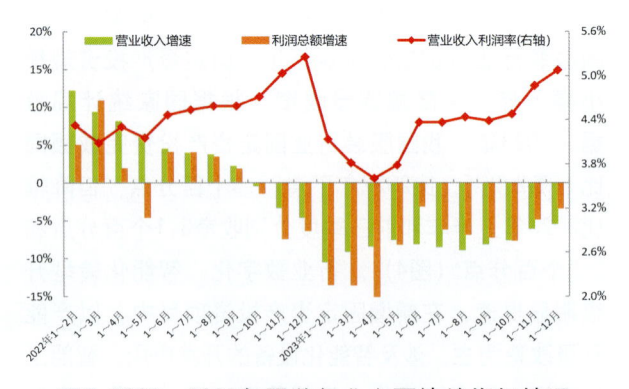

图5 2022~2023年服装行业主要效益指标情况

资料来源：国家统计局

2023年中国服装行业运行主要影响因素

一、市场需求总体疲软

2023年，我国服装行业经济运行总体呈现了降速运行的态势，核心原因是国内有效需求不足叠加国际市场需求收缩的内外共振。从国际市场来看，全球经济增长动力回落，国际市场需求收缩，主要国家服装消费和进口均较为低迷，导致我国服装出口下行压力加大。根据美国纺织品服装办公室、欧盟统计局和日本海关数据，2023年，美国、欧盟服装进口分别同比下降22%和17.3%，日本服装进口同比小幅增长1.1%，比上半年放缓8.6个百分点。从国内市场来看，在前期积压的消费需求集中释放后，受资产价格下跌、居民预期转弱、消费意愿不足等因素影响，二季度以来内需市场恢复势头有所放缓，居民消费恢复持续性不强，剔除基数效应后消费整体仍呈弱复苏态势。2023年全国居民人均衣着消费支出1479元，同比增长8.4%，增速明显低于交通通信、教育文化娱乐等改善型消费支出。

二、全球供应链竞争加剧

在美国加大对我国贸易限制和乌克兰危机引发的地缘政治冲突升级的背景下，美国、欧盟等发达经济体加大调整产业政策的力度，促进供应链自主可控，近岸化、盟友化和区域化趋势越发明显，对全球产业链重构产生了重大影响，国际品牌提高自东南亚、墨西哥、土耳其等国家和地区采购比例，服装产业向上述地区转移趋势不减，使得我国服装行业参与国际市场竞争压力加剧，在欧美日进口市场中所占份额呈现持续下滑态势。根据美国纺织品服装办公室、欧盟统计局和日本海关数据，2023年，我国在美国、欧盟和日本三大市场中的进口份额分别为21%、28.3%和50.8%，较2022年分别减少0.8个百分点、2个百分点和3.6个百分点（表1）。

三、成本上涨、内卷式竞争等问题影响产业恢复

在市场需求不足、生产成本高企、价格竞争加剧、应收账款增多等不利因素叠加作用下，服装企业生产经营压力持续加大，利润空间收缩，在一定程度上使企业降低对未来投资和发展的预期，影响产业恢复。一方面，企业原料成本居高不下，能源、安全生产、环境保护、绿色低碳改造等成本费用均明显上调，叠加结构性用工矛盾突出，用工成本连年上涨，多重因素导致企业经营成本维持在高位水平；另一方面，市场需求不足引发供给端竞争激烈，企业为缓解库存积压、现金流趋紧等经营困境，低价出货现象增多，企业利润空间严重收窄。特别是直播电商、跨境电商等渠道价格内卷严重，

为增加流量压低价格的行为对行业健康发展造成一定影响。

四、企业分化态势更趋明显

终端需求不足、价格竞争激烈进一步加剧了服装行业的分化趋势，产业资源加速向大型企业集中，中小企业承压更为严重。大型企业凭借在生产、技术、人才、资本、市场等多方面的竞争优势，整合、集聚产业链上下游优质资源，而中小企业尤其是加工型企业因议价能力更弱而持续承压，陷入"不涨价没利润、涨价没客户"的两难困境。在市场端，服装消费的"K"型分化趋势更加明显，中高端品牌以产品创新、精准营销和优质服务锁定目标消费群体，奥莱、电商等销售渠道以"价低质优"的高性价比吸引消费者，部分中档品牌和大众品牌则由于重营销轻研发、产品缺乏核心竞争

表1 2023年美国、欧盟和日本服装主要进口国比重变化情况

美国			欧盟			日本		
国别	比重(%)	比重增减（百分点）	国别	比重(%)	比重增减（百分点）	国别	比重(%)	比重增减（百分点）
中国	21.0	−0.8	中国	28.3	−2.0	中国	50.8	−3.6
越南	18.2	−0.1	孟加拉国	19.9	−0.8	越南	16.9	1.3
孟加拉国	9.4	−0.4	土耳其	11.5	0.6	孟加拉国	5.1	−0.1
印度	5.7	0.0	印度	5.0	0.2	缅甸	4.9	0.8
印度尼西亚	5.4	−0.2	越南	4.5	0.1	柬埔寨	4.5	−0.1
柬埔寨	4.3	−0.1	巴基斯坦	3.8	0.0	意大利	4.1	0.9
墨西哥	3.6	0.4	柬埔寨	3.7	0.2	印度尼西亚	3.3	0.2
洪都拉斯	3.1	−0.1	摩洛哥	2.9	0.1	泰国	1.7	0.0
意大利	2.6	0.7	缅甸	2.8	−0.2	马来西亚	1.5	−0.2
巴基斯坦	2.6	−0.2	突尼斯	2.7	0.5	印度	1.0	0.1

资料来源：美国商务部、欧盟统计局、日本海关

力等问题，难以说服消费者为高溢价买单，只能以高折扣促进消费，造成营收下降、利润承压的局面，也有一些同质化严重的品牌在新一轮洗牌中被淘汰。

2024年服装行业面临的发展环境

一、国际需求增长乏力是服装行业恢复面临的首要困难

2024年，全球经济增速放缓，通胀水平仍处高位、货币政策偏紧、地缘政治冲突等因素将导致全球经贸活动持续低迷，国际市场需求增长动力仍显疲软。根据2023年10月国际货币基金组织的最新预测，2024年全球增速将放缓至2.9%，远低于疫情前2000～2019年平均3.8%的水平；全球通胀率将从2022年的8.7%、2023年的6.9%降至2024年的5.8%，仍未回到2%左右的预期水平。全球货物贸易或将回暖，世界贸易组织预计2024年全球货物贸易量增速将在2023年0.8%的低增长基础上回升至3.3%。但是，在高通胀、高利率、高债务的背景下，欧美等发达经济体居民可支配收入增长受限，家庭资产负债状况变差，消费者实际购买能力下降，消费活力和潜力释放受到抑制，紧缩性货币政策对需求端的滞后影响将逐步显现。

二、内需市场成为支撑服装行业高质量发展的战略基点

国际货币基金组织上调2024年中国经济增长预期至4.6%，高出此前预测值0.4个百分点。2023年12月召开的中央经济工作会议再次强调了扩大内需消费的重要性，并将其列为2024年重点经济工作任务的第二位。随着我国消费市场的提质扩容、国民文化自信的增强，以及人们的消费信心和购买力逐渐恢复，国货消费、绿色消费、健康消费以及银发经济、冰雪经济等新模式新业态快速发展，将为内需消费注入新的动力。随着宏观经济持续恢复，我国居民收入和消费倾向已经出现改善趋势。根据国家统计局数据，2023年，居民可支配收入同比增长6.1%，高于GDP增速0.9个百分点，居民消费倾向（消费支出占可支配收入的比重）为68.3%，比2022年提高1.8个百分点，正在向新冠病毒疫情前水平回归（2013～2019年的均值为71.2%）。

2024年中国服装行业发展趋势展望

一、2024年服装行业发展趋势研判

展望2024年，随着国内经济回升向好、内销市场信心和活力逐渐增强，我国服装行业经济平稳运行基础更趋巩固，但行业面临的外部形势仍然复杂严峻，行业经济保持恢复性增长的压力依然较大。在国际经贸形势基本平稳、欧美等主要市场主动补库存以及国内经济稳定增长的前提下，依托强大产业链供应链的生产优势、超大规模的市场优势、延续叠加的政策优势以及上年低基数效应，2024年服装行业经济运行有望在内销温和复苏、出口逐渐企稳的支撑下走出低谷，重新进入疫情之前的行业深度调整和低速运行周期。

从国际市场来看，服装出口上行和下行因素并存，虽然出口压力短期内不会缓解，但是在发达国家补库存需求回升、加速拓展新兴市场、跨境电商等新模式快速发展的推动下，预计2024年我国服装出口态势将趋于稳健，价格企稳回升成为出口支撑因素，市场结构继续优化调整。影响服装出口的不利因素主要包括：一是贸易保护主义和地缘政治风险因素导致国际环境不确定性增加，乌克兰危机、巴以冲突等外溢效应或将持续，世界主要经济体政治选举陆续展开，国际局势仍将处于动荡变革期，不利于全球贸易的稳定与发展。二是欧美发达经济体紧缩货币政策滞后效应将持续

显现，虽然欧美加息周期已经进入尾声，但通胀和利率水平仍处于历史较高区间，制约居民实际购买力和消费信心改善，不利于全球增长动能修复和国际需求回暖。三是由于东南亚、南亚国家服装产业逐渐恢复，国际采购策略的"去中国化"调整将进一步加速海外订单转移，全球供应链竞争加剧使我国服装出口下行压力增大。此外，人民币对美元汇率升值概率加大，汇率波动将削弱出口产品的国际竞争力，增加企业汇兑风险，对我国服装出口产生一定影响。

从国内市场来看，我国经济企稳向好发展为消费复苏创造了良好的条件和基础，预计2024年我国服装内销市场将延续恢复态势，但由于市场主体信心和预期仍有待改善，叠加2023年基数较高，内销市场增速或将有所放缓。多重利好因素将支撑服装内销市场持续改善：一是政策优化叠加促消费稳增长政策显效发力，就业形势大体稳定，居民收入保持增长，有助于提升消费能力和意愿，促进内需市场提质扩容。二是随着城市群建设以及新型城镇化和乡村振兴战略持续推进，电商平台和品牌企业加速布局下沉市场，带动服装消费需求进一步释放。三是以Z世代、新中产和小镇青年为代表的新消费群体崛起，运动、国潮、绿色等新消费增长点结合线上线下融合发展的新零售模式持续激发市场活力，推动新业态、新场景发展壮大，服装企业通过研发创新、文化赋能、科技支撑等强化产品和品牌价值创造，从供需两侧助力服装内销市场持续回暖。

总体来看，2024年，国内外市场需求改善将有利于产品价格回升，进一步促进行业营收和利润修复，逐渐缓解市场主体压力并激发企业内生动力，形成供需两端相互促进的良性循环，推动行业经济稳步向好。服装行业需坚守"科技、时尚、绿色"的产业新定位，坚持稳中求进、以进促稳、先立后破的工作方针，加快现代化产业体系建设，持续推进产业基础高级化和产业链现代化，有效推动产业高质量发展。

二、2024年服装行业重点发展方向

（一）强化产业基础提升，推动产业链现代化

在新旧动能转换的关键阶段，服装行业持续坚持创新驱动发展战略，针对工艺技术、高端制造、精益管理等方面的短板弱项，不断增强原始创新能力和科技成果转化、应用能力，不断完善和优化以产学研合作为基础的协同创新机制，围绕工业互联网、人工智能等关键共性技术，进一步加强服装智能制造共性技术研发和应用。同时，通过发挥各地政府和产业集群"自上而下"的组织作用，服装行业将积极融入京津冀一体化、长江经济带发展、黄河流域生态保护等发展战略，持续推进科技创新平台建设，跨领域、跨学科、跨区域的开展技术研发和产业化应用，提高产业链整体运行效率，进一步提升产业基础高级化和产业链现代化水平。

（二）全面推进智能制造，构建产业发展新生态

随着智能制造试点示范和新模式应用不断深入，服装行业的智能制造正在由示范推广阶段迈向系统化普及的新阶段，从数据集成、强化价值创造以及平台赋能三个维度推动服装产业构建现代化发展新生态。服装行业企业将全面推进智能制造装备、模块化单元、信息化管理系统以及智能化解决方案的广泛应用，以场景化方式推动数字化车间、智能工厂建设。同时行业将持续加强工业互联网、智能制造平台建设，特别是在"大数据+大算力+强算法"加持下，人工智能技术将加速赋能全产业链从文化创意、研发设计、生产制造到仓储物流、营销服务多个维度下不同的应用场景，促进研发端的降本增效和消费端的交互体验升级，推动企业运营向以消费者需求为中心的价值创造转型。

（三）强化时尚文化赋能，提升品牌创新能力

面对新一代消费主力的时尚需求，服装行业将持续开展中华优秀文化与当代消费审美的创新性研究与跨学科研究，不断汲取和沉淀中华时尚美学精

髓，逐步构建起富有中国特色标识的时尚价值观和时尚价值体系。在时尚文化赋能与数字经济的深度融合下，服装品牌将更加注重民族风尚向产业时尚的转化，积极探索与文学、影视、动漫、游戏等产业跨界合作，通过大数据、AI智能设计、虚拟主播等新技术和"元宇宙"科技的加速融合，促进传统民族文化、现代潮流文化等资源在品牌建设中更加广泛、更具创新的传承应用，聚力提升产品开发设计能力、时尚创意能力和品牌精准服务能力，推动品牌向年轻化、时尚化、高端化发展。

（四）践行绿色发展理念，推动产业可持续发展

随着绿色发展理念的贯彻执行，服装行业的绿色发展实践不断深化拓展，要素资源、创新资源、市场资源加速向绿色发展聚集，形成新的发展优势。服装行业要引导企业树立环境资产观念，把可持续发展理念融入企业战略体系、生产体系和创新体系中，持续推进绿色制造技术和先进生产工艺的应用，利用数字化技术加速向生产清洁化、能源高效低碳化、资源可循环化的绿色发展模式转变，不断提升行业企业的ESG表现和社会贡献，彰显负责任的时尚强国新形象。同时，积极倡导和传播绿色消费理念，基于互联网平台开展旧衣回收和二手交易等，加强废旧服装产品工业化再利用等关键技术的研发和应用，推动行业可循环经济持续发展。

（撰稿人：刘　静　袁　正）

家用纺织品业

中国家用纺织品行业协会

2023年全球经济进入恢复发展的新时期，国际市场消费动力不足，国际贸易环境复杂，地缘政治和贸易摩擦等不利因素风险在一定程度上给我国家用纺织品外贸带来压力，行业外贸总体仍呈现弱复苏态势。国内市场方面，随着新冠病毒疫情防控转入新阶段，作为全面贯彻落实党的二十大精神的开局之年，在国家一系列扩大内需、提振信心、防范风险政策举措支持下，内销市场持续回暖。我国家用纺织品行业以持续推动行业高质量发展为目标，布局纺织现代化产业体系建设，深入推动转型升级取得新进展。

2023年家用纺织品行业经济运行情况

一、行业主要经济运行指标实现平稳回升

2023年随着新冠病毒疫情防控进入新阶段，国际国内市场逐步恢复，我国家用纺织品行业全年运行呈逐步回升态势。国家统计局数据显示，2023年全国规模以上家用纺织品企业营业收入同比小幅下降1.2%，降幅自年初以来呈逐渐收窄趋势。家用纺织品企业在成本控制与提质增效方面取得新成效，国家减税降费等政策的逐步落地也进一步减轻了家用纺织品企业的成本压力，行业的营业成本大幅降低，且下降幅度整体深于营业收入的下降幅度，从而使行业利润保持在正增长区间。国家统计局数据显示，全国规模以上家用纺织品企业2023年的利润率为4.79%，较2022年有所提高。从而体现出我国家用纺织品行业的发展韧性（图1）。

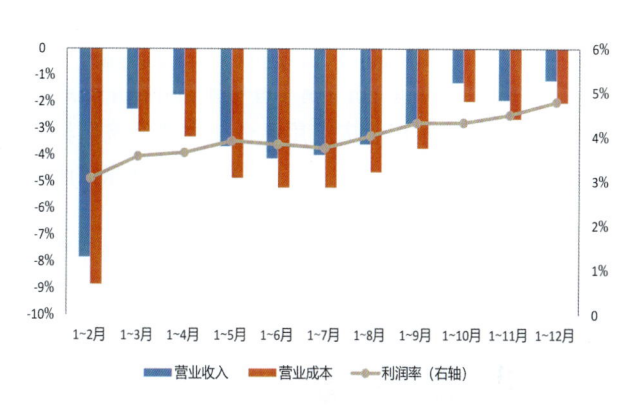

图1 2023年规模以上家用纺织品企业主要经济指标
资料来源：国家统计局

家用纺织品主要子行业床上用品、毛巾和布艺也均呈现出主要指标稳步回升的总体态势。其中，布艺行业的恢复性增长效率更为明显，进入四季度后，规模以上布艺企业的营业收入相比2022年恢复至正增长区间；国家统计局数据显示，2023年规模以上布艺企业实现利润率为7.23%（图2），高于行业平均水平；规模以上床品企业利润率为4.97%（图3）；规模以上毛巾企业利润率为5.7%（图4），同比2022年均有所提升。

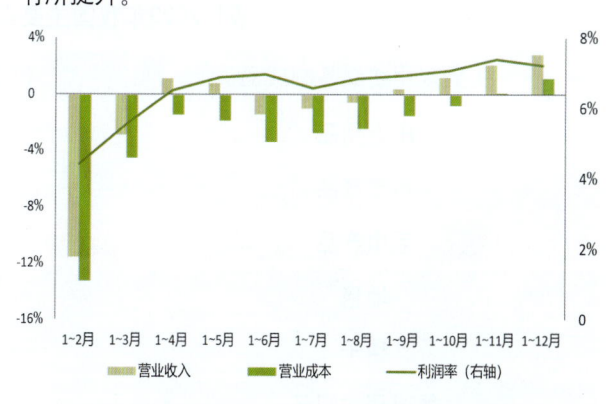

图2 2023年规模以上布艺企业主要经济指标
资料来源：国家统计局

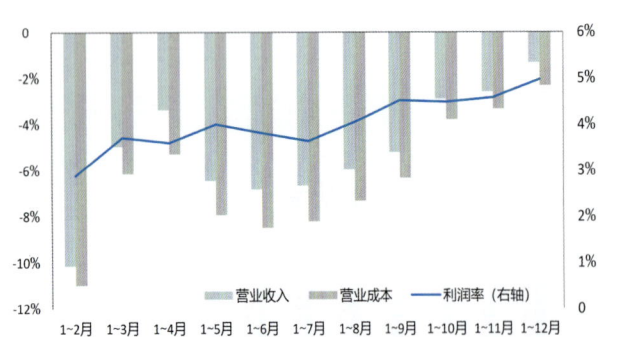

图3 2023年规模以上床上用品企业主要经济指标

资料来源：国家统计局

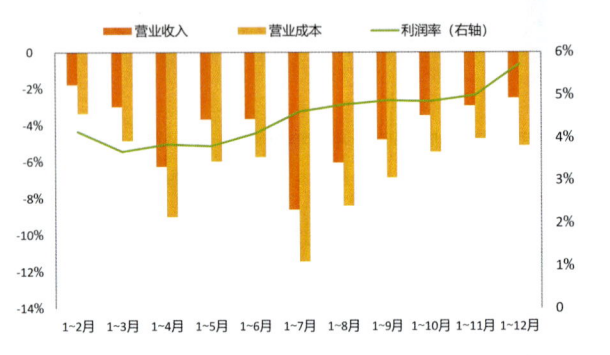

图4 2023年规模以上毛巾企业主要经济指标

资料来源：国家统计局

二、出口降幅逐渐收窄

2023年，受国际市场整体需求偏弱以及中美贸易摩擦的持续干扰，我国家用纺织品出口额同比2022年有所下降，但降幅呈逐渐收窄趋势，实现出口额共计459.78亿美元，同比下降2.29%（图5），降幅较2022年收窄1.56个百分点。自下半年来，我国家用纺织品产品的出口形势不断恢复，12月当月更是实现6.08%的较好增长。

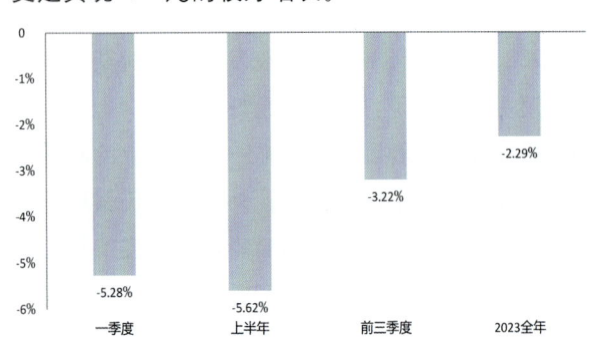

图5 2023年以来我国家用纺织品出口额同比变化情况

资料来源：中国海关

家用纺织品制成品的出口相对稳定。我国出口家用纺织品制成品351.28亿美元，同比略降0.06%，基本与2022年持平。主要出口品类中，床上用品、布艺成品略降，毯子、地毯、餐厨用纺织品均实现不同幅度增长（表1）。主要品类中，毛巾出口受主要市场（东盟）表现疲软的影响整体出现较大波动，2023年我国出口毛巾产品共计23.94亿美元，同比下降7.48%，其中对东盟出口大幅下降19.5%。另外，

表1 2023年我国主要家用纺织品制成品出口情况

主要家用纺织品制成品	出口额（亿美元）	出口额同比（%）
床上用品	145.76	−1.72
布艺产品	58.34	−1.13
毛巾产品	23.94	−7.48
地毯	40.05	5.27
毯子	44.00	0.10
餐厨用纺织品	37.10	7.95

资料来源：中国海关

出口家用纺织品面辅料108.5亿美元，在2022年的5.64%高增长基础上出现回落，同比下降8.87%。

美、欧市场逐渐回温。美、欧市场自下半年逐渐回温，至年末出口额基本与2022年持平。其中对美国市场自7月以来，当月出口额同比一直保持增长，全年实现出口额107.66亿美元，同比略降0.7%。对欧盟市场出口额从9月以来一直保持增长，全年实现出口额59.57亿美元，同比略降1.28%。

其他市场恢复动力稍显不足。2023年我国向除美、欧以外的其他市场出口家用纺织品产品292.55亿美元，同比下降3.06%（图6），东盟是我国家用纺织品第二大出口市场，大多以转口贸易为主。受海外订单缩减影响以及新冠病毒疫情结束后积压订单的逐步释放，东盟在2023年对我国进口的纺织品等总体呈减弱态势。

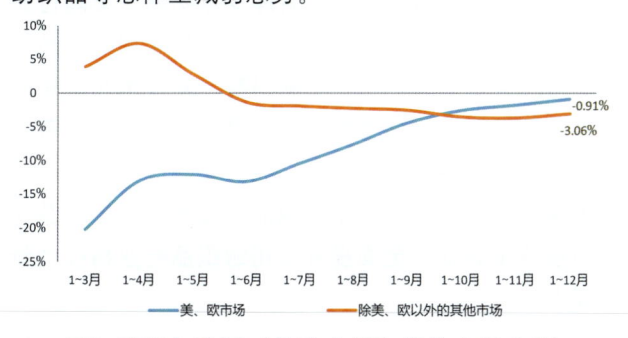

图6 2023年我国对美欧市场和其他市场家用纺织品出口走势

资料来源：中国海关

对"一带一路"沿线出口好于整体水平。2023年，随着我国对共建"一带一路"沿线建设取得新成效，中欧班列跨境运输需求旺盛。我国对"一带一路"共建国家出口家用纺织品178.79亿美元，同比略降0.29%，降幅小于总体水平2个百分点。

浙江、江苏、山东、广东和上海是我国家用纺织品出口前五大口岸，2023年五个口岸共计出口家用纺织品产品375.96亿美元，同比下降3.35%，降幅进一步收窄，较1~11月收窄0.74个百分点。值得注意的是，新疆口岸受"一带一路"贸易影响，出口额同比增长高达72.45%，增长显著。另外，河北、福建两口岸也有稳定的增长，分别增长5.96%和1.09%（表2）。

三、行业内销持续恢复向好

2023年以来，随着我国的国内消费需求持续恢复扩大，我国家用纺织品行业围绕构建国内大循环的统一部署，积极开展促进消费、提振信心的各类活动，家用纺织品行业内销趋势总体逐步恢复向好。国家统计局数据显示，2023年全国社会消费品零售总额为4.7万亿元，同比增长7.2%；其中服装鞋帽、针纺织品类包含家用纺织品类的金额为1.4万亿元，同比增长高达26.0%；规模以上家用纺织品企业内销产值在维持2022年总体水平上进一步

表2 2023年我国家用纺织品制成品出口情况

口岸	出口额(亿美元)	出口额同比(%)
浙江省	161.60	-0.47
江苏省	98.49	-5.99
山东省	48.82	-7.66
广东省	41.38	3.28
上海市	25.66	-11.27

资料来源：中国海关

有所提高，同比微增0.3%。其中，规模以上床上用品企业内销产值同比增长1.24%；规模以上毛巾企业内销产值同比小幅下降1.46%；而规模以上布艺企业内销产值同比增长5.65%，高于行业平均水平（图7）。

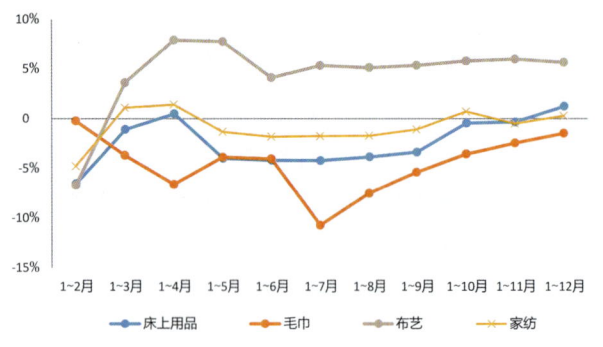

图7 2023年规模以上企业内销产值增长走势

资料来源：国家统计局

与此同时，行业规模以下企业则呈现较大压力。据协会跟踪统计的57家规模以下样本企业数据显示，2023年其内销产值同比大幅下降40.18%。随着消费者需求的不断更新，产品同质化竞争日趋激烈，也带动着家用纺织品企业适时做出调整，通过积极研发和不断创新，提升产品的性能与品质，以满足日益变化的市场需求。进入下半年以后，主要子行业的内销产值整体趋于平稳回升态势。

总体来看，2023年家用纺织品行业整体运行保持了平稳恢复的发展趋势，成本控制与抵御风险的能力进一步提升。随着宏观环境的改善与消费需求的提升，行业发展的韧性不断增强。家用纺织品行业企业在积极推进数智化转型、新材料研发与应用等方面不断取得新进展，大健康与助眠科技等行业热点为行业企业品牌塑造提供动力，行业围绕科技、时尚与绿色不断推进转型升级，共同为推动行业现代化产业体系建设奠定了良好基础。

2024年家用纺织品行业发展趋势展望

展望2024年，我国家用纺织品行业面临的发展环境仍然错综复杂，行业更需立足自身发展特征和产业基础，以科技创新为引领，推动行业智能制造、柔性制造水平；立足创造美好生活的时尚产业定位，进一步提升行业的文化承载与时尚引领功能；发挥集群优势协调区域联动效应；发展跨境电商提升国际供应链水平；以大健康、智能家居、助眠科技为热点，打造行业品牌效应。全面推进我国家用纺织品行业的现代化体系建设。

一、以科技创新推动行业智能制造水平

建立系统高效的科技研发体系，通过搭建平台，不断发掘家用纺织品行业企业的科技创新研究成果和专利发明，鼓励激发行业的科技创新能力。在科技创新领域组建行业智库专家团队，提高行业产学研用合作水平和效益。不断构建家用纺织品行业与产业链相关环节包括新材料、新技术和新装备等的创新联盟平台多维度的交流合作，进而完善多平台协同的科技创新体系，促进政、产、学、研、用深度合作，实现家用纺织品行业产业链上下游的科技成果转化，全面提升家用纺织品行业科技创新能力。

二、以时尚趋势引领行业文化创新能力

在国家大力弘扬文化自信的时代背景下，充分把握家用纺织品悠久的历史文化沉淀与个性化、时尚化消费需求相融合的时代契机，提升家用纺织品时尚创新力，进一步推进家用纺织品行业品牌建设，打造行业强势品牌。大力发展时尚特色的现代家用纺织品产业，促进我国家用纺织品产业向价值链中高端延伸。继续加大对研发创新与企业品牌文化研究的投入，通过专业赛事活动发掘更多优秀作品，汇聚优秀设计师人才。大力支持研发中心、设计师工作室的建立与运营。通过对流行趋势的研判引领家用纺织品行业的时尚创新力与发展方向，强化时尚创新能力建设，培育一批时尚重点企业和时

尚重点品牌，提升时尚创意设计，增强品牌营销能力，建设时尚创新平台。通过时尚资源的集成创新，发挥创造美好生活的职能，打造引领消费潮流的新型产业业态。

三、践行行业绿色制造和履行社会责任

立足国家"双碳"目标，推进建设纺织行业绿色制造体系在家用纺织品领域的实施与推动，通过建立家用纺织品行业"绿色化规范化标准体系"、制定《碳足迹评价指南》《指导规范》等相关标准结合行业实际情况，开展家用纺织品行业企业碳足迹自我评估，构建行业资源循环利用体系。积极了解掌握家用纺织品产业集群和园区在循环经济利用方面的举措与困难，做好推优与帮扶并重的推广机制，对重点领域重点产品加强全生命周期绿色管理的研究与探索。同时积极发挥家用纺织品终端优势，拓展再生纤维素纤维、聚乳酸纤维（PLA）、海藻纤维等新型纤维材料在家用纺织品产品中的应用，通过组织定向主题活动进行精准推广，加快科学消费传播，对绿色纤维的下游应用进行科学普及。

四、建立协调联动的家用纺织品区域融通发展

结合区域产业优势，打造家用纺织品区域品牌差异化与特色化属性。围绕千亿级产业集群转型升级，南通、许村以文化赋能为核心，加强家用纺织品流行趋势研究与国际赛事活动推广构建家用纺织品世界级产业文化中心属性。以市场为导向，积极发挥临平、桐乡、柯桥、高阳等集群的区域产品特色，形成窗帘布艺、沙发布艺、成品窗帘窗纱、毛巾毛毯等领域的独特产品优势，推动其国际形象与区域品牌打造。充分发挥滨州先进家用纺织品企业的"链主"效能，逐步形成以大健康、宽幅印染、高端毛巾与地毯的绿色智能制造发展示范作用。发挥震泽丝绸家用纺织品的传统文化优势推动丝绸家用纺织品文化与乡村文化旅游有机融合，发挥区域共同富裕带动示范效应。加大中西部家用纺织品产业集群扶持力度，结合行业特点，对岳西家用纺织品、青海藏毯等重点产业集群的帮扶力度，积极围绕产业赋能，开展有针对性的一对一帮扶工作，促进乡村振兴和共同富裕。促进边疆发展纺织特色产业。积极加大对新疆和田手工地毯以及内蒙古锡林浩特地区驼绒家用纺织品的区域调查与研究，在行业活动中积极推动特色产业与现代家用纺织品的有机融合，以特色文化与区域非物质文化传承形式加大与产学研有机融合，提升区域特色发展水平，共同推进实现家用纺织品产业的区域融通发展。

五、推进行业国际化水平

以国家双循环战略为契机，推动家用纺织品行业国际化供应链建设。充分利用国家对跨境电商的相关扶植政策，以多平台和独立站相结合的运营模式，构建家用纺织品品牌化和精细化的跨境电商发展战略，注重传统欧美市场与新兴市场供应链渠道建设的整合与平衡。充分利用国际展览会及全国性专业会议等大型活动平台，对接家用纺织品行业下游渠道商、家居馆及小众化个性平台的线上线下合作，引导行业供应链需求端的高质量提升，提高家用纺织品行业国际化的供应链对接合作水平。

六、促进数字经济与家用纺织品产业深度融合发展

有序推进行业企业智能制造和产业集群信息化技术应用进程，建立示范产业园区和示范企业，推动家行业自动连续化生产线和智能化工厂试点示范工程，助推龙头企业的引领作用。搭建行业工业互联网平台体系、大数据平台体系。加快推进数字技术在产业集群的应用，实现集群服务升级。推动产业集群内中小企业的数字化智能化转型升级。以升级集群数字化、智能化公共服务能力形成共享平

台、交流平台、合作平台。重点推进床品企业、毛巾企业的自动连续化生产线的升级，提高布艺企业的个性化定制工业化生产能力。展家用纺织品行业与其他行业的合作与互补，整合共享资源，促进协同创新。加强行业重点领域和应用场景的融合，促进家用纺织品行业企业在研发设计和产业链协同等领域的数字技术应用，构建推动技术交流与人才培养的创新平台，丰富智能化技术应用场景，构建行业数字化融合发展生态。

七、支撑现代化发展的家用纺织品人力资源建设

发挥企业家领军人才对行业创新发展的示范带动作用。以创新人物、新锐设计师等形式，发挥优秀企业家的示范引领作用；借助行业交流平台扩大行业优秀企业家的社会影响力和全球知名度。建立带动行业创新发展的科技领军人才队伍，形成利于科研活动和人才成长的纺织行业科技人才培养环境，聚焦行业前沿知识、技术进展和现实问题，着力培养和发掘更多国际一流的行业科技领军人才、高端创新人才和专业技术人才。以行业内权威赛事活动为抓手，以家用纺织品行业流行趋势为引领，以大家居、整体软装设计潮流为导向，培养具有跨领域设计和跨界思维的复合型时尚专业人才。建立专业人才培养体系，打造行业人才孵化平台，推动产学研共创，形成行业人才培养环境。通过不断优化行业劳动和技能竞赛体系，培养更多纺织劳模、大国工匠、技能人才，进一步丰富技能职业人员的培养和成长路径，稳定行业职业队伍。

（撰稿人：王　冉）

产业用纺织品业

中国产业用纺织品行业协会

2023年产业用纺织品行业经济运行情况

2023年以来，受地缘政治冲突加剧、全球通胀高企、全球产业链供应链重塑等多重因素叠加影响，世界经济正呈现出"三高一低"（高核心通胀、高利率、高风险、低增长）的新特点；我国面对世界经济复苏乏力、国内自然灾害频发、改革发展稳定任务艰巨等多重挑战，宏观经济整体呈现波浪式发展、曲折式前进的恢复过程。我国产业用纺织品行业仍处于2020年超常规增长后的恢复、调整期，主要产品生产保持了稳步增长，但受部分重点子领域市场需求下滑、企业间竞争加剧的影响，行业的销售、利润、进出口和投资都出现不同程度的下降。

根据中国产业用纺织品行业协会（以下简称"协会"）对约300家样本企业的调研，2023年行业的景气指数为58.2，与2022年同期相比小幅回升（图1）。

图1 近年来我国产业用纺织品行业景气指数
资料来源：中国产业用纺织品行业协会

一、产能利用率平稳回升，主要产品生产稳步增长

2023年，我国产业用纺织品行业继续坚持高质量发展理念，主要产品的生产保持稳步增长。产业用纺织品行业全年产能利用率呈现稳步回升的态势，根据协会对样本企业的调研，2023年样本企业的产能利用率约75%，相比上半年提高2.5个百分点，超过四成的样本企业产能利用率超过80%。

根据协会统计，2023年我国产业用纺织品行业纤维加工总量达到2034.1万吨，同比增长3.8%（表1）。作为产业用纺织品的主要原材料，我国非织造布的产量为814.3万吨，与2022年基本持平。

二、行业盈利能力承压，企业分化进一步加速

2023年，产业用纺织品行业的经济运行呈现前降后升态势。根据国家统计局数据，2023年产业用纺织品行业规模以上企业（非全口径）的营业收入与利润总额同比下降5.8%和19.1%，降幅分别较上半年收窄1.8个百分点和22.4个百分点，特别是进入12月后主要经济指标出现了较大幅度的反弹。总体来看，行业企业的盈利能力普遍承压，尽管4.1%的营业利润率较上半年提升1.2个百分点，但仍处于近十年来的最低点（图2）。

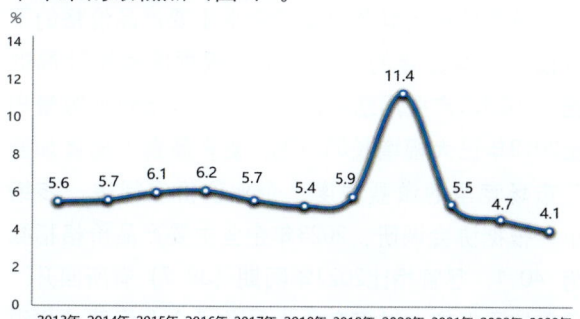

图2 我国产业用纺织品行业规模以上企业营业利润率情况
资料来源：国家统计局，中国产业用纺织品行业协会

表1 2023年中国产业用纺织品行业纤维加工量（按应用领域计算）

类别	纤维加工量（万吨）	同比（%）
医疗与卫生用纺织品	348.8	-1.2
过滤与分离用纺织品	164.7	2.0
土工用纺织品	138.3	5.5
建筑用纺织品	87.8	-1.0
交通工具用纺织品	87.9	15.5
安全与防护用纺织品	59.8	10.0
结构增强用纺织品	151.6	12.0
农业用纺织品	90.5	1.5
包装用纺织品	127.1	4.0
文体与休闲用纺织品	51.5	7.0
篷帆类纺织品	337.9	2.5
合成革用纺织品	110.0	2.0
隔离与绝缘用纺织品	59.5	7.0
线绳（缆）带类纺织品	95.8	6.0
工业用毡毯（呢）类纺织品	64.5	7.5
其他	58.7	2.5
合计	2034.1	3.8

资料来源：中国产业用纺织品行业协会

激烈的市场竞争引发了企业主要产品价格的下行以及经营分化的持续加剧。根据国家统计局数据，2023年产业用纺织品行业规模以上企业数量相比2019年已大幅增长53.2%，更多新晋入局者加剧了市场竞争的激烈程度，企业议价空间进一步缩小，根据协会调研，2023年企业主要产品价格指数为40.1，尽管相比2022年同期（38.7）有所回升，但仍处于低位。过度竞争也导致了企业经营分化现象进一步加速，根据国家统计局数据，2023年产业用纺织品行业规模以上企业的亏损面达到23.8%，相比2022年扩大4.2个百分点，亏损企业的亏损额同比增长39.5%，相比2022年增加11.7个百分点。

分领域看，根据国家统计局数据，2023年我国非织造布行业规模以上企业的营业收入和利润总额分别同比下降5.2%和19.1%，利润总额增速较上半年大幅收窄46.8个百分点，毛利润率和营业利润率分别为13.4%和3.2%，分别较上半年提升1个百分点和2个百分点（表2）。

绳、索、缆行业规模以上企业的营业收入和利润总额分别同比下降1.7%和4.9%，毛利润率和利润率分别为13.4%和3.6%，分别同比下降0.6个百分点和0.1个百分点。

表2 2023年我国产业用纺织品行业主要经济指标增速（规模以上企业）

项目	单位	产业用纺织品	非织造布	绳、索、缆	纺织带和帘子布	篷、帆布	其他产业用
营业收入	±%	−5.75	−5.23	−1.74	−6.06	−11.69	−4.37
营业成本	±%	−5.16	−3.99	−1.11	−3.54	−12.12	−5.76
毛利率	%	14.79	13.38	13.44	12.93	17.22	17.81
	±百分点	−0.53	−1.11	−0.55	−2.28	0.41	1.22
利润总额	±%	−19.06	−19.14	−4.88	−37.13	−29.32	−7.96
利润率	%	4.06	3.19	3.63	3.14	5.01	6.00
	±百分点	−0.67	−0.55	−0.12	−1.55	−1.25	−0.23
产成品周转率	%	13.07	14.55	13.53	11.59	9.71	13.16
总资产周转率	%	0.93	0.88	1.13	1.02	1.05	0.91

资料来源：国家统计局，中国产业用纺织品行业协会

纺织带、帘子布行业规模以上企业的营业收入和利润总额分别同比下降6.1%和37.1%，毛利润率为12.9%，同比下降2.3个百分点，利润率为3.1%，同比下降1.6个百分点。

篷、帆布行业规模以上企业的营业收入和利润总额分别同比下降11.7%和29.3%，毛利润率达17.2%，同比增长0.4个百分点，营业利润率为5%，同比下降1.3个百分点。

土工、过滤用纺织品所在的其他产业用纺织品行业规模以上企业的营业收入和利润总额分别同比下降4.4%和8%，毛利润率和营业利润率分别达17.8%和6%，均为行业最高水平。

三、行业投资渐趋谨慎，高质量投资保持活跃

2023年，非织造布行业企业对于新项目的投资仍偏谨慎，超过45%的样本企业全年内没有进行新项目投资或建设。据不完全统计，2023年，我国新增纺粘及熔喷非织造布生产线约45条、水刺非织造布生产线约25条、针刺非织造布生产线约135条，合计新增产能超过85万吨。

关于2024年的投资计划，协会调研显示，样本企业的投资意愿相比2023年有明显回暖迹象，超过七成的企业在2024年有新项目投资计划；在有投资意向的样本企业中，对于既有设备升级改造、厂房建设、智能化绿色化改造方面的投资比重相比2023年普遍提升，行业企业在高质量投资方面持续保持活跃。

四、海外市场需求持续萎缩，行业出口增速下行

（一）出口情况

根据中国海关数据，2023年我国产业用纺织品行业的出口额（海关8位HS编码统计数据）为387.7亿美元，受海外市场需求疲弱的影响同比下降11.2%，但较新冠病毒疫情前整体出口规模仍保持

稳步增长，自2019年以来行业出口额的年均增长率为9.1%。中国产业用纺织品行业在产业链配套和技术创新方面，主要产品在质量、服务和价格等方面都具有很强的竞争能力。

1. 主要产品出口情况

从出口金额来看，产业用涂层织物、毡布/帐篷是目前行业前两大出口产品，2023年的出口额分别达到45.2亿美元和38.4亿美元，分别同比下降9%和12.5%。其他传统产品中，线绳（缆）带纺织品、帆布、包装用纺织品的出口额分别为31亿美元、28.2亿美元、17.2亿美元，分别同比下降4.9%、6.2%、7.9%，降幅较上半年有不同程度的加深；革基布、产业用玻纤制品的出口额分别为22.9亿美元和19.7亿美元，均同比下降7.6%，降幅较上半年分别收窄2.9个百分点和0.8个百分点。

受不同应用领域需求差异的影响，非织造布及相关制品的出口呈现不同走势。2023年，海外市场对我国非织造布卷材的需求回暖，出口量达130万吨，同比增长9.1%，价值38.1亿美元，受出口单价下滑的影响，出口额同比下降3.1%，对越南、日本、印度尼西亚等主要出口国的出口额降幅均超过10%；一次性卫生用品（尿裤、卫生巾等）海外市场保持活跃，出口额达到33.2亿美元，同比增长11.7%，其中对菲律宾、俄罗斯的出口额增速超过20%；出口药棉、纱布、绷带等医用敷料价值10.3亿美元，同比增长16.7%；口罩和非织造布制防护服（含医用防护服）的出口持续走弱，出口额分别为8.9亿美元和7.3亿美元，分别同比下降73.3%和32.5%；湿巾出口7.5亿美元，同比增长13.6%。

在海外需求减弱的影响下，行业主要产品的出口价格均有不同程度的下跌。其中，产业用涂层织物、毡布/帐篷的出口均价分别下降9.1%和7.3%，非织造布卷材、产业用玻纤制品、医用敷料出口均价的降幅均超过10%（表3）。

表3 2023年我国产业用纺织品行业及主要产品出口情况

产品名称	出口额(亿美元)	出口额增速(%)	出口量增速(%)	出口价格增速(%)
产业用纺织品行业	387.7	−11.2	1.7	−12.7
产业用涂层织物	45.2	−9.0	0.1	−9.1
毡布、帐篷	38.4	−12.5	−5.6	−7.3
非织造布	38.1	−3.1	9.1	−11.2
一次性卫生用品	33.2	11.7	18.5	−5.7
线绳（缆）带纺织品	31.0	−4.9	−0.8	−4.1
帆布	28.2	−6.2	2.3	−8.3
合成革、革基布	22.9	−7.6	0.1	−7.7
产业用玻纤制品	19.7	−7.6	7.7	−14.2
包装用纺织品	17.2	−7.9	0.6	−8.5
擦拭布	14.3	1.5	10.0	−7.7
医用敷料	10.3	−16.7	−2.4	−14.7
线绳（缆）带纺织品/线	9.1	−6.6	0.1	−6.7

资料来源：中国海关，中国产业用纺织品行业协会

2.主要市场出口情况

以产业用纺织品占比较大的56章（非织造布；特种纱线；线、绳、索、缆及其制品）和59章（工业用纺织品）为例，亚洲是最大的出口地区，占出口总额的57.2%，其次是欧盟和拉美市场，份额分别为11%和9%。2023年非洲市场对我国56章和59章产品的需求有所增长，出口额同比增长4%，带动非洲市场的份额从2022年的7.7%提升至8.7%。北美洲和大洋洲的市场份额分别为7.9%和2.1%（图3）。

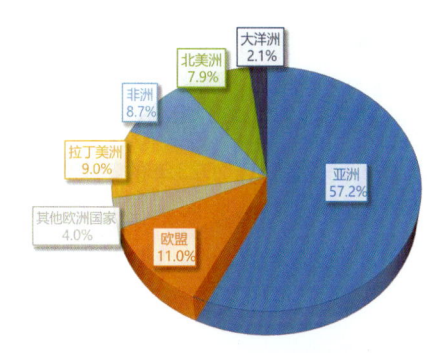

图3 2023年我国重点产业用纺织品（56章、59章）的主要出口地区
资料来源：中国海关，中国产业用纺织品行业协会

表4 2023年我国产业用纺织品行业及主要产品进口情况

产品名称	进口额(亿美元)	进口额增速(%)	进口量增速(%)	进口价格增速(%)
产业用纺织品行业	52.1	−14.9	−16.9	2.3
非织造布	8.2	−10.3	−14.9	5.4
产业用玻纤制品	6.6	−8.8	−10.6	2.1
产业用涂层织物	5.3	−20.9	−21.8	1.1
安全气囊	4.4	−5.8	−3.2	−2.6
结构增强用纺织品	4.3	−33.9	−51.9	37.4
一次性卫生用品	3.1	−27.5	−42.4	26.0
医用敷料	2.9	5.6	93.6	−45.5
线绳（缆）带纺织品	2.4	−1.9	−15.3	15.8
工业用毡毯（呢）纺织品	1.8	−6.7	3.1	−9.6
线绳（缆）带纺织品/线	1.6	−12.4	−12.4	0.1
合成革、革基布	1.5	−17.5	−15.8	−1.9
交通工具用纺织品	1.3	−2.7	19.0	−18.2

资料来源：中国海关，中国产业用纺织品行业协会

越南、美国、印度、印度尼西亚和韩国是我国56章、59章产品的主要出口国，占出口总额的31.1%。近年来，俄罗斯在我国出口市场中的份额不断提升，已从2019年的2.5%提升至2023年的3.5%，2023年我国56章、59章产品对俄罗斯的出口额同比增长14.4%。

（二）进口情况

根据中国海关数据，2023年，我国产业用纺织品行业的进口额（海关8位HS编码统计数据）为52.1亿美元，同比下降14.9%。

近年来，我国对于主要产品的进口需求持续走弱。其中，非织造布的进口需求自2020年后连续下降，2023年的进口额为8.2亿美元，同比下降10.3%，进口量同比下降14.9%；产业用玻纤制品、产业用涂层织物等传统产品的进口额分别为6.6亿美元和5.3亿美元，分别同比下降8.8%和20.9%；近年来，随着国货国潮的兴起以及卫生用纺织品企业竞争力的持续提升，我国对尿裤、卫生巾等一次性卫生用品的进口需求进一步下降，2023年的进口额降幅达到27.5%；2023年我国对于高端医用敷料的进口需求有所增强，进口额为2.9亿美元，同比增长5.6%（表4）。

2024年产业用纺织品行业发展展望

2024年是新中国成立75周年，也是实现"十四五"规划目标任务的关键一年。当前，地缘政治冲突和全球供应链重组影响仍然存在；世界经济尚未回到新冠病毒疫情前的轨道；国内经济复苏基础尚不牢固，仍面临四方面困难和两大挑战，即有效需求不足、部分行业产能过剩、社会预期偏弱、风险隐患仍然较多、国内大循环存在堵点、以及外部环境的复杂性、严峻性、不确定性上升。

新冠病毒疫情后，我国产业用纺织品行业的大规模投资使得医疗卫生纺织品领域供需失衡，行业过度竞争将在较长时期内影响行业的盈利能力。但自2023年以来，医疗市场逐步恢复常态，卫生用纺织品领域随着人口结构的变化正在积极拓展新的应用和海外市场，汽车用、结构增强用、环境工程用纺织品将继续保持积极增长势头。

展望2024年，我国产业用纺织品行业将面临更为复杂的内外部环境，尽管存在一系列困难与挑战，但行业长期向好的基本趋势没有改变，科技创新、人才培养、产品开发方面的持续投资增强了行业拓展新领域、抵御市场风险的内在动力，巨量的内需市场和多元的应用方向将有力支持行业的可持续发展；微观层面，行业企业对于未来发展的信心持谨慎乐观态度，协会对重点领域的调研结果显示，过滤与分离用纺织品、医疗与卫生用纺织品、特种纺织品、衬布领域的企业对未来发展的预期更为乐观；非织造布、绳带、篷帆用纺织品领域的企业对发展形势的预测表现得更为谨慎。

预计，2024年我国产业用纺织品行业主要经济指标恢复至中低速增长；行业固定资产投资将继续面向设备升级、智能化改造以及绿色制造等高质量投资；行业出口贸易有望迎来复苏。

（撰稿人：白　晓）

纺织机械制造业

中国纺织机械协会

2023年，全球新冠病毒疫情防控转段，全球经济整体呈现弱复苏态势，但仍面临地缘政治冲突、贸易摩擦、多国通胀、需求不振等复杂环境带来的负面冲击，行业在压力中缓慢恢复。纺机行业主要经济运行指标处于小幅下降区间，受海外市场需求疲软影响，纺机出口承压明显，但行业运行进入四季度尤其是12月以来，整体呈现弱恢复态势。虽然行业发展面临着很多困难和挑战，但纺机行业始终坚持以技术创新推动产业升级，创新成果展现出许多新特点，产业服务力和成果转化力不断增强。

2023年纺机行业经济运行情况

一、行业质效指标降中趋稳

2023年纺机行业主要经济运行指标处于小幅下降区间，但部分指标呈现边际改善的迹象。据国家统计局统计，2023年，全国规模以上纺机企业资产总额同比增长0.13%，营业收入同比减少0.47%，降幅较2022年收窄1.77个百分点。2023年以来，纺机行业在恢复中前行，一季度行业营业收入同比降幅仍达到两位数，随着国内经济持续恢复，二季度以来行业营业收入降幅逐步收窄（图1）。

图1 2023年我国纺机行业规模以上企业营业收入累计增长情况

资料来源：国家统计局

行业经营效益逐步改善。2023年，纺机行业规模以上企业实现利润总额同比增长21.47%，进入12月后行业利润出现较大幅度的反弹，年内利润增速由负转正。亏损企业亏损额同比减少63.99%，亏损面为16.55%，较2022年下降0.48个百分点。我国纺机行业规模以上企业近几年营业收入及利润增速情况如图2所示。

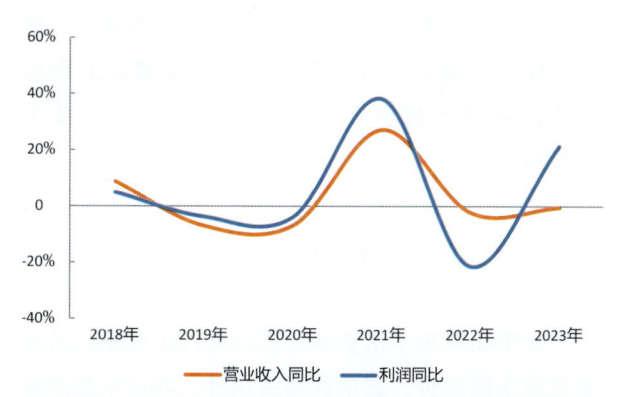

图2 我国纺机行业规模以上企业营业收入及利润增长情况

资料来源：国家统计局

纺机行业营业成本降低，三费比例增加。据国家统计局统计，2023年纺机行业规模以上企业成本费用总额同比减少0.8%，其中营业成本同比减少1.67%，三费比例为10.53%，较2022年增加0.61个百分点。三费中，销售费用同比增加7.64%，管理费用同比增长5.14%，财务费用同比增长29.47%。销售费用的增长主要是由于企业竞争加剧，市场开拓力度不断加大（图3）。

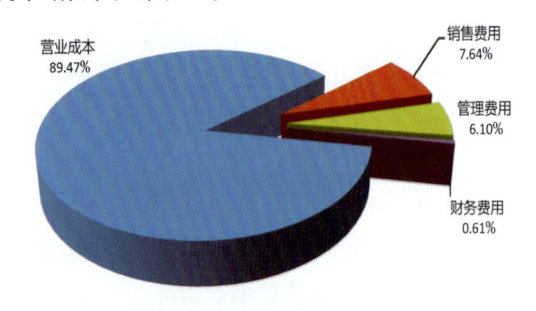

图3 2023年纺机行业规模以上企业成本费用构成情况

资料来源：国家统计局

行业资产负债率继续下降。据国家统计局统计，2023年纺机行业规模以上企业资产总额同比增长0.13%，负债同比减少3.46%，资产负债率为56.64%，与2022年相比减少2.31个百分点，低于规模以上工业企业57.1%的水平。

行业应收账款及产成品存货压力有所减少。据国家统计局统计，2023年纺机行业规模以上企业应收账款同比减少4.7%，产成品存货同比减少3.25%。

二、行业进出口贸易承压

受市场需求不足影响，2023年行业对外贸易总体呈现走弱态势。据中国海关统计，2023年我国纺织机械进出口累计总额为75.06亿美元，同比减少14.18%。其中，纺织机械进口29.64亿美元，同比减少7.64%；出口45.43亿美元，同比减少17.97%，对外贸易延续了顺差态势。

（一）外需不足，出口下降

2023年，纺机行业面临的外部环境错综复杂，全球产业链重组，海外需求不振，行业出口受到一定的影响，同时叠加2022年出口高基数的影响，纺机出口金额自2017年以来首次出现负增长。尽管2023年出口额有所下降，但仍保持在45亿美元以上，出口总额高于新冠病毒疫情前的水平（图4）。

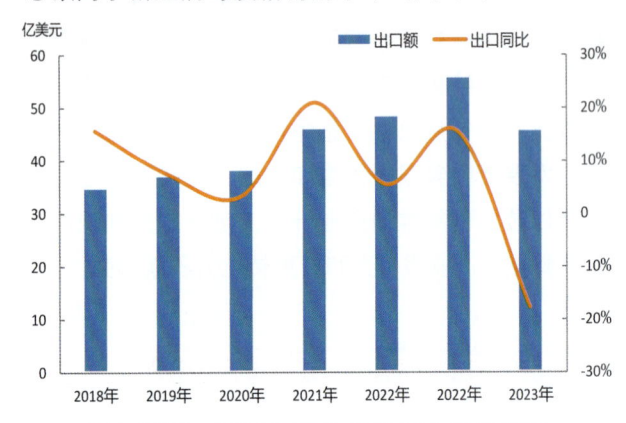

图4 2018~2023年我国纺机行业出口情况

资料来源：中国海关

出口产品中，针织机械出口额为11.95亿美元，同比减少9.92%，占比26.31%，位居第一，七大类产品均呈不同幅度下降（表1）。

2023年，我国共向全球202个国家及地区出口纺织机械。出口到印度、越南、土耳其、孟加拉国和美国的合计金额占全部出口额的54.45%，是我国纺织机械出口的前五位国家和地区。受能源成本高、货币贬值、经济低迷的影响，纺织业增长受到挑战，我国出口到孟加拉国、巴基斯坦的纺机金额有明显下降。2023年，我国出口到"一带一路"沿线国家和地区的纺织机械金额同比减少17.92%，占全部出口的75.43%，金额占比较2022年扩大0.05个百分点，在对东南亚、南亚地区出口下降的同时，对东北亚出口同比有大幅增长（表2）。

表1 2023年我国纺织机械分产品出口情况

产品类别	累计金额(亿美元)	所占比重(%)	金额同比(%)
合计	45.43	100.00	−17.97
针织机械	11.95	26.31	−9.92
辅助装置及零配件	8.63	18.99	−19.52
印染后整理机械	8.15	17.95	−11.72
织造机械	6.10	13.43	−8.52
纺纱机械	6.04	13.30	−35.95
化纤机械	2.78	6.13	−12.40
非织造布机械	1.77	3.89	−38.42

注 印染后整理机械不含8443品目，非织造布机械不含8445119001品目（下同）。

资料来源：中国海关

表2 2023年我国纺织机械分国家和地区出口情况

国家和地区	累计金额(亿美元)	所占比重(%)	金额同比(%)
合计	45.43	100.00	−17.97
印度	11.87	26.13	−10.45
越南	4.95	10.90	−12.28
土耳其	3.09	6.80	−26.50
孟加拉国	2.60	5.72	−45.52
美国	1.77	3.90	−18.98
其他国家和地区	21.14	46.55	−16.47

资料来源：中国海关

（二）进口额持续负增长

2023年，我国自全球65个国家和地区进口各类纺织机械，进口总额为29.64亿美元，同比减少7.64%。尽管进口降幅较2022年略有收窄，但进口总额仍然低于新冠病毒疫情前水平（图5）。

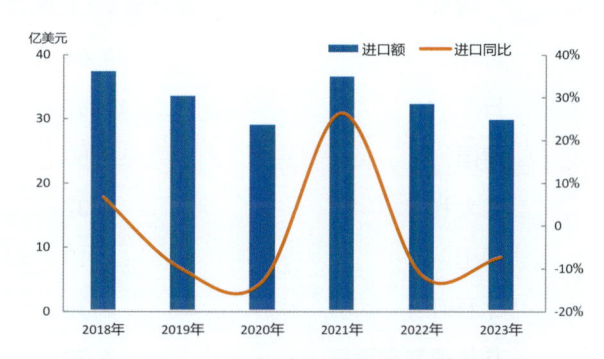

图5 2018～2023年我国纺机行业进口情况

资料来源：中国海关

在进口纺织机械产品中，化纤机械进口总额排在第一位，进口总额为10.67亿美元，同比增长22.69%，占进口总额的35.99%；除化纤机械外，其他大类产品均有不同幅度的下降，受非织造布市场需求、生产、投资下降的影响，非织造布机械进口呈现明显下降（表3）。

2023年，纺织机械进口的主要国家和地区以日本、德国、意大利、瑞士和比利时为主，进口前五位的贸易额为24.93亿美元，同比减少4.23%，占进口总额的84.12%。受国内市场对高端装备需求及RCEP持续推进影响，我国自日本进口纺机贸易额自2021年以来连续三年实现正增长，进一步拉开了与自德国进口额的差距（表4）。

三、2023年纺机各细分行业市场情况

纺机各细分行业市场情况也有所不同，从销量看，织造机械总体增长，纺纱和针织机械稳中有升，化纤、非织造、印染机械销量下滑。

纺纱机械整体运行基本平稳。海外市场需求不

表3 2023年纺织机械分产品进口情况

产品类别	累计金额(亿美元)	所占比重(%)	金额同比(%)
合计	29.64	100.00	-7.64
化纤机械	10.67	35.99	22.69
辅助装置及零配件	6.96	23.49	-12.84
纺纱机械	5.36	18.08	-10.91
织造机械	2.91	9.82	-19.86
印染后整理机械	2.11	7.13	-30.92
针织机械	1.04	3.51	-7.56
非织造布机械	0.58	1.96	-62.98

资料来源：中国海关

表4 2023年纺织机械分国家和地区进口情况

国家和地区	累计金额(亿美元)	所占比重(%)	金额同比(%)
合计	29.64	100.00	-7.64
日本	12.63	42.61	5.89
德国	8.50	28.68	-7.95
意大利	1.92	6.48	-32.48
瑞士	1.10	3.71	5.23
比利时	0.78	2.64	-20.33
其他国家和地区	4.70	15.88	-22.32

资料来源：中国海关

振，我国纺纱设备的主要出口市场新增及改造项目明显减少，导致纺纱机械各类主机出口都出现不同程度的下降。在国内市场，新疆等地新增及技改项目较多，带动了各类环锭纺和短流程设备的需求，细纱机销量的增长也拉动了自动络筒机需求，使得自动络筒机国内销售以及进口都出现增长；转杯纺纱机国内销量同比基本持平，喷气涡流纺纱机进口量在2022年创新高后开始微降，未来市场对短流程设备的需求依旧保持热度。

织造机械需求呈现"旺盛—平淡—回暖"的"U"型态势，产销量总体上涨。其中，高速剑杆织机销量保持平稳，喷气、喷水织机销量均大幅增加。主要源于流行趋势及织物风格变化对织造设备的需求及新疆、河南、河北、安徽等产业转移区域的发展，同时除了印度、孟加拉国市场的支撑外，俄罗斯、乌兹别克斯坦、巴基斯坦、土耳其等市场对织造机械需求也不断增加。

针织机械稳中有增。圆纬机行业运行保持增长，受益于细针距织物产品的多样化应用，2023年国内细针距机型的需求延续了前两年的增长态势，成为圆纬机市场的热点；横机行业回升向好，源于横机下游市场需求逐步恢复，同时具有更高性价比的双系统电脑横机投入市场加速了部分存量电脑横机设备的更新换代，另外国产全成型电脑横机已经形成批量销售；经编机行业运行整体稳中有增、细分行业表现分化，绒类家纺、鞋材等产品的需求使得双针床经编机产销量稳定增长，受益于经编弹力织物应用领域的拓展，新机型的推出也促进了设备更新速度，高速经编机迎来一段时期的快速发展，花边机产销量持续走低，多轴向经编机受风电材料、基建工程等下游市场影响明显。

印染机械行业销售市场总体承压。国内外订单不足，前处理设备、印花设备、定形机市场均呈现不同程度的下降，进出口市场也同步下降。但四季度以来，国内外节日促销备货等拉动节日消费，纺织服装终端需求持续回暖，同时，国内部分产业园区出台鼓励投资设备政策，带动行业生产形势逐渐恢复，印染设备销售降幅收窄。

化纤机械行业生产经营面临较大压力。长丝纺丝机、加弹机销量均有较大幅度下降，主要源于下游化纤市场需求减弱，涤纶短纤成套设备新增产能也低于2022年，新增产能主要以纤维品种多样化为主。

非织造布机械行业仍处于调整期。水刺、纺粘、熔喷、纺熔复合非织造布生产线出货量仍处于下降态势，受益于汽车行业的回暖，针刺非织造布生产线略有增长。

2024年纺织机械行业发展展望

一、行业面临的发展环境与发展趋势

在经历2023年缓慢复苏后，2024年全球经济仍将处于恢复期，行业发展面临的环境仍是战略机遇与风险挑战并存。

世界经济依然呈现复苏缓慢且不平衡的特点，据国际货币基金组织预测，2024年全球经济增长预期上调至3.1%，但仍低于3.8%的历史年均增速，全球经济增长分化趋势明显。同时，当前地缘冲突持续、国际贸易疲软、利率高企、气候灾害增多，这些都给经济的复苏带来巨大挑战。除此之外，中国经济还面临着消费增速回落、房地产市场低迷、部分产业产能过剩、中美贸易不稳定的挑战，这些都给行业运行带来不确定性的挑战。

虽然经济向好面临很多困难，但是我国面临的机遇仍然大于挑战，中国经济向好的基本趋势没有改变，支撑行业高质量发展的条件在累积变多。我国拥有超大规模的内需市场和完整的产业体系，拥有丰富的劳动力和完善的基础设施，新一轮科技革命和产业变革又为中国提供了发展的新动力。同时，宏观政策为经济的发展提供了有力支持，2023年出台的增发国债、减税降费、降准降息等政策效应将在2024年持续释放，国家在强实体、促消费、扩投资、稳外贸等方面持续发力，推动大规模设备更新和消费品以旧换新、发行使用超长期特别国债等增

量政策，继续实施积极的财政政策和稳健的货币政策，通过宏观政策逆周期和跨周期的调节，为经济平稳发展提供有效保障，有利于市场信心的提振。这些都增强了纺机行业发展的韧性和抗冲击能力，有利于支撑行业高质量发展。

展望2024年，纺机行业外部环境复杂多变，全球经济还没有走出低速增长的阴霾，海外市场需求尚有待恢复，纺机出口仍将面临一定压力，但也有积极因素支撑。2024年以来，摩根大通发布的全球制造业PMI指数持续处于荣枯平衡线上方，结束了此前连续16个月的收缩状态，反映出外需正在边际改善。同时，国际纺联ITMF最新的纺织调查也显示，纺织业运行环境有明显改善，基于订单量增加和消费者需求转好的调查，全球纺织业的发展预期达到了2021年末以来的最高水平，这些都为纺机行业的市场复苏带来了积极信号。虽然纺机行业发展环境的复杂性、不确定性依然存在，但行业具备很强的发展韧性，以科技创新为依托，中国纺织机械行业有望在经济复苏中实现平稳运行，全行业努力发展新质生产力，推动中国纺织行业实现高端化、智能化、绿色化、融合化发展。

二、纺机行业重点发展方向

目前，纺织企业在智能制造、绿色可持续和差异化发展方面持续升级提升，对纺机装备的需求集中体现在连续化、自动化、智能化、绿色化等方面。2024年，纺机行业将围绕市场需求继续在智能制造、绿色环保和资源再利用等方面持续发力。

（一）融合创新，推动产业升级

中央经济工作会议将"以科技创新引领现代化产业体系建设"列为2024年九项重点工作任务之首，提出要以科技创新推动产业创新，发展新质生产力。2024年，纺机行业将以创新为引领，继续以智能制造为主攻方向，加快推动形成新质生产力，赋能纺织行业的高质量发展。随着人工智能、大数据、云计算、5G、物联网等信息技术的发展，推动信息技术在制造全过程、全要素中融合运用，重点发展纺织短流程和自动化装备、纺织专用机器人、纺织智能系统与检测等，重点发展纺机制造数字化车间建设、纺织机械的网络协同制造、纺织机械的远程运维服务。

（二）践行绿色制造，推进行业可持续发展

聚焦绿色发展，纺机行业将节能减排与循环经济等绿色环保理念贯穿产品设计、生产及应用全过程，助力纺织行业加速构建全产业链生态体系、回收循环利用体系等。绿色环保是纺织工业可持续发展的突出主题，纺机行业通过技术创新致力于提供能够提高资源利用率、降低能耗、具备环境友好特点的纺织机械设备。在能耗、水耗、化学品消耗相对较大的染整领域，节能降耗的绿色染整设备及整体解决方案为行业节能减排提供了助力。此外，开发多组分织物分离技术及装备，突破再生纤维纺纱、织造/非织造、染整关键技术与装备等，为废旧纺织品的高品质循环再利用提供装备保障。

（三）拓展应用领域，加速产业发展

随着科技的发展，纤维材料应用领域进一步扩大，高性能纤维及其复合材料广泛应用于航空航天、轨道交通、舰船车辆、新能源、健康产业和基础设施建设等重要领域，发展高技术纺织品装备，增强重大技术与成套装备研发创新能力，通过设备技术进步促进纺织产业的深度转型升级，保障重大工程实施。

（四）融通资源，促进产业协同发展

融合技术、市场、人才等多方资源，推动大中小企业在技术创新、产品配套、市场开拓等方面获取竞争优势，优化资源配置，形成龙头企业争创世界一流、中小企业着力"专精特新"发展的良好产业链生态。

（撰稿人：孙少波）

中纺圆桌论坛年会

中纺圆桌论坛是由中国纺织工业联合会主办的纺织行业性智库论坛，汇集相关政府部门、业界专家、企业精英及科研机构，共同探讨剖析宏观形势、研判行业走势、明晰发展方向。中纺圆桌论坛首届年会于2005年举办，至今已成功举办十八届。在我国全面建设社会主义现代化国家的时代新征程中，论坛将继续秉承"开放、融合、赋能"理念，为纺织行业培育新质生产力、推动高质量发展、构建现代化产业体系提供智慧支持。

2023/2024 中国纺织工业发展报告

2023/2024 CHINA TEXTILE INDUSTRY DEVELOPMENT REPORT

现代化产业体系

建设纺织现代化产业体系行动纲要（2022—2035年）

中国纺织工业联合会

党的二十大报告指出，从现在起，中国共产党的中心任务就是团结带领全国各族人民全面建成社会主义现代化强国、实现第二个百年奋斗目标，以中国式现代化全面推进中华民族伟大复兴。现代化产业体系是现代化国家的物质技术基础，加快建设以实体经济为支撑的现代化产业体系，关系在未来发展和国际竞争中赢得战略主动。纺织行业是我国国民经济与社会发展的支柱产业、解决民生与美化生活的基础产业、国际合作与融合发展的优势产业，新时代新征程，加快建设现代化产业体系，在中国式现代化进程中再建功勋，是纺织行业的使命任务。为推动纺织行业高质量发展，加快建设纺织现代化产业体系，特编制本行动纲要。

一、纲要背景

（一）纺织现代化产业体系内涵

纺织现代化产业体系是以新发展理念为引领，发挥市场配置资源的决定性作用，融入时代大势、立足中国实际、美化人民生活、满足重大需求、服务全球发展的产业体系，是创新驱动的科技产业、文化引领的时尚产业、责任导向的绿色产业。

纺织现代化产业体系要具备高端化、智能化、绿色化的**先进制造能力**，构建技术引领、人才完备、资本融合的**发展动力系统**，拥有提高增品种、提品质、创品牌的**产品创新实力**，形成大中小融通、产业链安全、现代化集群布局的**产业组织形态**，确立环境友好、社会和谐、治理完善的**产业发展路径**，营造充分协同、战略支撑、市场引领的**产业应用生态**。

（二）重要意义

中国纺织工业具有鲜明的中国特色、时代特征和人民属性，是中国式现代化的重要组成。"十二五""十三五"时期纺织行业围绕《建设纺织强国纲要（2011—2020年）》提出的"科技、品牌、绿色、人才"四大核心任务，持续深化供给侧结构性改革，加快推动产业转型升级，到"十三五"末期，行业绝大部分指标达到甚至领先于世界先进水平，跻身我国制造业进入强国阵列的第一梯队。在向强国目标迈进的过程中，我国纺织行业完成了从承接转移、模仿跟进，到主动布局、并跑领跑的重要转变，改变了全球纺织产业版图。

继续向全球价值链高端迈进，主动探寻发展路径、引领发展方向，加快建设纺织现代化产业体系，对于推动全球产业链、供应链持续健康发展具有重要价值。以稳定、优质、多元供给满足人民美好生活需要，在繁荣区域经济、促进就业创业过程中推进全体人民共同富裕，更好融合物质创新成果与精神文化财富，积极履行人与自然和谐共生责任，助力构建人类命运共同体，纺织现代化产业体系建设对于推动中国式现代化进程意义重大。

（三）发展基础

新中国成立以来，我国纺织行业以满足全国人民基本物质生活需要为起点，历经市场化改革与国际化竞争淬炼，逐步发展形成了全世界最为完备的产业体系，纤维加工总量及出口总额长期稳居全球首位，在国际纺织产业链分工和供应链体系中占据重要地位，综合竞争力跻身世界纺织强国之列，是我国制造业具备国际竞争力的重要支撑力量。

产业体系优势基础牢固。 我国纺织行业全产链主要技术装备及产品实现自主生产配套，稳定运转优势突出。2022年，全行业纤维加工总量超过6000万吨，占全世界比重保持在50%以上；化学纤维产量占全世界比重超过70%；纺织品服装出口总额3409.5亿美元，占全世界比重稳定在三分之一以上。

科技创新能力稳步提升。纺织行业科技创新能力从"跟跑"全面进入"并跑、领跑"。高性能纤维突破发达国家技术垄断，总产能占全世界比重超过三分之一，超高分子量聚乙烯等品种技术水平达到国际先进。印染行业从"卡脖子"环节发展成为具有竞争力的优势环节。纺织装备自主化率超过75%，纺纱、化纤长丝、非织造等重点领域智能化生产线实现产业化应用。服装"三衣两裤"单机与流程自动化基本实现，示范企业生产流程中自动机使用率达到80%，全品类服装大规模个性化定制模式加速普及。产业用纺织品科技优势逐步培育和积累，在高温过滤、土工建筑、安全防护、医疗卫生和结构增强等领域取得一批创新成果，国际竞争力明显提升。关键业务环节全面数字化的企业比例达到56.8%，数字化支撑下的新模式、新业态不断涌现。

时尚与品牌引领力增强。纺织服装品牌建设与时尚设计全面进入以自主原创为主体的发展阶段，东方美学、民族文化的传承创新逐渐成为时尚主流。文化创意与数字经济的深度融入，带动原创品牌产品品质、创新设计、运营模式日趋成熟，"十三五"期间，国内主要大型商业实体的服装家纺自主品牌增长近三成，达到约4500个，成为满足内需市场多元化、个性化、功能化消费升级的绝对主力。

绿色制造体系初步建立。短流程印染、少水印染、废水分质分流深度处理及回用、绿色纺织化学品等清洁生产技术研发应用增强，各种节能设备及余热、余压回收等资源综合利用技术应用面扩大，天然气、光伏发电等清洁能源利用比重上升。废旧纤维制品物理法、化学法、物理化学法回收再利用关键技术全面突破，循环再利用纤维应用规模不断扩大。截至2022年，全行业共有362种绿色设计产品、107家绿色工厂、16家绿色供应链管理示范企业、29家绿色设计示范企业列入工信部绿色制造体系建设名单。

产业组织形态持续优化。纺织行业集聚化高效布局优势持续强化，全国200多个产业集群及公共服务体系支持了数十万中小企业健康发展，8个千亿规模产业集群全面向世界级现代化集群目标进军。产业链龙头企业及专精特新中小企业大量涌现，6家纺织企业进入2022年世界500强榜单，制造业单项冠军纺织企业近70家，167家企业被工信部认定为专精特新"小巨人"企业。

对国民经济贡献作用稳定发挥。纺织品服装对外贸易净创汇超3000亿美元，占全国贸易顺差的比重超过三分之一；我国人均纤维消费量达到约25千克，纺织行业凭借产业链效率优势，带动人均纤维消费率先达到中等发达国家水平。行业积极落实国家重大区域战略，推进产业布局持续优化，跨区域资源配置更加高效，行业成为地方经济繁荣和就业稳定的重要基础，有力推动乡村振兴和新型城镇化。

纺织行业取得了令人瞩目的发展成就，但立足现代化产业体系要求，行业发展仍存在不足之处。主要表现为：纺织原料供给安全风险尚未完全化解，全产业链存在少量高端技术短板，创新资源协调与创新成果转化效率有待提高，自主原创及设计能力仍显不足，产业布局调整与防范空心化风险亟待有机平衡。纺织行业务必深入推动高质量发展，积极化解各种矛盾问题，确保在中国式现代化进程中发挥好应有贡献。

（四）机遇和挑战

当前，世界百年变局加速演进，国际格局深刻调整，逆全球化思潮抬头，各种不确定和难以预期的因素对国际产业合作与分工布局产生重要影响。区域自贸、贸易摩擦等因素对国际纺织产业链、供应链布局的影响加深，改变了以比较优势为基础的传统产业布局规则，我国纺织行业参与国际贸易投资合作、提升国际供应链主动权的难度显著增加。在复杂外部形势下，纺织行业短板技术及应用突破、大宗原料稳定安全供给、产业布局稳妥有序优化等关键问题更需持续关注。

从国内看，随着中国社会主要矛盾变化以及人口老龄化的加剧，建设纺织现代化产业体系任务艰巨，促进区域协调发展、巩固产业制造能力成为行业发展的重中之重。发展机遇在于，我国全面建成小康社会任务如期完成，已经进入全面建设社会主义现代化强国的发展新阶段，经济发展长期向好，全体人民共同富裕稳步推进，人民对美好生活的向往不断转化为现实市场消费力，文化自信增强带动自主品牌内涵丰富和市场认可度提升，均将推动超大规模内需市场全面进入升级阶段，为纺织行业实现持续发展和建立市场主导地位提供核心支撑。

此外，新一轮科技革命浪潮推动纺织产业变革走向深化，新材料、人工智能等前沿技术创新及多技术领域跨界融合，为纺织行业价值提升提供重要路径，纤维新材料在更广泛领域实现应用，智能化转型将产业供给质量与效率带入新高度，多学科交叉、多领域融合创新激发新产品、新业态乃至新产业不断涌现，引领现代化纺织产业的未来，涵养孕育未来的纺织产业。

二、总体要求

（五）指导思想

以习近平新时代中国特色社会主义思想为指导，深入贯彻党的二十大精神，融入和服务中国式现代化建设。坚持社会主义市场经济改革方向，坚持高水平对外开放，立足新发展阶段，完整、准确、全面贯彻新发展理念，构建新发展格局，以推动高质量发展为主题，以深化供给侧结构性改革为主线，以改革创新为根本动力，以满足人民日益增长的美好生活需要为根本目的，统筹世界百年未有之大变局和中华民族伟大复兴战略全局，推进纺织行业实现高端化、智能化、绿色化、融合化发展，打造具有完整性、先进性、安全性的纺织现代化产业体系，进一步推进纺织强国建设，实现纺织高质量发展的新跨越，在未来发展和国际竞争中赢得战略主动。

（六）工作原则

建设具有完整性、先进性、安全性的纺织现代化产业体系，坚持以实体经济为重，防止脱实向虚；坚持稳中求进、循序渐进，不能贪大求洋；坚持三次产业融合发展，避免割裂对立；坚持推动传统产业转型升级，不能当成"低端产业"简单退出；坚持开放合作，不能闭门造车。

建设具有完整性的纺织现代化产业体系。保持并增强产业体系完备和配套能力强的优势，同时针对短板、弱项精准持续用力，推进产业链上、中、下游同频升级。建立有效机制，推进大中小企业融通发展，以质量效率为核心，打造不同规模、不同类型、不同层次的世界一流企业，坚持产业链协同发展，提升纺织现代化产业体系整体水平。

建设具有先进性的纺织现代化产业体系。将创新摆在产业发展全局的核心位置，进行教育、科技、人才"三位一体"系统部署，强化科技创新和工业设计，以基础性、根本性、关键性创新为重点打造纺织产业未来和未来纺织产业。融入对社会、环境和经济可持续性影响因素的识别与管控，协调推进经济增长、社会发展和环境保护，落实联合国2030年可持续发展议程，推动企业、行业和全社会共同可持续发展。

建设具有安全性的纺织现代化产业体系。针对产业链薄弱环节和短板技术持续攻关，保障纺织产业链自主可控、安全高效、循环畅通。促进纺织供应链国际布局和国内发展关系平衡，以超大规模国内市场为主体统筹好国际国内两个市场两种资源，满足国内居民消费和应急供应保障的能力安全可控。

引导各类资源向纺织工业转型升级聚焦发力，市场主导、政府引导，立足当前、着眼长远，整体推进、重点突破，自主发展、开放合作。坚持走新型工业化道路，提高全要素生产率，推进行业从规模增长转变为质量和效率增长并形成核心竞争力，全面提升纺织现代化产业体系发展水平。

（七）发展目标

到2035年，纺织行业创新能力与发展优势持续强化，在全球产业分工和价值链中的优势明显提升，纺织现代化产业体系基本形成。与我国基本实现社会主义现代化国家同步，纺织行业要成为世界纺织科技的主要驱动者、全球时尚的重要引领者、可持续发展的有力推进者。纺织产业链完整稳定并且规模优势明显，充分满足我国居民幸福美好生活的纤维产品消费需求。纺织品服装国际竞争优势稳固，保持30%以上的国际市场份额。

科技创新水平总体迈入世界前列。到2035年，创新型企业研究与试验发展经费支出占营业收入比重超过3.5%。基础研究和原始创新能力显著增强，纺织领域PCT专利公开数占世界纺织专利总数超过1/3。关键核心技术实现自主可控，国产纺织装备国内市场占有率超过80%，高性能纤维自给率超过70%。全流程智能化纺纱生产能力达到3000万锭。服装家纺制造企业数字化、智能化水平大幅提升，人均生产效率提高2~3倍。先进产业用纺织品基础研究和应用能力显著提升，在关键共性技术和重点产品方面形成核心优势。前沿技术与行业发展深度融合，规模以上企业全面普及数字化、网络化，建成一批具有国际领先水平的智能车间/工厂，关键业务环节全面数字化的企业比例超过70%。

时尚引领能力进入全球强国阵营。到2035年，纺织服装行业发展与传统优秀文化、多元当代文化进一步融合，建成具有全球竞争力的产品设计体系和全球影响力的时尚话语体系。体现新时代精神和中华优秀文化的纺织大工匠、工艺美术大师、行业设计人才数量多、质量优，支撑纺织时尚产业发展。形成8~10个跻身国际知名品牌阵营的时尚品牌集团，国内市场拥有一大批具备文化创造力、消费引领力和可持续发展能力的优势品牌企业，纺织行业15个以上千亿级产业集群成为具有全球时尚影响力的区域品牌。

责任导向的绿色低碳循环体系基本建成。到2035年，企业及园区清洁生产水平达到国际领先。能源结构进一步优化，清洁能源占行业能源消费总量比重持续提升。水资源利用效率进一步提升，印染行业水重复利用率提高到55%以上，喷水织造行业中水回用率达80%以上。纤维加工总量中绿色纤维占比提高到35%以上。建成比较完善的废旧纺织品循环利用体系，生产者和消费者循环利用意识明显提高，高值化利用途径不断扩展。绿色低碳标准体系和绿色发展服务平台不断完善。碳排放2030年前实现达峰，到2035年，行业二氧化碳排放强度持续下降。

（八）重点任务

建设纺织现代化产业体系要聚焦制造，把发展的着力点放在实体经济上，以自主可控、安全可靠、竞争力强为目标，坚持问题导向、系统推进、突出重点，持续提升全要素生产率，不断夯实物质技术基础。

保持产业地位强大稳定。积极开拓创新，推进行业高质量发展，供给侧改革和扩大内需紧密结合，保持稳定的国际市场份额，产业发展与我国人口规模巨大的现代化发展水平相适应，保障我国居民人均纤维消费位于中等发达国家以上水平，设计"发展纺织现代化体系行动指数"，动态评价全国和重点区域纺织产业地位强大稳定的程度。

保障产业链安全健康。聚焦纺织原料、关键技术、重点消费市场等产业链各环节的风险因素，坚持问题导向，全力解决短板领域和堵点、难点，保障纺织产业链供应链自主可控、安全高效。

适应多元化消费需求。聚焦超大规模国内市场，适应多元化、差异化和升级型消费需求，创新开发产品，提升制造业设计能力，建设高效畅通的流通体系。与共同富裕相同步，充分解决我国居民纤维消费存在的结构性不平衡问题。

畅通国内国际双循环。全面提升纺织行业国际化水平，推进高水平对外开放，高效率利用国际资源，形成一批有明显国际竞争优势的国际化企业集团，加快外贸转型升级，开拓出口新市场，创新外贸业态模式，稳定纺织品服装出口第一大国的地位，提高国内国际双循环效率和水平。

提升可持续发展水平。聚焦资本市场和行业上市及拟上市企业，推进环境、社会、治理（ESG）信息披露、绩效评估和ESG投资，持续提高ESG投资在行业投资中的比重，并培育一批具有全供应链ESG管理体系和可持续发展影响力的企业。

三、推动行业进步的纺织科技创新行动

坚持"四个面向"，重点围绕建立产业科技国际竞争优势、保障产业链供应链安全稳定、服务国民经济与社会发展需要，构建体系化全局性纺织科技发展新格局，全面实现纺织行业科技高水平自立自强，成为世界纺织前沿科技创新重要参与者和共性关键技术升级的主要引领者。形成"顶层设计牵引、重大任务带动、基础能力支撑"的科技创新体系，充分发挥科技型骨干企业引领示范作用，完善复合型科技人才培养体系，显著提升科技成果转化和产业化水平。

（九）建立系统高效的科技研发体系

加强基础创新，推进前沿引领技术攻关。面向世界科技前沿与融合创新趋向，主动布局纺织行业重要科学问题研究与前沿技术试验开发，聚焦高精度、高适应性、特种纺织基础零部件，关键基础材料及纳米纤维、智能纤维等前沿纤维材料，高性能纤维、产业用特种纤维及其成型技术，废旧纺织品循环再利用等先进基础工艺，以及智能纺织装备等重点领域基础理论研究与跨领域交叉研究，全面夯实科技自立自强根基。编制纺织行业基础创新指引目录，引导、推动具有前瞻性、引领性、原创性的基础科研项目立项实施。强化科技创新策源功能，形成一批行业带动效应强和国际领先的科研成果，夯实纺织科技强国基础。

加强应用创新，推进关键共性技术攻关。以重点企业、重大项目为抓手，持续推动纤维材料技术突破，稳步提升高性能纤维质量稳定一致性与多领域应用水平，提高生物基化学纤维单体和原料纯度及成套技术装备高效低耗水平，推进新型多功能纤维高效柔性化制备技术研发；加强绿色纺织工艺技术研发，大力突破短流程、少水、非水介质印染技术，全流程数字化印染技术，少化学品印染技术及高端生态化学品开发，废水低成本深度处理及回用技术等；稳步提升高端纺织装备研发制造水平，着重研发高性能纤维以及生物基、可降解、循环再生等绿色纤维的成套装备，节能环保印染装备，特种成型及编织成套装备，短流程、超短流程纺纱装备等；全面提升先进纺织制品加工水平，突破高端非织造布制备，多轴向、异形和大尺寸编织，功能化、绿色化整理和复合等关键共性技术。大力推进服装家纺生产过程自动化智能化，突破服装家纺专用机器人及机械手等智能化服装加工技术，建立由缝制设备、机器人及人工智能技术构成的智能协同缝制系统。到2035年实现纺织全产业链关键核心技术自主可控，推动产业高端化、智能化、绿色化转型，掌握发展主动权。

加强创新融合，提升行业战略科技力量。围绕国家战略需求加强总体谋划布局，推动重点科技项目跨领域协同研发攻关和产业化应用，为国防军工、航空航天、应急安全、环境保护、健康医疗等关键领域稳定提供高性能、多功能纤维材料及制品，形成战略性技术及产品规模化供给能力。到2035年，我国医用植入材料、防护与应急救援材料、高性能纤维复合材料等重点应用领域国产化率超过50%，基本满足军民两用需求。

加强工业设计创新，提升技术应用与产品开发水平。坚持问题导向，面向人民需要，提高制造创新设计能力，全面推广应用以绿色、智能、协同、系统为特征的先进设计方法技术。强化纺织工业设

计理论研究、设计基础数据积累等基础工作。综合应用新材料、新技术、新工艺、新模式及智能化研发设计工具，推动纺织装备设计、纺织产品开发，促进科技成果转化应用。持续推进多功能、智能化纺织产品创新，激发医疗卫生、大健康、安全防护、绿色生态等热点领域的应用潜力，开辟新品类、新市场、新赛道。

（十）完善多层协同的创新平台体系

强化企业创新平台建设。 发挥企业作为行业创新力量主体作用，鼓励骨干纺织企业加大创新要素投入，主导关键技术研发，广泛深入参与应用基础与前沿科技研究，建设高水平企业技术中心、工程技术中心、研发中心等科技创新平台。到2035年，35家以上企业进入全球企业研发投入2500强，建成150家以上国家企业技术中心。

建设国际先进的行业科技创新平台体系。 优化完善纺织行业重点科技创新平台布局，围绕纤维新材料、绿色制造、产业用纺织品、高端纺织装备等产业链创新突破关键点，加强平台建设部署。做好全国重点实验室、国家工程研究中心、国家制造业创新中心、国家企业技术中心以及行业重点实验室、技术创新中心、科技成果转化中心、工业设计中心等关键平台的培养、建设和优化升级工作。促进各类平台间耦合联动，实现平台链与创新链的精准匹配。到2035年，建成100家国家级行业创新平台，纺织行业创新平台体系充分发挥支撑关键核心技术持续突破的主体功能。

（十一）发展高效运行的科技成果转化体系

完善纺织行业科技创新机制。 完善优化以企业为主体、产学研用深度融合的科技创新机制，强化企业在创新决策、研发投入、项目组织、平台运行、成果转化等方面的主导作用，提升创新全过程的市场导向性和应用适应性。完善产学研融合创新的利益分配和风险控制机制，以创新贡献率为基础，界定合作方责权利，探索通过成果权益分享等方式分配创新成果收益，建立创新成果投融资风险控制和共担机制。加强创新链与产业链、信息链、资金链、人才链的融合衔接，提高创新链整体效能。完善科技成果转化反馈评估机制，构建科技成果转化绩效评价体系。

打通创新成果输送应用通道。 搭建行业创新成果推广对接平台，建立纺织行业科技成果基础数据库，提升科研成果供需对接的质量与效率。推动行业公共创新平台及骨干企业创新资源向中小企业开放，提供技术牵引、转化支持，促进科技创新成果向中小企业输送应用。引导行业高校、科研院所成果转化与创新创业有机结合，培育科技型企业。搭建行业中试验证平台，发展科技成果转化服务机构、知识产权转移服务机构等生产性服务体系，提升科技成果转化效率。到2035年，建成10个以上行业性中试验证平台，有效覆盖高性能功能性纤维开发、生态印染加工、先进纺织制品等关键领域。

（十二）建立新型高质量的标准支撑体系

高水平推动科技成果标准化。 进一步完善行业标准化技术组织体系，加大现行标准整合力度，修正标准重复、重叠等问题，不断优化标准结构，实现政府颁布标准与市场自主制定标准互为补充、错位发展。积极开展技术标准国际合作，提升国际国内标准的一致性水平和国际化标准综合贡献率。

高质量推进标准制定应用。 围绕智能制造、绿色低碳、再生循环、智能纺织品等纺织科技创新新兴领域，有序推动标准制定及标准化技术机构建设。结合行业创新实践，推进技术标准化跨界融合。建立行业标准验证制度，提升标准内容与实际应用环境的适应性，到2035年完成20家以上国家和行业标准验证实验室建设，提升行业标准整体质量水平和利用效率。

四、突出文化引领的纺织时尚升级行动

提升产品设计能力，将材料创新、工艺创新、

理念创新转化为时尚表达，更好匹配消费需求变化。促进传统民族文化、现代潮流文化等资源和产业相融合，增进文化自信和市场认同，提升时尚传播、渗透和引领能力，更好实现消费引领与价值转化。培育代表中国高质量发展水平、具有国际竞争力的优势品牌，提升全球资源整合能力。

（十三）多维度产品创新满足消费升级需求

把握有效需求增强产品创新。加强流行趋势研究和新材料新技术在终端产品的设计应用，完善从纤维原料到终端产品的全产业链创新研发体系。从需求出发，推动融合创新，加快行业与数字经济、生物经济、绿色经济等领域结合，拓宽产业场景和市场边界。优化产品结构，围绕市场消费升级趋势，提炼和总结市场消费新特征。把握需求变化，系统性开发健康舒适、绿色安全、易护理、生态环保、运动功能、安全防护等纺织产品。

提升时尚与科技创新融合水平。在纺织时尚产品的设计和生产中，融合体现先进技术、流行趋势、品牌文化，满足人们功能、时尚、绿色的升级消费需求。注重电子技术、信息技术与生产技术结合，加大智能穿戴、绿色健康、复合功能性产品的开发力度。持续深化人工智能技术与时尚产业融合，丰富时尚创新与消费的实用场景，强化以智能预测、智能设计、智能时尚供应链、智能营销为一体的时尚产业链综合管理效能，广泛应用个性化定制与柔性制造等生产模式。

立足纺织特色打造泛时尚生态体系。以文化创意、生活方式为纽带，加强纺织与家居生活、休闲娱乐、文化旅游等领域的互动与融合发展。推动纺织传统技艺更好地与现代生活融合。促进纺织时尚与艺术、建筑、文学、音乐、电影、动漫、珠宝、汽车等领域的跨界合作。加强与不同设计行业的交流合作。优化提升专业展会、时装周、设计大赛等时尚交流平台，发挥其融合产业发展、推动区域创新、促进跨界时尚资源深度聚合的作用。

（十四）深度融合传统文化扩大全球影响力

构建具有全球影响力的纺织时尚体系。加强纺织时尚文化基础研究，总结时尚文化的基本构成、发展特点和应用框架，推动形成体现中华纺织服饰文化、符合当代生活方式、契合全球时尚语境的纺织服装美学体系。汲取传统和全球文化元素，多维度开展比较研究、跨界研究，提炼挖掘其背后的丰富内涵，支持设计开发。强化纺织时尚文化教育、宣传和推广。

推进中华传统文化与时尚融合发展。开展中华优秀传统文化的创新性研究和转化，加强对传统技艺的传承保护与商业开发，加强纺织非物质文化遗产与产品的活态传承与市场应用。挖掘不同地域文化的价值，形成差异化、特色化的时尚产品。打造具有标志意义的纺织非遗品牌与时尚活动平台。加强现代化纺织工业文化研究，开展纺织工业遗产保护、拓展纺织文博事业、发展纺织工业旅游、挖掘纺织工业美学等。

（十五）品牌和渠道持续创新提升国际竞争力

培育代表中国高质量发展水平、具有国际竞争力的优势品牌。提升品牌全球资源整合能力，支持优势品牌和设计师参与国际展示，加强国际化营销，扩大中国时尚原创的国际影响力。提升时尚创意能力，促进艺术家、非遗传承人、优秀设计师等团队与制造品牌、消费品牌、流通平台等开展跨领域创意设计合作。建设世界纺织服装产业制造品牌第一梯队，按照高端化、智能化、绿色化、融合化发展方向，坚持优质和高效，构建规范化、标准化、精益化生产运营体系，品牌供应链管理达到国际先进水平。整合资源不断创新终端零售形态，加强流行趋势预测、时尚创意设计和精准数据营销，引导消费品牌提升集成创新能力，形成一批消费支撑力、时尚引领力、文化承载力、国际竞争力强的纺织行业消费品牌。

强化时尚资源集聚，推动区域品牌创新体系建设。加速集聚国内外时尚资源，重点发展具有国际先进水平的创新中心,以提升文化软实力和影响力为重点构建时尚新生态,着重打造具有一定国际影响力的中国纺织时尚策源地。依托专业市场、新型时尚产业园区、都市产业圈和特色产业集群,整合集聚优势时尚资源,提升区域内企业产业链供应链协作优势,提高资源集聚整合与高效能再分配能力,持续构建完善纺织时尚产业链生态。明确区域品牌特色定位,制定区域品牌战略规划,从生产制造效能提升、强链补链、外部协同、渠道拓展、品牌营销推广等方面着手,系统化推进区域品牌创新体系建设。充分发挥区域内优势品牌的带动作用,持续推进区域品牌与企业品牌协同发展,培育千亿级区域品牌。

提升渠道资源创新,探索互联网时代的商业新模式。 运用大数据、人工智能等新一代信息技术,构建数字化市场需求挖掘分析系统,加强与互联网产业、现代服务业的融合,强化与平台、社群、场景等新业态融合,积极探索互联网时代商业新模式。加快推进实体零售与电子商务协同发展,升级优化分销体系。加快发展跨境电商,强化海外物流仓建设,引导企业深耕传统出口市场、拓展新兴市场,培育新的外贸增长点。

五、践行纺织绿色制造和履行社会责任行动

到2035年,在行业生态文明建设和履行环境责任取得积极进展下,绿色低碳循环发展水平全面提升,绿色低碳工艺技术装备广泛应用,资源利用效率大幅提高,行业实现碳达峰后稳中有降。

(十六)分阶段完成纺织行业双碳目标和任务

优化能源消费结构。 提高二次能源消费比重,引导企业使用绿电,扩大太阳能等新能源应用比例,加快推进企业或园区实施煤改气(汽),加快利用光伏、风能等可再生能源作为补充能源,加快分布式能源中心建设。

稳步推进节能低碳转型。 推进行业重大节能技术装备创新突破和改造应用,通过原料替代、流程降碳、工艺降碳,实现生产过程降碳。推进锅炉、电机、变压器、空调机组等通用设备能效提升,加快工艺、技术、装备革新,推动企业从局部节能、单体节能向全流程、系统节能转变。加强高温废水余热、废气余热、低品位余能等回收利用。开展能效领跑者引领行动,加快企业对标能耗限额标准先进值或国际先进水平,带动行业整体能效提升。

推动信息化数字化管理赋能。 利用大数据、工业互联网、云计算、人工智能、数字孪生等数字化技术对重点工艺流程和用能设备进行绿色低碳升级改造,形成节能低碳的信息化、数字化管理,实现精益生产管理,用能计量更加精确,定期开展能源计量审查、能源审计、能效诊断和对标,发掘节能潜力,构建能效提升长效机制。

加强行业应对气候变化试点示范建设。 创新纺织双碳先行示范区、示范园、示范企业、示范项目等各级各类应对气候变化试点,形成一批可复制推广的行业经验和先进做法。发挥品牌企业引领带动作用,推动供应链上、下游协同实现碳达峰、碳中和。全面推进产品全生命周期绿色评价,丰富绿色低碳产品供给,畅通绿色产品价值实现机制。

(十七)全面建设纺织行业绿色制造体系

完善纺织现代化绿色制造模式。 建立低消耗、低排放、高效率、高效益的纺织现代化绿色制造模式,将绿色发展理念和管理要求贯穿于产品设计、制造、物流、使用、循环利用等全生命周期,以制造模式的深度变革推动纺织行业绿色转型升级。全面实施绿色评价,推进原生、再生纺织品服装产业链信息追溯、评价和认证,提升纺织产品绿色供给数量和质量,培育一批绿色设计示范企业、绿色工厂标杆企业、绿色供应链管理企业和绿色低碳工业园区。

推动印染产业健康安全发展。 坚持印染产业以东部沿海发展为主,中西部地区根据环境承载力适度发展的产业布局。坚持印染产业园区化发展方向,

不断完善工业园区基础设施配套，构建园区和企业协同减污降碳体系。鼓励企业通过技术改造，提高减污降碳水平。构建以企业为主体、市场为导向、产学研深度融合的技术创新体系，不断提高绿色制造、智能制造、高品质产品制造的能力和水平。坚持"产品+市场"两手抓，提升产品市场需求性和引导性，大力提高产品的自营贸易比例。

全产业链清洁生产水平不断提高。强化源头减量、过程控制和末端高效治理相结合的系统减污理念。加强清洁生产工艺技术和装备的研发和应用，开展应用示范，推动企业主动实施清洁生产水平提升工程。加强无毒无害化学品开发和应用，减少重点管控新污染物清单、优先控制化学品名录所列化学物质及持久性有机污染物等有毒有害物质的使用，大力推广使用低（无）挥发性有机物含量的化学品。

提高用水效率。大力推广先进适用的节水工艺、技术和装备，推进水资源高效利用和废水资源化利用，加大企业循环水、再生水等非常规水资源开发力度。加快完善行业节水标准，推动企业用水效率对标达标。加大力度开展水效领跑者引领行动，创建一批典型节水示范项目和标杆企业。

加强污染物治理。推广先进适用环保治理装备，推动形成稳定、高效的治理能力，持续削减化学需氧量、氨氮、总氮等重点污染物产排量。强化强制性标准约束作用，对高盐、高氨氮等高难度废水开展深度高效治理研发应用示范。加快推进有机废气（VOCs）高效处理，选取低耗高效组合工艺进行治理，推广重点装备的废气收集和处理技术应用，控制挥发性有机物排放。加快减污降碳协同增效，形成大气污染物排放和碳排放消减"双降"试点示范。

建立绿色化规范化标准体系。发挥标准的基础性、引领性作用，加快节能、节水、清洁生产、污染物排放等标准制修订，完善绿色产品、绿色工厂、绿色工业园区和绿色供应链评价标准，加快气候变化领域的基础通用标准、新兴领域标准、共性关键技术标准建设，做好标准国际衔接。重点推动碳足迹核算方法、数据质量、认证等标准制定。

（十八）构建纺织产业链资源循环利用体系

推动园区循环化改造。园区实施集中供水、集中供热、协同治污的循环化改造。推进产业园区用水系统集成优化，实现串联用水、分质用水、一水多用、梯级利用和再生利用，构建再生水循环利用体系。促进园区内企业采用能源资源综合利用生产模式，推进园区企业余压余热回收利用，实施园区"绿电倍增"工程。促进园区废水废气废液资源化利用。

实施互联网与资源循环利用融合发展。推动企业、园区开展资源信息化管控、污染物排放在线监测系统建设，实现动态监测、精准控制和优化管理。推动主要用水、用能设备和工序的数字化改造和上云用云，推广"工业互联网+再生资源回收利用"新模式。

扩大绿色纤维供给能力。开发秸秆、玉米芯、甘蔗渣、菌草、竹等非粮生物基原料，加强聚丁二酸丁二酯（PBS）、聚己内酯（PCL）、聚3-羟基烷酸酯（PHA）等可降解纤维材料的开发、生产与应用；积极开展再生纤维素纤维、聚乳酸纤维、海藻纤维、壳聚糖纤维、动植物蛋白纤维、生物基聚酰胺、生物基聚酯、生物基氨纶等生物基纤维材料及制品的研发、生产和应用，加强绿色纤维相关认证体系建设。

完善废旧纺织品再利用体系。持续推进化学法再生涤纶、再生锦纶、再生氨纶、再生纤维素纤维等品种的短板和关键技术研发和产业化，构建废旧纺织品高值化利用的产业体系。建立并完善"互联网+回收"的废旧纺织品回收渠道，建立并完善废旧纺织品回收行业相关规范和标准，引导合理布局建设分拣中心和资源化利用分类处理中心，建设废旧纺织品回收及资源化利用信息化平台。推广绿色设计和绿色消费理念，增强再生纺织品设计和再制造能力。

强化产品全生命周期绿色管理。 构建从产品设计、原料采购、生产、运输、储存、使用、回收处理等环节的绿色供应链管理体系，培育绿色供应链示范企业，发挥行业引领作用。鼓励化学纤维制造、纺纱、织造、印染、服装、家纺等全产业链企业参与绿色纤维及制品认证，推动供应链全链条绿色低碳发展。

（十九）完善行业可持续和社会责任体系

强化纺织品生产者社会责任。 鼓励企业落实中国纺织服装企业社会责任管理体系（CSC9000T），提高社会责任管理能力和管理水平。引导有关机构和企业研究制定废旧纺织品循环利用目标及路线图，积极推进废旧纺织品循环利用，提高纤维材料资源化利用水平。支持有关机构和企业研究废旧纺织品资源价值核算方法和评价指标，逐步构建支撑再生纺织品生态价值的市场机制。

建立绿色低碳发展服务平台。 加快推动行业本地全生命周期评价（LCA）数据库建设，完善碳排放数据计量、收集、监测、分析体系。打造集碳足迹核算、信息披露、认证、碳标签等服务为一体的行业碳达峰碳中和服务平台，培育一批专业化服务机构，为企业、园区提供低碳规划和低碳方案设计、低碳技术验证、碳排放和碳足迹核算等服务，促进绿色低碳产品开发和绿色消费扩大。

推进行业环境、社会、治理（ESG）体系建设。 立足行业发展现状和趋势，建立并持续完善行业ESG信息披露体系、ESG绩效评估体系和ESG能力提升支持体系。支持行业企业建立"信息披露—绩效评估—能力提升—信息披露"的ESG工作闭环系统，并与利益相关方共建良好的行业ESG工作生态。推动各类投资主体在行业投资中充分考虑被投资对象的ESG披露水平和绩效水平，引导投资向ESG绩效良好的企业和项目倾斜。在海外推行ESG投资，提升中国纺织服装企业和行业可持续竞争力并树立负责任的形象。

六、建立协调联动的纺织区域融通发展行动

在双循环格局下，将产业发展融入区域重大发展战略，推动产业与区域发展联动，构建优势互补、高质量发展的区域经济布局和现代产业体系，形成东中西融通发展的生产力布局。推动以大型企业、重大项目为牵引的跨区域转移，以产业布局优化带动区域协调发展。围绕各地区区位优势、资源禀赋，培育特色集群，以产业发展释放区域潜力。

（二十）形成纺织现代化先行区

提升世界级纺织产业集群建设水平。 将城市群作为现代纺织产业体系的重要空间载体，打造世界级产业集群、高端制造中心，提升全球影响力、引领力。强化世界级产业集群先行示范效应，在京津冀、长三角、粤港澳大湾区、海西地区、山东半岛等纺织产业发达地区，加快培育具有世界领先的创新能力、制造能力和可持续发展能力的世界级纺织产业集群。成熟产业集群地区立足价值链中高端，进一步突出先进和绿色制造优势，提高协同制造、精益制造和绿色制造水平，打造高端制造中心。凝聚全球创新要素资源，发展国际水平的创新中心、设计中心和消费中心。

发挥领先企业链主效能。 引导领航企业、单项冠军、专精特新、"小巨人"等领先企业发挥龙头带动作用，释放聚合效能，全面提升产业能级。引导领先企业专注核心业务方向，集聚要素资源，提高专业化生产能力，构建产业链中稳定高效的生产、供应、研发等专业化协作配套关系。提升企业针对细分市场的服务水平，鼓励开展技术创新、管理创新、产品创新和商业模式创新，培育符合"新技术、新产业、新业态、新模式"等新的增长点，形成新的竞争优势。

（二十一）促进乡村振兴和共同富裕

推进乡村振兴和新型城镇化协同发展。 融入县

域城乡融合发展大势，以产业集群培养、建设与升级带动县域经济和乡镇经济发展。促进纺织产业在城乡间的衔接与转换，畅通城乡要素流动，激活县域农村的土地、劳动力、风土人情、自然风光等资源。扩大农村劳动人口本地就业规模。挖掘培育乡村各类技能人才，设立乡村工匠工作站、名师工作室、大师传习所，促进技能乡村建设，带动乡村振兴。

引导企业扩大在中西部地区投资力度。助力中西部地区工业化和城镇化建设，以资源条件为基础，不断完善产业体系、服务配套和综合投资环境，充分发挥行业创富产业作用。加强传统文化、区域优势、特色经济、新型城镇化的融合。以纺织非遗为切入点，对城乡融合发展下的自然资源、文化资源和人力资源做创造性的重组，探索以纺织非遗为主题元素的乡村休闲、生态旅游、绿色康养等兴业富民多元业态。

（二十二）促进边疆发展纺织特色产业

发挥要素禀赋潜力和优势，提升特色产业发展水平。增强边疆地区纺织服装产业内生发展能力，打造一批边疆地区特色产业的专精特新企业。以边疆民族地区为重点，深入发掘贵州苗绣、青海藏毯等民族文化的时代价值。坚持创造性转化、创新性发展，探寻传统文化和现代生活的连接点，形成差异化、特色化的时尚产品。推进边疆地区特色纺织产业与文化、旅游产业融合发展，以产业发展释放区域潜力。

发挥边疆独特区域优势，高水平承接产业转移。推动内蒙古、广西、云南、新疆等具备纺织产业发展基础与潜力的边境省区扩大承接产业转移，因地制宜，培育优势产业，加快转型升级。内蒙古构筑国内精品级的高端羊绒纺织服装产业基地。广西承接产业转移，打造与大湾区、东盟国家紧密协作的供应链协同体系。云南加快建设面向南亚、东南亚辐射中心，推进产业升级。新疆发挥丝绸之路经济带核心区优势，建设向西开放的枢纽核心。推动东部地区产业集群与西部地区产业集群建立全方位对接合作关系，推动东部地区产业组团式、链条式转移，形成跨区域协作和利益共享。

七、推进双循环的国际化供应链提升行动

积极践行构建人类命运共同体理念，坚持高水平对外开放，全方位提升纺织行业国际贸易及投资合作质量水平，构建稳定、安全、高效的国际化供应链体系，牢牢把握产业安全发展主动权，成为国际纺织产业合作和全球产业治理的重要引领者，开创产业全球合作新局面。

（二十三）深度参与全球产业分工合作并提升国际化水平

巩固提升全球产业分工合作地位。以科技创新能力提升为基础，发展先进制造，巩固我国纺织行业的规模和体系优势，成为保障国际供应链稳定运行的核心力量。持续强化行业在纤维材料、纺织面料、纺织装备等关键领域的自主研发及制造能力，掌握参与国际产业分工及布局调整的主动权。依托我国超大规模内需市场优势，加强全球资源整合能力，提高对研发、品牌、渠道等关键资源的掌控，提升国际市场影响力。

稳步提升国际化发展水平。坚持高质量发展对外贸易与投资，促进纺织行业进口与出口、贸易与投资、贸易与产业协调发展。积极优化出口贸易结构，发挥好进口贸易在保障原料安全、优化要素配置方面的积极作用。继续发挥好外商投资对于产业升级的支持作用，在高新技术纤维、高端产业用纺织品、高端纺织装备领域鼓励引入国外资本及配套技术与人才。有序推动我国纺织企业开展海外生产力布局和优质资源配置投资，促进国内先进技术装备出口和管理经验外溢，引入海外优质原料、高端技术及人才等资源。在开放中实现国内产业转型升级，同时促进全球产业生态完善和发展效率提升。

积极参与全球产业治理。主动参与和维护纺织产业相关国际组织活动，与全球纺织行业主要相关

方建立常态化交流机制，在国际合作中加深了解和互信。构建贸易、技术、投资、社会责任等产业合作平台，发挥自办展会在加强国际国内商贸交流、产业链和供应链的纽带、科技创新和品牌建设的窗口等方面功能。

（二十四）推动出口结构和业态模式优化升级

加快外贸出口转型升级。提升供给质量与效率，巩固纺织面料、中高端纺织制成品出口竞争力。结合国际产业布局调整趋向，扩大纤维新材料、纺织装备出口规模，培育出口新增长点。推进纺织行业质量认证的国际化接轨，以同标同质促进纺织服装产品在国内外市场顺畅流通。顺应国际市场需求与国际贸易规则绿色化、可持续发展动向，推动出口产品碳排放、碳足迹测算，纺织化学原料及化学品认证，供应链溯源，供应链尽责管理等工作，提升对外贸易绿色化水平。

优化出口市场结构。巩固发达国家中高端市场份额，依托国内产业研发与制造能力基础，全面提升中高端纺织制成品品质优势和产品附加值；通过跨国并购、模式创新等多种方式，开展海外零售渠道建设，提升渠道控制力和主动权。有效提升市场多元化水平，把握新兴市场特点，定位细分市场，挖掘需求潜力，充分依托国家自贸区体系、跨境贸易人民币结算等政策条件，利用好出口信保、衍生金融工具等风控措施，降低市场开拓风险。

发展国际贸易新业态新模式。促进跨境电商健康、有序创新发展，搭建海外销售网络平台体系，提升渠道控制力，扩大自主品牌产品出口。以数字化智能化技术赋能贸易模式创新，推动建立线上线下融合、境内境外联动的营销体系。促进跨境电商模式创新，发展"跨境电商+产业集群""跨境电商+专业市场"等模式，打造内外贸一体化区域品牌。鼓励有条件的企业发展离岸贸易模式，在海外建立订单中心，降低贸易成本，适当规避贸易环境风险。

（二十五）构建具备高效供应链优势的国际化发展格局

加强对国际市场关键要素资源的整合。做好优质棉花、原油、速生林材及浆粕等大宗纺织原料的国际采购合作，建立多元、稳定、可控的采购渠道和合作关系，规避地缘政治、贸易环境风险，降低采购布局过于集中的负面影响，提升原料供给安全性。鼓励有条件的纺织企业在海外投建、收购农场、牧场等天然纤维种养殖基地、石油-炼化及生物基原料基地，保障原料供给安全。

有序推进全球化生产网络体系建设。提升我国纺织产业链供应链安全性和韧性，以国家高水平自贸区体系为基础，在具有较好要素资源条件和稳定投资环境的地区，稳妥有序推动产能布局，建设符合现代产业体系要求的纺织服装生产加工基地。强化国内产业体系在全球化布局中的资源调配中心和技术装备支持中心地位，稳定国内化纤、印染、纺机等产业链关键环节，完善核心国产化技术装备研发应用和国际化服务水平，提升国内企业总部在技术、资金、人才、国际国内采购渠道等方面的主动性和控制力。

培育国际化发展领航企业。培育发展具有跨国资源整合和国际化布局能力的大型骨干企业，鼓励企业以提升发展效率和安全稳定性为战略目标，通过绿地投资、兼并重组等多种形式，在海外布局原料基地、加工基地以及研发设计中心、国际品牌营销中心等，提升骨干企业对国内产业链的引领带动作用和在国际供应链中的资源控制力、影响力，在纺织行业发展形成10家左右产业链纵深布局、高水平国际化发展的世界500强企业，100家以上拥有高效跨国生产体系和供应链体系的国际化骨干企业。

（二十六）持续高水平参与"一带一路"共建合作

打造"中国+'一带一路'沿线"的全球快速反应制造体系。充分利用好我国与"一带一路"沿线国家贸易环境稳定、投资环境优化、便利化措施增多等有利条件，加强与东南亚、中亚、西亚等亚洲周边国家的双、多边产业投资合作，开拓非洲、中东欧、南美洲等新兴投资市场，根据投资环境和要素配套条件，投建服装、棉纺、非织造布等生产加工基地，结合产业链上下游发展水平，合理配套发展织造、针织、印染等产业链环节，提升海外布局整体效率。推进负责任、可持续的"一带一路"共建合作，在投资中融合ESG风险管理和评估体系。

实施"一带一路"纺织产业共建示范项目。 以产业园区共建为抓手，打造"一带一路"共建合作纺织示范项目。指导有条件的骨干纺织企业单独或组团合作，在海外投建纺织产业园区和重点产业合作项目，发挥好我国纺织行业在园区化规划布局、现代化公共服务平台建设等方面的经验优势，以及国产化技术装备竞争力优势，建设现代化纺织产业链国际合作标志性项目。支持国内企业"抱团出海"，协作参与海外园区投资共建，提升合作效率和风险防范能力。面向"一带一路"共建国家、中欧班列重要节点城市和地区，发展丝路跨境电商，打造"一带一路"跨境电商合作示范项目。

八、促进数字经济与纺织产业深度融合发展行动

深度融入数字时代，围绕行业转型升级与高质量发展需求，加快移动互联网、人工智能、云计算、大数据等新一代信息技术与纺织产业的融合创新应用，打造数字化支撑下的行业发展新型能力，推动行业整体实现数字化、智能化转型升级，全面支撑纺织现代化产业体系的建立。

（二十七）新一代信息技术与纺织产业深度融合创新

全面提升数字化、网络化、智能化智能制造发展水平。 突破一批基于新一代信息技术的纺织数字化、智能化关键技术，形成一系列具有自主知识产权的新型纺织智能制造装备、工业软件和一体化解决方案。推动纺织企业广泛开展数字化、网络化、智能化升级改造，扩大数字化、智能化装备以及生产管控系统应用覆盖面，提升企业数字化综合集成应用水平。开展纺织行业数字化转型试点示范工程，重点建设一批面向细分行业的智能车间、智能工厂，带动智能制造技术装备及系统解决方案在行业内应用推广。到2035年，数字化车间在行业内基本普及，企业智能化水平显著提升。

加快纺织工业互联网平台体系建设。 鼓励骨干企业打造以自身供应链协同为核心的"链主式"企业级工业互联网平台，带动上下游合作方协同联动。以产业集群、产业园区为载体，建设区域性纺织工业互联网平台，推动集群企业"上云用数赋智"，促进区域产业链融通、大中小企业协同发展；开展纺织工业互联网示范基地建设，引导产业集群加快智慧化转型。建设行业级工业互联网平台，面向纺织企业、产业链供应链各环节，推动资源优化配置与创新发展，提升服务能力。到2035年，纺织行业基本建立起与现代化产业体系要求相适应的覆盖全产业链的工业互联网生态体系，数字化平台广泛服务产业集群、中小企业。

推动纺织大数据平台体系建设。 建设行业性、区域性纺织大数据平台，促进重点企业、产业集群、专业市场等多级数据采集汇聚，形成基础大数据库，做好数据分类及综合管理。以大数据资源为基础，结合应用场景开发纺织行业运行监测、决策支持、风险预警、公共服务等产品化功能。鼓励企业适当开放生产、销售数据，由可信第三方开展大数据开发服务，鼓励具有产业链、供应链合作关系的企业共建安全可信的大数据共享空间，有效深化工业数据价值化应用，激活数据要素潜能，驱动产业业态与模式创新。

（二十八）推动产业集群内中小企业的数字化智能化转型升级

实施产业集群内中小企业数字化转型解决方案。 在纺织重点地区建设15个行业数字化转型促进中心，为所在地区产业集群提供符合中小企业需求

的数字化转型诊断咨询、供需对接、优质资源集聚、人才培训、样板打造等服务，并针对中小企业的特点和需求，提供低成本、轻量化、平台型、见效快的数字化解决方案。

开展服务产业集群内中小企业的数字化试点示范。遴选60个具有不同特色的优势产业集群作为试点，积极推动产业集群的数字化建设，打造数字化转型示范产业集群，服务3万家纺织中小企业加快数字化转型，并提升集群在企业数字画像、经济运行分析、市场监管等方面的服务能力。

（二十九）加强行业重点领域和应用场景的融合

促进研发设计、市场营销、产业链协同等领域的数字技术应用。开发具有行业特色的数字化智能化研发设计工具，包括时尚分析预测工具、色彩趋势分析工具、智能辅助设计工具、拟真展示工具以及智慧设计公共服务平台等，以数字化融合助推创意设计能力提升。推动数字展厅、数字展会的应用，利用数字化手段拓展产品宣传推广渠道，提升在线服务能力。推动纺织行业电商平台数字化升级，提升产业集群、专业市场、企业的供应链协同功能，打造覆盖线上线下全业务流程的平台体系，实现产、供、需一体化管理。探索建设纺织行业跨境电商大数据平台、海外物流智慧平台等载体。发展贯通产业链的流行趋势数字化平台、跨领域协同创新数字化平台、数字化供应链平台。

丰富智能化技术应用场景。加强人工智能等技术对行业的赋能作用，大幅提升行业生产、销售、物流等方面的效率和互联互通水平，包括面料、服装、家纺产品的研发设计，企业生产计划调度优化，化纤长丝、纱线、面料等产品的外观质量检验，纺纱、印染等生产过程的工艺参数优化，纺纱、服装、家纺等生产过程的物料精准配送，服装和家纺产品的市场营销分析，纺织产业链上下游资源的优化配置等方面。

增强数字化支撑下的融合创新能力。基于数字技术促进纺织行业创新发展，促进纺织产业链主要环节的网络化协同与产能共享利用，发展服装和家纺产品的个性化定制，发展面向中小服装企业的平台化设计，推进纺织机械等产品的全生命周期管理服务，加强智能化纺织产品的开发应用，发展基于移动互联网的服装家纺产品营销新模式和新技术。

（三十）构建行业数字化融合发展生态

建立高效协同的数字化融合创新体系。以纺织行业科技创新体系为基础，深化产学研合作创新。推动国家制造业创新中心、企业技术中心、工业设计中心等重点科研创新平台加快数字化升级转型，提升协同创新效率，扩大平台支撑辐射面。

培育推广行业数字化解决方案。针对纺织行业共性需求和主要细分行业特点，应用新一代信息技术，促进制造端网络和消费端网络高效融通，推出一批符合纺织行业特点和需求、应用效果显著的数字化解决方案，促进成长一批适合纺织行业中小企业的数字化转型服务商。

推进纺织行业公共服务体系数字化转型。提升行业数字化转型公共服务能力，拓展主要面向中小企业的数字化诊断、标准宣贯、解决方案应用推广等服务功能，助力企业加快数字化转型与融合发展。开展公共服务平台自身的数字化改造升级，整合服务资源，拓展服务覆盖面，提升平台服务能力和效率。

强化行业数据治理与网络安全。开展纺织行业数据资源产权、流通、开发应用等基础制度及标准规范研究工作，强化大数据汇集应用领域的行业自律，落实数据安全及个人、商业信息保护法律要求。加强企业、园区网络安全基础设施建设和风险管理，开展纺织企业工控系统安全性评估、监测、预警等工作。

九、支撑现代化发展的纺织人力资源建设行动

充分发挥人才第一资源对纺织现代化产业体系

的支撑作用，创造有利于人才培养、引进并促进高质量就业的产业环境，到2035年拥有一批具备国际影响力的纺织科技领军人才、时尚设计领军人才和国际知名企业家，满足行业发展需求的高水平工程师和高技能人才队伍。

（三十一）多层次培养行业领军人才

发挥企业家领军人才对行业创新发展的示范带动作用。大力弘扬企业家精神，发挥优秀企业家的示范引领作用，扩大纺织行业优秀企业家的社会影响力和全球知名度。以质量为核心，稳步提升进入世界500强、全国500强、品牌排行榜的纺织企业数量。依托行业龙头企业和重大科研项目，扩大经营管理领军人才培养规模。

建立带动行业创新发展的科技领军人才队伍。推动形成利于科研活动和人才成长的纺织行业科技人才培养环境，聚焦行业前沿知识、技术进展和现实问题，着力培养更多国际一流的纺织行业科技领军人才、高端创新人才和专业技术人才。建立以企业为主体，满足科技创新需求的基础研究人员、战略科学家、高技能人才以及复合型人才等多层次人才梯队。

提高时尚领军人才的国际影响力。完善时尚人才培养和成长机制，构建以产业为支撑、企业为平台、院校为载体的"三位一体"人才培养体系，推进产业学院建设，逐步破除学科边界，培养一批具有跨领域经验和跨界思维的复合型时尚专业人才。着重培育代表中国时尚、风格鲜明、具有市场影响力的时尚设计领军人才。培养具备多元文化跨界能力和国际视野的新锐设计师。

（三十二）科技和专业人才推动行业转型升级

进一步优化专业人才培养体系建设。适应纺织现代化发展需要，持续推进高等院校教学制度改革，加强重点学科建设，加强跨学科专业培养。适应基础研究、战略性创新研究、跨领域研究的需要，推动构建基础学科本硕博一体化人才培养和双导师、多导师协同培养制度，扩大纺织科技和管理创新人才的培养规模。

多元化加强专用技术人才队伍建设。组建"科学家+工程师"联合团队，完善优秀青年科技人才全链条培养体系，进一步完善分层分类的专业技术人才继续教育体系建设，发挥骨干企业作用，推动专业人才继续教育、知识更新和创新实践。东中西部地区之间积极开展人才资源战略合作，引导东部地区人才到中西部地区挂职交流、支边支教等。

加强培育复合型时尚设计人才。培养设计创新+智能化人才、营销管理+数字化人才等新时代紧缺型、复合型人才队伍。加强科技概念型、艺术概念型、虚拟服装设计等纺织专业人才的知识技能培训。增强大学生时装周、时尚设计新人奖评选等活动影响力，打造多元化的时尚设计人才孵化平台。

（三十三）规模化职业队伍匹配行业现代化水平

优化就业环境。推动全社会形成有利于制造业发展的就业环境与社会氛围。广泛宣传现代化纺织工业情况，提升年轻一代对未来纺织产业发展的认同。

稳步提升纺织行业职业技能人才规模。进一步丰富技能职业人员的培养和成长路径，稳定职业队伍。着力推进纺织产业工人队伍建设改革，不断优化行业劳动和技能竞赛体系，改进行业工人技能评价方式，培养更多纺织劳模、大国工匠、技能人才，加快建设知识型、技能型、创新型纺织劳动者大军等。

形成适应高质量发展要求的产业工人队伍规模。围绕"科技、时尚、绿色"行业发展新要求，不断提升纺织产业工人队伍的规模、质量和稳定性，形成合理的产业工人梯队。推动产业工人在技术自强中承担更大的责任与使命，在文化自信中创造更大的价值与贡献，以更高质量的产业工人队伍支撑产业加快向高端化、智能化、绿色化、融合化转型升级。

以科技创新引领纺织行业新型工业化建设

中国纺织工业联合会副会长　李陵申

在2023年9月召开的全国新型工业化推进大会上，习近平总书记作出重要指示，指出"新时代新征程，以中国式现代化全面推进强国建设、民族复兴伟业，实现新型工业化是关键任务"。科技创新是新型工业化发展的重要引擎，也是新型工业化的内在要求，坚持以科技创新为引领，将为新型工业化提供不竭动力。纺织行业是我国国民经济支柱产业和承担建设制造强国使命的重要产业，坚持实施创新驱动发展战略，持续强化科技创新的引领作用，以科技创新推动产业创新，是纺织行业推进新型工业化的重中之重。

中国纺织行业科技创新现状

党的十八大以来，中国纺织行业坚持将科技创新摆在发展全局核心位置，推动行业科技事业取得举世瞩目的成就。纺织行业从自主创新到自立自强、从跟跑参与到领跑开拓、从重点领域突破到系统能力提升，科技创新体系不断完善，科技创新能力稳步提升。目前，我国不仅在规模体量上稳居世界第一纺织大国地位，而且在构建新发展模式，以创新驱动提升内生动力等方面也取得显著成效，为纺织行业实现科技自立自强奠定坚实基础。具体表现在以下三个方面。

一、科技实力跃升，在全球纺织创新版图的影响力显著增强

从2012年到2022年，全国规模以上纺织企业研发经费投入强度从0.46%提升到1.15%。2022年纺织行业上市公司研发经费投入强度达1.7%，科技创新型企业研发经费投入强度达4.3%，龙头企业创新引领作用凸显，企业技术创新主体作用显著增强。截至2022年底，我国纺织行业拥有有效专利总量达30.4万件，12项中国纺联金奖专利近二年累计新增销售额42.2亿元，新增利润7.8亿元，高值化专利技术利用和推广取得显著成效。2022年我国纺织行业共申请PCT国际专利852项，占到全球纺织行业总申请量的31.5%，行业知识产权创造优势正逐步形成。近5年，中国纺织行业发表SCI论文共10.2万篇，占全球纺织行业的16.3%，其中高被引科技论文数量占比达29.6%，热点论文占比达42.3%，我国纺织行业成为全球纺织科技创新的重要贡献者。

二、科技创新赋能，支撑和引领行业高质量发展

纺织行业坚持需求导向和问题导向，面向科技前沿的基础地位和牵引作用，在行业关键基础材料、先进基础工艺等基础研究领域取得一批具有国际影响力的原创性成果，在若干重要领域发挥创新引领作用。截至2022年底，中国纺联资助开展行业科技基础研究项目的资金累计达到1644万元，带动行业配套资金3000多万元，成为面向世界科技前沿，引导行业积极开展应用基础研究的重要公益项目。坚持补短板和锻长板并重，积极推动高校、科研院所和纺织企业联合申报国家重点研发计划，以国家重点科技项目为牵引，整合产业链创新资源，共同推动行业核心关键技术协同攻关。

2022年，纺织行业在高端功能与智能材料、先进结构与复合材料、诊疗装备与生物医用材料、智

能机器人等四个方向共有8个项目获得科技部国家重点研发计划支持，国拨经费1.18亿元。积极布局行业发展新赛道，实现了人工智能、大数据、数字孪生、5G等先进适用技术在纺织行业的拓展应用。2022年纺织行业的智能制造就绪率，即初步具备了智能制造基础条件的企业占比达到14.6%，高于全国13.1%的平均水平。

面向人民生命健康，纺织行业科技创新为疾病防治、公共卫生、应对人口老龄化提供更加精准而全面的支撑，特别在新冠病毒疫情期间，纺织行业坚持向科学要答案、要方法，不断提升医疗与卫生用纺织品自主与集成创新能力，满足了疫情防控不同应用场景的防护需求，有效地保护了人民生命健康。

持续完善纺织行业新型高质量标准体系建设，为科技创新提供有力支撑，截至2022年底，纺织行业累计发布政府标准2652项，中国纺联团体标准142项，标准化支撑科技创新迈出新步伐。

三、平台强力支撑，提升行业创新体系整体效能

我国纺织行业创新平台建设不断发力，硬件设施持续改善，科研条件大幅提升。企业科技创新主体地位进一步提升，2022年纺织行业拥有国家企业技术中心102家，占总数的5.6%，23家纺织企业进入全球企业研发投入2500强。纺织行业已经初步构建起国家级、省部级和行业级多层级协同创新平台体系。目前，行业拥有2家国家制造业创新中心、7家国家级或省部共建重点实验室、64家纺织行业重点实验室和51家纺织行业技术中心，基本涵盖了纺织行业未来发展的重点领域。各创新平台间耦合联动，实现了平台链与创新链的有效匹配，支撑行业关键核心技术的持续突破。

以科技创新引领纺织行业新型工业化建设

纺织行业坚定落实好推进新型工业化的关键任务，要深刻把握在新时代新征程下推进新型工业化的基本规律，积极主动适应和引领新一轮科技革命和产业变革，突出重点、抓住关键，着力提升产业链供应链的韧性和安全水平，加快提升科技创新能力，持续推动产业结构优化升级，大力推动数字技术与实体经济深度融合，全面推动行业绿色发展，为新型工业化建设提供有力支撑。纺织科技创新引领新型工业化建设的重点工作主要包括以下四个方面。

一、提升产业链供应链韧性和安全水平，夯实新型工业化基础

提升产业链供应链韧性和安全水平是推进新型工业化的重要组成部分，是提升行业竞争力、保障行业发展安全稳定、促进产业结构优化升级的根本保证和重要引擎。针对纺织产业结构高端化不足、原始创新能力不强等薄弱环节进行攻关，解决一批"卡脖子"问题，是构筑安全可靠有韧性的纺织现代化产业链供应链的重要任务。当前，全球纺织价值链处于关键核心技术轨道切换期，从源头上突破关键核心技术，弥补产业链关键核心竞争力的短板，是化解纺织产业链与供应链风险、维护"双链"安全和实现纺织科技自立自强的必经之路。纺织行业一方面要推动关键核心技术国产化替代战略，保证关键核心技术自主可控，另一方面要强化行业在关键环节的控制力和主导权，塑造行业国际竞争新优势。关键核心技术的国产化替代是一个长期过程，需要政策引导激励、供应链协同和技术就绪度等多方面条件的支撑，中国纺联将定期梳理行业关键"卡脖子"技术，依托重点项目和实施"揭榜挂帅"等方式，组织产学研用各方力量进行协同

攻关，充分发挥科技成果的渗透性、扩散性、颠覆性作用，逐步实现核心关键技术自主可控，为行业高质量发展提供更多的源头供给、科技支撑和新的成长空间。同时，要注重培育一批具有国际竞争力的科技型领航企业，为解决行业科技发展中的关键科学问题和瓶颈制约做出积极贡献。

二、建设高水平科技创新平台，持续提升新型工业化发展创新辐射力

产业创新平台是纺织行业战略科技力量的重要组成部分，是行业优质创新资源的主要承载机构，能最大限度地攻关技术，高效率地扩散创新，大力度支撑产业。纺织行业要进一步强化战略科技力量，优化行业科研机构、高水平研究型大学、科技领军企业定位和布局，完善行业创新平台体系，提升行业创新体系整体效能。未来纺织行业将重点布局高端纤维加工、绿色纺织加工制备和高性能纺织制品等3家全国重点实验室，先进功能纤维、先进印染技术和高技术纺织品等3家国家制造业创新中心，纺织全产业链150家国家企业技术中心和150家纺织行业创新平台，依托创新平台开展应用基础、前瞻性技术和重大关键技术研究。同时，纺织行业将进一步加快推动中试平台建设，布局建设生态印染加工技术、先进印染装备与智能制造、废水深度处理及回用技术、阻燃纤维高效加工制备、高性能复合材料等10个以上行业中试验证平台，打造出一流创新生态，形成产业链创新链共同交织、首尾相连的创新闭环，打通影响科技成果转移转化的关键节点，靶向畅通科技成果转化通路。

三、以智能制造为主攻方向，推进人工智能全方位、深层次赋能新型工业化

智能制造是推进新型工业化重要突破口和着力点，纺织行业将持续推动新一代信息通信技术、人工智能技术与行业先进制造技术深度融合，贯穿于设计、生产、管理、服务等行业制造活动的各个环节，用工业机器人打通物质流，用工业互联网打通数据流，用智能分析替代人的判断与决策，形成具有自感知、自学习、自决策、自执行、自适应等功能的数字化、网络化、智能化的新型生产模式。纺织行业目前已探索出一条符合行业特色的智能制造发展道路，行业智能制造装备市场满足率超过50%，行业系统解决方案供应商超过50家，同时拥有3家国家级智能制造标杆企业，18家国家智能制造示范工厂和50个智能制造优秀应用场景。未来行业智能改造升级重点将聚焦突破高精度、高稳定的纺织专用机器人和国产专用传感器，推动行业大数据平台建设，推进人工智能助力行业绿色化与碳中和，依托人工智能持续优化行业资源配置，提高行业资源能源利用效率，减少环境污染。

四、构建绿色制造技术体系，增强新兴工业化发展新动能新优势

绿色化是新型工业化的鲜明时代特征，是新型工业化的生态底色，也是纺织制造业转型升级的重要方向。未来相当长的一个时期，全球将处于绿色竞争时代，这也是在行业发展诸多不确定环境下的确定因素。脱碳对行业而言，已不仅仅是政策使然，还关乎经济安全和行业的竞争优势。纺织行业要积极践行国家生态文明建设要求和双碳发展战略部署，以绿色技术创新为根本动力，加快构建绿色制造技术体系，促进行业全面绿色转型。纺织行业在前期梳理形成的纺织行业双碳发展技术路线图的基础上，将重点推动行业典型绿色低碳技术在全行业的推广应用，带动重点领域绿色低碳转型取得明显成效。未来纺织行业将重点从纤维原料绿色化、纤维制备绿色化、纺织加工绿色化和纺织品应用绿色化等四个方面全面推动行业绿色关键技术的攻关和产业化应用，形成新标准下的生产模式和产业重构，构建纺织行业全生命周期绿色低碳循环生产技

术体系，并以一大批高技术含量，少排放、低能耗、低成本的技术创新成为核心竞争力，推动纺织产业结构高端化、能源消费低碳化、资源利用循环化、生产过程清洁化和产品供给绿色化。

五、打造科技人才创新创业沃土，构建新型工业化发展人才保障

人才强则科技强，人才战略是构建新型工业化最持久的动力和最重要的引领力。加快推动新型工业化建设必须把人才发展摆在更加突出的战略地位。未来纺织行业在持续完善多元、复合科技人才培养体系的基础上，将重点培育和激励满足科技创新需求的基础研究人员、战略科学家、高技能人才和杰出工程师。依托多层次科技人才梯队建设，推动技术创新与成果转化，支撑和引领行业高质量发展。同时要把培育行业战略人才力量的重心放在行业青年科技人才上，给予青年人才更多的信任、更好的帮助、更有力的支持，支持行业青年人才挑大梁、当主角，造就规模宏大、结构合理、素质优良的行业青年科技人才队伍，培养使用一批青年战略科学家、科技领军人才和创新团队，为实现高水平科技自立自强夯基蓄势。

新型工业化建设离不开科技创新与实践，离不开广大科技工作者的执着探索。当前，纺织行业正处在全面贯彻落实党的二十大精神，推进纺织现代化产业体系建设的关键时期，全行业要共同以坚定"提升科技创新能力，加快关键技术突破"的信心，砥砺"提升产品品质，优化供给体系"的决心，淬炼"数字化、智能化转型，赋能全产业链新业态"的匠心，树立"绿色制造推动行业可持续发展"的恒心，构建大势着眼、大道前瞻的产业格局，以更高责任感和使命感推动纺织行业新型工业化高质量发展迈入新阶段，迈向新征程。

（本文根据李陵申副会长在2023年度中国纺织工业联合会科学技术奖励大会上的讲话整理）

2023年度中国纺织工业联合会科学技术奖基本情况

中国纺织工业联合会科技发展部

2023年度中国纺织工业联合会科学技术奖共评选出技术发明和科技进步奖67项,特别贡献奖——桑麻学者4人。技术发明奖6项,其中一等奖3项、二等奖3项;科学技术进步奖61项,其中一等奖14项、二等奖47项;特别贡献奖——桑麻学者授予江南大学蒋高明教授、军事科学院军需工程技术研究所刘雪强正高级工程师、武汉纺织大学王桦教授和愉悦家纺有限公司张国清正高级工程师。中国纺织工业联合会科学技术奖坚持优中选优、出类拔萃的原则,对授奖比例进行了调整控制,着重提升奖励质量,2023年总授奖比例为36.8%。

2023年度的获奖成果主要呈现以下三大特点。**一是青年人才脱颖而出**。2023年总申报项目中,申报完成人为40岁以下青年科技工作者的比重为43.2%,青年科技人才已成为行业最具创新活力的群体,是纺织行业科技创新和科研攻关的主力军。**二是技术领航产业升级**。2023年获奖项目紧紧围绕"四个面向",以高端化、智能化、绿色化为主攻方向,为国防军工、航空航天、应急安全、生命健康等领域提供重要基础材料,形成了一系列具有自主知识产权的新型纺织智能制造装备、工业软件和一体化解决方案,同时为行业节能减碳和污染治理提供了关键技术设备支持,推动纺织行业实现质的有效提升和量的合理增长。**三是深耕细作转化应用**。2023年获奖项目多为产学研用合作实现关键技术突破,其中企业牵头项目占比达46.3%,企业作为技术创新主体的作用显著加强;2023年获得一等奖的17项成果,近三年实现直接销售收入240亿元,新增利润27.7亿元,这些优秀成果的转移转化,不仅为企业带来了可观的经济效益,也为纺织及其相关产业的发展提供了强有力的技术支撑。

2023年评出4位桑麻学者,他们以"十年磨一剑"的精神,聚焦高性能纤维、高端纺织装备、军民两用纺织新材料和绿色纺织制造等行业重点细分领域,集聚力量,强化原创性、引领性科技攻关,推动科技成果转移转化,为纺织行业的科技进步作出了重要贡献。

2023年度中国纺织工业联合会科学技术奖授奖名单

一、技术发明奖

具体获奖项目名单见表1、表2。

表1 壹等奖

序号	项目名称	主要完成单位	主要完成人
1	千吨级纺织用海藻纤维产业化成套技术及装备	青岛大学、青岛源海新材料科技有限公司	夏延致、王兵兵、全凤玉、田 星、纪 全、成芳芳
2	柔/弹陶瓷超细纤维材料的产业化关键技术及应用	东华大学、嘉兴富瑞邦新材料科技有限公司、上海诚格安全装备集团有限公司	丁 彬、赵兴雷、刘一涛、张世超、斯 阳、高 强
3	聚酯纤维筒子纱超临界CO_2无水染色机制及应用技术研究	青岛即发集团股份有限公司、中昊光明化工研究设计院有限公司、东华大学、成都泰华中成科技集团有限公司、青岛大学	王 健、毛志平、姜 涛、杨为东、赵克中、万 刚

表2 贰等奖

序号	项目名称	主要完成单位	主要完成人
1	废旧涤棉混纺织物分离与高值化利用的关键技术研发	太原理工大学、安徽省天助纺织科技集团股份有限公司	史 晟、李 飞、牛 梅、侯文生、戴晋明、阎智锋
2	离心熔体电纺宏量制备超细纤维技术及应用研究	北京化工大学、温多利遮阳材料（德州）股份有限公司、山东阳谷华泰化工股份有限公司、清华大学	刘 勇、李凯丽、胡 平、董瑞国、李秀红、宋庆松
3	高品质超纤革多功能整理关键技术研发与产业化	浙江梅盛新材料有限公司、现代纺织技术创新中心（鉴湖实验室）、绍兴文理学院、浙江理工大学	钱国春、董爱学、孙阳艺、钱 能、刘承海、林国武

二、科技进步奖

具体获奖项目名单见表3、表4。

表3　壹等奖

序号	项目名称	主要完成单位	主要完成人
1	微纳米纤维跨尺度镶嵌纺关键技术及产业化	东华大学、魏桥纺织股份有限公司、际华集团股份有限公司、江苏联发纺织股份有限公司、江苏悦达纺织集团有限公司、安踏（中国）有限公司、四川圣山白玉兰实业有限公司、夏津仁和纺织科技有限公司	覃小红、王荣武、夏前军、张红霞、张弘楠、王黎明、权震震、于拥军、戴俊、季东晓、李欣欣、李苏、蔡金南、张雪萍、谢金华
2	高品位雄蚕茧丝生产关键技术研发与产业化	浙江省农业科学院、浙江理工大学、浙江凯喜雅蚕桑研究院有限公司、淳安县茧丝有限公司、绵阳天虹丝绸有限责任公司	王永强、祝新荣、孟智启、江文斌、杨斌、赵树超、张忠信、章朝凯、杨慧君、曹光华、王红芬、于少芳、杜鑫、何秀玲、陈小龙
3	废旧涤纶纺织品乙二醇醇解－甲醇酯交换间歇法再生DMT及其钛系催化剂合成PET的产业化关键技术	浙江佳人新材料有限公司、东华大学、绍兴文理学院、上海慧翌新材料科技有限公司、浙江东太新材料有限公司、绍兴惠群新材料科技有限公司	孙宾、官军、陈龙、孟继承、李德利、左伟伟、侯恺、詹伟东、潘江峰、陈林江、孙刚、陈珈、郭洪、曾志宏、吴小马
4	锦纶专用TiO_2消光剂绿色制造及全消光锦纶产业化应用成套技术	浙江恒逸石化研究院有限公司、东华大学、浙江恒逸锦纶有限公司、海宁澜钛新材料有限公司	王松林、张青红、陈爽、杜玮辰、刘明明、刘雨、孙妍妍、朱瑞赟、王韩、陈毅荷、王鹏、梁希慧、林斌、邱奕博、温坤坤
5	聚乳酸高效生物合成及纤维制备与应用技术	华东理工大学、山东寿光巨能金玉米开发有限公司、恒天长江生物材料有限公司、恒天纤维集团有限公司	赵黎明、王乐军、田锡炜、吴泽华、鲁士君、高世军、赵岭、李玉林、陈涛、李振华、叶建文
6	超细介孔玻纤棉毡复合膜阻隔材料的研制与产业化	浙江理工大学、浙江福莱新材料股份有限公司、现代纺织技术创新中心（鉴湖实验室）、南京玻璃纤维研究设计院有限公司、浙江欧仁新材料有限公司	戚栋明、杨晓明、张焱、李家炜、朱晨凯、周岚、夏厚君、吴金丹、郭仁贤、李耀邦、季鹏、涂大记、严小飞、王振朋、胡德林

续表

序号	项目名称	主要完成单位	主要完成人
7	电磁波传输特性可控的系列电磁功能纺织材料关键技术及应用	中国人民解放军军事科学院系统工程研究院、北京工业大学、上海炬通实业有限公司、圣华盾防护科技股份有限公司、兴中村（东莞）新材料有限公司	肖红、王群、邹挺、王焰、唐章宏、代国亮、陈剑英、张恒宇、韩笑、李永卿、施楣梧、刘胜超、蒋春燕、刘鸿刚、刘鑫宇
8	船用轻质高强芳纶复合装甲关键技术及产业化	武汉纺织大学、咸宁海威复合材料制品有限公司、泰和新材集团股份有限公司、烟台泰和兴材料科技股份有限公司、百思通新材料科技（武汉）有限公司、武汉理工大学、华中科技大学	孙九霄、张帆、张斌、张科、谭海英、罗怡杭、鲁程、王桦、王罗新、刘欣、朱雨璇、刘伟、唐凯、林威宏、陈长海
9	纺织基高端敷料功能化成型技术及其在复杂创面上的应用	东华大学、振德医疗用品股份有限公司、海军军医大学第二附属医院、复旦大学附属华山医院、上海必趣医疗科技有限公司	高晶、王璐、鲁建国、王富军、胡修元、曹蓉、温海、吴昊、关国平、李超婧、李彦、毛吉富、谭绍洁、宋子钰、袁香楠
10	高耐碱高耐氧漂分散染料制备关键技术及产业化应用	青岛大学、蓬莱嘉信染料化工股份有限公司、江南大学、杭州传化精细化工有限公司、华纺股份有限公司、江苏联发纺织股份有限公司、江苏联发高端纺织技术研究院、济南大学、石狮市新祥华染整发展有限公司	许长海、张善生、苗大刚、杜金梅、王喆、王淑香、逄增媛、金鲜花、盛守祥、蔡红梅、陈森、方东林、李春光、李涛、邱煌乐
11	纤维复材预成型体内环轨道三维编织系列成套装备技术	江苏高倍智能装备有限公司、东华大学、西安超码科技有限公司、江苏高路复合材料有限公司	孟婵、程皓、郝欣甫、赵大明、张玉井、孙志军、陈玉洁、季霞、孙以泽、朱永飞、窦海、姜成、刘钰、乔闯、李麒阳
12	数据驱动的织造智能工厂关键技术研究及产业化	浙江理工大学、浙江鑫兰纺织有限公司、浙江天衡信息技术有限公司、合肥井松智能科技股份有限公司、杭州普若威科技有限公司、浙江省科技项目管理服务中心	向忠、史伟民、黄敏、胡旭东、沈春娅、卜伟、毛潇雨、李振刚、陈炜、王俊茹、莫小峰、吴威涛、朱旭迪、李建强、汝欣
13	高效节能数字化定形机系列智能装备关键技术及产业化	远信工业股份有限公司、东华大学、浙江理工大学	季霞、向忠、陈少军、蒋仁积、张建新、丁伯军、顾敏明、庞静珠、陈小良、柏宇轩、闫红霞、王磊、王颖

续表

序号	项目名称	主要完成单位	主要完成人
14	基于人工智能的纺织品图案生成设计技术研发与产业化	中国纺织信息中心、北京红棉小冰科技有限公司、鲁丰织染有限公司	李斌红、张战旗、王宝元、李鑫、陈煌榕、曹潇文、李波、齐元章、齐梅、宋富佳、洪溶、丁继惠、韩俊霞、王珺、严馨旖

表4 贰等奖

序号	项目名称	主要完成单位	主要完成人
1	绿色环保仿兔毛系列纱线产品开发及产业化	福建新华源纺织集团有限公司、中国纺织科学研究院有限公司、浙江九舞纺织有限公司、浙江万舟控股集团有限公司	陈文、廉志军、姚瑞鹏、徐伟红、刘显煜、白莹、金剑、金子豪、姚卫芬、李四年
2	基于中长纤维混纺的喷气涡流纺疏柔纱制备关键技术及产业化	德州华源生态科技有限公司、东华大学、德州富华生态科技有限公司、济南元首针织股份有限公司、中国纺织科学研究院有限公司	张弘楠、李向东、李欣欣、刘明哲、刘琳、陈希杰、雒书华、杨楠楠、李志勇、曹凯
3	基于天然纤维创制新材料及其产业化关键技术	浙江理工大学、杭州新光塑料有限公司、湖州市菱湖新望化学有限公司、山联（长兴）新材料股份有限公司	余厚咏、Somia Yassin Hussain Abdalkarim、陈祥、卢伟东、陈雪飞、沈云飞、吴美琴、蔡剑勇、沈家源、董延娟
4	基于皮芯差动的吸湿速干多功能运动面料关键技术研发	江苏工程职业技术学院、江苏中纺联针织有限公司、江苏鼎新印染有限公司、福建华源纺织有限公司、南通纺织丝绸产业技术研究院	陈志华、杨继烈、马顺彬、陈文、吴晶、刘梅城、瞿建新、张岩、沈萍、张曙光
5	PE/PP超细超短纤维制备关键技术及应用	绍兴文理学院、凯泰特种纤维科技有限公司、现代纺织技术创新中心（鉴湖实验室）、莱州联友金浩新型材料有限公司、中国纺织科学研究院有限公司、绍兴水乡纺织科技有限公司	占海华、许志强、陈江炳、赵德方、马金星、徐继亮、黄芽、李顺希、张艳、徐煜东
6	超细旦异形抗菌消臭复合功能纤维关键技术研发及产业化应用	东华大学、和也健康科技有限公司、上海纳米技术及应用国家工程研究中心有限公司、上海德福伦新材料科技有限公司、新凤鸣集团股份有限公司、嘉兴学院、上海慧翌新材料科技有限公司	江晓泽、方彦雯、廖钟财、邬淑红、纪晓寰、魏丽菲、庄耀中、杨雅茹、林琳、潘丹

续表

序号	项目名称	主要完成单位	主要完成人
7	异形多功能多元聚酯短纤维高制成技术及其产业化	上海德福伦新材料科技有限公司、江苏集萃先进纤维材料研究所有限公司、东华大学	周家良、魏丽菲、胡泽旭、俞森龙、魏艳红、郝聃、陈辉华、朱丽萍、侯恺、相恒学
8	石墨烯柔性发热材料关键制备技术及推广应用	北京创新爱尚家科技股份有限公司、北京石墨烯技术研究院有限公司、江苏新视界先进功能纤维创新中心有限公司	陈利军、王旭东、张林、李炯利、贺洪影、王玉倩、谢晶兰、白莹、王怡婷、张维萱
9	差别化多功能聚酰胺细旦束丝的低碳制造技术及其产业化	南通大学、东华大学、江苏文凤化纤集团有限公司、江苏集萃先进纤维材料研究所有限公司	刘蓉、相恒学、周家良、章再稳、张伟、张广宇、胡泽旭、龚剑兵、瞿文琳、谈君婕
10	电弧防护材料研制与性能评价系统构建关键技术	南通大学、山东省产品质量检验研究院、泰和新材集团股份有限公司、常熟市宝沣特种纤维有限公司、圣华盾防护科技股份有限公司、际华集团股份有限公司	孙启龙、鞠彬彬、赵军、夏前军、曹丽霞、李飞、丛林、任仲恺、唐虹
11	航天超大尺寸异型防热舱编织预制体设计、调控、制备及应用	宜兴市新立织造有限公司、江南大学	张典堂、宗晟、伍立立、逢增媛、缪碧云、王晓旭、钱坤、孙洁、徐阳、郭文文
12	多功能预警绳网制备关键技术与水下防护应用	东华大学、上海仪耐新材料科技有限公司、山东海岱智能设备有限公司、山东滨海新材科技有限公司、中国科学院宁波材料技术与工程研究所	许福军、宋维广、王龙生、蒋秋冉、孙昊、曾志翔、张弘楠、王刚、宋启海、程红玉
13	半导体抛光液用PVDF纳米纤维膜滤材制备关键技术与产业化	浙江理工大学、杭州帝凡过滤技术有限公司	冯建永、张凌霄、李圣泉、徐德钱、王文富、王明康、黄志超
14	日光驱动抗菌、抗病毒多功能防护面料的关键制备技术及产业化	天津工业大学、石狮市中纺学服装及配饰产业研究院、闽江学院、中原工学院、石狮豪宝染织有限公司	李婷婷、蔡涛、许炳铨、张恒、胡艳丽、刘雍、胡献进、黄桂霖、梁坤波、彭浩凯

续表

序号	项目名称	主要完成单位	主要完成人
15	干法缠绕碳纤维/环氧树脂预浸材料的制备和产业化技术	东华大学、山东江山纤维科技有限公司、山东国碳复材科技有限公司	张辉、李新河、孙泽玉、代俊、陈烨、张相一、刘卫亮、李硕同、王景宾、阳泽濠
16	高舒适卫生用热风非织造材料关键技术及产业化	天津工业大学、北京京兰非织造布有限公司、北京清河三羊毛纺织集团有限公司、光山白鲨针布有限公司、瑞法诺（苏州）机械科技有限公司、杭州金百合非织造布有限公司、山东齐鲁化纤有限公司	封严、韩丽娜、马计兰、师云龙、张永钢、张道宏、李成群、孙武平、邵会、钱晓明
17	功能性无静电微纳米非织造空气滤材制备关键技术及产业化	浙江朝晖过滤技术股份有限公司、东华大学、中原工学院、嘉兴学院、浙江净膜环保有限责任公司、桐乡市健民过滤材料有限公司	赵奕、尤健明、宋宇、邵伟力、王荣武、崔利、孙成磊、柴文强、李成族、胡文锋
18	轻质干湿态保暖材料制备关键技术及新型军用保暖被装产品研发	东华大学、空军研究院特种勤务研究所、上海工程技术大学、联勤保障部队军需能源质量监督总站、南京际华三五二一特种装备有限公司	赵艳娇、吴国栋、杨雪、潘星夷、刘海燕、王克毅、杨雷、葛兰、卫胜男、刘丽芳
19	定向导流水刺非织造卫材关键技术及产业化	福建福能南纺卫生材料有限公司、东华大学、金华市东方线业股份有限公司	黄晨、黄族健、刘宏刚、邓霁霞、刘嘉炜、李娟、黄桢宝
20	基于微沉积机制的纺织品抑菌防霉洗护关键技术开发与应用	纳爱斯集团有限公司、浙江理工大学、纳爱斯浙江科技有限公司、现代纺织技术创新中心（鉴湖实验室）	吴金丹、蔡国强、高玉洁、何一波、陈凯、张蕾、张艳、刘英、戚栋明、何美林
21	防水透湿阻燃功能户外面料制备关键技术及产业化	浙江东进新材料有限公司、绍兴文理学院、浙江技立新材料股份有限公司	陈明贤、邹专勇、谢国炎、王建、董洪波、董正梅、金世豪、张奇鹏、孙立新、杨世玉
22	功能性中深色工装面料的绿色低碳染整关键技术及产业化	东华大学、和也健康科技有限公司、上海纳米技术及应用国家工程研究中心有限公司、上海德福伦新材料科技有限公司、新凤鸣集团股份有限公司、嘉兴学院、上海慧翌新材料科技有限公司	樊武厚、田睿、石岷山、刘太东、梁娟、廖正科、李齐红、徐万春、胡晓、马逸平

续表

序号	项目名称	主要完成单位	主要完成人
23	高性能伪装面料纳米复合涂料整理关键技术及产业化	浙江盛发纺织印染有限公司、东华大学	顾浩、郭纯方、孙晓霞、王新厚、吴重军、杨文龙、孙旭东
24	色光可控的"仿蛾眼"面料高效增深关键技术及产业化应用	浙江理工大学、浙江科峰有机硅股份有限公司、浙江理工大学绍兴柯桥研究院有限公司、浙江红绿蓝纺织印染有限公司、浙江理工大学上虞工业技术研究院有限公司	杨雷、李剑浩、江芳、陈丰、李琪、熊春贤、章云菊、马狄、姜建堂、单兴刚
25	减少VOCs系列助剂制备关键技术研发及产业化应用	浙江理工大学、浙江理工大学桐乡研究院有限公司、浙江汉邦新材料股份有限公司、浙江雀屏纺织新材料股份有限公司、浙江同辉纺织股份有限公司、博森纺织科技股份有限公司、浙江瑞隆纺织科技有限公司	李永强、吴明华、黄益、司银松、王懿佳、陈贵龙、万军民、曹志海、汪东晓、沈楚良
26	开放型超微孔聚氨酯湿法涂层技术	吴江市汉塔纺织整理有限公司、齐鲁工业大学、浙江新建纺织有限公司、吴江福华织造有限公司、中国纺织信息中心	陈玉林、曲建波、沈红霞、周长年、鹿文慧、朱秀忠、张海涛、李浪、沈亚萍、林维杰
27	棉针织物节能减污印染加工关键技术与装备	汕头市鼎泰丰实业有限公司、东华大学	陈荣洪、纪柏林、田剑、吴伟、毛志平、徐红、钟毅、贺华伟、邓雅楠、祝存进
28	大容量粘胶短纤维成套装备关键技术研究产业化	恒天重工股份有限公司、邯郸宏大化纤机械有限公司、赛得利（中国）纤维有限公司、江西泰德工程有限公司	李新奇、吴朝晖、千翠娥、杨娜、李康、吴和平、李建立、宿锐、王少平、王永兴
29	高可靠长寿命系列化高低温碳化炉	西安富瑞达科技发展有限公司、中国科学院宁波材料技术与工程研究所、中国化学纤维工业协会	刘永华、张永刚、吕佳滨、郭蓬勃、高珊珊、刘浩然、袁野、钟俊俊、徐国强
30	数字化圆纬机及其智能生产管理系统关键核心技术	厦门兴全龙机械股份有限公司、东华大学	蒋金华、邵慧奇、廖进成、黄凯乾、陈南梁、彭丹翔、邵洪、肖唐炎、林孚才、邵光伟

续表

序号	项目名称	主要完成单位	主要完成人
31	全能型针织物松式连续化浸煮工艺练漂新技术与专用装备	青岛大学、枣庄龙翔针纺织品有限公司、山东源丰纺织机械有限公司、石家庄琨谱化工有限公司	徐维敬、刘彦召、龙广卓、张元明、韩光亭、翟保京、闫军、郑鑫、姜伟、宋名珠
32	基于大数据和视觉感知的智能高保型洗涤技术及产业化应用	无锡小天鹅电器有限公司、江南大学	胡蒙、刘毅波、陈莹、王潮霞、王海峰、化春键、殷允杰、徐刚、张晓良、周存玲
33	全数控节能细纱机关键技术及产业化	常州市同和纺织机械制造有限公司、江南大学	徐兆山、谢春萍、唐国新、周镭、刘新金、费云锋、徐晓江、苏旭中、丁峰、姜彭宇
34	女装单件流柔性智造关键技术及其产业化应用	浙江理工大学、浙江嘉欣丝绸股份有限公司、杭州中服科创研究院有限公司、嘉兴市良友制衣有限公司、嘉兴市秀洲区综合科技服务中心、嘉兴学院	刘正、侯珏、杨阳、邹奉元、何艳芬、郭玲玲、刘冰、徐丙顺、封磊、崔利
35	工业丝智能热辊技术开发	北京中纺精业机电设备有限公司	薛学、王青、吴运梅、裴桂鑫、陈栋、刘家鑫、袁明清、梁亚鹏、侯伟、刘冠华
36	智能高效喷气织机研发及产业化应用	陕西长岭纺织机电科技有限公司	张建民、张志刚、董少伟、史飞虎、袁伟、王华、雒小龙、赵婷、魏永东、王维
37	超高速低能耗棉纺锭子关键技术及其应用	天津工业大学、经纬智能纺织机械有限公司、河南二纺机股份有限公司、衡阳新新纺织机械有限公司、广西大学	莫帅、金国光、管幼平、曹秀成、畅博彦、王少伟、朱红伟、冯战勇、彭来深、王亮
38	纺织网络协同关键技术研发与产业化应用	山东如意毛纺服装集团股份有限公司、西安工程大学、山东如意恒成产研新材料科技有限公司	丁彩玲、高全力、赵辉、朱欣娟、金帅、邵连合、丁翠侠、孟霞、王科林、秦光
39	服装数智化工艺集成应用关键技术	海澜之家集团股份有限公司、武汉亘星智能技术有限公司、东华大学、江阴海澜科技有限公司	周立宸、朱建龙、武大治、龚俊、石晓东、杜劲松、居红宇、黄颂臣、卞芹、岳春明

续表

序号	项目名称	主要完成单位	主要完成人
40	羽绒羽毛及制品检测关键技术研究和标准化应用	四川省纤维检验局、中国羽绒工业协会、南京海关纺织工业产品检测中心、绍兴力必信仪器有限公司	赵瑞方、姚小蔓、姚 静、孙 近、朱 银、许 杰、李 莘、宋 晨、朱福忠、鲁 毅
41	GB/T 40270—2021《纺织品 基于消费者体验的通用技术要求》	中纺标检验认证股份有限公司、利郎（中国）有限公司、际华集团股份有限公司、天纺标检测认证股份有限公司、安莉芳（中国）服装有限公司、恒源祥（集团）有限公司、上海水星家用纺织品股份有限公司	韩玉茹、章 辉、徐 路、田琳琳、高 兵、曹海辉、赵娟芝、张大华、王 慧、林若文
42	基于国际绿色贸易壁垒的纺织化学品中有害物质检测技术	绍兴市质量技术监督检测院、浙江闰土股份有限公司、九江富达实业有限公司、沈阳沈化院测试技术有限公司	王建刚、叶 琼、寿谦益、陈素娟、彭德新、吴建江、阮瑜迪、沈江琴、胥维昌、董岳龙
43	ISO 24180:2021《纺织品 合成纤维长丝 静电倾向评定 电阻测量法》	上海市纺织工业技术监督所、上海纺织集团检测标准有限公司、江苏省纺织研究所股份有限公司、江苏澄信检验检测认证股份有限公司、凯泰特种纤维科技有限公司、中国化学纤维工业协会	李红杰、刘玲玲、陈 斐、周建平、王丽莉、陆永良、李顺希、刘世扬、李 睿、陶再荣
44	GB/T 14272—2021《羽绒服装》	上海纺织集团检测标准有限公司、波司登羽绒服装有限公司、雪中飞实业有限公司、中国服装协会、广州检验检测认证集团有限公司、艾莱依时尚股份有限公司、雅鹿集团股份有限公司	高德康、杨秀月、曹宗华、杜岩冰、罗胜利、何荣军、顾振华、周双喜、王甫友、高志方
45	GB/T 40181—2021《一次性卫生用非织造材料的可冲散性试验方法及评价》	广州检验检测认证集团有限公司、广州纤维产品检测研究院、广东省科学院微生物研究所、杭州诺邦无纺股份有限公司、晋江恒安家庭生活用纸有限公司、大连瑞光非织造布集团有限公司、杭州路先非织造股份有限公司	王向钦、李桂梅、赵瑾瑜、龚金瑞、柳燕贞、马宏强、张 芸、朱锐钿、严华荣、刘彩虹
46	中国纺织服装行业循环发展转型路径研究	中国纺织信息中心、中国服装协会	陈大鹏、阎 岩、胡 松、胡柯华、李诗特、范华星、刘 爽、夏艳宏、关一松、张 丹

续表

序号	项目名称	主要完成单位	主要完成人
47	分子生物学技术在天然纺织材料定性定量分析中的应用及标准的研制	上海海关工业品与中心原材料检测技术中心、上海海关动植物与食品检验检疫技术中心、北京毛纺织科学研究所检验中心、上海爱丽纺织技术检验有限公司	费静、刘敏华、陈晓、韩静、吕蓉、黄钰、赵庆珠、袁志磊、高麟美、沈润华

三、特别贡献奖（桑麻学者）

具体获奖名单见表5（排名不分先后，按姓名拼音首字母排序）。

表5 特别贡献奖（桑麻学者）名单

序号	姓名	工作单位
1	蒋高明	江南大学
2	刘雪强	军事科学院系统工程研究院军需工程技术研究所
3	王桦	武汉纺织大学
4	张国清	愉悦家纺有限公司

2023年中国纺织服装品牌发展报告

中国纺织工业联合会品牌工作办公室

2023年，我国迈入向第二个百年奋斗目标迈进的新征程，面对错综复杂的国际国内经贸环境，全行业肩负建设纺织现代化产业体系的新使命，纺织服装品牌不断创新突破，在变局中谋革新，在变化中求升级。

新环境·新格局

一、行业发展面临复杂的国际国内经贸环境

（一）国际经贸环境复杂多变

世界经济增速放缓、复苏动力不足，经济全球化遭遇逆流，局部冲突和动荡频发，全球纺织供应链深度调整，外部环境不稳定、不确定、难预料因素增多。国际货币基金组织（IMF）指出，2023年全球经济增速估计约3.1%，2024年和2025年的增速预计分别为3.1%和3.2%。

全球市场需求不足、消费能力与消费信心受到抑制是当前的突出问题。据联合国贸易和发展会议发布，2023年全球贸易额缩减约1.5万亿美元至31万亿美元以下，同比下降5%。

（二）中国纺织业发展韧性凸显

面对复杂严峻的外部环境，中国纺织行业紧扣高质量发展的要求，不断巩固制造优势，着力提升基础能力和产业链现代化水平，行业在压力下彰显韧性，呈现波浪式发展、曲折式前进的态势。

从整体运行来看，2023年纺织行业规模以上企业增加值同比降低1.2%，营业收入减少0.8%，利润总额增长7.2%，营业收入利润率恢复至3.8%，

主要运行指标延续恢复回升态势，经济运行恢复基础有所巩固，高质量发展的积极因素积累增多。

从内销市场来看，居民收入及消费信心逐步回升，内销市场持续回暖。据国家统计局数据，2023年我国限额以上单位服装、鞋帽、针纺织品类商品零售额1.41万亿元，同比增长12.9%，增长率在16类商品中列第2；穿类商品网上零售额同比增长10.8%。

从出口市场来看，出口压力明显加大，但对部分市场表现较好。2023年，全国纺织品服装出口2936.4亿美元（不含94章），同比下降8.1%。主要出口市场中，我国对美国、欧盟、日本等市场纺织品服装出口规模均较2022年有所减少，对"一带一路"沿线的土耳其、俄罗斯等国家出口稳中有升。

二、中国纺织服装加快品牌国际化步伐

（一）品牌宣传推广

随着中国文化自信的逐步提升，自主品牌国际化步伐加快。2023年，HUI、李宁、波司登、劲霸、九牧王等借助纽约、伦敦、米兰、巴黎四大国际时装周与Who's Next时装贸易展等平台，展示新时代中国品牌形象，推动中国文化元素的国际表达。其中，登上纽约时装周的中国品牌数达到历史新高（表1）。

（二）品牌渠道拓展

从线下渠道来看，波司登、孚日、江南布衣、爱慕等一批优势品牌在国外开设店铺。从线上渠道来看，在国家和地方相关政策支持力度增强、"一带一路"与RCEP双轮驱动打开新发展空间、互联网渗透率提升等多重因素的共同支撑下，我国跨境电

商交易规模持续且稳定增长。

根据工业和信息化部对"重点培育纺织服装百家品牌"调查（以下简称"百家品牌调查"）数据显示，46家消费品牌中，32.6%的企业在国外市场开设了线下店铺，21.7%的企业通过跨境电商拓展国际市场（表2）。

表1 2024春夏国际四大时装周上的中国品牌

活动名称	举办时间	中国品牌数
2024春夏纽约时装周	9月8~13日	6家中国/华裔设计师品牌
2024春夏伦敦时装周	9月15~19日	21家中国/华裔设计师品牌
2024春夏米兰时装周	9月19~25日	2家设计师品牌
2024春夏巴黎时装周	9月25~10月3日	8家女装品牌
	6月20~25日	5家男装品牌

资料来源：中国纺织工业联合会品牌工作办公室整理

表2 2023年国内服装领域跨国（境）收购主要事件

时间	企业(品牌)名称	具体事件	交易金额
4月公告	比音勒芬服饰股份有限公司	通过其控制企业厚德载物，向凯瑞特及盈丰泽润分别投资5700万欧元、3800万欧元，收购总部位于巴黎的Cerruti 1881新加坡100%股权和法国100%股权，收购英国服装品牌Kent & Curwen新加坡100%股权，间接收购全球商标所有权	9500万欧元
—	Raza Heritage Holdings财团（总部中国香港）	获得意大利家纺品牌Frette的100%股权	约2亿欧元
8月	Shein	获得美国SPARC集团1/3股份，SPARC旗下服装品牌Forever 21将在Shein平台销售；SPARC集团获得Shein少数股权	—
9月		与英国零售公司Frasers集团洽谈，收购在线时尚品牌Missguided和其他相关知识产权	—
9月公告	嘉曼服饰（水孩儿）	拟收购美国品牌暇步士的中国内地及中国香港、中国澳门区域IP资产，包括"暇步士""Hush Puppies"等核心商标及全品类155个相关商标和2项专利、4项著作权、6项域名等	5880万美元

资料来源：中国纺织工业联合会品牌工作办公室整理

跨境电商成为品牌扩宽国际市场的重要手段。海关数据显示，2023年中国出口跨境电商总额达2.38万亿元，同比增长12.6%。亚马逊2023年全球净收入5748亿美元，亚马逊2023年12月发布数据显示，2023年中国卖家通过亚马逊全球站点售出的商品件数同比增长超过20%。SHEIN 2023年营收超过300亿美元，2025年目标为585亿美元。

（三）品牌资本运作

部分纺织服装品牌通过跨国并购，进行品牌国际化布局，以丰富提升品牌形象、扩大目标消费群体，以及开拓国外市场渠道。

（四）产能国际布局

一批优势制造品牌建设海外工厂，通过产能国际化，实现全球资源配置，深化与国际品牌战略合作。据不完全统计，中国纺织业对外投资存量超过110亿美元，分布在全球100多个国家和地区，越南、柬埔寨、埃塞俄比亚、缅甸、埃及等国家已成为吸引企业境外绿地投资的主要目的地。过去十年，中国纺织业对共建"一带一路"国家直接投资金额达60亿美元，约占行业对全球投资的50%。"百家品牌调查"显示，54家制造品牌中，31.5%的企业建有海外工厂，主要集中在越南、柬埔寨、缅甸、印度尼西亚、马来西亚等国家。

新业态·新模式

中国纺织服装品牌持续创新发展，呈现产品细分化、管理数字化、时尚创意化、发展可持续化等新特点、新趋势，满足人们品质多元生活、智慧生产生活、文化时尚生活、绿色生态生活等多层面美好生活需要的水平逐步提升。

一、以产品细分化满足品质多元生活需要

全国纤维加工量已超过6000万吨，服装、家纺、产业用三大终端产业纤维消耗量比例已调整为40:27:33。产品领域结构与消费升级不断匹配调整，品类细分、功能细分、场景细分趋势明显，产品范围不断拓宽、延展、更新。

服装产品细分化。服装产品领域在功能、场景等方面更加细分拓展；工作与休闲场景边界打破，舒适自然的日常通勤穿着广受欢迎；随着户外运动的延展，专注于跑步、户外远足、瑜伽等细分品类的运动品牌明显增长。蝉魔方&巨量算数数据显示，2023年上半年，野营、水上运动、登山攀岩、野炊烧烤相关领域商品热卖指数分别增长201%、105%、337%、103%。

家纺产品细分化。一方面，品质功能与应用领域不断提升拓展，例如从原材料与工艺着手，提高纤维品质、面料支数、时尚性与舒适度，开发户外露营野餐、收纳整理等领域产品；另一方面，依托技术创新向大健康领域延展深入，如舒适助眠、养老健康与青少年家纺产品。有关数据显示，预计2024年中国大健康产业将达9万亿元。

产业用纺织品细分化。产业用纺织品与高性能材料、先进加工技术紧密联系，与下游产业融合发展，广泛应用于生产生活诸多领域，包括卫生材料、医用防护材料、医用敷料和人造器官等医疗健康领域，环保领域，基础设施建设领域，交通工具领域，航空航天国防军工领域以及能源领域，为人民健康福祉、经济社会发展做出贡献。

二、以运营数字化满足智慧生产生活需要

私域营销不断升级。私域营销已从微商逐步扩大到企业微信、公众号、腾讯广告、小程序、私域直播、社区团购、社群团购，并逐步形成多种模式融合的品牌社交圈，建立核心用户群，构建"触达—转化—复购"的数字化全链路。据国家统计局等部门预测，2023年社区团购零售规模约8365.1亿元。有预计显示，到2025年，我国社群团购分销小程序市场规模将达1.2万亿元，用户规模达10亿人。

AIGC应用加速深入。据前瞻产业研究院测算，我国2023年AIGC市场规模预计达170亿元，2030年有望超万亿。AIGC技术在纺织服装领域的应用，主要集中于商品企划、产品设计、零售终端三个环节，正在加速实现智能创意设计、流行趋势预测、智能穿搭推荐，辅助设计决策，提高设计效率和灵感，有效降低生产成本。麦肯锡预测，未来3~5年，生成式AI可能会帮助服装、时尚及奢侈品行业营业利润创造1500亿美元的增量，乐观估计可高达2750亿美元。

数字人改变直播运营模式。数字人主播与AI技术结合，可根据用户偏好和需求进行定制化服务，具有低投入、高产出、续航久的优势，省去真人主播、场地与设备。艾媒咨询数据显示，2023年中国虚拟人带动产业市场规模和核心市场规模预计分别为3335亿元和205亿元，2025年预计将分别达6403亿元和481亿元。

三、以品牌文化建设满足当代时尚生活需要

品牌定位方面，注重传统文化与当代生活方式的结合。越来越多的品牌注重将中国传统文化与当代生活方式相结合进行品牌定位，倡导"自然、和谐、包容、绿色"等理念，在深入理解、挖掘中华传统文化的基础上，将中国文化与消费者在思想、精神、生活层面相关联，多元化地表达、应用与传输中国文化，构建多元包容的现代文化体系，树立提升大国文化自信。

创意设计方面，注重优秀文化元素的创新性转化。更加注重对中国文化元素、民族精神、当代时尚的融合运用。主要包括：传统技艺、非遗文化的活化传承运用，汉服、唐装等特色细分品类引领文化消费；借助传统手工艺与当代技法，中国元素的创新性转化；通过品牌联名设计，满足与引领多元化、个性化的审美与情感诉求。抖音电商"3·8大促"期间，马面裙销量同比增长近20倍。

生产制造方面，注重匠心文化与精益求精精神的支撑。工匠精神在生产环节更加充分体现，专业技能、创意设计人才培养选拔更受重视，实用性、功能性提升成为行业高质量发展、满足人们高品质美好生活的重要支撑。行业举办技术能手评选表彰、"中国纺织大工匠"推荐等活动，引导创建精益求精的工作氛围。

四、以发展可持续化满足绿色生产生活需要

中国纺织业正在加快建设低碳绿色循环的产业体系，在行业层面，系列行动有序推进，专业数据库逐步扩大，量化平台启动应用；在企业层面，创新绿色产品、优化能源结构、发展循环经济等思路做法更加系统清晰。

行业行动逐步有序推进。一批领军企业和千亿级产业集群加入"气候创新2030行动"，5万人次产业人群参与。截至2023年9月，21家品牌企业、42家制造企业和3个产业集群加入"30·60碳中和加速计划"。中国本地化纺织服装碳足迹数据库逐步扩大，已涵盖13种纤维类型、6种纺纱方式、24种纱支类型、2种面料织造方式及3种染色方式，覆盖服装、床品、面料、纱线等品类。中国纺联发布LCA plus数字化纺织品全生命周期绿色评价平台，帮助披露产品环境信息，优化产品流程。

企业做法更加系统清晰。绿色产品加大开发创新。绿色原料和环保面料加大开发应用，绿色产品成为市场需求的重要趋势；能源结构不断优化。使用光伏发电等绿色清洁能源，提高可再生能源应用；通过节能技改，实现废水回收、减少能源投入；通过对蒸汽冷凝水回用节能改造，充分利用余热余压；循环经济推动发展。我国废旧纺织品回收量已从2015年的260万吨增至2022年的544万吨。

新体系·新思维

2023年8月，中国纺织工业联合会发布《建设纺织现代化产业体系行动纲要（2022—2035年）》，

对如何立足新时代，以品牌建设支撑纺织现代化产业体系构建指明了方向路径。

（一）注重创新升级，不断提高美好生活的品牌贡献力

加强消费市场研究，针对不同消费群体，加大对当代生活方式、新消费方式的深度研究，提炼总结消费新特征，加强流行趋势研究与应用。

注重产品功能与消费场景细分，持续优化产品结构，围绕市场消费升级趋势，加快与数字经济、生物经济、绿色经济等领域结合，拓宽产业场景和市场边界。

注重科技支撑，加大对新材料、新技术在生产设计中的应用，完善从纤维原料到终端产品的全产业链创意创新体系，扩大健康舒适、绿色安全、生态环保、运动功能、安全防护等产品的开发。

（二）注重积淀输出，着重提升优秀文化的品牌承载力

加强对传统技艺的传承保护与商业开发，加强纺织非物质文化遗产与产品的活态传承与市场应用，开展中华优秀传统文化的创新性研究和创造性发展，推动品牌文化与民族文化、区域文化的融合贯通，打造富有内涵与特色的品牌形象。

加强传播推广，发挥优秀品牌故事、品牌人物、典型案例的引领作用。加强跨界合作，注重与关联产业、其他文化领域的跨界交流与融合发展，注重对当代生活方式的引领，构建泛文化生态体系。

坚定文化自信，秉持开放包容，加强中华优秀文化的深度研究，以及与国际文化的融合发展，推动文化要素在品牌定位、设计与营销等更加广泛、更具创新的传承应用，形成能够彰显中国特色、具有全球认同的纺织服装美学体系。

（三）注重运营管理，持续提高国际市场的品牌影响力

遵循智能化、绿色化、融合化发展方向，构建规范化、标准化、精益化、高效化生产运营体系，着重提升品牌国际化供应链管理协作水平，建设世界领先的纺织服装制造品牌梯队。

借助数字化、信息化新技术手段，强化与平台、社群、场景等新业态融合创新，加强流行趋势预测应用、创意设计和精准营销能力提升，不断革新渠道布局与零售业态，形成一批消费支撑力、时尚引领力强的消费品牌梯队。

组织支持优势品牌企业、优秀设计师参与国际展示交流，开展国际产能布局、要素合作、资本运作、全渠道布局等，提升品牌全球资源整合能力，培育代表中国高质量发展水平、具有国际竞争力的优势品牌。

纺织服装人才培养体系的现状、比较和展望

中国纺织服装教育学会

习近平总书记在党的二十大报告中明确指出，教育、科技、人才是全面建设社会主义现代化国家的基础性、战略性支撑。院校作为人才培养的主阵地，是纺织工业发展的重要力量。目前，纺织工业直接就业人口超过2000万人，规模如此庞大的纺织服装人才需求在国家层面面临一个重大命题：为谁培养、怎么培养和培养怎样的纺织服装人才。因此，分析当下纺织服装人才培养体系对助力构建更加科学、更加积极的教育生态具有重要意义，为加快建设教育强国、扎实推进中国式现代化贡献更大力量。

人才培养体系建设现状

目前，我国纺织教育已经建立起有机衔接、多元立交，具有行业特色、国家水准的现代纺织服装教育体系。从教育层次及布局看，中国纺织服装教育学会统计显示，全国设有纺织服装相关专业的本科院校290余所，纺织服装相关本科专业7个，其中设有硕士点的院校约70所、博士点的院校11所；高职本科院校3所，高职本科专业3个；高职专科院校270余所，纺织服装相关专业18个；中职院校900余所，纺织服装相关专业12个；国内中职、高职、本科纺织服装类专业在校生30余万人，每年数以十万计的毕业生流入行业，为行业发展提供了强大的人才和智力支撑。从人才学历结构看，行业已经形成了多层次的人才结构，据不完全统计，纺织服装行业直接就业人口超2000万人，其中本科及以上约占6%，高职生约占12.5%，中职生约占23%，中职以下约占58.5%。从国家重要教育规划看，2015年启动纺织类专业工程教育认证工作，截至目前已有20个专业通过认证；2015年首次提出"双一流"概念，2所高校的纺织科学与工程学科入选"双一流"建设学科名单；2019年教育部启动"双万计划"和"双高计划"，部分纺织服装相关的院校和专业点入围，鼓励分类发展、特色发展。

国内外比较分析

不同的历史条件、文化传统和经济发展水平形成了不同的教育内在逻辑和生成规律。国内外纺织服装教育各有特点和偏重，主要体现在以下几个方面。

一、国内教育体系完整，国外不完整

中国纺织服装教育具有"中职—高职专科—高职本科—普通本科—硕士—博士"完整的育人体系。国内纺织产业的基础很好，围绕产业链建设专业链，专业设置涵盖材料、加工、染色整理、生产设计、产品检测、纺织经贸等产业链各环节，拥有完善的配套教材、课程体系、教学标准、人才培养质量标准、顶岗实习标准等。国外发达国家纺织基础产业萎缩严重，没有完整的纺织服装教育体系，当前多朝着高技术纺织领域发展，如纳米科学、纤维材料科学、染料化学及颜色科学、纺织材料结构等。

二、国内注重技术应用，国外注重创意开发

中国纺织工业制造体系完整，纺织服装教育更注重对技术的应用，侧重生产加工领域人才的培养，

尚不具备流行的、顶尖的、创意的教学方法，能把最先进的创意理念运用于教学的较少，学生实践和创意课程较少。国外发达国家纺织服装教学比较注重方法传授和创意理念培养，善于创立创新，更注重高科技人才、创意创新人才的培养。

三、国内注重课程建设，国外注重学科建设

国内专业设置上更注重"核心+主干"的专业课程体系，不太注重学科属性，通识课程相对较少，学生较好掌握了某一职业领域所需要的能力，但职业迁移能力相对弱些。国外专业设置上学科属性比较明确，重视通识教育，纺织工程类或服装设计类专业的基础课程体系完整，为学生提供所有知识分支的教学，这也使得学生在致力于学习一种特殊的、专门的知识之前对知识的总体状况有一个综合的、全面的了解，实现知识的融会贯通。

四、国内工程教育注重模块化，国外注重系统化

国内大部分高校采用模块式工程训练课程体系教学，如工程认知课程、工程基础课程、工程拓展课程、工程创新课程等，涉及工程问题的系统化教学指导偏少。国外采用基于工程过程的"CDIO"层阶式教学，围绕"构思(conceive)、设计(design)、实现(implement)和运作(operate)"完整的工程过程，以产品研发到产品运行的生命周期为载体，难度和广度逐步加大，有助于学生树立完整的工程系统化思维，并逐步提升解决工程问题的能力。

人才培养体系建设存在的问题

受体制机制等多因素影响，行业人才培养供给侧和产业需求侧在结构、质量、水平上还不能完全适应，"两张皮"现象仍然存在。认真分析，以下几点仍是问题相对突出或下一步改进的关键点。

一、学科建设相对滞后

我国目前的纺织服装相关学科建设未能紧密结合纺织工业发展，学科知识逻辑以传统知识为主，且知识结构相对单一，以发表论文的数量和质量、在国际学术共同体中的声誉等指标来衡量其实力和水平；学科建设没有坚持问题导向，不能很好满足经济社会发展和纺织产业需求。然而，当下纺织产业发展呈现数字化和智能化，迫切需要具有创新意识、较强工程实践能力、交叉融合能力和跨界整合能力的多元化、复合型新时代纺织人才。这就要求纺织学科建设在重视知识逻辑的同时，坚持问题导向，更好地回应经济社会发展的理论与实践诉求，创新研究方法，完善方法论体系，促进学科交叉融合，探索"跨学科""跨区域"研究。

二、校企合作深度不够

我国校企合作多数是短期的粗放型合作。具体表现为学校把校企合作当作教学的辅助手段或教学过程中的一个实践环节，学校仍停留在聘请企业专家讲座、送学生去企业实习等形式上，将合作定位在培养结果，即就业阶段的合作，而不是培养过程的合作；企业对校企合作办学的投资是为学生提供一个实习的岗位或捐赠一些教学设施等较浅层面，没有从培养目标、专业教学标准设置、实训基地建设、课程开发、实践教学体系、人才培养与评价等方面进行深层次合作。究其原因，主要是中央和地方没有具体配套的法律法规和政策支持，校企合作的可操作性不强。政府没有建立专门的协调机构来设计、监督、考核和推行校企合作；校企合作对企业在财政和税收法规上的优惠微乎其微，企业缺乏利益驱动，参与校企合作的动力和热情不够。

三、社会化培训体系薄弱

培训服务供给主体方面，以行业企业培训机构和学校的继续教育学院为主，其地域分布与纺织工业布局、地区经济发展水平紧密相连，呈现出东南地区多于西北地区的现象。培训服务供给数量方面，据调查，59%的受访者仅接受过一次在职技能培训，超过60%的受访者认为自己所接受的在职培训量远远不够。培训服务供给质量方面，很多企业培训多停留在表面，培训技术含量低；且行业的社会化培训多存在培训内容系统性不强、培训绩效评估体系不健全等。造成这一现象的原因是企业对员工培训体系构建的重视程度不足，很难针对性的投入更多的资金项目，教育经费缺乏保障和监督；院校社招方面，受企业生产任务的影响，上课正常化难以实现；学员层次不一，课程难易程度不好掌握。

四、"双师型"教师队伍建设有待加强

改革开放以来特别是党的十八大以来，职业教育教师培养培训体系基本建成，教师管理制度逐步健全，教师地位待遇稳步提高，教师素质能力显著提升，为职业教育改革发展提供了有力的人才保障和智力支撑。但是，与新时代国家职业教育改革的新要求和行业技术技能人才培养的需求相比，职业教育教师队伍还存在着数量不足、来源单一、实践水平偏低、结构性矛盾突出等问题，究其原因是校企管理体制机制不灵活、员工双向流动不畅，同时具备理论教学和实践教学能力的"双师型"教师和教学团队短缺，这也成为制约职业教育改革发展的瓶颈。

纺织行业人才培养趋势展望

新一轮科技革命和产业变革促使中国纺织服装产业发生了急剧变革，生产模式向数字化、网络化及智能化发展，设计方式呈现绿色、可持续环保要求。新的业态不断出现，产业链也由原先的单一模式向多元化发展，随之带来的是对纺织服装专业人才的多样性、复合性、交叉性及国际化的需求越来越明显。因此，纺织服装教育改革也势在必行。

"十四五"时期纺织服装人才培养要坚持中国特色，紧跟国家战略，研究行业需求，构建全方位协同育人机制。坚定实施创新驱动发展战略，强化科教融合，对接先进技术，以项目攻关带动创新人才培养；树立大学科的概念，打破学校之间、学科之间的壁垒，推动现有学科的交叉复合及与其他学科的交叉融合，开展新工科、新文科研究和实践，培养宽口径、厚基础、强纺织、信息、管理兼备的跨学科复合型人才；加大纺织类专业工程教育认证力度，促进专业内涵的提升和发展，建立具有国际实质等效性的中国工程教育专业认证制度；以职业需求为导向，校地对接、校企融合，构建协同育人平台，培养具有实施能力的应用型人才；继续探索校企合作新模式，推行"企业+学校"的"双主体"教育模式，做中学、学中做，培养生产服务一线的技术技能人才；行业应加大资源整合力度，积极联合院校、科机构、纺织产业集群（园区）、大中型企业职业培训机构和民办职业培训机构开展多种形式的职业培训，重点开展在岗职工技能提升培训、大学生就业前技能培训和创业培训；打通校企人员双向流动渠道，提升职业院校"双师型"教师队伍建设水平，提高教师教育教学能力和专业实践能力。

（撰稿人：白　静）

2023年纺织行业相关发展政策、信息汇总

2023年纺织行业相关发展政策、信息汇总见表1～表4。

表1 2023年工信部发布的促进制造业发展的相关措施

序号	时间	文件名称	部门	文号
1	2023年1月13日	工业和信息化部等六部门关于印发加快非粮生物基材料创新发展三年行动方案的通知	原材料工业司	工信部联原〔2023〕5号
2	2023年1月13日	工业和信息化部等十六部门关于促进数据安全产业发展的指导意见	网络安全管理局	工信部联网安〔2022〕182号
3	2023年1月14日	关于印发助力中小微企业稳增长调结构强能力若干措施的通知	中小企业局	工信部企业函〔2023〕4号
4	2023年1月18日	三部门关于开展2023年重点新材料首批次应用保险补偿机制试点工作的通知	原材料工业司	工信厅联原函〔2023〕10号
5	2023年1月19日	工业和信息化部等十七部门关于印发《"机器人+"应用行动实施方案》的通知	工业和信息化部	工信部联通装〔2022〕187号
6	2023年2月23日	工业和信息化部等七部门关于印发《智能检测装备产业发展行动计划（2023—2025年）》的通知	装备工业一司	工信部联通装〔2023〕19号
7	2023年3月14日	关于印发《国家工业遗产管理办法》的通知	产业政策司	工信部政法〔2023〕24号
8	2023年2月29日	工业和信息化部办公厅关于开展2023年"一起益企"中小企业服务行动的通知	中小企业局	工信厅企业函〔2023〕68号
9	2023年4月19日	两部门关于开展2023纺织服装优供给促升级活动的通知	消费品工业司	工信厅联消费函〔2023〕87号
10	2023年4月21日	关于组织开展2023年度工业节能监察工作的通知	节能与综合利用司	工信厅节函〔2023〕86号
11	2023年5月8日	关于开展2023"三品"全国行活动的通知	消费品工业司	工信厅联消费函〔2023〕101号
12	2023年5月9日	关于组织开展2023年"百场万企"大中小企业融通对接活动的通知	中小企业局	工信厅联企业〔2023〕26号
13	2023年5月25日	工业和信息化部等九部门关于印发《质量标准品牌赋值中小企业专项行动（2023—2025年）》的通知	科技司	工信部联科〔2023〕63号
14	2023年5月25日	工业和信息化部等十部门关于印发《科技成果赋智中小企业专项行动（2023—2025年）》的通知	科技司	工信部联科〔2023〕64号

续表

序号	时间	文件名称	部门	文号
15	2023年5月29日	工业和信息化部办公厅关于开展2023年全国中小企业服务月活动的通知	中小企业局	工信厅企业函〔2023〕133号
16	2023年6月15日	工业和信息化部办公厅关于开展2023年工业和信息化质量提升与品牌建设工作的通知	科技司	工信厅科函〔2023〕152号
17	2023年6月27日	工业和信息化部办公厅关于开展数字化赋能、科技成果赋智、质量标准品牌赋值中小企业全国行活动的通知	中小企业局	工信厅企业函〔2023〕171号
18	2023年6月27日	工业和信息化部办公厅关于下达2023年度国家工业节能监察任务的通知	节能与综合利用司	工信厅节函〔2023〕166号
19	2023年6月30日	工业和信息化部等五部门关于印发《制造业可靠性提升实施意见》的通知	科技司	工信部联科〔2023〕77号
20	2023年7月17日	工业和信息化部关于印发《国家级工业设计中心认定管理办法》的通知	产业政策与法规司	工信部政法〔2023〕93号
21	2023年7月17日	工业和信息化部办公厅关于组织开展2023年度工业节能诊断服务工作的通知	节能与综合利用司	工信厅节函〔2023〕186号
22	2023年8月1日	五部门关于开展"一链一策一批"中小微企业融资促进行动的通知	中小企业局	工信部联企业函〔2023〕196号
23	2023年8月22日	四部门关于印发《新产业标准化领航工程实施方案（2023—2035年）》的通知	科技司	工信部联科〔2023〕118号
24	2023年8月28日	关于印发前沿材料产业化重点发展指导目录（第一批）的通知	原材料工业司	工信部联原函〔2023〕213号
25	2023年8月29日	工业和信息化部关于印发制造业技术创新体系建设和应用实施意见的通知	科技司	工信部科〔2023〕122号
26	2023年9月1日	工业和信息化部等七部门关于印发《机械行业稳增长工作方案（2023—2024年）》的通知	装备工业一司	工信部联通装〔2023〕144号
27	2023年9月5日	关于印发《知识产权助力产业创新发展行动方案（2023—2027年）》的通知	科技司	工信厅联科〔2023〕48号
28	2023年9月8日	五部门关于印发《元宇宙产业创新发展三年行动计划（2023-2025年）》的通知	科技司	工信厅联科〔2023〕49号
29	2023年9月19日	三部门关于支持首台（套）重大技术装备平等参与企业招标投标活动的指导意见	装备工业二司	工信部联重装〔2023〕127号
30	2023年9月28日	工业和信息化部办公厅关于2023年度享受增值税加计抵减政策的先进制造业企业名单制定工作有关事项的通知	财务司	工信厅财函〔2023〕267号

续表

序号	时间	文件名称	部门	文号
31	2023年10月11日	工业和信息化部办公厅关于做好2023—2024年度中小企业经营管理领军人才培训工作的通知	中小企业局	工信厅企业函〔2023〕261号
32	2023年10月25日	工业和信息化部办公厅关于印发2023年度国家工业节能诊断服务任务的通知	节能与综合利用司	工信厅节函〔2023〕287号
33	2023年11月13日	工业和信息化部关于健全中小企业公共服务体系的指导意见	中小企业局	工信部企业〔2023〕213号
34	2023年11月23日	工业和信息化部办公厅关于印发《"5G+工业互联网"融合应用先导区试点工作规则（暂行）》《"5G+工业互联网"融合应用先导区试点建设指南》的通知	信息通信管理局	工信厅信管函〔2023〕66号
35	2023年11月30日	中华人民共和国工业和信息化部 财政部关于优化调整国务院部门涉企保证金目录清单的公告	运行监测协调局	2023年第31号
36	2023年12月5日	四部门关于印发《纺织工业提质升级实施方案（2023—2025年）》的通知	消费品工业司	工信部联消费〔2023〕232号
37	2023年12月14日	工业和信息化部办公厅 中国证监会办公厅关于组织开展专精特新中小企业"一月一链"投融资路演活动的通知	中小企业局	工信厅联企业函〔2023〕328号
38	2023年12月20日	工业和信息化部等三部门关于印发《制造业卓越质量工程实施意见》的通知	科技司	工信部联科〔2023〕249号
39	2023年12月20日	中华人民共和国工业和信息化部公告《印染行业规范条件（2023版）》及《印染企业规范公告管理办法》	消费品工业司	2023年第35号
40	2023年12月29日	工业和信息化部等八部门关于加快传统制造业转型升级的指导意见	规划司	工信部联规〔2023〕258号
41	2023年12月29日	两部门关于印发《工业领域数据安全标准体系建设指南（2023版）》的通知	科技司	工信部联科〔2023〕250号

表2 2023年工信部组织申报的项目

序号	时间	文件名称	部门	文号
1	2023年2月20日	工业和信息化部办公厅关于开展第五批专精特新"小巨人"企业培育和第二批专精特新"小巨人"企业复核工作的通知	中小企业局	工信厅企业函〔2023〕23号
2	2023年3月9日	关于开展2023年服务型制造示范遴选和评估评价工作的通知	产业政策与法规司	工信厅政法函〔2023〕42号
3	2023年3月9日	关于组织推荐2023年度中小企业特色产业集群的通知	中小企业局	工信厅企业函〔2023〕44号
4	2023年4月10日	关于组织开展2023年物联网赋能行业发展典型案例征集工作的通知	科技司	工厅科〔2023〕210号
5	2023年4月13日	关于组织推荐第五批工业产品绿色设计示范企业的通知	节能与综合利用司	工信厅节函〔2023〕23号
6	2023年4月18日	关于组织开展2023年度大企业"发榜"中小企业"揭榜"工作的通知	中小企业局	工信厅企业函〔2023〕88号
7	2023年5月8日	关于组织开展2023年老年用品产品推广目录申报工作的通知	消费品工业司	工信厅消费函〔2023〕95号
8	2023年5月16日	关于征集2023年国家工业节水工艺、技术和装备的通知	节能与综合利用司	工信厅联节函〔2023〕122
9	2023年5月24日	工业和信息化部办公厅关于组织开展2023年新一代信息技术典型产品、应用和服务案例遴选工作的通知	信息技术发展司	工信厅信发函〔2023〕115号
10	2023年6月1日	工业和信息化部办公厅关于组织申报2023年跨行业跨领域工业互联网平台的通知	信息技术发展司	工信厅信发函〔2023〕125号
11	2023年6月6日	两部门关于征集2023年国家鼓励发展的重大环保技术装备的通知	节能与综合利用司	工信厅联节函〔2023〕142号
12	2023年6月30日	工业和信息化部办公厅关于举办第六届"绽放杯"5G应用征集大赛的通知	信息通信发展司	工信厅通信函〔2023〕175号
13	2023年7月3日	工业和信息化部办公厅关于开展2023年工业通信业百项团体标准应用示范项目申报工作的通知	科技司	工信厅科函〔2023〕165号
14	2023年7月17日	两部委关于举办第八届"创客中国"中小企业创新创业大赛的通知	中小企业局	工信部联企业函〔2023〕191号
15	2023年7月18日	工业和信息化部办公厅关于组织开展2023年大数据产业发展示范申报工作的通知	信息技术发展司	工信厅信发函〔2023〕187号

续表

序号	时间	文件名称	部门	文号
16	2023年7月20日	五部门关于征集虚拟现实先锋应用案例的通知	电子信息司	工信厅联电子函〔2023〕192号
17	2023年7月21日	工业和信息化部办公厅关于开展2023年度绿色制造名单推荐工作的通知	节能与综合利用司	工信厅节函〔2023〕202号
18	2023年7月26日	工业和信息化部办公厅关于开展2023年纺织服装创意设计园区试点示范工作的通知	消费品工业司	工信厅消费函〔2023〕206号
19	2023年7月26日	工业和信息化部办公厅关于组织开展第六批国家级工业设计中心认定和第一批、第二批、第四批复核工作的通知	产业政策与法规司	工信厅政法函〔2023〕199号
20	2023年8月1日	五部门关于开展2023年度智能制造试点示范行动的通知	装备工业一司	工信厅联通装函〔2023〕212号
21	2023年8月3日	工业和信息化部办公厅关于征集先进计算典型应用案例的通知	电子信息司	工信厅电子函〔2023〕220号
22	2023年8月18日	关于举办2023年全国行业职业技能竞赛——第二届全国工业和信息化技术技能大赛的通知	工业和信息化部	工信部联人函〔2023〕223号
23	2023年8月30日	工业和信息化部办公厅关于开展2023年纺织服装品牌建设调查与典型案例征集工作的通知	消费品工业司	工信厅消费函〔2023〕236号
24	2023年9月5日	工业和信息化部办公厅关于组织开展2023年度工业和信息化质量提升典型案例遴选工作的通知	科技司	工信厅科函〔2023〕240号
25	2023年9月11日	工业和信息化部办公厅关于组织开展2023年新一代信息技术与制造业融合发展示范申报工作的通知	信息技术发展司	工信厅信发函〔2023〕243号
26	2023年9月13日	工业和信息化部办公厅关于组织开展2023年未来产业创新任务揭榜挂帅工作的通知	科技司	工信厅科函〔2023〕235号
27	2023年9月25日	工业和信息化部办公厅关于组织开展2023年度国家工业和信息化领域节能降碳技术装备推荐工作的通知	节能与综合利用司	工信厅节函〔2023〕259号
28	2023年9月28日	工业和信息化部办公厅关于举办第五届中国工业互联网大赛的通知	信息技术发展司	工信厅信发函〔2023〕264号
29	2023年9月28日	工业和信息化部办公厅关于组织开展2023年工业和信息化领域数据安全典型案例遴选工作的通知	网络安全管理局	工信厅网安函〔2023〕266号

续表

序号	时间	文件名称	部门	文号
30	2023年10月9日	工业和信息化部办公厅关于组织开展2023年国家技术创新示范企业认定及国家技术创新示范企业复核评价工作的通知	科技司	工信厅科函〔2023〕260号
31	2023年10月11日	工业和信息化部办公厅 市场监管总局办公厅关于开展2023年度智能制造系统解决方案揭榜挂帅项目申报工作的通知	装备工业一司	工信厅联通装函〔2023〕274号
32	2023年10月13日	工业和信息化部办公厅关于组织开展2023年消费品工业"三品"战略示范城市申报和评估工作的通知	消费品工业司	工信厅消费函〔2023〕273号
33	2023年11月16日	工业和信息化部办公厅关于开展全国工业领域电力需求侧管理第八批示范企业（园区）及第六批参考产品（技术）征集工作的通知	运行监测协调局	工信厅运行函〔2023〕303号
34	2023年11月22日	工业和信息化部办公厅关于组织开展2023年工业互联网试点示范项目申报工作的通知	信息通信管理局	工信厅信管函〔2023〕319号
35	2023年12月7日	工业和信息化部等六部门关于组织开展2023年度国家绿色数据中心推荐工作的通知	节能与综合利用司	工信厅联节函〔2023〕341号
36	2023年12月13日	三部门关于组织开展2023年度重点行业能效"领跑者"企业遴选工作的通知	节能与综合利用司	工信厅联节函〔2023〕348号
37	2023年12月19日	工业和信息化部办公厅关于组织开展第六批国家工业遗产认定申报和第一批、第二批复核工作的通知	产业政策与法规司	工信厅政法函〔2023〕359号

表3 2023年工信部发布的纺织行业所获支持的项目

序号	时间	文件名称	部门	文号
1	2023年1月3日	中华人民共和国工业和信息化部 国家发展和改革委员会 财政部 国家市场监督管理总局公告2022年度智能制造示范工厂揭榜单位和优秀场景名单	装备工业一司	2022年第39号
2	2023年1月11日	工业和信息化部关于公布2022年度中小企业特色产业集群名单的通告	中小企业局	工信部企业函〔2023〕3号
3	2023年1月16日	工业和信息化部关于公布2022年工业和信息化部重点实验室名单的通知	科技司	工信部科〔2022〕185号
4	2023年1月30日	两部门关于印发2022年度重点产品、工艺"一条龙"应用示范方向和推进机构名单的通知	规划司	工信厅联规函〔2023〕5号
5	2023年2月15日	工业和信息化部办公厅关于公布2022年区块链典型应用案例名单的通知	信息技术发展司	工信厅信发函〔2023〕21号
6	2023年2月27日	工业和信息化部办公厅关于公布工业领域数据安全管理试点典型案例和成效突出地区名单的通知	网络安全管理局	工信厅网安函〔2023〕26号
7	2023年3月2日	工业和信息化部关于公布第五批产业技术基础公共服务平台名单的通告	科技司	工信部科函〔2023〕37号
8	2023年3月6日	中华人民共和国工业和信息化部 国家发展改革委 市场监管总局公告 2022年重点用能行业能效"领跑者"企业名单	节能与综合利用司	2023年第3号
9	2023年3月7日	中华人民共和国工业和信息化部 水利部 国家发展改革委 市场监管总局公告2022年重点用水企业、园区水效领跑者名单	节能与综合利用司	2023年第4号
10	2023年3月15日	工业和信息化部办公厅关于公布2022年工业互联网试点示范项目名单的通知	工业和信息化部	工信厅信管函〔2023〕43号
11	2023年3月24日	工业和信息化部办公厅关于公布2022年度绿色制造名单的通知	节能与综合利用司	工信厅节函〔2023〕64号
12	2023年3月30日	关于公布全国工业领域电力需求侧管理第七批示范企业(园区)名单和第五批参考产品(技术)目录的通知	运行监测协调局	工信厅运行函〔2023〕62号
13	2023年5月9日	关于公布第三批产业技术基础公共服务平台复核评价结果的通知	科技司	工信厅科函〔2023〕104号

续表

序号	时间	文件名称	部门	文号
14	2023年5月11日	工业和信息化部 国家发展和改革委员会 商务部 国家机关事务管理局 中国银行保险监督管理委员会 国家能源局公告 2022年度国家绿色数据中心	节能与综合利用司	2023年第10号
15	2023年6月30日	三部委关于公布《智慧健康养老产品及服务推广目录（2022年版）》的通告	电子信息司	工信部联电子函〔2023〕176号
16	2023年7月28日	中华人民共和国工业和信息化部 国家发展和改革委员会 科学技术部 生态环境部公告《国家工业资源综合利用先进适用工艺技术设备目录（2023年版）》	节能与综合利用司	2023年第15号
17	2023年8月15日	中华人民共和国工业和信息化部公告2023年符合环保装备制造业规范条件企业名单	节能与综合利用司	2023年第18号
18	2023年10月13日	工业和信息化部关于公布《2023年老年用品产品推广目录》的通告	消费品工业司	工信部消费函〔2023〕275号
19	2023年10月18日	工业和信息化部关于公布2023年度中小企业特色产业集群名单的通告	中小企业局	工信部企业函〔2023〕283号
20	2023年11月13日	中华人民共和国工业和信息化部公告确定纺织服装创意设计示范园区（平台）名单（第三批）	消费品工业司	2023年第26号
21	2023年11月16日	中华人民共和国工业和信息化部 水利部公告 《国家鼓励的工业节水工艺、技术和装备目录（2023年）》	节能与综合利用司	2023年第28号
22	2023年11月27日	工业和信息化部办公厅关于公布工业产品绿色设计示范企业名单（第五批）的通知	节能与综合利用司	工信厅节函〔2023〕305号
23	2023年11月29日	工业和信息化部办公厅关于印发《2023年5G工厂名录》的通知	信息通信管理局	工信厅信管函〔2023〕320号
24	2023年11月30日	工业和信息化部关于公布第六批和通过复核的第一批、第二批、第四批国家级工业设计中心名单的通告	产业政策与法规司	工信部政法函〔2023〕332号

续表

序号	时间	文件名称	部门	文号
25	2023年12月6日	中华人民共和国工业和信息化部 国家发展和改革委员会 财政部 国务院国有资产监督管理委员会 国家市场监督管理总局公告2023年度智能制造示范工厂揭榜单位和优秀场景名单	装备工业一司	2023年第30号
26	2023年12月6日	工业和信息化部关于公布2023年团体标准应用示范项目的通知	科技司	工信部科函〔2023〕333号
27	2023年12月7日	工业和信息化部办公厅关于公布第五批服务型制造示范名单的通知	产业政策与法规司	工信厅政法函〔2023〕332号
28	2023年12月22日	工业和信息化部办公厅关于公布移动物联网应用典型案例名单（第二批）的通知	工业和信息化部	工信厅通信函〔2023〕364号
29	2023年12月22日	工业和信息化部办公厅关于公布2023年先进计算典型应用案例名单的通知	电子信息司	工信厅电子函〔2023〕350号
30	2023年12月22日	工业和信息化部关于发布重点新材料首批次应用示范指导目录（2024年版）的通告	原材料工业司	工信部原函〔2023〕367号

表4 2023年国家发改委发布的促进制造业发展的相关政策

序号	时间	文件名称	部门	文号
1	2023年1月5日	中华人民共和国国家发展和改革委员会令公布《企业中长期外债审核登记管理办法》	主任：何立峰	第56号
2	2023年1月6日	国家发展改革委等部门关于完善招标投标交易担保制度进一步降低招标投标交易成本的通知	国家发展改革委 工业和信息化部 住房城乡建设部 交通运输部 水利部 农业农村部 商务部 国务院国资委 广电总局 银保监会 能源局 铁路局 民航局	发改法规〔2023〕27号
3	2022年12月29日	国家发展改革委办公厅关于做好推进有效投资重要项目中废旧设备规范回收利用工作的通知	国家发展改革委办公厅	发改办环资〔2022〕1064号
4	2023年2月3日	国家发展改革委等部门关于印发第29批新认定及全部国家企业技术中心名单的通知	国家发展改革委 科技部 财政部 海关总署 税务总局	发改高技〔2023〕139号
5	2023年2月20日	国家发展改革委等部门关于统筹节能降碳和回收利用 加快重点领域产品设备更新改造的指导意见	国家发展改革委 工业和信息化部 财政部 住房城乡建设部 商务部 人民银行 国务院国资委 市场监管总局 国家能源局	发改环资〔2023〕178号
6	2023年3月22日	国家发展改革委办公厅关于组织开展2023年（第30批）国家企业技术中心认定及国家企业技术中心评价工作的通知	国家发展改革委办公厅	发改办高技〔2023〕207号
7	2023年3月28日	中华人民共和国国家发展和改革委员会令公布《固定资产投资项目节能审查办法》	主任：郑栅洁	第2号

续表

序号	时间	文件名称	部门	文号
8	2023年5月16日	国家发展改革委办公厅等关于组织开展"最佳节能技术和最佳节能实践"("双十佳")征集工作的通知	国家发展改革委办公厅 工业和信息化部办公厅 住房和城乡建设部办公厅 交通运输部办公厅 国家机关事务管理局办公室 中国民用航空局综合司 中国国家铁路集团有限公司办公厅	发改办环资〔2023〕367号
9	2023年5月31日	国家发展改革委等部门关于做好2023年降成本重点工作的通知	国家发展改革委 工业和信息化部 财政部 人民银行	发改运行〔2023〕645号
10	2023年6月14日	国家发展改革委等部门关于开展2023年全国节能宣传周和全国低碳日活动的通知	国家发展改革委 生态环境部 教育部 科技部 工业和信息化部 住房城乡建设部 交通运输部 农业农村部 商务部 国务院国资委 市场监管总局 广电总局 国管局 中直管理局 全国总工会 共青团中央 全国妇联 中央军委后勤保障部	发改环资〔2023〕770号
11	2023年6月6日	国家发展改革委等部门关于发布《工业重点领域能效标杆水平和基准水平(2023年版)》的通知	国家发展改革委 工业和信息化部 生态环境部 市场监管总局 国家能源局	发改产业〔2023〕723号
12	2023年7月14日	国家发展改革委关于进一步抓好抓实促进民间投资工作努力调动民间投资积极性的通知	国家发展改革委	发改投资〔2023〕1004号

续表

序号	时间	文件名称	部门	文号
13	2023年7月20日	中华人民共和国国家发展和改革委员会公告 发放2023年棉花关税配额外优惠关税税率进口配额	国家发展改革委	2023年第4号
14	2023年7月28日	国家发展改革委等部门关于实施促进民营经济发展近期若干举措的通知	国家发展改革委 工业和信息化部 财政部 科技部 中国人民银行 税务总局 市场监管总局 金融监管总局	发改体改〔2023〕1054号
15	2023年8月5日	国家发展改革委关于完善政府诚信履约机制优化民营经济发展环境的通知	国家发展改革委	发改财金〔2023〕1103号
16	2023年8月4日	国家发展改革委等部门关于印发《绿色低碳先进技术示范工程实施方案》的通知	国家发展改革委 科技部 工业和信息化部 财政部 自然资源部 住房城乡建设部 交通运输部 国务院国资委 国家能源局 中国民航局	发改环资〔2023〕1093号
17	2023年9月1日	国家发展改革委等部门关于进一步加强水资源节约集约利用的意见	国家发展改革委 水利部 住房城乡建设部 工业和信息化部 农业农村部 自然资源部 生态环境部	发改环资〔2023〕1193号
18	2023年9月21日	中华人民共和国国家发展和改革委员会公告 2024年粮食、棉花进口关税配额申请和分配细则	国家发展改革委	2023年第6号
19	2023年10月20日	国家发展改革委关于印发《国家碳达峰试点建设方案》的通知	国家发展改革委	发改环资〔2023〕1409号

续表

序号	时间	文件名称	部门	文号
20	2023年11月13日	国家发展改革委等部门关于加快建立产品碳足迹管理体系的意见	国家发展改革委 工业和信息化部 市场监管总局 住房城乡建设部 交通运输部	发改环资〔2023〕1529号
21	2023年12月12日	国家发展改革委 住房城乡建设部 生态环境部关于推进污水处理减污降碳协同增效的实施意见	国家发展改革委 住房城乡建设部 生态环境部	发改环资〔2023〕1714号
22	2023年12月27日	中华人民共和国国家发展和改革委员会令公布《产业结构调整指导目录（2024年本）》	主任：郑栅洁	第7号

非织造布手册系列图书

非织造布手册系列图书包括了水刺法、熔体纺丝成网法、纺粘和熔喷法等非织造布生产技术，均由行业权威的专家编写，内容翔实丰富，可作为非织造布企业的管理者、工程技术人员、设备设计制造人员、现场安装调试人员以及第三方检测机构工作人员的参考用书。

书中详细介绍了非织造布的生产工艺、材料选择、设备配置、质量控制以及应用领域等方面的知识，为非织造行业的发展提供了重要的技术支持和指导，对于提高产品质量、降低生产成本、提高生产效率等都具有重要的意义。

国家出版基金项目
书名：非织造材料与工程手册：水刺非织造布手册
作者：吕宏斌　主编
　　　汤水利　刘革　副主编
定价：680 元

书名：熔体纺丝成网非织造布技术
作者：司徒元舜　主编
　　　邵阳　智来宽　李孙辉　副主编
中国产业用纺织品行业协会
纺粘法非织造布分会组织编写
定价：368 元

"十二五"国家重点图书
书名：纺粘和熔喷非织造布手册
作者：刘玉军　主编
　　　张军胜　司徒元舜　副主编
定价：188 元

2023 年度工业和信息化部发布的 144 项纺织行业标准和 9 项纺织行业计量技术规范

本次发布的纺织行业标准和计量技术规范聚焦新材料、新方法、新规范，为纺织品的检测、研发、生产提供了重要支撑。

01 纺织行业标准（FZ）

《纺织品 定量化学分析 聚丙烯酸酯纤维与某些其他纤维的混合物》等 35 项已于 2023 年 11 月 1 日实施，《涤纶预取向丝》等 7 项已于 2024 年 2 月 1 日实施，《纺织品 织物触感检测与评价方法 三点梁法》等 98 项将于 2024 年 7 月 1 日实施。

02 纺织行业计量技术规范（JJF）

《八篮烘箱校准规范》等 9 项已于 2024 年 2 月 1 日实施。

纺织行业标准和计量技术规范购买方式如下：
联系人：吕倩（010-87155895）
中国纺织出版社有限公司官网：http://www.c-textilep.com/industry （可试读和购买）

中国纺织出版社有限公司
国家一级出版社
全国百佳图书出版单位

2023/2024 中国纺织工业发展报告

2023/2024 CHINA TEXTILE INDUSTRY DEVELOPMENT REPORT

新质生产力

以新质生产力赋能纺织现代化产业体系建设

中国纺织工业联合会会长 孙瑞哲

习近平总书记在主持中共中央政治局第十一次集体学习时强调，高质量发展需要新的生产力理论来指导，而新质生产力已经在实践中形成并展示出对高质量发展的强劲推动力、支撑力，需要我们从理论上进行总结、概括，用以指导新的发展实践。聚焦以新质生产力赋能纺织现代化产业体系建设，对于新的征程上厘清思路、凝聚共识、树立信心、打开局面具有重要意义。

高质量发展新阶段，纺织现代化产业体系建设稳中有进

2023年是全面贯彻党的二十大精神的开局之年，是三年新冠病毒疫情防控转段后经济恢复发展的一年。中国纺织工业联合会牢牢把握住中国式现代化这一最大的政治，编制并发布《建设纺织现代化产业体系行动纲要（2022-2035年）》。以纲为领，推动高质量发展成为全行业的共识和自觉行动。2023年，纺织行业抵御住各种风险压力，科技创新成果丰硕，产业创新成效显著；开放发展全面深化，企业活力竞相迸发；数字经济蔚然成风，低碳转型蹄疾步稳；文化创意百花齐放，时尚发展引领风潮。纺织现代化产业体系建设实现良好发展，穿梭奔忙中锦绣前景正在展开。

一、稳中有进，高质量巩固产业基础

2023年，纺织行业顶住现实压力，围绕扩大内需、优化结构、提振信心、防范化解风险扎实推进高质量发展，在复杂的外部环境中保持回升向好态势。中国纺织行业纤维加工总量于2021年突破6000万吨，2023年在外需疲弱的情况下，仍稳定在6000万吨以上。2023年规模以上纺织企业营业收入同比略下降0.8%，降幅较2022年略有收窄；利润总额同比增长7.2%，增速较2022年大幅回升32个百分点，年内实现由负转正。行业市场主体不断壮大，活力得到有效激发，内生动力持续释放。2023年共有6家涉纺企业跻身《财富》世界500强，4家纺织企业入选世界品牌实验室"世界品牌500强"；有402家纺织企业被认定为专精特新"小巨人"企业和单项冠军企业。大中小企业协同分工、融链固链，精准配套，高效联动。

纺织品服装内销回暖。2023年全国限额以上单位服装、鞋帽、针纺织品零售额同比增长12.9%，增速较2022年大幅回升19.4个百分点，整体零售规模超过疫情前水平；网上穿类商品零售额同比增长10.8%，增速较2022年回升7.3个百分点。我国人均纤维消费量达26公斤左右，消费数量和结构已经与人均国内总产值2万～3万美元的中等发达国家水平相当。国风国潮、大健康产品及自主品牌蓬勃发展，积厚成势。纺织行业以稳定、优质、高效的供给体系，匹配我国巨大人口规模和人民美好生活需要，保障了国民经济的稳定发展与就业稳定。

二、创新引领，高水平落实提质增效

纺织行业创新体系不断完善，市场主体创新活力稳步提升。当前，行业共有国家技术创新中心2家、国家企业技术中心102家。纺织企业研发投入强度不断提高，科技创新能力得到有力保障。

关键创新有突破。行业"锻长补短"成效显

著。高性能纤维产能占全世界的比重超过三分之一，2023年出口额同比增长14.4%。纺织机械自主化率超过75%，出口额居世界首位，高端装备关键基础件国产化率超过50%。产业用纺织品2023年产量稳定在1900多万吨，在关键应用领域的国产化率稳步提升。

数字创新在深化。纺织行业先行实施数实融合，智能制造就绪率、生产设备数字化率、数字化设备联网率等指标均领先全国制造业平均水平；网络协同制造、大规模定制、小单快反柔性制造等新模式催生新业态。

绿色创新显实效。坚持践行人与自然和谐共生理念，积极推动能源结构优化、全流程绿色制造技术研发应用和循环再利用体系构建，能耗、水耗强度及主要污染物排放量等关键指标稳步下降，2023年循环再利用化纤产量超过500万吨，初步建立起全生命周期绿色低碳产业体系。

融合创新露峥嵘。基因编辑、生物育种、生物制造等科学和技术加速演进，改变着材料供给方式和应用空间。场景驱动产品创新、业态创新，纺织品在大健康、大家居、航空、建筑、海运等领域不断实现更加多元、更深层次的应用。先进制造与民族文化深入融合，赋能设计、创造体验、塑造品牌。

三、开放融合，高层次推动国际合作

我国纺织行业深度融入国际产业合作，是全球纺织供应链平稳运转的重要保障。2023年，面对复杂的外部环境，行业出口总额仍达3104.6亿美元，处于历史高位水平，连续30年位居世界首位。其中，化纤出口量达650万吨，创历史新高。行业持续深耕传统市场，不断拓展新兴市场，市场布局更加多元，对土耳其、俄罗斯等国家出口额稳中有升。

纺织行业正从产品走出去、产能走出去向品牌走出去和资本走出去迈进。在共建"一带一路"倡议实施十年中，纺织行业以先锋之态对"一带一路"国家直接投资金额达60亿美元，打造了柬埔寨西港特区等诸多标志性示范项目。行业形成了丰富的创新实践，特别是与东南亚、非洲等重点地区从贸易合作、产能合作全面走向供应链共建合作，不仅构建起内外高效协同的全球化生产网络体系，也促进投资目的国产业发展与升级，通过融会贯通的跨国供应链，促进利益共融、命运相连。

在全球发展中，行业始终坚持以人为本，以产业发展保障人权事业。以产业发展服务南南合作、南北合作，提升全球纺织行业发展的有效性、公平性、平衡性、协调性，有力推动联合国可持续发展目标的实现。

四、集约联动，高标准完善空间布局

纺织行业集聚化高效布局优势持续强化。中国GDP过千亿的县域中，绝大多数都将纺织服装产业作为支柱产业。现代纺织产业集群以新型工业化带动新型城镇化和乡村全面振兴，在促进城乡融合发展中发挥关键作用。中国纺联在全国试点共建的210个产业集群共覆盖纺织企业超过20万户，其中90%以上为中小微企业，就业人口超过700万人。柯桥、盛泽、常熟、虎门、海宁等已发展成为具有世界影响力的千亿级产业集群。

纺织行业是跨区域协同的重要推动力量。行业产业链长、关联度高，具有易切入、潜力大的属性，是弥合宽领域、多层次发展势差的有效途径。东西平衡联动、流域上下互补，是现代化纺织产业体系的特色和优势所在。安徽、江西、湖北等中部省份纺织产业兴起，与江苏、浙江等沿海省份形成供应链互动合作，打造长江经济带核心产业集聚区。新疆立足优质资源和向西开放通道，着力提质升级，2023年纺织品服装出口同比增长28%，纺织服装产业的发展空间正进一步打开。广西、云南等西南边境省份面向东盟，纺织产业发展呈现全新格局。

新质生产力是现代化产业体系以进促稳的必然选择

推进现代化建设最重要的是发展高度发达的生产力。新质生产力在创新中起主导作用，摆脱传统经济增长方式、生产力发展路径，具有高科技、高效能、高质量特征，符合新发展理念的先进生产力质态。这一新的生产力理论，明确了推动高质量发展的方向，为建设现代化产业体系提供了根本遵循。

纺织行业作为具有全球比较优势的制造部门，正处于向更高级形态和更合理结构跃迁的关键期。围绕建设纺织现代化产业体系的战略方向，发展新质生产力是推动行业高质量发展的内在要求和根本动力。

一、新质生产力是增强规模优势、体系优势的着力点

保持产业完整性，在多元化、多层次的发展中实现规模经济和范围经济的统一，是现代化纺织产业体系的重中之重。对于一个拥有14亿人口的大国来说，不可能完全依靠外部供给来满足基本纤维消费需求，制造业的规模优势和体系优势至关重要。

从外部环境看，全球供应链格局深刻调整。一方面发达国家制造业回流，另一方面新兴国家承接产业转移步伐加快。在全球分工深化的同时，全球纺织供应链布局也呈现出分散化、区域化重构的趋向。2023年我国在美国、欧盟、日本纺织品服装进口额中所占的比重分别为24%、29.7%和52.2%，与2010年前后的峰值相比分别下降17.2个百分点、12.8个百分点和26.3个百分点；越南、孟加拉国以及墨西哥、土耳其等国则逐步替代我国原有市场份额，"近岸""友岸"布局的趋向明显，行业面临复杂的竞争态势。

从产业自身看，结构性问题与周期性矛盾交织，利润空间发展空间承压。产业的发展阶段、体量规模、价值贡献、结构特征决定了与其他国家相比，中国纺织现代化产业体系建设面临着更大的资源环境约束、成本压力、转型需求。新质生产力是突破现实瓶颈的关键所在。

以新质生产力的新特征为引领，形成新的投入产出关系。纺织行业要积极布局高质量发展新赛道、挖掘产业发展活力与潜力，成为累积、提升发展韧性新的突破口。

以新材料延展新空间。不断开拓纤维新材料、纺织复合材料及产业用制成品的品类与应用。

以新要素更迭新制造。数字技术、数据要素与纺织先进制造深入融合，推动制造技术与制造模式升级，稳固纺织行业供给能力和产业体系基础。

以新业态支撑新发展。与生物经济、绿色经济加速融合，重塑从原料到产品、从制造到回收的全生命周期，突破原料等产业瓶颈。

二、新质生产力是推进产业变革、自主创新的切入点

当前，新技术革命呼啸而来。大跨度、大纵深的融合创新加快产业边界消失、应用场景延伸，开辟新兴产业、先导产业发展空间；产业间相互融合渗透，驱动传统产业加快生产力变革。在"大数据+大算力+强算法"加持下，生成式AI正向着全民化、通用化、纵深化发展，以前所未有的速度、规模与范围改变创新创造范式，构筑新的生产力和生产关系。绿色经济成为理念引领下的创新实践、现实倒逼下的战略选择，全球要素资源正以指数级的速度向绿色经济聚集。

技术革命性突破催生新质生产力，引发动力动能转换，带来领域赛道创新，是现代化纺织产业体系发展的重要支撑。我国纺织行业经过多年发展，自主创新能力从"跟跑"全面进入到"并跑、领

跑"并存阶段，行业创新发展正在步入无人区，在高端、前沿纺织科技、人工智能应用、跨界融合创新等领域，创新步伐加快。依托完备的先进制造产业链与现代服务价值链体系，纺织全产业体系具备延展新发展轨道、开辟新应用空间、孕育未来新产业的可能性。

培育新质生产力，以前瞻性原创科技激活后发优势，抢占前沿制高点，纺织行业将在变革中赢得未来主动权。积累对于新质生产力的实践认知，加快行业与数字经济、绿色经济深度融合，捕捉新兴技术，前瞻布局未来产业。

三、新质生产力是融入全球发展、国际合作的支撑点

当前，所有国家和民族已被卷入世界发展体系中，全球化是历史大势。国际分工颗粒度从产业间分工、产业内分工转变为产品内分工、要素分工。全球价值链合作成为纺织行业的主要形式和必然选择。

近年来，全球纺织产业分工持续深化，从2011年到2023年，我国面料、化纤出口数量分别增长了88.8%和2.4倍，中间产品贸易更趋活跃，体现出产业链供应链融合加深。2022年，我国占全球纺织品服装出口总额的比重达36.1%，是国际纺织供应链的核心参与方。如何保持和提升产业在全球价值链中的位置，是行业亟待解决的问题。

伴随全球区域自贸合作日趋广泛，安全因素、信任机制正在效率与安全的动态平衡中占据更突出位置，参与国际分工合作也面临愈加严峻的风险挑战。如何提升我国纺织行业的不可替代性，持续拓宽市场空间，是行业面临的现实挑战。

培育发展新质生产力，推进高水平科技自立自强，自主掌握核心、高端、前沿科技；推动与不同地区形成更多的差异化分工空间，能够更好促进区域纺织供应链共建合作，提升产业融入全球产业体系的深度广度。

四、新质生产力是践行以人为本、民生为要的关键点

我国社会主要矛盾已经转化为人民日益增长的美好生活需要和不平衡不充分的发展之间的矛盾。现代化纺织产业体系以满足人民日益增长的美好生活需要为出发点和落脚点，更关注"好不好""优不优""精不精"等问题。

随着共同富裕的稳步推进，超大规模、多元化市场加快形成。新生活观、文化观转化为新时尚观、消费观，呈现出功能性消费与情感性消费、"理性"与"随兴"并存的趋势。极致性价比时代，平替、白牌成为理性消费的重要选项。纺织制造品牌、供应链品牌、区域品牌发展面临重要机遇。银发经济、健康经济、悦己经济、可持续经济等细分垂直市场不断涌现，细分市场和品类创新发展活跃。加快形成和发展新质生产力，有助于推动产业转型升级，提升供给质量，满足多样化、高端化消费需求，打造高品质生态环境，用科技力量改善人民生活，让全民共享发展成果。

就业是最大的民生，劳动者是生产力的核心。劳动者需要良好的工作环境与更有价值的工作内容。培育发展新质生产力，新生产要素引领，形成新的产业循环，将创造新的与现代人口结构和就业偏好更相适应的就业岗位。新生产力带来的新发展，是纺织行业形成良好就业、创业机会，更好履行社会责任、实现ESG发展的支撑。

以新质生产力先立后破，推动现代化产业体系实现跃升

中央经济工作会议将"以科技创新引领现代化产业体系建设"列为2024年九项重点工作任务之首，提出要以科技创新推动产业创新，特别是以颠

覆性技术和前沿技术催生新产业、新模式、新动能，发展新质生产力。行业要将认识和行动统一到党中央的决策部署上来，坚持稳中求进、以进促稳、先立后破，推动新质生产力加快发展，高质量建设纺织现代化产业体系。

一、锚定科技，强化创新

强化科技创新。科技创新能够催生新产业、新模式、新动能，是发展新质生产力的核心要素。必须着力强化基础研究和原始创新，集中政策资源和行业优质要素，解决纺织行业关键领域"卡脖子"技术难题。优化发挥产学研协作、产业链协同的创新体系作用，提升科技创新效率和质量，使原创性、颠覆性科技创新成果竞相涌现，培育发展新质生产力的新动能。加强高性能、多功能、轻量化、柔性化纤维材料创新，强化智能制造、生物制造等新工艺的发展。

强化产业创新。以发展新质生产力推动产业升级与未来产业发展。推动纺织制造环节加快高端化、智能化、绿色化升级，加强质量支撑和标准引领，提升先进制造能力。完善工业互联网、大数据中心等行业新型基础设施，深入推进智能制造；打造绿色工厂，探索绿色制造新模式。增强工业设计能力，推进流行趋势研究与发布，提升产品创新水平，完善设计创新生态。推动通用型高新科技、战略新兴产业与纺织行业融合创新，促进纺织行业与生物制造、商业航天、低空经济等先导产业的融合发展。

二、激活要素，畅通循环

要按照发展新质生产力要求，发展科技、金融、技术、数据等创新要素市场，促进创新链产业链资金链深度融合，营造更好的创新生态。畅通教育、科技、人才的良性循环，激发劳动、知识、技术、管理、资本和数据等生产要素活力，创新生产要素配置方式，让各类先进优质生产要素向发展新质生产力顺畅流动。

强化科技成果转化。把握超大规模市场的独特优势，加快创新成果转化应用。强化企业在创新活动中的主导作用，促进骨干企业创新平台开放，搭建行业基础创新数据库和转化对接平台。

加强数据价值开发。依托行业多层级工业互联网、大数据中心等，做好数据资源积累；提升数据管理能力；引入和培育专业可信的数据服务主体，丰富数据应用场景，激活数据要素潜能。

盘活资本市场作用。用好国家重点扶持科技创新、绿色转型、普惠小微、数字经济的金融政策，打造"科技—产业—金融"良性循环；深化产融合作，推动行业创业投资、股权投资。

完善人才支撑机制。加强教育、科技、人才"三位一体"融合发展，塑造素质优良、总量适当、结构优化、分布合理的现代化人力资源体系。

三、优化市场，发掘潜力

市场是产业科技创新最重要的孵化器、加速器、放大器。要充分发挥国内统一市场的优势，丰富应用场景，根据市场需求凝练发展方向，促进新技术、新产品加速迭代升级。

激发需求潜能，滋育新动能。培养壮大终端消费，大力发展数字消费、绿色消费、健康消费，在智能家居、文娱旅游、体育运动、国货"潮品"等领域积极打造纺织服装消费新领域。借助平台经济，打造消费新场景；深耕下沉市场，激活县乡消费活力。

推动文化加持，强化新价值。推动文创内容与产业、产品融合，促进非遗手工技艺、中华老字号等优秀传统文化载体与新质生产力创新性融合，创造性转化，成为自主原创品牌成长的价值沃土。

扩大有效投资，加固基本盘。围绕新质生产力有序布局创新载体建设，充分利用政府在关键核心技术攻关、新型基础设施、节能减排降碳等领域的支持政策，合理扩大投资，以产业转型升级和新质生产力发展带动投资与消费的互促循环。

四、绿色发展，践行责任

加快低碳转型。新质生产力本身就是绿色生产力。要加强资源节约集约循环高效利用，积极稳妥推进碳达峰碳中和。强化绿色创新，打造绿色供应链体系，推动形成绿色低碳生活方式。深入构建废旧纺织品服装资源循环利用体系，加快高值化回收再利用关键技术研发应用，发展纺织循环经济。优化行业绿色发展服务体系，丰富服务工具与模式。推动纺织绿色低碳产业标准和认证体系建设完善。建立并持续完善行业 ESG 信息披露体系、ESG 绩效评估体系和 ESG 能力提升支持体系。

推动责任发展。作为先进生产力，新质生产力必须将社会责任纳入生产体系、价值体系、创新体系。要坚持就业优先导向，对于保持就业稳定具有强烈责任意识。持续改善工作环境，保障劳动权益，让劳动者实现体面劳动、安全生产、全面发展。推进诚信体系建设，坚守契约精神，维护市场公平秩序，形成激励企业主体勇于创新、敢于担当的良好市场生态。

五、优化布局，协调发展

融入国际国内循环。新质生产力要在新发展格局中发展。要兼顾效率与安全优化产业布局，平衡好原地升级、国内转移和国际化资源配置的关系。在扩大高水平对外开放，为发展新质生产力营造良好国际环境的同时，强化优质、新兴产业链的根植性和完整性，加强国家战略腹地建设。

强化区域协同布局。充分结合各地区优势资源，按照主体功能定位，构建各具特色、有序竞争、差异化发展的空间格局。东部地区围绕纺织高端制造及高水平自主研发能力，以科技创新引领新质生产力布局。中西部地区着重将区域优势、政策优势、资源优势转化为产业优势，通过构建跨区域联通的产业合作体系，参与新质生产力发展布局。西部部分省份还可在丰富的可再生能源、东数西算政策支持下，打造"弯道超车"新路径。

做强集群经济。发挥好产业集群的组织载体作用，围绕培育发展新质生产力，打造纺织先进制造集群、数字产业集群、绿色产业集群、新兴产业集群。引导产业集群加强专业化、差异化、特色化发展，不断完善集群公共服务体系，促进创新要素分布与集群主业、业态发展相耦合。把握好各地支持生物制造、新型储能等新兴产业的政策时机，推动纺织与相关产业实现嫁接、配套，培养形成具备创新、绿色、前瞻等特点的新产业集聚。

石以砥焉，化钝为利。心有所志，路必不远。在中国式现代化的历史宏卷中，纺织现代化产业体系建设是锦绣篇章。及时当勉励，岁月不待人。让我们在时变、势变之中把握机遇求进、求立，以新质生产力赋能纺织现代化产业体系建设，打开发展新局面，创造事业新高度。

（本文为孙瑞哲会长在中纺圆桌论坛第十八届年会上的主题演讲）

纺织行业数字化转型现状及发展趋势

中国纺织工业联合会信息化部

新一轮科技革命推动了传统经济的发展和产业模式的变革，数字技术发展为构建形成以数据为驱动要素的新型工业体系奠定了基础，催生了实体经济发展动力和活力的根本性变化，数字经济成为新一轮产业革命的重要引擎和驱动经济增长的新动力。促进数字经济与纺织产业深度融合，推动纺织行业数字化转型升级发展，是纺织行业提高全要素生产率，实现质量变革、效率变革、动力变革的重要途径，也是加速形成新质生产力的关键所在。

纺织行业持续推动信息技术与纺织工业融合发展，从企业信息化，到两化深度融合，再到数字化转型，不断引导企业加快发展进程，积极推动生产装备数字化升级和工业网络改造，持续深化各关键业务环节数字化应用和数据集成共享，鼓励企业以数字技术应用支撑业务模式创新、管理模式创新，取得了较为明显的成效。近年来，纺织行业的数字化发展水平总体呈现较快提升的发展态势，多项关键指标高于全国制造业的平均水平。

随着互联网、大数据、人工智能等新一代信息技术与纺织工业加速融合，以及数字技术产业对纺织产业支撑能力的不断增强，必将进一步加速纺织行业数字化转型发展进程，推动纺织工业向数据驱动、平台支撑、智能主导方向发展。

纺织行业数字化转型发展现状

一、企业数字化总体水平实现较快增长

纺织服装企业不断深化数字技术应用，在关键业务领域全面推进数字化建设、发展。根据国家工业信息安全发展研究中心数据，截至2023年12月末，纺织行业在研发设计、生产制造、运营管理等关键业务环节全面数字化的企业比例达57.9%，高于全国制造业56.5%的平均水平。关键业务环节全面数字化的企业比例与2022年同期相比提高2.9个百分点，也高于全国制造业的平均增速水平（表1）。

二、数字化关键指标稳步提高

（一）数字化生产装备配置水平和工业网络应用水平持续提高

数字化生产装备的配置与工业网络的应用是企业数字化转型的硬件基础，因建设所需资金投入较大，增长相对缓慢。

近年来，纺织行业大力推进企业数字化改造，企业生产设备数字化率和数字化设备联网率水平持

表1 2023年纺织行业关键业务环节全面数字化的企业比重变化情况

表征性指标	纺织行业		全国平均	
	2022年	2023年	2022年	2023年
关键业务环节全面数字化的企业比例(%)	55.0	57.9	53.7	56.5

资料来源：国家工业信息安全发展研究中心

续提高。截至2023年12月末，纺织行业的生产设备数字化率和数字化设备联网率分别达到57.1%和50.3%，高于全国制造业54.3%和48.0%的平均水平。与2021年相比分别提高3.5%和4.2%（表2）。

数字化生产装备与网络水平的持续提升，为企业实现以管控集成为基础的数字化综合集成应用奠定了基础。

（二）工业软件应用普及率稳步提升，薄弱环节增长较快

工业软件与系统是企业在研发设计、生产制造、经营管理、运营服务等各环节普遍规律的模型化和工具化，是企业数字化转型的核心。

纺织行业在工业软件的研发和推广方面持续发力，适应行业特点的专业管理软件系统功能日趋完善，应用普及率持续提升。截至2023年12月末，纺织服装企业数字化研发设计工具普及率、ERP普及率和MES普及率分别达77.2%、66.3%和30.3%。与2021年相比分别提高6.4%、4.7%和5.7%（表3）。

近年来，随着纺织行业MES系统软件专业化程度的提升，以及云MES研发与推广进程的加快，纺织行业两化融合的薄弱环节之一——MES系统应用普及率增长较快，发展势头较好（图1）。

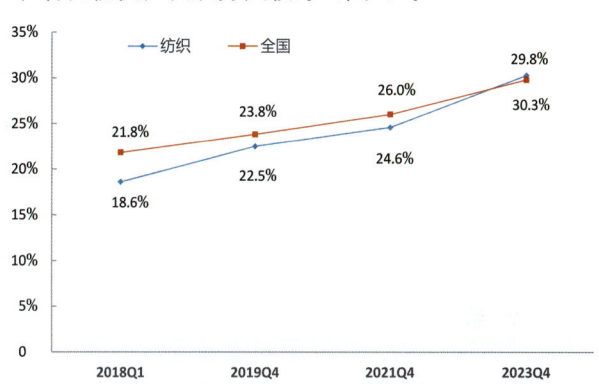

图1 近年来纺织行业MES系统应用普及率变化情况
资料来源：国家工业信息安全发展研究中心

表2 纺织行业生产设备和工业网络应用水平表征性指标变化情况

表征性指标	纺织行业			全国平均		
	2021年	2022年	2023年	2021年	2022年	2023年
生产设备数字化率(%)	53.6	55.6	57.1	50.8	52.5	54.3
数字化设备联网率(%)	46.1	49.0	50.3	44.2	46.1	48.0

资料来源：国家工业信息安全发展研究中心

表3 纺织行业工业软件应用普及表征性指标变化情况

表征性指标	纺织行业			全国平均		
	2021年	2022年	2023年	2021年	2022年	2023年
数字化研发设计工具普及率(%)	70.8	73.0	77.2	74.1	77.0	79.6
ERP普及率(%)	62.6	66.3	67.3	65.5	68.2	69.5
MES普及率(%)	24.6	28.9	30.3	26.0	28.5	29.8

资料来源：国家工业信息安全发展研究中心

三、智能化发展进程加快

（一）智能制造基础能力进一步增强

纺织行业同我国其他制造业一样，普遍面临着智能化发展基础薄弱的现状，初步具备智能制造基础条件的企业占比尚且不高。截至2023年12月末，纺织行业的智能制造就绪率达到16.2%，高于全国制造业平均水平1.8个百分点。与2021年相比提高4.9%，平均增速也高于全国制造业平均水平（表4）。

但总体来看，纺织行业智能化发展的基础能力仍待进一步提升，夯实智能化转型基础，仍将是今后一段时期内行业数字化转型推进工作的重要内容。

（二）智能产线、智能车间建设进程加快

纺织行业智能化发展步伐加快，智能生产装备在研发和产业化方面发展较快，特别是在棉纺、化纤、针织、印染、服装等行业取得了较大的突破。基于智能生产装备的智能制造单元、智能产线、智能车间建设提速，已有数十家企业完成了数字化车间建设，智能工厂建设也得到初步探索和实践，已经发掘、培育了一批纺织行业智能制造试点示范企业，取得了较为显著的成效，是纺织行业两化融合深入发展和数字化转型的重要基础。

四、基于互联网的新模式新业态应用日趋广泛

纺织行业互联网应用极为活跃，是工业领域中互联网应用覆盖最为广泛的行业之一，纺织工业与互联网的融合发展不断推动着企业商业模式的变革和新兴业态的涌现。截至2023年12月末，纺织行业开展平台化设计、个性化定制和网络化协同的企业比例分别达到13.0%、18.2%和49.3%，分别高于全国制造业平均水平0.4个百分点、5.6个百分点和7.2个百分点。平均增速也高于全国制造业平均水平（表5）。

表4 2021～2023年纺织行业智能制造就绪率变化情况

表征性指标	纺织行业 2021年	纺织行业 2022年	纺织行业 2023年	全国平均 2021年	全国平均 2022年	全国平均 2023年
智能制造就绪率(%)	11.3	14.6	16.2	10.5	12.6	14.4

资料来源：国家工业信息安全发展研究中心

表5 2021～2023年基于互联网的纺织行业新模式新业态发展情况

表征性指标	纺织行业 2021年	纺织行业 2022年	纺织行业 2023年	全国平均 2021年	全国平均 2022年	全国平均 2023年
实现平台化设计的企业比例(%)	—	10.4	13.0	—	10.5	12.6
实现个性化定制的企业比例(%)	12.7	15.4	18.2	10.0	11.0	12.6
实现网络化协同的企业比例(%)	42.6	46.5	49.3	38.4	39.8	42.1

资料来源：国家工业信息安全发展研究中心

随着终端消费者对个性化、功能化、快时尚产品的需求不断提高，平台化设计、个性化定制、网络化协同等新模式应用日趋成熟，共享制造、按需制造、产融结合等新模式新业态加速形成。

五、工业互联网平台日益成熟，赋能中小企业数字化转型

纺织行业工业互联网应用蓬勃发展，工业互联网平台已经从落地建设阶段进入到推广应用阶段，呈现出各具特色的发展模式。

（一）大型龙头企业打造基于企业供应链的"链主"平台

行业内的大型龙头企业，依托自身品牌、规模、技术等方面优势，打造以企业供应链为核心的工业互联网平台，实现资源汇聚和应用创新，带动供应链上下游企业协同发展。例如：常熟的波司登羽绒服装公司，以工业互联网平台集成多场景业务平台的方式，整合了1100多家供应商、1300多家加工厂、3000多家门店资源，构建了"小批量、高频次、优质快反"的数字化柔性供应链体系。

（二）地方政府推动构建整合地区资源的产业发展平台

纺织行业集群化发展特征明显，产业集群地区企业业务关联度高、块状经济特点显著。在国家政策引导下，地方政府推动构建整合地区资源的产业发展平台，带有明显的地域特征。例如：福州市长乐区针对区域内纺织企业的实际需求，推动建设了"长乐区纺织工业互联网平台"，集科技、金融、服务资源于一体，形成了以企业数字资产为融资基础、金融机构参与采购的"新供应链"。绍兴柯桥的"织造印染产业大脑"，通过设备云联、智能排产、云配方等多项应用，服务超过100家印染企业，企业设备利用率平均提高11.2%，染色一次成功率平均提高3.4%，成效显著。

（三）平台服务商以企业共性需求为突破点，由点及面创新发展

平台服务商以典型业务场景为牵引，从企业共性需求入手，将共性需求转化为平台化的系统解决方案和产品，服务纺织服装企业。例如，浙江凌迪数字科技公司聚焦研发设计领域共性需求，构建了以柔性仿真技术为基础，集工业软件和3D设计一体化的协同设计平台，为企业提供数字化解决方案。上海致景科技公司则以订单为牵引，吸引中小企业上云上平台，实现共享制造模式创新，目前平台已接入织机60余万台，覆盖全国约40%的织造产能，服务近万家中小企业。

纺织行业数字化转型发展趋势

一、纺织行业数字化发展水平加速向集成提升阶段迈进

近年来，纺织行业对数字化转型发展发展的认识水平不断提高，信息化应用覆盖面不断扩展，行业内的大型企业数字技术应用不断走向纵深，中小企业数字化建设速度明显加快，并呈现出灵活多样、务实发展的特点。

随着新一代信息技术的多样性发展，纺织行业大中小型企业融通发展的趋势非常明显，推动企业加快实施需求精准响应、资源动态配置、业务高效协同的整体解决方案，行业两化融合总体水平正在加速向集成提升阶段迈进。

二、数据驱动管理，大数据创新应用发展空间广阔

随着数字化发展的不断深入，数据作为重要的生产要素，具有巨大的潜在价值。近年来，企业对数据资源的认识水平和管理能力不断提高，对数据资源的开发利用需求日趋增多。企业通过对数据的

有效采集、分析利用和价值挖掘，优化产品工艺、提高生产效率、降低运营成本、支撑科学决策，企业管理逐步从业务驱动向数据驱动方式转变。

同时，随着工业大数据、人工智能等技术的飞速发展，面向特定工业场景的时序数据库、挖掘工具、分析模型等工业大数据产品的日益丰富，纺织企业势必对行业数据资源的深入挖掘和共享应用的需求也越来越强烈。可以预见，纺织行业大数据创新应用必将提速，且发展空间十分广阔。

三、工业电商升级发展，助力纺织工业互联网生态体系加速形成

工业电商平台以产业链、价值链为核心，充分聚合工业企业、上下游企业、终端用户、平台企业、科技企业和金融机构等各类主体，推动企业交易方式和经营模式的网络化、协同化，已探索出多种共建共享的商业模式与合作机制，能够有效地带动供应链上各类主体，开展生产设备及智能产品、装置的泛在接入和企业运营管理流程的云化迁移，是工业互联网应用发展的助推器。

纺织行业工业电商平台迅速发展，已形成一批模式多样、功能多元的细分行业的工业电子商务平台，并基于产融结合优势不断创新服务模式，已形成"服务汇聚数据，数据支撑服务"的良性循环，工业电商平台的升级发展，将成为纺织工业互联网生态体系形成和发展的催化剂。

四、人工智能与纺织工业融合持续深入，赋能纺织智能化发展

人工智能与纺织工业融合不断深入，工业机器人、智能生产装备不断取得技术突破，智能生产线、智能车间建设将加速普及，智能工厂将逐步建设发展。

AI赋能的数字技术解决方案已在研发设计、生产制造、质量检验、市场营销、节能降耗等诸多业务场景实施应用并不断完善。随着AI技术与纺织工业技术、人工智能大模型与纺织产业数据与知识的深度融合，必将极大提升纺织企业在研发设计、生产制造、储运物流、供应链协同以及产业管理与服务等环节的决策效率和水平，全面赋能纺织产业智能化发展。

（撰稿人：田　洁）

专注与创新的力量

——2023年纺织行业"专精特新"企业发展报告

中国纺织工业联合会行业发展部

中小企业是国民经济和社会发展的生力军，是建设现代化经济体系、推动经济实现高质量发展的重要基础。在纺织行业中，中小企业更是具有绝对的主体地位，企业数量占比超过99％，87％的行业从业人员就业于中小企业，比重均明显高于制造业整体水平，是稳定和扩大就业、改善民生的重要支撑，是促进创业创新、保持创造活力和发展韧性的重要力量。

"专精特新"企业，是指中小企业具备专业化、精细化、特色化、新颖化的特征。近年来，我国进入高质量发展新时代，党中央和各级政府出台一系列相关文件支持中小企业"专精特新"发展，法律法规、政策和服务支撑体系日臻完善，优质企业梯度培育格局逐步形成，为我国纺织行业中小企业的创新成长和高质量发展创造了良好环境。中国纺织工业联合会积极贯彻落实党中央、国务院的决策部署，持续深化行业企业服务，引导、支持行业广大中小企业走"专精特新"发展道路，越来越多中小纺织服装企业把"专精特新"作为提升竞争力、实现可持续发展的核心理念，"专精特新"发展成为行业广大中小企业的共识，行业影响力逐步提高。

纺织行业"专精特新"企业发展情况

一、概况

2023年，前四批纺织行业"专精特新"企业共有333家，涉及纺织全产业链及紧密关联的行业领域，具有较大的覆盖面和代表性。这些企业年销售收入总计约900亿元，职工总数9万多人，其中设计研发人员约1.4万人。其中252家企业是国家高新技术企业，占75.7％。在2023年培育入库的第4批和第1批复核的158家纺织行业"专精特新"企业中，有55.7％的企业属于市级以上"专精特新"企业，其中41.1％的企业属于省级"专精特新"企业。

总体来看，纺织行业"专精特新"企业质量普遍较高，特色优势突出，创新能力和盈利能力都较强。其中，有上工富怡、海宁纺机、赛特环球、河南二纺机、金轮针布、福建佰源、常州宏大、长岭等纺织智能装备和关键零部件企业，有顺美、比音勒芬、兆妩、达利丝绸、衣拉拉等行业优秀品牌企业，有威海拓展、新维、凯泰、美欣达、宝纺、赛隆、海天等各类新型特种功能性纤维材料、面辅料企业，有围绕纺织产业链各环节的数字化智能化专业服务和产业互联网平台类企业如环思、锴铨、凌迪、逸尚创展、浙江云橙、找纱科技等，也有在科创板、主板上市公司（或其子公司）的圣瑞思、元琛环保、泰慕士、金春无纺、万事利等优秀企业。不少企业还入选了工业和信息化部专精特新"小巨人"企业。他们专注核心业务，产品精细化，装备水平优于同行业一般水平，具有较规范的生产管理体系，拥有特色化的产品、技术、工艺、配方等，坚持持续创新，具有较好的创新示范效应。

二、区域和行业领域分布

前四批333家纺织行业"专精特新"企业在区域

分布和行业领域分布上具有一定的代表性。从区域分布情况来看，涉及全国25个省（市、自治区），其中江苏、浙江、山东等省作为我国纺织大省，其"专精特新"企业数量也较多，三省共计182家，占比54.7%（图1）。

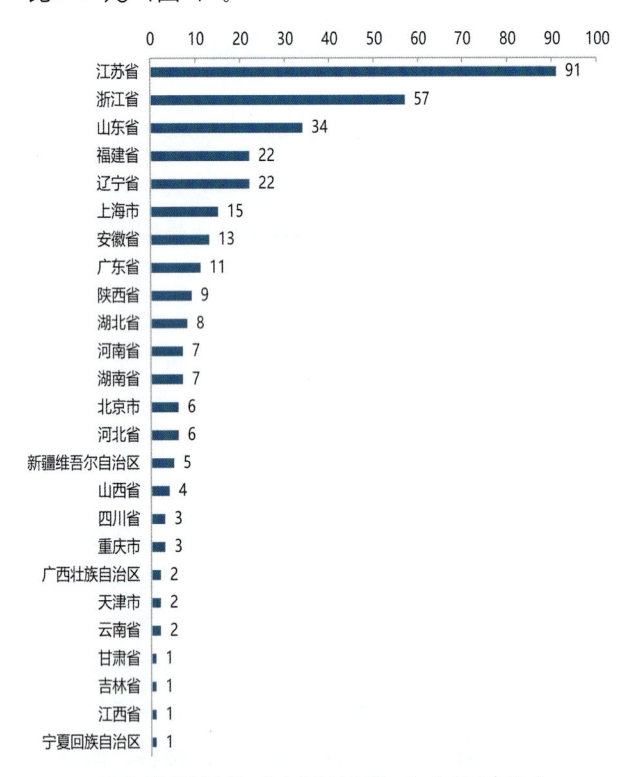

图1 纺织行业"专精特新"企业地区分布

资料来源：中国纺联

企业从事的行业或领域涵盖了从化纤新材料、功能性面料到服装、家纺、产业用纺织品、纺织机械整个纺织产业链的所有子行业，以及行业数字化智能化服务、设计服务、节能环保等领域，也反映了整个纺织行业产业生态。其中品牌和功能性服装服饰企业、纺织机械和关键零部件企业、化纤新材料企业、产业用纺织品企业共计166家，占比达49.8%（图2）。

图2 纺织行业"专精特新"企业行业领域数量分布

资料来源：中国纺联

从各区域内部结构来看，企业从事的业务领域也与各地区重点产业分布较为一致。例如江苏省的企业中，纺织机械和关键零部件领域的企业17家、化纤新材料企业14家，分别占本省企业数量的19%和15%，此外毛纺织企业、家用纺织品企业和产业用纺织品企业数量也较多。浙江省的企业中，印染面料企业、化纤新材料企业、丝绸企业、数字科技类企业是数量较多的行业领域。

此外，到2023年，工业和信息化部已完成5批专精特新"小巨人"企业的认定。根据相关资料整理，有206家纺织相关企业入选。浙江、江苏、山东入选企业数量居前列，三省共有106家，占全部小巨人企业数量的51.5%。其中，浙江省以41家位居第一，江苏和山东分别为39家和26家，居第二和第三位。

三、成立年限分布

"专精特新"企业具有长期聚焦于细分专业领域、持续创新的发展特点。截至2023年，纺织行业"专精特新"企业平均成立年限为16.3年，其中有近21家企业成立年限达到30年以上，约58%的企业成立年限在10~25年。此外，还有一批近年来在数字科技、新材料、特色品牌等领域发展起来的颇具特色和活力的企业（图3）。工信部认定的专精特新"小巨人"企业中，纺织相关"小巨人"企业成立年限的平均值为17.4年，与纺织行业"专精特新"企业的情况基本一致。

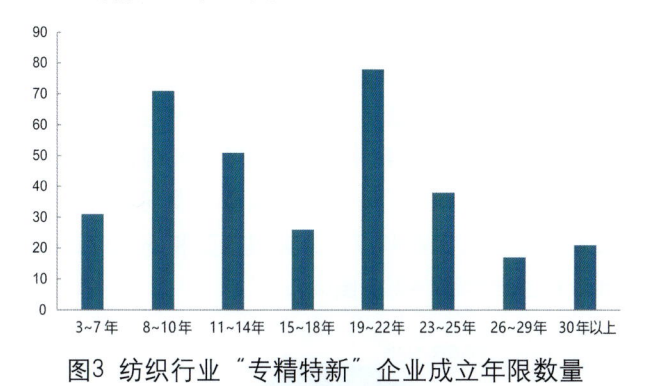

图3 纺织行业"专精特新"企业成立年限数量分布（截至2023年）

资料来源：中国纺联

四、运行质量

近年来，尽管外部环境较为复杂，市场压力始终存在，但纺织"专精特新"企业在发展中仍表现出较好的发展韧性和抗压能力，在研发和信息化方面的投入仍保持着稳中略增的态势。2022年，纺织行业"专精特新"企业的户均销售收入27214.2万元，户均销售利润2415.1万元，销售利润率达8.9%；户均职工人数281人，其中户均研发设计人员43人；户均设计研发投入1132.5万元，户均信息化投入214.8万元（表1）。

企业普遍重视基础管理能力建设，如图4所示，获得质量管理体系、环境管理体系、职业安全健康管理体系认证的企业数量占比分别达到88.6%、66.7%和60.4%。有25.5%和15.9%的企业取得知识产权管理体系和能源管理体系认证。28.5%的企业取得OEKO-TEX相关资质认证，15.3%的企业取得GRS全球回收标准认证（图4）。

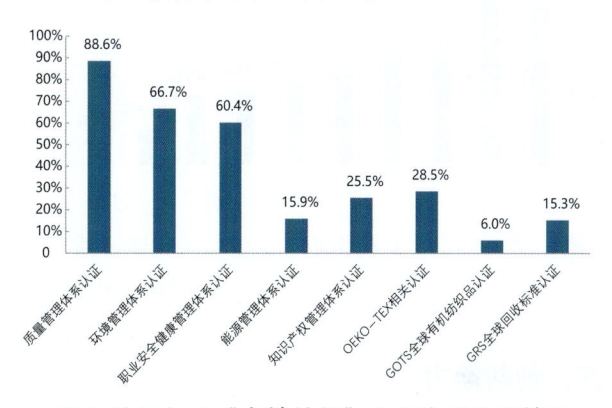

图4 纺织行业"专精特新"企业资质认证情况

资料来源：中国纺联

表1 纺织行业"专精特新"企业主要经济指标

指标	单位	2019年	2020年	2021年	2022年
户均销售收入	万元	27951.9	25986.7	34856.9	27214.2
户均销售利润	万元	2078.8	2309.2	2640.8	2415.1
户均销售利润率	%	7.4	8.9	7.6	8.9
户均职工人数	人	284.0	278.0	282.0	281.0
户均研发设计人员数	人	41.0	42.0	43.0	43.0
户均设计研发投入	万元	967.7	1071.7	1292.0	1132.5
户均信息化投入	万元	172.3	206.4	226.5	214.8

资料来源：中国纺联

企业信息化建设方面，根据对2023年培育入库的第4批和第1批复核的纺织行业"专精特新"企业的调研统计，企业资源规划系统（ERP）、办公信息系统（OA）在企业信息化建设中部署应用比例最高，分别为67.1%、66.5%。另外，计算机辅助设计系统（CAD）、生产执行系统（MES）、仓储管理系统（WMS）、产品数据管理系统（PDM）也属于部署应用比例比较高的信息化管理系统，占比分别为41.1%、39.9%、27.8%和25.3%（图5）。

图5 纺织行业"专精特新"企业信息化建设情况

资料来源：中国纺联

五、创新能力

创新是"专精特新"企业的灵魂。"专精特新"企业作为纺织行业中小企业的佼佼者和优秀代表，始终围绕自身的核心特色产品，以研发和技术为核心能力和基础保障，不断构建企业"专精特新"发展的系统能力和产品生态，在人才、设计研发和信息化建设这些企业核心竞争力方面持续投入，用行动和成绩践行高质量发展的要求。近年来，纺织行业"专精特新"企业设计研发人员占比由2019年的14.3%提高到2022年的15.5%，设计研发投入强度保持在3.5%～4.2%，信息化投入强度保持在0.6%～0.8%。企业的特色优势产品在功能性、复合、智能、生态等方面具有比较高的分布，这些领域既是产业升级、消费升级的重要方向，也体现了企业专注深耕细分领域，做精做优，成为细分领域的佼佼者。

知识产权是"专精特新"企业的生命线。利用incoPat全球专利数据库平台，通过对纺织行业"专精特新"企业和专精特新"小巨人"纺织企业共计510家企业的专利信息进行分析，有98%的企业都拥有专利。其中，90%的企业拥有发明专利授权，96.5%的企业有发明专利申请。拥有实用新型专利和外观设计专利的企业数量占比分别达到95.5%和40.0%。在拥有各类专利的企业中，平均拥有授权发明专利12项、实用新型专利39项、外观设计专利34项。从全部专利的类型分布来看，发明授权和申请专利数量占比约43.7%，实用新型和外观设计专利数量占比约56.4%（图6）。

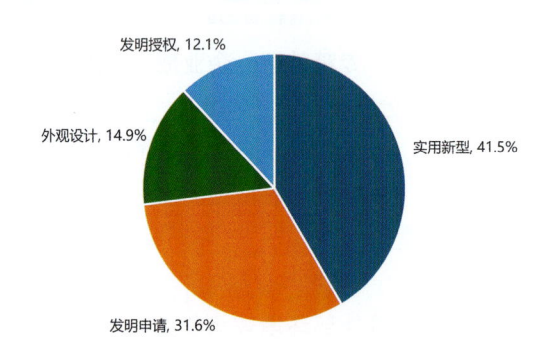

图6 纺织行业"专精特新"企业专利类型分布

资料来源：incoPat

纺织行业"专精特新"企业的知识产权布局主要集中在行业基础、关键、核心领域。对企业专利的信息进行分析可以看到，在设备、仪器仪表、产业用纺织品等领域专利数量占比较高（表2）。

2024年纺织"专精特新"企业的发展重点

2024年是实现"十四五"规划目标任务的关键一年，也是纺织行业着力推进纺织现代化产业体系建设，加快发展新质生产力的重要一年。当前，外部环境的复杂性、严峻性、不确定性上升，新一轮科技革命和产业变革持续加速，行业和企业发展的

表2 按国民经济行业分类的专利分布情况

国民经济行业分类（小类）	专利数量占比（%）
C3551（纺织专用设备制造）	30.44
C4090（其他仪器仪表制造业）	28.92
C4330（专用设备修理）	28.49
C4320（通用设备修理）	15.76
C1742（绢纺和丝织加工）	14.89
C3061（玻璃纤维及制品制造）	14.27
C1783（纺织带和帘子布制造）	13.65
C1712（棉织造加工）	12.49
C1722（毛织造加工）	12.35
C2661（化学试剂和助剂制造）	12.25
其他	26.32

资料来源：incoPat

内在逻辑正在发生深刻变化，"专精特新"企业要更加坚持专业化聚焦和深度创新，着力打造更具活力、更富韧性、更可持续的卓越企业，推进协同创新、价值共生的产业链供应链建设。

一、坚持以创新为魂

立足纺织行业"科技、时尚、绿色"定位，以纤维新材料、绿色低碳技术、先进纺织制品、关键装备和零部件、数字科技等领域深化研发创新，加大研发投入和技术改造力度，做强基础、做优主业、做精专业，持续巩固扩大技术和产品优势。积极开发应用绿色低碳技术，优化升级能源消费，提升能源效率。坚持以客户为中心的持续创新，专注核心业务、打造核心能力，提高全要素生产率，持续塑造发展新动能新优势。完善企业内部各部门的创新协同机制，加强研发创新和非研发创新的统筹推进，积极开展流程创新、营销创新、商业模式创新、供应链创新和组织创新等。应用设计思维、创新冲刺等科学的创新方法论，增强企业创新流程、创新体系的管理能力，提升创新效率。提高中小企业在创造知识产权、保护研发成果、运用专利技术、促进转化实施等方面的能力和水平。加强人才队伍建设，推动校企共建教学、科研实践基地，完善人才引进、培养、奖励等管理制度，建立在岗学习进修通道，打造具有自主发展力的企业人才梯队。

二、积极推进数字化转型

中小企业推进数字化转型要找准定位，以自身数字化应用关键场景和问题为重点，面向技术、管理、生产、产品、服务等过程的细分场景稳步推进。把数字化建设作为提升企业管理现代化水平的重要手段，提高研发设计、经营管理、生产过程、市场营销等数字化应用水平，实现企业经营管理与数字化技术的深度融合，促进降本增效、优化资源配置，为企业经营注入新动力。积极发展数字化管理、智能化生产、网络化协同、个性化定制、服务型制造等新技术新产品新业态新模式，提升数字化、智能化基础能力。

三、优化创新生态体系

提升中小企业在创新体系、创新活动中的参与度和贡献度，促进行业创新成果惠及更多企业。支持和鼓励国家相关科技创新项目、产业技术创新联盟、先进制造业创新中心等吸纳更多"专精特新"中小企业深入参与，鼓励大学、科研院所、骨干企业向专精特新中小企业开放研发仪器设备等科技资源，为中小企业开发、生产协作配套产品提供服务。促进跨界、跨领域合作与融合创新。立足区域特色，强化区域优势创新。充分发挥产业链"链主"作用，加强中小企业与行业龙头企业开展协同创新、产业链上下游协作配套。以应用创新带动企业创新开发，打造全产业链科技创新生态，推进大中小企业融通创新、产学研协同创新向纵深发展。

四、增强中小企业公共服务能力

完善"专精特新"企业创新成果对接合作平台建设，加强技术对接和上下游对接，组织开展产学研合作，组织技术成果推广、交流、考察、对接，让中小企业走出去、引进来，加快成果转化和应用。链接行业内外优质资源，聚焦品牌供应链，组织开展"专精特新"走进品牌专题对接，促进联动开发、深化合作。依托重点地区或产业集群建设区域数字化转型创新中心，在培训、测评诊断、需求撮合、解决方案、测试、融资等方面为中小企业数字化转型提供一站式服务，面向中小企业提供更加便捷、成本更加经济的场景数字化解决方案。

（撰稿人：郭宏钧　赵志鹏）

生成式AI背景下服装智能制造转型趋势

中国服装科创研究院

当前，全球正在迎来以生成式人工智能（AI）为代表的颠覆性技术竞相涌现的新时代。2024年伊始，习近平总书记强调，加快发展新质生产力，扎实推进高质量发展。3月，我国政府工作报告首次将开展"人工智能+"行动列入其中，标志着AI技术将成为未来我国加快培育和发展新质生产力的重要驱动力。服装行业作为具有市场化程度高、中小微企业占比较大、劳动密集型等特点的工业门类之一，近年来面临着综合成本高企、市场竞争加剧、数字化智能化转型亟待提升等挑战。截至2023年年底，我国约有17万家服装企业，但其中九成在数字化智能化领域仍处于初级阶段。AI技术、数字化技术、3D打印等前沿技术的应用为服装行业发展带来深刻影响和历史性机遇，被视为下一阶段服装智能制造技术革新的重点方向。得益于时代红利，生成式AI技术正在与服装制造深度融合，参与设计、生产、供应链、销售全流程环节，服装企业也将突破传统生产运营管理方式，有望在未来5～10年内改变中小微企业创新力度不足、内生动力有待激活的局面。随着全球知识正外部效应持续溢出，AI工程化的门槛也将不断降低，不仅更为贴近实际生产流程，更将为服装行业数字化智能化转型，培育新质生产力带来更为广阔的发展机遇和空间，带动服装行业迈向高质量发展的新未来。

生成式AI重塑服装智能制造生产力

过去，传统服装制造以批量化生产和传统管理模式为主，在满足当下市场渠道多样和消费者需求多变的等方面具有较大的提升空间，智能制造改变了服装行业的生产效率和提升快速反应的生产能力，生成式AI的应用可实现订单款式设计、自动版型工艺处理、自动计划产前、生产过程调度全流程的效率提升及深度协同，力求更高效、更精准快速满足消费者不断更新迭代的消费需求。

加特纳（Gartner）咨询公司预测到2026年，超过80%的技术产品将集成某种形式的GenAI技术。在服装智能制造领域，生成式AI技术已全面深入的介入服装生产各个环节，使设计研发、生产与供应链管理、精准营销和可持续发展等领域实现更高层次的自动化和智能化。到2035年，在生成式AI的推动下，制造业数字化率将突破85%。到2055年，中国生成式AI技术基本实现对各行业的数字化转型，数字化率将达到100%。

服装智能制造成为生成式AI的核心应用场景

根据中国服装科创研究院开展的人工智能在服装企业相关领域应用调查，人工智能在服装行业制造应用场景众多，大致可以分为数字人分身（专家型知识顾问）、研发技术管理、计划排产管理、设备物联、智能生产管理（运营数据交互、人机排位、动作分析）、视觉质量检测管理决策五个领域。生成式AI的先进应用将极大促进服装研发设计创新、生产流程优化和消费体验个性化，引领服装行业迈向更高效、智能和可持续的未来发展。

一、AI数字人在服装智能制造的应用场景

通过集成生成式AI，可在生产运营管理过程中发挥精准灵活的分析决策功能，增进企业理解和运

用大数据的能力，促进管理层至执行层各阶段的智能化。在服装数字化生产管理平台人机交互（图1）和中央战情室大数据运营中心（辅助讲解及实时交互）生成式AI的模型学习能力让企业能够智能人机交互，实时传递运营决策信息，迅速适应市场变化，从而加速决策流程和提高生产效率（图2）。此外，生成式AI还改变了传统依赖非结构化数据的工作流程，打通了部门的信息壁垒，使得信息传递更加高效、透明，确保操作的流畅性。实时查询和播报生产运营数据，提供管理层精准快速决策，实现数据可视化呈现，提升决策效率和系统友好性交互体验。

但另一方面，AI技术在智能制造运营管理的融合虽带来显著优势，但实施挑战繁多。核心问题包括：需为每个企业的独特运营流程定制化AI模型，深度理解其业务流程至关重要。此外，引入生成式AI需重新定义数据和交互的协同机制，确保流程管理的效率。企业必须重构现有工作流程，实现AI技术的无缝整合，包括技术更新、员工培训和文化调整等。

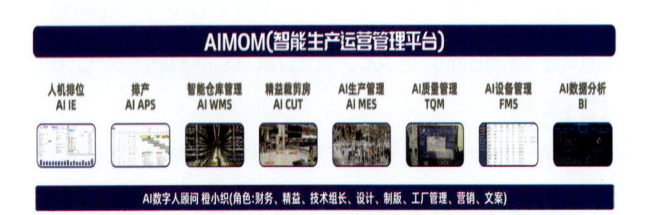

图1 AI+智能制造运营管理流程及平台
资料来源：中服科创研究院

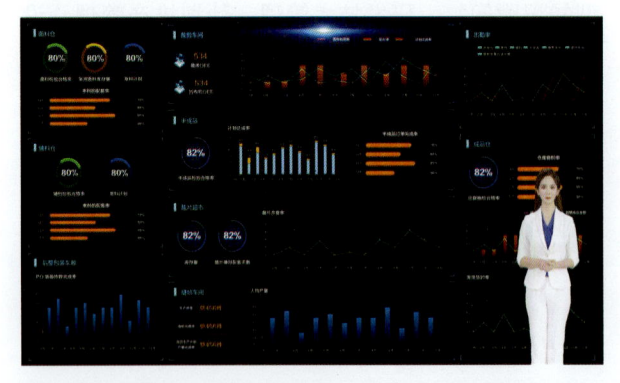

图2 中国服装科创研究院中央战情室大数据运营中心
资料来源：中服科创研究院

专业技术知识顾问（多角色的数字分身）作为AI数字人在服装行业的具体应用场景之一，覆盖管理岗（如总经理、财务、审计、厂长、班组长）及技术岗（工程师、研发人员、精益顾问、设备运维、模板师傅）。AI数字人充当专业顾问，满足各岗位对专业知识和职责的即时需求。这种即时管家式服务优化了生产运营和现场管理，快速解决问题，降低了服装企业对个人技能和经验的依赖，解决了行业亟需人才短缺的难题。特别是对中小微企业而言，方便快捷，低成本的提供了专家级的技术和知识服务。但是，当前数据标准不统一、预算与效益评估等技术难点仍待突破，企业自有数据库与管理系统间的信息交互和数据标注需求巨大，将直接影响到模型训练效率和质量；企业在投入AI技术时的预算安排与资金效益的直接关联性不明显，更为明确的经济效益分析和长期投资回报评估。

二、生成式AI款式设计到AI版型、工艺、BOM的智能生成的应用场景

（一）应用场景及效果

通过生成式AI根据设计理念、元素和风格等设计元素自动生成款式图，进而智能生成款式部件、样板文件（CAD）、工艺单、BOM、工序表和工时工价表。最终，这些数据自动对接生产制造端MES系统，实现缝制环节的数据自动传输与共享（图3）。

（二）行业技术难点

实现此过程需要构建海量、精准、标准化的大数据样本，包括部件样板库、物料库、工艺库、工序库及工时工价库，并确保这些数据库之间存在严格的逻辑关系和冲突处理机制。但企业与企业之间、院校与研究机构之间、地域与地域之间的数据标准还存在较大差异。

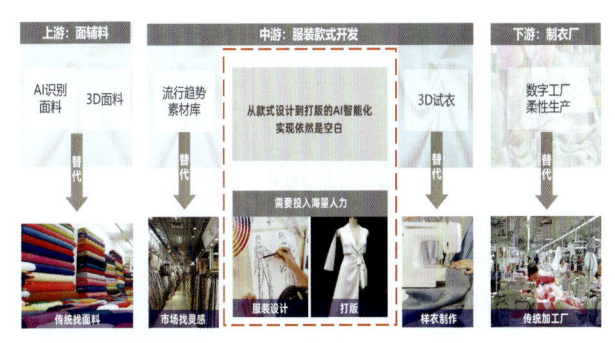

图3 AI自动生成版型工艺应用场景

资料来源：中服科创研究院

三、生成式AI在产业链智能制造全流程的深度应用场景

利用AI技术和服装企业累积的人员技能矩阵，通过AI智能算法及IOT集成实现自动化的工作站最优分配，确保人员和机器资源的最优组合。在AI+制造全流程IoT控制中，通过AI技术与服装制造设备的深度整合，实现了从生产自动化到智能物流、再到仓储管理的全面优化。不仅提高了设备的使用效率和生命周期，还通过实时监控和数据分析优化了生产流程，显著提升了生产效率，同时简化了物流过程并提高了仓储空间的利用率（图4）。

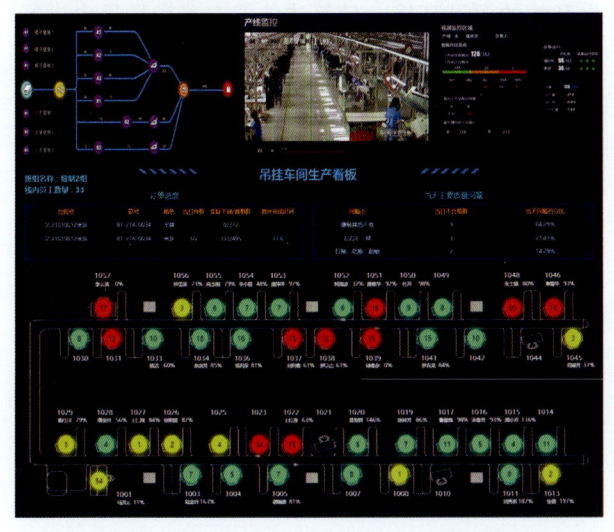

图4 车缝生产现场人机排位及线平衡

资料来源：中服科创研究院

通过AI及边缘算法摄像头捕捉员工操作动作，自动进行动作代码分析，生成GST标准动作代码，进而自动生成产品标准工序工时表，解决服装企业培养标准工时分析员的难点问题，降低标准工时分析员的工作难度和工作量，提升效率（图5）。

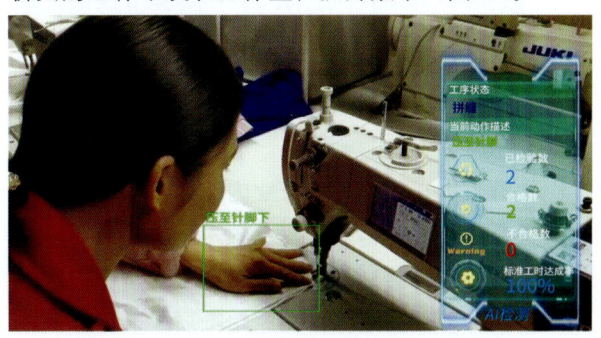

图5 车缝生产现场人机排位及线平衡

资料来源：中服科创研究院

员工操作规范性指导：通过捕捉分析员工操作动作，预警提示员工不规范操作及浪费动作，从精益的角度指导员工标准操作，从而减少浪费提高效率。针对质量检测进行标准化检测，保证提升操作效率及员工收入。

AI智能检验：AI面料及成衣智能检验利用计算机视觉和机器学习技术，自动识别和分析面料或成衣上的缺陷，如破损、色差、粗纱、破洞等，提高检验效率和准确性。这项技术支持实时监控，能大幅降低人工检查成本，提高面料和成衣质量，加快生产流程（图6）。

图6 服装AI成衣质检场景

资料来源：中服科创研究院

服装行业应用生成式AI推动数智转型面临的机遇与挑战

生成式AI为服装智能制造行业带来了前所未有

的发展机遇。数据的积累和标准、AI人才的缺失以及算力算法的限制成为当前制约生成式AI与服装智能制造融合发展的关键因素。

一、数据积累的不足限制AI模型的训练效果和精度，服装行业长期缺乏系统化、大规模的数据收集和分析机制

关键数据在服装制造行业内部分散保留，尤其是在各服装公司、科技企业及学术机构之间，缺乏有效的跨界数据共享与积累。特别是对于中小型企业而言，许多数据还停留在原始纸质或表格格式的记录中。为解决这一问题，迫切需要构建一个行业级别的数据平台，实现数据的集成管理与广泛共享。这一目标的实现须依赖于行业先锋与政策制定者的共同推动，通过制定统一的数据标准和提供动力激励，鼓励各方主体共享数据，共同提升整个行业的智能化水平（图7）。

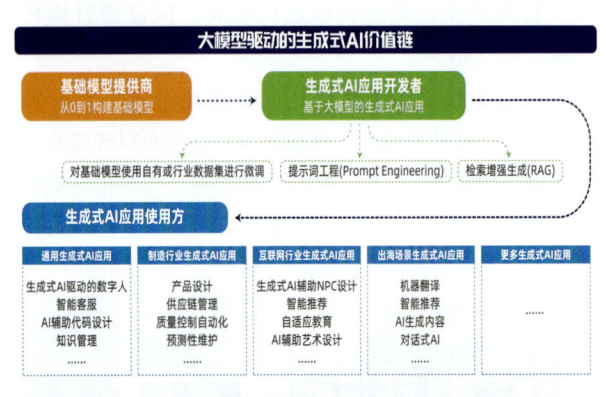

图7 大模型驱动的服装生成式AI价值链

资料来源：中服科创研究院

二、缺乏统一的数据标准和格式使得数据整合与共享变得困难，影响AI算法的开发和应用效率

目前，服装行业缺少关于款式、工艺、版型、工序、工时和工价的统一标准，这对于依赖精确数据驱动的生成式AI构成了一大阻碍。而克服这一问题，迫切需要建立一套行业广泛认可的数据标准和注释协议。行业协会可以领导这一进程，与专家合作制定这些标准，并推动广泛采纳。

三、AI人才的缺失成为制约技术发展的重要因素

在服装行业，了解数字化、业务和AI的专业人才相对匮乏。培育这样的人才，需要教育体系与行业需求更紧密地对接，改革现有的教育课程，增设实践和理论相结合的AI与服装制造相关课程。同时，企业和政府部门需要合作，提供实习和在职培训机会，吸引并培养潜在人才。

四、算法的创新和优化是持续推进AI应用的关键

有效的算法需要深入理解服装制造的特定需求和逻辑。这要求服装业务专家与算法工程师之间紧密合作。企业应投资于跨学科团队，促进知识共享，并在实践中不断调试算法。同样重要的是，提供开放的测试环境，使算法能够在真实场景中进行验证和优化。

五、高性能的算力资源是运行复杂AI模型的基础

由于国际政策限制和国内资源紧张，获取足够的算力资源成为服装行业的一大挑战。政府可以通过投资于国内算力基础设施来缓解这一挑战，同时鼓励企业通过云计算资源共享来优化算力使用。此外，行业内部可以探索算力共享模型，共同承担成本，共享资源。

生成式AI技术的实现，将使服装制造业步入一个新的高效和创新的时代。通过以上策略的实施，

可以克服现有的挑战，充分释放生成式AI的潜力，推动服装智能制造向前发展。

生成式AI在服装智能制造实践步骤和路径

生成式AI在服装智能制造应用的实施路径与步骤，应紧密结合服装企业智能制造的特点，特别是考虑到整体行业较为落后，龙头企业投入较大，而广大中小企业则期待在技术成熟后享受其成果。

一、战略定位与目标明确

服装制造企业需首先明确自身在智能制造领域的战略定位，确定是通过生成式AI来提升收入、降低成本、优化运营效率还是增强客户体验。同时，需确保AI技术的复杂程度与企业的业务目标相匹配，并设定合理的实施时间表。

二、应用场景的精准识别

针对服装制造行业的特性，企业应识别出生成式AI能够发挥优势的具体应用场景，如纸样自动生成、工艺BOM自动生成、工序自动拆解、自动化裁剪、智能缝纫、质量检测等。明确应用场景的边界，将AI的功能需求限定在解决特定问题的范围内，确保解决方案的可行性和可靠性。

三、数据基础的夯实

鉴于生成式AI对数据的高度依赖，服装企业需对自身数据基础进行评估。对于数据基础薄弱的企业，应优先进行数字化改造，提升数据采集、整合和处理能力。通过业务流程优化和数字化升级，为AI技术的应用奠定坚实基础。

四、专业团队的组建与合作伙伴的选择

中大型集团企业需组建一支包括AI技术专家、行业专家和AI应用专家在内的专业团队，协同国内外优质的产学研资源，引领并推动AI在服装智能制造领域的细分应用。同时，积极寻求与具有技术实力和行业经验的合作伙伴建立合作关系，借助其专业知识和资源加速AI技术的落地实施。

五、原型验证与逐步推广

在应用场景明确、数据基础夯实、团队组建完毕后，企业应基于自身具体的细分场景进行AI技术设计原型并进行验证。通过实际运行测试，确保技术原型的可行性和有效性。在验证成功后，逐步推广至更多生产线和业务流程，实现AI技术在服装智能制造领域的广泛应用。

六、持续优化与迭代

随着AI技术在服装智能制造领域的应用不断深入，企业应持续关注技术发展趋势和市场需求变化，对AI应用进行持续优化和迭代。通过不断提升AI技术的性能和适应性，推动服装智能制造的持续创新和升级。

总之，生成式AI在服装智能制造应用的实施路径和步骤需紧密结合行业特点和企业实际情况，明确战略定位、精准识别应用场景、夯实数据基础、组建专业团队、进行原型验证并逐步推广，最终实现AI技术为服装企业创造价值的目标。

生成式AI有望为纺织服装行业新质生产力培育增添助力

在服装设计、研发、制造、运营等关键环节，生成式AI发挥着举足轻重的作用，激发出无限创新

活力，同时大幅提升运营效率。数据驱动的智能化制造，使得服装企业在成本、效率、质量上取得飞跃式进步。服装企业正积极拥抱智能变革，以开放心态探索新的业务模式和管理方式，为行业发展注入新动力。展望未来，生成式AI将继续引领服装产业迈向高效、绿色、智能化的新时代，推动新质生产力蓬勃发展，创造更大价值。

撰稿人：（刘　冰　徐丙顺　汪慧努）

中国纺联环资委

单位简介

中国纺织工业联合会环境保护与资源节约促进委员会

中国纺织工业联合会环境保护与资源节约促进委员会(简称"中国纺联环资委"),成立于2011年7月,是中国纺织工业联合会的重要职能部门。主要职责是:宣传贯彻国家节能低碳、节水减污、循环经济等相关政策法规,为企业提供绿色发展相关教育培训和咨询服务;参与研究和制定行业环境资源规划、产业政策和绿色标准;开展环境资源相关新技术、新工艺、新设备、新材料的筛选、示范和推广;组织对外交流活动等。

"十二五"以来,中国纺联环资委承担了大量国家和行业有关绿色发展的研究工作,曾参与编制第一次全国污染源普查产排污系数手册、国家973课题"应对气候变化国际标准的相关问题研究"专项、纺织行业温室气体减排路径研究、节水型社会建设"十三五"规划、纺织工业"十三五"发展规划、"十四五"纺织绿色发展指导意见、废旧纺织品循环利用指导意见等重大课题,组织制修订纺织行业取水定额、能耗限额、重点用能设备能效、温室气体排放与核算及绿色制造领域系列标准,持续开展旧衣零抛弃、中国纺织生态文明万里行、纺织行业绿色发展大会、可持续时尚大赏、节能服务进企业、纺织行业"双碳"培训等重大活动,搭建纺织行业绿色发展服务平台(FAIS系统),为推动行业绿色低碳发展发挥了积极作用。

业务范围

业务领域

- ◆ 节能低碳
- ◆ 节水减污
- ◆ 资源综合利用
- ◆ 绿色制造

专业服务

- ◆ 纺织行业绿色发展服务平台建设;
- ◆ 绿色低碳循环领域国家、行业、团体标准化管理;
- ◆ 区域、产业园区、企业绿色低碳循环发展规划研究;
- ◆ 绿色技术示范、推广及创新基地建设;
- ◆ 举办水管理创新、绿色制造及碳排放管理员等培训;
- ◆ 开展行业绿色发展技术交流、成果宣传等活动。

成果案例

纺织行业绿色发展服务平台(FAIS系统)

FAIS系统(Factory Assessment & Improvement System)承载着推进中国纺织行业绿色转型的美好愿景,将逐步开发"工业节能诊断"(已上线)"纺织园区/工厂水效评估"(已上线)"纺织产品生命周期(LCA)评价""绿色设计产品评价""绿色工厂评价""绿色园区评价""碳核算"等模块。企业可通过FAIS系统内置的计算和对标系统,在一个平台上完成多类别自评估和项目申报。多标准一站式接入,简化评估和申报流程,让企业免于申报渠道混乱的困扰;数据智能存储和调用,一次填写,重复使用,避免企业重复填写信息。

纺织行业绿色标准体系建设

中国纺联环资委是工业和信息化部纺织行业节水标准化工作组、中国纺联标准化技术委员会节能与综合利用工作组秘书处单位,负责纺织行业节能与综合利用、绿色制造等标准管理和制修订。目前已开展80多项国家、行业、团体标准制修订,包括取水定额、能耗限额、清洁生产评价、废旧纺织品再利用、绿色制造评价等标准。

2023/2024 中国纺织工业发展报告

2023/2024 CHINA TEXTILE INDUSTRY DEVELOPMENT REPORT

行业研究

开启高质量共建"一带一路"金色十年
——我国与"一带一路"国家纺织品服装贸易回顾及形势展望

中国纺织工业联合会国际贸易办公室

自2013年我国先后提出共建"丝绸之路经济带"和"21世纪海上丝绸之路"重大倡议以来，"一带一路"已经成为深受欢迎的国际公共产品和最大规模的国际合作平台。十多年来，在各方的共同努力下，共建"一带一路"不仅给相关国家带来实实在在的利益，也有效推动了各国携手应对全球性风险挑战，为世界经济发展增添新动力、提供新机遇，开辟了人类共同实现现代化的新路径。

纺织行业是我国高水平对外开放、深度参与国际分工合作的先行产业。多年来，我国纺织行业积极融入"一带一路"建设，与共建国家间双向货物贸易规模持续扩大，投资项目深入推进，不仅通过国际经贸合作进一步推动了自身高质量发展，更成为了全球纺织服装产业繁荣共进的重要贡献者。

我国与共建"一带一路"国家纺织品服装贸易情况

一、进出口规模稳步扩大，贸易往来畅通活跃

2013~2023年，我国与共建"一带一路"国家的货物贸易累计规模超过21.8万亿美元，年均增长5.4%，增速高于同期我国外贸整体和全球贸易增速。依托贸易环境持续优化，我国与共建国家纺织品服装进出口规模也稳步扩大，呈现出蓬勃发展态势。2013~2023年，我国与150多个共建国家的纺织品服装进出口贸易总额从1368亿美元增长到1738亿美元（图1），累计增长27%，占我国对全球纺织品服装贸易额的比重由45%提高至55%。2023年，我国与91个共建国家的纺织品服装进出口额超过1亿美元，其中贸易额超过10亿美元的共建国家有34个，"一带一路"不仅为各国纺织服装行业加深贸易往来提供重要平台，更为促进全球纺织品服装贸易繁荣发展增添活力。

图1 2013~2023年我国与共建"一带一路"国家纺织品服装贸易总额统计

资料来源：中国海关

2023年，越南、韩国、吉尔吉斯斯坦、孟加拉国和意大利分别位居我国与共建"一带一路"国家纺织品服装进出口贸易额排名前五位（表1），与这五国进出口额合计超过我国纺织行业对全球贸易总额的30%。其中，越南是我国纺织行业在共建国家中的最大贸易伙伴，2013年，"一带一路"倡议提出之初，越南与我国纺织品服装贸易额就已接近150亿美元（图2），此后随着双方产业链供应链合作日益加深，2023年双边纺织品服装贸易额已达到218.8亿美元，较2013年累计增长48.9%，年均增长4.1%。同时，韩国连续多年位居我国与共建国家纺织服装

贸易排名第二位，《区域全面经济伙伴关系协定》（RCEP）正式生效实施后，更为优惠的关税减让政策为中韩贸易升温注入新动力。2022~2023年，中韩纺织品服装贸易额均保持在110亿美元以上。此外，吉尔吉斯斯坦在2023年超越孟加拉国成为我国纺织行业在共建伙伴国中的第三大贸易伙伴，贸易额为82.2亿美元，较2013年累计增长超过150%，年均增长接近10%，贸易额排名较2013年提升10个位次。

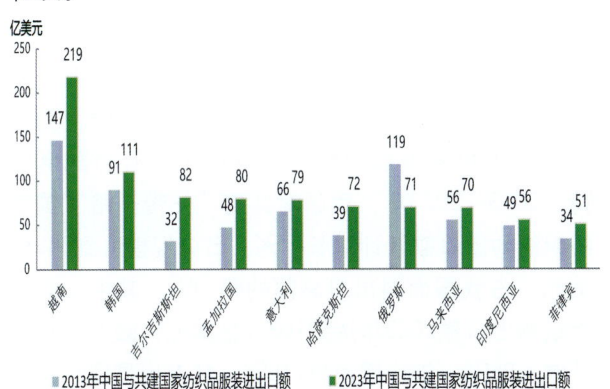

图2 我国与部分共建"一带一路"国家纺织品服装进出口贸易额情况

资料来源：中国海关

二、共建国家成为行业主要进口来源地，进口贸易涌动活力

我国积极扩大市场开放水平，降低进口关税，简化进口流程，与各国共享超大规模市场机遇。2023年，我国自共建"一带一路"国家进口纺织品服装146亿美元，较2013年增长31%，占自全球纺织品服装进口总额的比重高达67%。其中，越南、意大利和韩国位居进口来源国排名的前三位。2023年，我国从以上三个国家进口纺织品服装金额分别为42.3亿美元、34.8亿美元和11.8亿美元，合计占比超过自共建国家进口总额的60%。同时，2013~2023年，我国自葡萄牙、柬埔寨、罗马尼亚、乌兹别克斯坦和斯里兰卡等国进口纺织品服装金额实现超过100%的快速增长。

从产品结构看，2013~2023年，我国自共建国家纺织品进口额占自全球进口额的比重从37.6%提升至55.6%；同期，自共建国家服装进口额占全球的比重从61.3%进一步提升至81.1%（图3），服装进口额累计增长148%。纺织纱线为行业主要进口的上游产品，2023年我国自全球进口纱线60亿美元，

表1 2013~2023年我国与部分共建"一带一路"国家纺织品服装贸易变化情况

国家	在我国与共建国家纺织品服装贸易额排名位次 2023年	在我国与共建国家纺织品服装贸易额排名位次 2013年	在我国与共建国家纺织品服装贸易总额中的占比(%) 2023年	在我国与共建国家纺织品服装贸易总额中的占比(%) 2013年
越南	1	1	12.6	10.7
韩国	2	3	6.4	6.6
吉尔吉斯斯坦	3	13	4.7	2.4
孟加拉国	4	8	4.6	3.5
意大利	5	5	4.5	4.8
哈萨克斯坦	6	10	4.1	2.8
俄罗斯	7	2	4.1	8.7

资料来源：中国海关

较2013年下降36%，而同期自共建国家进口纱线43亿美元，较2013年增长1.7%，进口比重也从45%提高到72%（图4）。

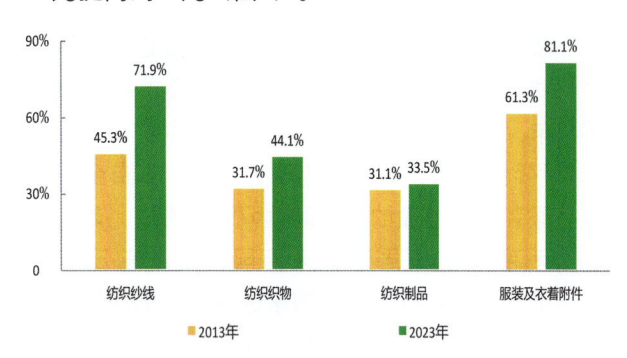

图3 2013～2023年我国自共建"一带一路"国家进口纺织品服装占比统计

资料来源：中国海关

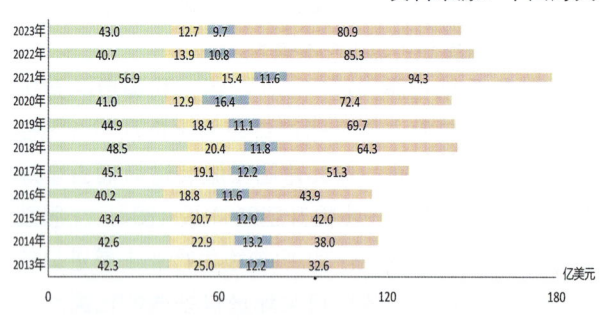

图4 2013～2023年我国自共建国家进口纺织大类产品贸易统计

资料来源：中国海关

三、我国纺织行业发挥制造优势，丰富国际市场供给，出口贸易平稳增长

"一带一路"倡议提出至今，我国纺织行业持续深化转型升级，丰富国际市场供给。2013～2023年，我国对共建"一带一路"国家出口纺织品服装的金额从1256亿美元增长到1591亿美元，期间未出现明显回落，十年累计增长26.7%，年均增长2.4%，高于同期我国对全球纺织品服装出口额年均增速约2个百分点，占对全球出口总额的比重从45.1%提升至54.2%。

（一）产业链上中游产品出口稳中有增

2023年，我国对共建国家出口纺织纱线93.2亿美元，较2013年增长42.5%，占我国纱线出口总额的比重提高至68%。越南、孟加拉国、土耳其、巴基斯坦和埃及是我国纱线产品的主要出口目的国，合计占比接近50%。大类产品中，我国对共建国家合成纤维纱线出口额超过60亿美元，是纱线贸易增长的主要动力；棉纱对共建国家出口额接近8亿美元，保持稳定增长态势。

与此同时，近年来，我国与"一带一路"国家的纺织中间产品贸易规模稳步扩大，对东南亚、南亚部分国家的织物等产品出口表现尤为亮眼，为相关国家承接发展纺织服装产业提供了有力配套支持。2013～2023年，我国对共建"一带一路"国家纺织织物出口额累计增长47%，出口规模达到542亿美元，占我国面料出口总额的83.3%。其中，对越南织物出口额2023年达到103.2亿美元，较2013年累计增长85%，年均增速超过6%。越南也是现阶段唯一一个我国对其织物出口额超过百亿美元的共建国家，比对排位第二的孟加拉国的出口额高46.8亿美元。

（二）产业链终端产品出口保持较强竞争力

在共建"一带一路"倡议推动下，我国与各国逐渐形成纺织产业链供应链优势互补的合作新局面，共建国家不断释放的需求潜力为我国纺织终端产品出口提供了良好市场空间。2023年，受外部环境影响，我国服装出口额回落到1591.4亿美元，较2013年下降7.8%。而受益于共建"一带一路"的融通合作，2023年我国对"一带一路"国家的服装出口额达698.7亿美元，较2013年增长9.2%，占我国服装出口总额比重从37.1%提高到43.9%，展现出良好的合作韧性与发展潜力。

主要共建国家中，我国对吉尔吉斯斯坦、菲律宾、泰国、尼日利亚等国2023年服装出口额较2013年涨幅达到130%～270%；对韩国、哈萨克斯坦等国服装出口额增长80%以上。其中，2023年吉尔吉斯斯坦已跃居我国在中亚地区最大的服装出口市场，占我国对共建国家出口服装比重为9.3%，较2013年提升近7个百分点，在对共建国家的服装出口额排名中，从第11位大幅提升至目前的第2位，仅次于韩国。而2013年我国在共建国家中的第一大服装出口市场俄罗斯，因其本国经济低迷和俄乌冲突等因素影响，消费市场呈现疲态，2023年我国对俄罗斯出口服装较2013年下降约45%，出口排名降至第四位（表2）。

随着"一带一路"倡议走深走实，我国与共建国家纺织产业链合作持续深化，共建国家亦成为我国终端纺织制成品的重要出口市场。2023年，我国对共建国家出口纺织制成品258亿美元，较2013年增长超过40%，占行业纺织制成品出口总额的46.3%，市场份额平稳增长。其中，我国产业用纺织品对共建国家出口增长较快，但规模小于家用纺织品出口规模。从主要市场来看，越南是我国与共建"一带一路"国家中最主要的纺织制成品出口目的国，2023年对其出口额为23.8亿美元，较2013年增长105.2%。

（三）纺织机械出口规模快速扩大

当前我国纺织机械创新研发能力居于世界前列，出口规模不断扩大。随着我国纺织服装行业与共建"一带一路"国家合作广泛开展，2023年，我国对共建"一带一路"国家纺织机械出口额达26.2亿美元，约占我国对全球纺机出口额的58%，出口额较2013年增长85%，年均增长超过6%。越南、土耳其、孟加拉国、印度尼西亚和巴基斯坦五国合计占我国对共建国家出口纺织机械总额的53%。其中，对越南、土耳其2023年纺机出口额均较2013年增长一倍以上。

开启高质量共建"一带一路"的第二个金色十年

2023年，第三届"一带一路"国际合作高峰论坛在北京成功举办。该论坛形成的重要共识为纺织行业开启高质量共建"一带一路"的第二个金色十年拉开序幕，指明方向。同时，中国政府发布的《坚定不移推进共建"一带一路"高质量发展走深走实的愿景与行动》，提出了未来十年高质量共建"一带一路"的愿景思路和务实举措。十年扬帆再启航，在良好的政策环境下，我国纺织行业与共建国家深化纺织服装产业合作迎来将新的历史机遇，开启光明前景。

表2 我国对部分共建"一带一路"国家出口服装统计

国家	2023年排名	2023出口额（亿美元）	2023年占比(%)	2013年排名	2013出口额（亿美元）	2013年占比(%)
韩国	1	70.1	10.0	4	38.8	6.1
吉尔吉斯斯坦	2	65.3	9.3	11	17.3	2.7
哈萨克斯坦	3	59.9	8.6	6	32.1	5.0
俄罗斯	4	42.3	6.1	1	87.6	13.7
马来西亚	5	42.2	6.0	5	34.2	5.3
越南	6	37.4	5.3	2	56.3	8.8
新加坡	7	26.5	3.8	12	16.7	2.6

资料来源：中国海关

一、高质量共建"一带一路"进一步推动资源优化配置与产业深度融合，创造更多贸易与投资合作机遇

"一带一路"倡议提出适逢我国纺织行业外贸转型关键期，为行业开拓多元化国际市场、实现平稳过渡提供重要市场支撑。同时，我国纺织行业依托稳定高效的制造基础与突出的创新能力，为广大发展中经济体承接发展纺织工业提供了丰富、充足、适宜的产业链配套支持。未来，我国纺织纱线、面料等中间产品以及装备、原辅料等配套产品对"一带一路"国家出口额有望持续增长。此外，"一带一路"贯穿亚欧非大陆，庞大的"发展带"与"经济路"将成为纺织行业出口贸易的助推器与动力源。

倡议提出至今，我国与共建"一带一路"伙伴国逐步构建起相互融合、协同共进的跨国产业链、供应链体系。据不完全统计，2013~2022年，我国纺织行业对"一带一路"国家累计投资金额达60亿美元，约占行业对全球投资总额的50%。随着纺织国际产能合作日益深化，我国先进的纺织制造基础、优质的产业资本将同各国优势资源相结合，建立起"中国+'一带一路'"的全球快速反应供应链体系，携手开拓国际市场，形成共建、共进、共享的发展新局面。

二、加快建设高标准自贸区网络，营造良好国际合作环境，构建良好产业合作生态

扩大面向全球的高标准自由贸易区网络，是新时期我国推进更高水平对外开放、加快构建新发展格局的重要举措，也是推进高质量共建"一带一路"的重要内容。目前，我国已经与29个国家和地区签署了22个自贸协定，其中有14个是"一带一路"国家和区域组织。面向第二个金色十年，我国将进一步打通经济全球化的大动脉，拉紧与更多国家经贸合作的纽带，持续深度推进我国自贸区网络的建设。纺织行业也将优化传统与新兴市场布局，充分把握共建"一带一路"倡议下与东盟、中亚、金砖国家、拉美、非洲等市场的多元化合作机遇，立足区域自贸便利条件，积极推动纺织产业国际贸易及通商往来，促进企业开展跨国经营和国际供应链合作；鼓励纺织企业深度参与全球产业分工，与伙伴国政府和企业共同探索共建海外纺织产业园区、开展海外园区招商等领域的合作。

三、建设数字丝绸之路，推动科技突破与业态创新，展现产业新作为

促进数字经济与实体经济深度融合，是全球产业创新的重点方向。我国纺织行业近年来在数实融合领域进展突出，在研发、制造、管理等关键业务环节全面数字化的企业比例达到56.8%，大规模定制、小单快反柔性制造等新模式支撑企业顺利适应消费市场新趋势，跨境电商主体超过10万家，海外仓超过2400个。2024年，中国政府陆续出台关于支持跨境电商发展的各项举措，乘跨境东风，我国纺织服装企业将与"一带一路"伙伴共建规范有序的电商销售渠道，构建与渠道对应的纺织生产供应链体系，拓展"丝路电商"全球布局，让中国制造直达海外消费者。

十年春华秋实，共建"一带一路"为全球走出了一条互利共赢、繁荣发展的大道，也为我国纺织行业开辟了国际合作的新路径。展望下一个金色十年，在高质量共建"一带一路"引领下，纺织服装行业将释放更大的国际合作潜力，与"一带一路"共建国家形成更具竞争力的产业链供应链格局，在高质量国际化融通发展方面不断取得新成就。

（撰稿人：崔晓凌　郭久畅）

2023年纺织服装专业市场运行分析及2024年展望

中国纺织工业联合会流通分会

2023年是三年新冠病毒疫情防控转段后经济恢复发展的一年，纺织服装行业围绕扩大内需、优化结构、提振信心、防范化解风险等方面扎实推进产业高质量发展，在复杂的外部环境中保持回升向好态势。2023年，我国万平方米以上纺织服装专业市场860家，市场总成交额2.35万亿元，同比增长10.11%；中国纺联流通分会重点监测的44家市场（含专业市场群）总成交额为1.61万亿元，同比增长15.86%；专业市场成交总额基本恢复至新冠病毒疫情前水平。

2023年，我国纺织服装专业市场数量860家，与2019年的922家相比，下降6.72%；市场成交额2.35万亿元，与2019年的2.33万亿元相比，增长0.86%。与新冠病毒疫情前相比，万平方米以上纺织服装专业市场数量下滑，市场成交额却基本持平，我国纺织服装专业市场已经进入总量缩减、结构优化的新阶段。

总体情况

据流通分会统计，2023年我国万平方米以上纺织服装专业市场860家，同比增长0.70%；市场经营面积7308.30万平方米，同比增长0.43%；市场商铺数量134.80万个，同比增长0.29%；市场商户数量109.10万户，同比增长0.26%；市场总成交额2.35万亿元，同比增长10.11%。

总量规模方面。在三年新冠病毒疫情的影响下，我国新增纺织服装专业市场数量逐年减少，歇业重装、关停倒闭、转变业态等市场数量增加，总量规模下滑。我国万平方米以上纺织服装专业市场数量由2018年的915家下降至2022年的854家。2023年，市场总量规模小幅回升，全国出现小部分新开业市场，投资建设更加理性。

成交增速方面。2018～2023年，专业市场总成交额年同比增速依次为3.85%、-1.08%、-2.22%、1.98%、-8.54%、10.11%。2023年，市场成交额实现10%以上的高速增长，恢复至新冠病毒疫情前水平，达到近五年来的最高值（图1）。

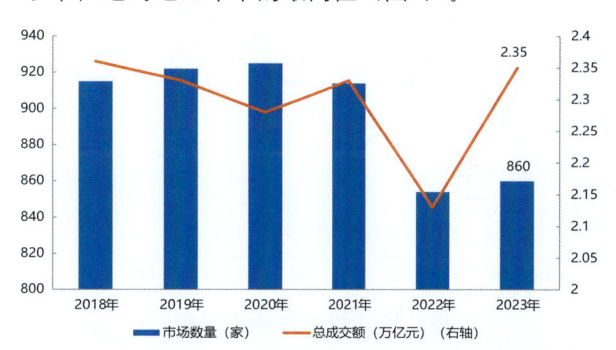

图1 2018～2023年纺织服装专业市场数量与成交额

资料来源：中国纺联流通分会

运行效率方面。2023年纺织服装专业市场商铺效率为173.95万元/铺，同比增长9.92%；商户效率为214.93万元/户，同比增长9.96%；市场效率为32086.56元/平方米，同比增长9.77%。2023年，纺织服装专业市场运行效率、商铺效率、商户效率均达到近六年的最高值（图2）。

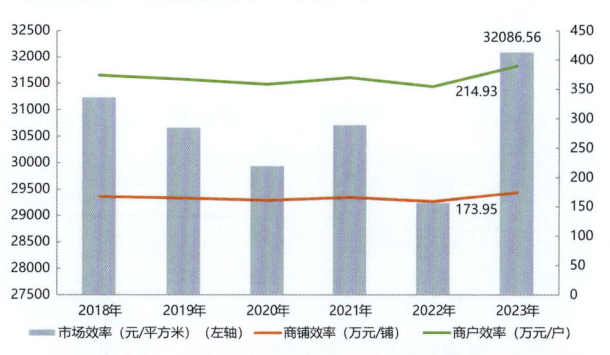

图2 2018～2023年纺织服装专业市场运行效率

资料来源：中国纺联流通分会

景气指数方面。2023年，纺织服装专业市场管理者景气与商户景气走势基本一致，整体向好，管理者景气略高于商户景气。从全年数值看，2023年专业市场管理者景气指数全年平均值为51.59，商户景气指数全年平均值为51.26，两项平均数均高于50荣枯线，相较2022年有明显回升（图3）。可见，2023年我国纺织服装专业市场管理者与商户商业活跃度较高，整体处于扩张区间。

图3 2023年全年景气指数

资料来源：中国纺联流通分会

结构分析

区域结构方面。860家专业市场中，东部地区519家，成交额19830.88亿元，占总成交额的84.56%，同比增长9.28%；中部地区188家市场成交额2468.66亿元，占总成交额的10.53%，同比增长14.25%；西部地区153家市场成交额1150.29亿元，占总成交额的4.91%，同比增长16.28%（图4、表1）。

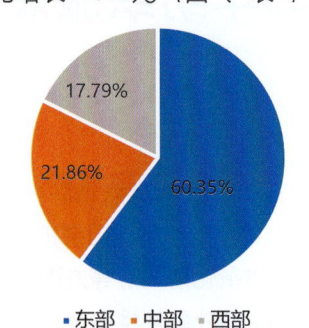

图4 东、中、西部地区市场数量占比

资料来源：中国纺联流通分会

品类结构方面。服装和原、面（辅）料是我国纺织服装专业市场的主营商品，主营服装和原、面（辅）料的专业市场共608家，占市场总量的70.70%，成交额占总成交额的69.11%。其中，主营服装产品的专业市场452家，在各品类中成交额最高，达8784.58亿元，占总成交额的37.46%，同比增长13.15%；主营原、面（辅）料的专业市场156家，成交额位列第二，达7421.38亿元，占比31.65%，同比增长6.25%；综合类市场增速最高，达23.58%；小商品、家纺类专业市场也均实现了正增长，其中小商品市场同比增长12.54%，家纺市场同比增长2.76%；其他类市场成交额小幅下降0.52%（图5、表2）。

表1 东、中、西部地区市场成交额占比、增速表

项目	东部	中部	西部
成交额（亿元）	19830.88	2468.66	1150.29
占比（%）	84.56	10.53	4.91
增速（%）	9.28	14.25	16.28

资料来源：中国纺联流通分会

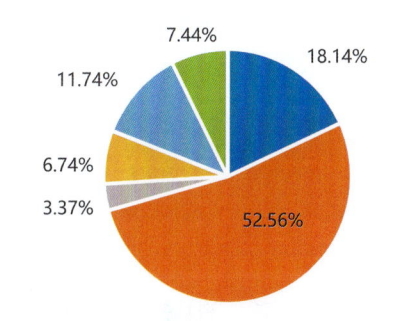

行业研究

图5 各品类市场数量占比

占比：面(辅)料 18.14%，服装 52.56%，家纺 3.37%，小商品 6.74%，综合 11.74%，其他 7.44%

资料来源：中国纺联流通分会

重点监测市场分析

2023年1～12月，流通分会重点监测的44家纺织服装专业市场（群）总成交额达到1.61万亿元，同比上升15.86%。其中，36家市场（群）成交额同比上升，平均增幅为16.57%；8家市场（群）成交额同比下降，平均降幅为9.13%。

一、运行效率分析

从市场运行效率看，44家重点监测市场（群）平均运行效率为72416.64元/平方米，同比上升15.86%；平均商铺效率为554.06万元/铺，同比上升15.86%。

二、市场区域结构分析

从区域结构看，2023年1～12月，44家重点监测市场（群）中，东部地区专业市场（群）成交额为14015.43亿元，同比上升12.88%，占总成交额的87.13%；中部地区专业市场（群）成交额为1479.32亿元，同比上升44.11%，占总成交额的9.20%；西部地区专业市场（群）成交额为590.80亿元，同比上升33.86%，占总成交额的3.67%（表3）。

三、流通层级结构分析

从流通层级来看，44家重点监测市场（群）单位中包括26家产地型专业市场（群）、18家销地型专业市场（群）。2023年1～12月，26家产地型市场（群）成交额达到14520.00亿元，占总成交额的90.27%，同比上升15.14%；18家销地型市场（群）成交额为1565.55亿元，占总成交额的9.73%，同比上升22.99%。

表2 各品类市场成交额占比、增速表

项目	成交额(亿元)	占比(%)	增速(%)
面(辅)料	7421.38	31.65	6.25
服装	8784.58	37.46	13.15
家纺	1830.08	7.80	2.76
小商品	2929.22	12.49	12.54
综合	1697.21	7.24	23.58
其他	787.36	3.36	−0.52

资料来源：中国纺联流通分会

表3 44家重点监测市场（群）东、中、西部地区成交额占比、增速表

项目	东部	中部	西部
成交额(亿元)	14015.43	1479.32	590.80
占比(%)	87.13	9.20	3.67
增速(%)	12.88	44.11	33.86

资料来源：中国纺联流通分会

2023年纺织服装专业市场运行分析

一、数据分析

（一）专业市场成交额恢复至新冠病毒疫情前水平

2020～2022年，我国纺织服装流通领域遭受新冠病毒疫情冲击，专业市场承压运行，总成交额与新冠病毒疫情前相比存在一定差距。2023年，纺织服装专业市场成交额重回新冠病毒疫情前水平，行业龙头市场为成交额的整体复苏做出巨大贡献；流通分会重点监测的44个市场（群）创造了1.61万亿元的成交额，占全国总成交额的68.51%。

（二）专业市场总量精简与结构优化并行

近年来，我国纺织服装专业市场一直存在总量过剩、同质化竞争严重、僵尸市场较多、两极分化等状况，经过三年新冠病毒疫情的冲击，我国万平方米以上纺织服装专业市场数量、经营面积、商铺数、商户数、成交额等相应减少；总量减少的同时，专业市场成交额却实现了回升，基本恢复至新冠病毒疫情前水平，可见，我国纺织服装专业市场正加速走上总量精简、结构优化的高质量发展道路。

（三）专业市场运行效率达六年间最高值

2023年，我国纺织服装专业市场运行效率、商铺效率、商户效率均达到近六年的最高值，超过新冠病毒疫情前的水平。行业效率的提升，体现出更少的市场创造了更大的价值，这是市场结构优化的直观呈现，也是高质量发展的意义所在。我国纺织服装专业市场行业洗牌仍在继续，马太效应依然明显，优秀的市场和商圈将持续吸引更多优质资源集聚。

（四）东部地区专业市场抗风险能力较强

自2020年以来，东部地区专业市场成交额波动相对较小，而中、西部地区专业市场成交额则在新冠病毒疫情期间出现多次15%以上的下滑；可见，东部地区纺织服装专业市场拥有更强的抗风险能力，在外部市场环境的巨变中，保持着相对稳健的发展态势。另一方面，中、西部地区专业市场充满发展韧性，在2022年经历较大幅度下滑之后，于2023年实现显著增长，市场成交规模基本回到新冠病毒疫情前水平；其中，汉正街市场商圈、芦淞市场商圈、朝天门市场商圈等龙头市场，发挥了中流砥柱的作用，对中西部市场的整体成交额恢复增长起到巨大的引领带动作用（图6）。

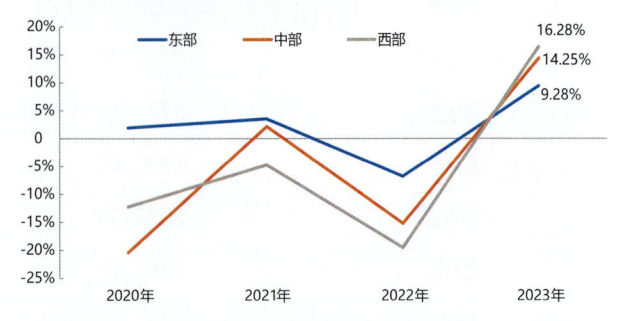

图6 东、中、西部地区市场成交额增速曲线图

资料来源：中国纺联流通分会

二、专业市场进入全新发展阶段

（一）消费市场恢复向好，消费结构深刻变化

2023年，随着一系列扩大内需、提振信心的稳增长政策举措落地生效，居民就业和收入稳步修复，对消费构成重要支撑，我国内需消费潜力继续释放，给专业市场带来更大的市场空间。2023年消费规模再创新高，据国家统计局数据，2023年全国限额以上单位服装、鞋帽、针纺织品类商品零售额同比增长12.9%，增速较2022年大幅回升19.4个百分点，整体零售规模超过新冠病毒疫情前水平；2023年全国网上穿类商品零售额同比增长10.8%，增速较2022年大幅回升7.3个百分点。消费规模的增长，伴随着消费结构的变化，我国消费者经历了三年新冠病毒疫情，对服装价格的敏感度明显提高，对品牌知名度的关注度正在下降，对性价比的追求则逐年提升，与专业市场的产品定位精准匹配，获得了新的发展空间。

（二）降低传统路径依赖，深度参与电商分工

近年来，我国物流运输行业快速发展、直播电商爆发式增长、主力消费人群换代，给层层分销式传统服装流通模式带来挑战，三年新冠病毒疫情更加速催化了服装行业的消费变革与模式迭代，在我国纺织服装专业市场积极降低传统路径依赖，在新的行业分工中，确立新定位。

2023年，纺织服装专业市场积极推动线上线下融合发展，在自营直播赋能和专业电商供货两个方面持续发力。

一方面，专业市场建设直播基地，为线下商户的线上化转型赋能。例如，常熟建设常熟男购跨联男装店播供货基地，中国轻纺城服装市场直播电商基地正式开园，全国各地专业市场积极建设直播电商基地，赋能线下实体商业，打造线上线下融合发展的全新平台。

另一方面，电商供货也成为专业市场成交额的主要增长点。全国各地纺织服装专业市场商圈纷纷打造专业的电商供货市场，如虎门市场商圈的大莹市场、石狮市场商圈的中国青创城市场、清河羊绒小镇市场群等，这些服装电商领先集群已率先发展出为电商提供服装供应链的特色单体市场。在我国部分产地型服装市场中，电商供货规模已占总成交额的50%以上。

（三）商户反应速度提升，冬装产品迎来热销

2023年上半年，我国纺织服装专业市场商户敏锐觉察消费市场的复苏，预判了冬装销售的良好前景。商户积极储备羽绒服、棉服所需的面辅料和填充材料，顶住成本和库存的双重压力下，积极备货，实现了冬装首轮销售的良好开局。进入第四季度，冬装市场需求再次爆发，一方面，全国异常天气频发，各地进入冷冬；另一方面，冬季冰雪旅游在全国掀起热潮，短时间内产生了大批冬季服装、保暖用品、冰雪运动服饰装备的消费需求。专业市场商户敏锐捕捉市场需求，快速整合供应链，充分发挥专业市场中小企业、中小商户的灵动性和敏捷性，打造优质快反链条，成功承接井喷式的消费需求，实现成交额的明显提升。

（四）行业活动增加，地区交流愈加密切

2023年是新冠病毒疫情政策全面放开的第一年，纺织服装行业活动数量明显增加，各地积极举办行业活动，点燃流通热情。

展览展会方面，中国纺织工业联合会春季、秋季联展盛大开幕，辐射带动全产业链优质资源加速聚集，持续为产业高质量发展注入新动能。第30届中国·清河国际羊绒及绒毛制品交易会、广州国际轻纺城2023 面辅料（秋冬）采购节、2023广州白马服装采购节、2023第十二届中国（洪合）毛衫文化节、第二十届中国（大朗）国际毛织产品交易会、2023海宁中国·国际家用纺织品（秋季）博览会、第二十三届中国江苏（常熟）服装服饰博览会、第六届中国·汉正街服装服饰博览会等连续举办，展现了我国纺织服装集群市场的雄厚实力，对成交额

的提升起到巨大的拉动作用。

时尚活动方面，各地纷纷举办时尚周、时装周活动，整合产业资源，聚合设计人才，托举纺织服装时尚产业做强做大，将时装周、时尚周活动打造成为本土品牌的重要孵化器。SS2024红棉国际时装周、SS24东方时尚季·青岛时装周、2023广东时装周、2023海宁中国国际时装周、2023苏州国际时装周连续举办，展现了我国纺织服装产业集群的设计水平和时尚魅力。

行业交流方面，我国纺织服装集群市场密切关注行业发展前景，举办了一场场精彩的高峰论坛，打造行业专家深度交流平台，共谋产业发展新未来。2023中国（天门）服装电商产业峰会在天门市召开，2023中国纺织服装电商产业大会在虎门召开，2023第六届世界布商大会主题大会在柯桥召开，2023中国产业转移发展对接活动（广西）在南宁举行，2023中国袜业产业高质量发展圆桌会议在诸暨举行，2023新疆纺织服装产业高质量发展大会在乌鲁木齐召开，2023中国服装产业链创新发展高峰论坛在海城召开。经历了三年新冠病毒疫情的承压前行，我国各地纺织服装产业集群、专业市场商圈更加意识到产业合作的重要性，不断在行业活动中扩大"朋友圈"，建立新关系、成立新联盟，为加速行业内生产、流通以及消费各环节的畅通循环贡献力量。

2024年纺织服装专业市场发展展望

2024年，我国纺织服装专业市场将延续2023年的良好态势，在总量规模平稳增长的情况下，进一步优化结构。从市场主体结构看，马太效应将更加明显，龙头集群市场或将加速整合行业资源，扩大规模效益。从销售渠道结构看，纺织服装专业市场将进一步加强线上与线下融合发展，电商供货占比将进一步扩大；进一步加强内销与外贸融合发展，跨境电商供货、市场采购贸易等模式占比或将进一步扩大。纺织服装专业市场间将进一步加强行业沟通与交流合作，集群市场间的产业链联盟等新生态将为我国纺织服装流通领域注入新活力。

（撰稿人：胡　晶）

2023年纺织服装行业上市公司情况综述

中国纺织工业联合会产业经济研究院

2023年是全面贯彻落实党的二十大精神的开局之年，是三年新冠病毒疫情防控转段后经济恢复发展的一年。面对复杂严峻的形势，我国纺织行业认真贯彻落实党中央、国务院决策部署，坚持稳中求进工作总基调，围绕加快建设高质量发展的纺织现代化产业体系目标，深入推动转型升级。在内销市场持续回暖发挥带动作用，以及国家一系列扩大内需、提振信心、防范风险政策举措支持下，2023年纺织行业经济运行持续回升，生产、出口、投资等主要经济运行指标降幅逐步收窄，利润增速由负转正，纺织现代化产业体系建设取得积极进展。作为纺织服装行业企业的领军者，纺织服装类上市公司既受到了更大的压力，也表现出了更强的韧性。

纺织服装上市公司基本情况

据纺织服装类上市公司2023年相关财报数据不完全统计，截至2023年年底，A股涉及纺织服装产品类上市公司总数为231家，在A股上市公司总数（5346家）中的占比为4.32%。

截至笔者发稿，纺织服装类上市公司共有224家发布了2023年三季报。其中，纺织企业上市公司数量为64家，家纺企业为12家，产业用企业为50家，服装企业为44家，化纤企业为40家，纺机企业为14家。

截至2023年三季报，纺织服装上市公司的平均每股盈余（EPS）为0.29元，比2022年同期下滑25.6%。平均每股净资产（BPS）为5.57元，比2022年同期增长0.7%。

2023年前三季度，224家纺织服装产品类上市公司仅占我国规模以上纺织服装企业户数的0.60%，而同期资产占比为59.02%，营业收入占比为43.04%，利润占比高达61.94%。可看出，虽然规上纺织服装企业中上市公司较少，但资产总额和利润占比都高达二分之一以上，营业收入占比超三分之一，凸显出纺织服装上市公司在行业经济发展中的中坚力量，发挥了引领全行业创新发展排头兵的积极作用。

规模持续扩张，利润总额缩水

纺织服装全行业板块上市公司2023年前三季度营业总收入同比增长3.0%，显示上市公司经营规模持续稳步扩大；而同期规模以上纺织服装企业营业收入呈现负增长，显示行业头部企业更加努力扩大经营规模（表1）。

纺织服装上市公司利润总额同比下降32.5%，同期规模以上纺织服装企业利润下降8.8%，行业头部企业规模更大，承受了更大的经营压力，显示盈利难度加大。纺织全行业总体利润下滑，但家纺、服装板块上市公司利润总额实现增长，尤其家纺上市公司企业和规上企业利润都实现了增长，显示在比较严峻的发展环境下，家纺行业发展韧性不断增强。

经营压力仍大，经济效益回稳

盈利能力方面。根据2023年三季报，纺织全行业板块销售利润率下降2.3个百分点至4.3%，降幅比2022年缩减；三费比率同比增加0.3个百分点至7.1%。与规模以上纺织行业变动趋势相同，但利润率仅高于规上企业平均值1.3个百分点，规上纺织行业销售利润率为3.0%；三费比率也高于规模以上纺

表1 2023年前三季度纺织服装主要子板块收入与利润增长情况

板块	营业总收入（亿元）	营业收入同比(%)	规模以上企业营业收入同比(%)	利润总额（亿元）	利润同比(%)	规模以上企业利润同比(%)
全行业	14613.2	3.0	−3.3	635.2	−32.5	−8.8
化纤板块	8982.3	10.4	2.8	184.9	−46.6	−10.9
纺织板块	2986.5	−11.2	−2.9	158.7	−38.3	−8.7
产业用板块	1454.7	0.8	−6.6	167.0	−22.5	−29.7
服装板块	772.8	−5.4	−8.1	87.8	5.3	−7.2
家纺板块	217.6	0.6	−2.8	19.8	11.8	13.6
纺机板块	199.4	−5.7	−1.1	17.0	−19.6	−2.2

资料来源：上市公司三季报、中国纺联产业经济研究院

织行业平均值0.5个百分点（表2）。

其中，作为行业头部企业，各板块上市公司销售平均利润率都要比同期规上企业利润率要高。在新冠病毒疫情防控转段，经济恢复发展后，服装板块、家纺板块销售利润率加快增长，成为纺织服装主要子板块中的亮点。截至2023年三季度服装、家纺板块销售利润率分别为11.4%和9.1%，同比分别提高1.2个百分点和0.9个百分点；化纤、纺织、产业用、纺机板块销售利润率分别为2.1%、5.3%、11.5%和8.5%，同比下滑2.2个百分点、2.3个百分点、3.5个百分点和1.5个百分点。截至2023年三季度，各板块三费比率都有不同程度的增长，除化纤板块三费比率略低于规上企业平均值外，其他板块三费比率都超过规上行业企业数值。

偿债能力方面。一般说来，流动比率越高，说明企业资产的变现能力越强，短期偿债能力亦越强；反之则弱。截至2023年三季度，纺织全行业板块流动比率为1.1，同比略降1.0%，资产变现能力仍处于相对合理区间。前三季度，纺织全行业板块资产负债率为57.6%，同比增加1.1个百分点，负债水平略有上升；但略低于规模以上纺织行业资产负债率（59.5%）。

其中，纺织、服装、家纺、产业用和纺机板块流动比率都超过1.5倍，短期偿债能力较强，化纤板块流动比率为0.8倍，低于其他板块短期偿债能力。受2022年基数较低影响，化纤和服装板块资产负债率有所上升，其他板块都略有下降，但企业总体负债水平在可控范围内。

营运效率方面。截至2023年三季度，纺织全行业板块存货周转率为5.2次，较2022年同期上升7.3%，在经济恢复消费加快下，企业库存周转略有加快；应收账款周转率为10.1次，较2022年同期略降4.0%。与规模以上纺织行业应收账款周转率比，要高于规上企业平均值，规上纺织行业应收帐款周转率为7.5次。

除服装板块外，其他各板块存货周转率都有不同程度的上升，其中化纤、产业用、家纺、纺织、纺机板块存货周转率分别达到7.4次、4.4次、3.7次、3.5次和3.0次，比2022年同期分别上升8.9%、3.6%、13.7%、0.3%和2.9%。除服装板块外，其

他板块应收账款周转率出现不同程度下滑。

研发投入强度不减

2023年，在全球经济增长动能不足的大背景下，在不确定、难预料的因素增多的大环境下，我国纺织行业围绕扩大内需、优化结构、提振信心、防范化解风险，扎实推进高质量发展，工业企业以高端化、智能化、绿色化、品牌化为方向，坚持稳中有进，做精、做专、做实、做强制造，巩固规模和体系优势。纺织企业尤其是纺织龙头企业研发投入强度不减。

截至2023年三季度，A股市场224家纺织服装类上市公司研发投入总额约248.1亿元，比2022年同期增长11.4%；研发投入强度（研发费用与营业总收入比值）为1.7%，与2022年同期比增加0.13个百分

表2 纺织各板块上市公司财务指标比较

	指标	报告期	全行业	化纤	纺织	服装	家纺	产业用	纺机
盈利能力	销售利率（%）	2023年1~3季度	4.3	2.1	5.3	11.4	9.1	11.5	8.5
		2022年1~3季度	6.6	4.3	7.7	10.2	8.2	14.9	10.0
		同比增减（百分点）	-2.3	-2.2	-2.3	1.2	0.9	-3.5	-1.5
	三费比率（%）	2023年1~3季度	7.1	3.2	8.8	34.2	24.4	10.4	10.8
		2022年1~3季度	6.8	3.0	7.5	31.9	22.3	9.9	9.6
		同比增减（百分点）	0.3	0.2	1.3	2.3	2.2	0.5	1.2
偿债能力	流动比率（%）	2023年1~3季度	1.1	0.8	1.5	1.5	1.7	1.6	1.7
		2022年1~3季度	1.2	0.8	1.5	1.5	1.7	1.4	1.8
		同比增减（百分点）	-1.0	-4.3	3.5	-2.8	0.6	10.2	-2.5
	资产负债率（%）	2023年1~3季度	57.6	68.1	49.7	41.5	41.6	47.4	41.5
		2022年1~3季度	56.6	65.9	49.9	40.7	41.7	49.4	42.5
		同比增减（百分点）	1.1	2.2	-0.3	0.8	-0.1	-2.1	-1.0
营运能力	存货周转率（次）	2023年1~3季度	5.2	7.4	3.5	2.2	3.7	4.4	3.0
		2022年1~3季度	4.8	6.8	3.5	2.3	3.2	4.3	2.9
		同比（%）	7.3	8.9	0.3	-5.7	13.7	3.6	2.9
	应收账款周转率（次）	2023年1~3季度	10.1	29.5	6.3	7.3	7.6	3.1	3.2
		2022年1~3季度	10.5	34.5	7.1	7.1	8.1	3.3	3.6
		同比（%）	-4.0	-14.6	-10.6	2.8	-5.7	-6.9	-10.2

资料来源：上市公司三季报、中国纺联产业经济研究院

点。其中，化纤板块2023年前三季度研发投入增长27.6%，而纺机板块和产业用板块研发投入强度最高，分别达5.0%和2.7%（表3）。

各板块上市公司表现各异

详细分析各重点板块的业绩表现，在此选取共55家具有代表性上市公司作为样本，逐个观察并进行业绩分析。其中，产业用板块选取东方雨虹、中材科技、福能股份等共10家企业；化纤板块选取了荣盛石化、恒力石化、东方盛虹等10家企业；纺织板块选取了浙江龙盛、鄂尔多斯、海澜之家等16家企业；服装板块选取了雅戈尔、森马服饰、七匹狼等10家企业；家纺板块选取了梦百合、罗莱生活、孚日股份等5家企业；纺机板块选取金轮股份、慈星股份、上工申贝等4家企业（表4）。

从各细分行业板块来看，根据公司2023年三季报，服装板块效益总体回稳向好，44家服装上市公司中有29家企业利润增长或减亏，占比超过六成。

在下表10家代表性上市公司中利润表现较好的是朗姿股份和锦泓集团，利润同比分别增长1844.7%和822.4%，销售利润率分别达到6.7%和8.4%。主要是随着宏观经济政策的调整、经济总体向好，居民时尚消费较2022年度有所修复，公司抓住复苏良机，持续强化品牌建设、产销能力。至截稿前，七匹狼、报喜鸟、森马、朗姿、爱慕、锦泓、太平鸟预披露了2023年全年业绩，除太平鸟实现扭亏外，其他6家服装企业2023年全年净利润都实现增长。

化纤上市公司盈利压力较大，40家上市企业2023年前三季度利润增长或减亏的公司有14家。在下表10家代表企业中，仅新凤鸣、上海石化和东方盛虹营业收入和利润总额实现同比增长。吉林化纤、恒逸石化、荣盛石化、恒力石化、上海石化、神马股份、桐昆股份、新凤鸣预披露2023年业绩，除荣盛石化和神马股份预计全年净利润下降外，其他6家公司2023年全年净利润预计增长、扭亏或减亏。新凤鸣受2022年利润为负数影响，预披露2023年全年利润达8.5亿元到9.5亿元，同比增长3倍多。

表3 2023年前三季度纺织主要子板块研发费用与投入强度情况

板块	上市公司数量（家）	研发费用（亿元）	研发费用同比(%)	研发投入强度(%)	研发投入强度同比增减（百分点）
全行业	224	248.13	11.4	1.7	0.13
化纤板块	40	136.67	27.6	1.5	0.21
纺织板块	64	39.04	−15.0	1.3	−0.06
服装板块	44	18.34	5.4	2.4	0.24
家纺板块	12	4.60	2.6	2.1	0.04
产业用板块	50	39.58	4.6	2.7	0.10
纺机板块	14	9.90	−0.8	5.0	0.24

资料来源：上市公司三季报、中国纺联产业经济研究院

纺织板块中企业表现各异，64家上市公司有30家实现利润增长或减亏。下表16家代表公司中有4家企业营业收入与利润同比都增长，包括上海三毛、黑牡丹、海澜之家和宏华数科。其中，上海三毛2023年前三季度利润同比增长8.9倍，预披露2023年全年净利润将有500万元左右，主要是在2022年同期利润基数为负数，以及2023年以来公司聚焦核心业务发展，采取有效措施深化各项经营管理工作，持续优化成本与费用管控，从而提高公司整体业绩。

家纺12家上市公司中有7家企业2023年前三季度利润增长，水星家纺、罗莱生活、孚日股份2023年前三季度营业收入和利润都实现增长。梦百合虽然2023年前三季度利润同比为负，但预披露2023全年净利润将实现1.1亿元到1.4亿元，预计全年净利润增长2倍多。

产业用板块分化较大，50家上市公司中有21家2023年前三季度利润实现了增长或减亏。其中，下表10家代表公司中稳健医疗和东方雨虹利润总额同比实现了增长。而预披露2023年全年净利润的华峰超纤、天华新能、科顺股份、稳健医疗、申达股份和振德医疗，仅有华峰超纤减亏，其他5家企业都出现净利润下降或增亏现象。稳健医疗主要是处理感染防护产品库存（含口罩、防护服、隔离衣等）、感染防护产品设备报废，从而减少了全年利润。

纺机板块企业表现各异，14家企业中有6家实现利润增长。其中，下表4家代表公司中，仅精功科技利润总额同比下降。

表4 纺织服装代表性上市公司营收、利润增速及费用率指标情况

证券代码	证券简称	营收同比(%) 2023三季报	利润同比(%) 2023三季报	销售费用率(%) 2023三季报	销售费用率(%) 2022三季报	管理费用率(%) 2023三季报	管理费用率(%) 2022三季报	财务费用率(%) 2023三季报	财务费用率(%) 2022三季报	销售利润率(%) 2023三季报	销售利润率(%) 2022三季报
002029	七匹狼	5.1	89.9	26.9	21.5	7.2	8.1	-5.0	-5.4	11.6	6.4
002154	报喜鸟	20.7	43.3	36.9	39.3	7.7	7.3	-0.9	-0.8	19.6	16.5
002563	森马服饰	-0.5	203.9	24.2	25.9	5.0	4.8	-1.1	-0.3	12.3	4.0
002612	朗姿股份	38.6	1844.7	40.9	42.6	8.0	8.9	1.8	2.3	6.7	0.5
002832	比音勒芬	25.7	32.2	34.2	35.5	6.7	5.3	-0.9	-0.5	31.6	30.1
600177	雅戈尔	-41.9	-40.3	27.1	14.1	9.3	5.7	3.4	3.8	40.8	39.8
600287	江苏舜天	-15.0	55.4	7.2	4.0	3.0	2.6	0.5	-0.5	4.4	2.4
603511	爱慕股份	1.1	39.8	44.4	46.7	7.2	7.6	0.0	0.1	10.6	7.7
603518	锦泓集团	14.4	822.4	51.4	57.4	4.3	4.2	2.5	4.6	8.4	1.0
603877	太平鸟	-16.1	39.2	37.7	37.8	7.9	7.2	0.8	0.8	5.5	3.3
000301	东方盛虹	121.9	61.6	0.3	0.3	0.6	1.2	2.2	3.1	2.8	3.8

续表

证券代码	证券简称	营收同比(%) 2023三季报	利润同比(%) 2023三季报	销售费用率(%) 2023三季报	销售费用率(%) 2022三季报	管理费用率(%) 2023三季报	管理费用率(%) 2022三季报	财务费用率(%) 2023三季报	财务费用率(%) 2022三季报	销售利润率(%) 2023三季报	销售利润率(%) 2022三季报
000420	吉林化纤	-9.1	157.2	1.3	0.8	2.6	2.1	6.4	4.8	1.7	-2.8
000703	恒逸石化	-17.7	-96.3	0.2	0.1	1.1	0.6	2.2	1.3	0.1	1.8
002064	华峰氨纶	-1.3	-21.9	0.7	0.6	1.6	1.8	-0.4	-0.9	10.8	13.7
002493	荣盛石化	6.2	-105.3	0.1	0.1	0.2	0.3	2.4	1.7	-0.3	5.5
600346	恒力石化	1.6	-9.0	0.2	0.2	1.0	0.8	2.5	2.5	4.2	4.7
600688	上海石化	20.9	67.5	0.3	0.4	2.0	2.7	-0.3	-0.6	-1.1	-4.2
600810	神马股份	-11.5	-70.3	0.7	0.6	3.6	4.1	2.4	2.4	2.0	5.9
601233	桐昆股份	30.8	-50.4	0.1	0.1	1.6	1.9	0.9	0.8	1.6	4.1
603225	新凤鸣	16.5	333.6	0.2	0.2	1.2	1.3	0.9	1.2	2.2	0.6
000158	常山北明	-20.4	21.0	4.7	3.1	5.7	4.3	3.6	3.0	-3.0	-3.0
000850	华茂股份	-6.3	178.0	0.8	0.7	3.4	2.8	2.1	1.5	6.8	-8.2
002042	华孚时尚	-16.9	-68.0	0.9	0.8	2.3	2.1	1.1	1.4	1.0	2.5
002404	嘉欣丝绸	-2.9	-15.0	3.0	2.8	3.3	3.2	-0.6	-1.3	7.0	8.0
002486	嘉麟杰	-26.9	-23.3	7.1	5.4	8.1	8.0	-0.8	-2.0	8.0	7.6
600220	江苏阳光	-14.9	-53.6	1.2	1.1	9.9	8.6	5.1	4.6	4.6	8.5
600295	鄂尔多斯	-21.2	-51.0	3.8	3.1	3.3	2.6	0.5	0.8	16.2	26.0
600352	浙江龙盛	-19.3	-49.3	4.7	3.7	5.5	4.2	-0.7	0.8	11.3	18.0
600370	三房巷	6.2	-98.4	0.1	0.0	0.6	0.5	0.8	0.9	0.1	5.6
600398	海澜之家	13.8	35.1	18.8	18.3	4.9	5.3	0.3	-0.7	19.0	16.0
600510	黑牡丹	17.0	114.0	1.3	3.1	3.0	3.6	2.4	2.2	11.9	6.5
600689	上海三毛	11.9	890.0	2.2	4.4	3.2	3.2	-0.3	0.4	2.9	0.3
600987	航民股份	-2.6	1.7	1.1	1.0	2.1	2.0	-0.3	-0.2	8.3	8.0
601718	际华集团	-35.4	-44.6	2.9	1.8	6.6	4.3	-0.4	-0.1	1.7	2.0
688789	宏华数科	26.6	28.8	8.3	6.0	6.1	7.2	-5.7	-5.0	32.3	31.8
873122	中纺标	1.1	-14.5	10.7	10.0	16.5	15.3	-1.0	-1.2	20.5	24.2

续表

证券代码	证券简称	营收同比(%) 2023三季报	利润同比(%) 2023三季报	销售费用率(%) 2023三季报	销售费用率(%) 2022三季报	管理费用率(%) 2023三季报	管理费用率(%) 2022三季报	财务费用率(%) 2023三季报	财务费用率(%) 2022三季报	销售利润率(%) 2023三季报	销售利润率(%) 2022三季报
002006	精功科技	−14.4	−7.8	2.8	2.4	7.8	7.1	−0.8	0.2	13.9	12.9
002722	金轮股份	−4.1	17.4	3.5	3.2	3.3	3.1	0.3	1.0	5.8	4.7
300307	慈星股份	11.6	32.6	7.1	7.1	8.9	9.0	−0.4	−1.2	7.2	6.0
600843	上工申贝	16.0	19.0	8.4	8.6	6.8	6.7	1.0	0.5	5.3	5.2
002083	孚日股份	0.1	0.1	2.2	2.1	3.7	3.3	1.3	0.1	7.5	7.5
002293	罗莱生活	1.0	6.2	23.2	21.4	5.8	6.0	−0.2	−0.5	12.9	12.3
002327	富安娜	−2.9	6.9	26.5	26.1	4.4	4.8	−0.4	−0.3	22.6	20.5
603313	梦百合	−5.8	−2.1	21.0	16.5	7.1	7.4	3.1	1.1	2.4	2.3
603365	水星家纺	10.2	33.2	23.5	23.7	4.8	4.9	−0.5	−0.4	10.8	9.0
000652	泰达股份	−8.8	−47.4	0.3	0.1	1.0	1.0	3.3	3.8	0.8	1.4
002080	中材科技	24.0	−23.9	2.0	1.2	4.5	4.6	1.2	1.6	12.7	20.6
002271	东方雨虹	8.5	50.8	8.5	7.7	5.3	5.7	0.5	0.6	11.7	8.4
300180	华峰超纤	−0.0	−181.8	2.4	2.1	5.0	5.5	1.5	1.7	−0.8	0.9
300390	天华新能	−29.1	−66.3	0.3	0.3	3.6	1.8	−1.4	−0.0	30.7	64.6
300737	科顺股份	4.8	−78.2	7.0	6.0	3.7	3.9	0.8	1.0	1.1	5.3
300888	稳健医疗	−21.4	73.8	24.0	18.3	7.2	6.3	−1.3	−1.5	42.5	19.2
600483	福能股份	12.7	−2.3	0.2	0.2	2.0	1.9	4.4	5.3	19.8	22.8
600626	申达股份	4.4	−54.7	1.5	1.5	5.7	5.6	0.5	0.5	−3.1	−2.1
603301	振德医疗	−23.5	−36.2	9.0	7.9	11.6	8.6	−0.9	−0.1	10.2	12.2

资料来源：上市公司三季报、中国纺联产业经济研究院

纺织服装板块融资情况

截至2023年末，A股市场有384家上市公司实施了定向增发或公开增发，定增融资5905.6亿元。其中，纺织服装行业2023年有9家上市公司通过增发筹资80.5亿元，占A股市场定增融资的1.4%（表5）。

2023年宏观形势回顾

一、纺织行业内销保持回暖，出口规模下滑，效益稳步改善

2023年，全球经济受多重冲击增长放缓，下行

表5 2023年1～12月主要纺织上市公司增发筹资情况

代码	名称	募集规模(亿元)	发行总数(万股)	增发上市日期
603313	梦百合	8.00	8528.8	2023/11/9
002003	伟星股份	11.95	13208.8	2023/10/23
836077	吉林碳谷	8.04	4600.0	2023/8/3
600626	申达股份	6.00	21276.6	2023/7/27
300905	宝丽迪	4.64	3230.0	2023/6/30
603725	天安新材	0.80	1300.0	2023/6/21
301057	汇隆新材	1.20	734.8	2023/6/8
688789	宏华数科	10.00	694.4	2023/2/6
002254	泰和新材	29.87	15973.1	2023/2/3

资料来源：WIND资讯、中国纺联产业经济研究院

压力增大；通胀依旧高企对消费、投资、就业等形成抑制；地缘格局震荡，地区冲突多点爆发，多重危机糅合升级，和平安全的发展环境遭受冲击。受外部环境复杂等因素影响，我国纺织行业产销形势总体较为严峻，企业生产经营压力有所加大。在国家统计局统计的15大类纺织产品中，仅有化纤、印染布、绒线、蚕丝及交织机织物、帘子布5类产品产量同比正增长，其余品种产量均不同程度减少。

2023年，新冠病毒疫情防控转段带动消费场景全面加快恢复，随着国家扩内需、促消费各项政策措施落地显效，居民多样化、个性化衣着消费需求加快释放，国风国潮产品及自主品牌市场认可度提升，我国纺织服装内需保持较好回暖势头。根据国家统计局数据，2023年我国限额以上单位服装鞋帽、针、纺织品类商品零售额同比增长12.9%，增速较2022年同期回升19.4个百分点。直播、短视频等新模式新业态带动网络渠道零售额保持较快增长。2023年我国穿类商品网上零售额同比增长10.8%，较2022年同期加快7.3个百分点。

受国际市场需求疲弱、品牌商库存高位及贸易环境严峻影响，纺织行业出口压力从2022年下半年开始延续，2023年我国纺织品服装出口增速持续位于负增长区间。2023年我国纺织品服装出口总额为3104.6亿美元，同比减少8.9%。主要出口产品中，纺织品出口额为1431.5亿美元，同比减少8.7%；服装出口额为1673.1亿美元，同比减少9.1%。主要出口市场中，我国对美国、欧盟、日本等市场纺织品服装出口规模均较2022年有所减少，分别减少10.1%、17.4%、14.3%。对"一带一路"沿线市场和RCEP贸易伙伴国出口也呈现下滑态势，同比分别下降4.1%和8.5%。

受市场需求不足、成本传导压力加大等因素影响，纺织企业经营情况承压，但在内需市场回暖支撑下，效益水平稳步改善。根据国家统计局数据，2023年纺织行业3.8万户规模以上企业营业收入同比减少0.8%，降幅较2022年收窄0.1个百分点；利润总额同比增长7.2%，增速较2022年大幅回升32个百分点，全年实现由负转正；营业收入利润率恢复至3.8%的年内最高水平，较2022年提高0.3个百分点。产业链绝大多数环节效益情况较2022年明显改善，化纤、毛纺织、丝绸、长丝织造、印染等行业营业收入同比实现正增长；化纤、丝绸、棉纺织、

毛纺织、麻纺织和纺织机械等行业利润总额同比增幅超过10%。

二、市场主体创新活力稳步提升

随着共同富裕的稳步推进，超大规模、多元化市场加快形成。新生活观、文化观转化为新时尚观、消费观，呈现出功能性消费与情感性消费、"理性"与"随兴"并存的趋势。极致性价比时代，平替、白牌成为理性消费的重要选项。纺织制造品牌、供应链品牌、区域品牌发展面临重要机遇。银发经济、健康经济、悦己经济、可持续经济等细分垂直市场不断涌现，细分市场和品类创新发展活跃。

满足多样化、高端化消费需求，行业市场主体活力得到有效激发，内生动力持续释放。2023年共有6家涉纺企业跻身《财富》世界500强，4家纺织企业入选世界品牌实验室"世界品牌500强"；有402家纺织企业被认定为专精特新"小巨人"企业和单项冠军企业。行业中小微企业占比达99.8%，成为新技术、新产业、新业态的重要源泉。

三、深化提高ESG能力，推进上市企业高质量发展

ESG代表环境（environmental）、社会（social）、治理（governance），是指在投资和企业经营决策中考虑环境、社会和治理因素的一种方法。这些因素被视为评估企业长期可持续性和影响力的关键因素。ESG倡导"长期主义""责任导向""义利兼顾"，是全球热点、理念共识、资本风口。《毕马威：2023年全球CEO调查》显示，69%的全球CEO将ESG作为创造价值的手段，全面融入业务。ESG投资规模已超过全球资产管理总规模的三分之一。《时尚服饰行业ESG研究报告》显示，明晟（MSCI）ESG评级指标体系下的全球纺织、服饰、奢侈品行业中45%的企业属于领先水平。当前A股纺织企业ESG报告披露率尚不足一半，ESG建设在中国时尚领域方兴未艾，前景开阔。深化ESG治理对于行业企业应对全球规则之变，市场之变，赢得社会认同、金融支持具有重要意义。

（撰稿人：陆　健）

中国纺织服装行业合规建设基线研究报告

中国纺织工业联合会社会责任办公室

研究背景

2021年3月发布的《中华人民共和国国民经济和社会发展第十四个五年规划和2035年远景目标纲要》中两次提到企业合规管理建设问题,一是强调"引导企业加强合规管理,防范化解境外政治、经济、安全等各类风险";二是强调"推动民营企业守法合规经营,鼓励民营企业积极履行社会责任、参与社会公益和慈善事业",这为合规事业的发展奠定了时代基调。在此基础上,《纺织行业"十四五"发展纲要》提出,"推进社会责任建设与行业自律。持续推广企业社会责任体系,创造规范和谐、公平守信、绿色发展的产业环境,将良好社会责任形象打造成为企业无形资产。有序开展产能投建、知识产权保护、反不正当竞争等方面的行业自律,研究建立行业性信用信息记录、查询和评价系统,建设公平有序的产业环境",对行业企业的合规体系建设提出了总体方向和具体要求。

当前,中国纺织服装企业的合规体系建设呈现不同的发展水平:一方面,许多企业已经认识到合规体系建设的重要性,并在实践中自发地开展合规项目,形成了诸多值得借鉴的最佳实践;另一方面,纺织服装产业链环节复杂,造就了合规风险环境多变、领域众多的客观困难,亟需系统地梳理和识别合规风险,并在此基础上,明确合规建设工作的重点和风险管控的机制。鉴于此,2023年6月以来,中国纺织工业联合会社会责任办公室开展了中国纺织服装行业合规建设基线调研,旨在全面梳理行业企业合规建设的现状,总结经验,发现困难与挑战,识别企业的发展需求,为下一步更好地服务企业提升合规能力打下坚实的基础。

调研采取问卷调研和深度访谈相结合的形式,共涉及样本企业77家。样本企业中,内资民企占比最多(83%),外商独资企业占比最少(3%)。从上市情况来看,样本企业中上市企业占比仅为20%,且上市地点主要集中在中国内地。从企业规模来看,大型、中型、小型三类企业数量上没有显著差别,分别为21家、25家、31家(由于本次调查采取随机抽样的方式,为了让样本数据更具有代表性,因此本次企业规模的划分标准采用三分位的划分方法:雇佣人数小于500人的企业为小型企业;雇佣人数大于或等于500人且小于2000人为中型企业;雇佣人数大于或等于2000人为大型企业)。从业务类型来看,棉纺织业务是最为普遍的业务类型,占比为37%;其次是服装服饰业务,占比为29%。

企业合规体系建设情况

一、企业对于合规的认知情况

(一)大部分企业能够准确认识合规建设的内涵

合规,蕴含着"遵守法律"或者"遵守相关的规则"的含义。一般而言,合规所指的规则可以分为四种类型:一是国家制定的法律法规;二是商业管理和伦理规范;三是企业内自行颁布的规章制度;四是相关外国的法律法规、国际条约或者国际惯例。企业合规是指企业在经营过程中不仅自己要遵守相关的法律和规则,还需要督促员工、第三方以及其他商业合作伙伴依法依规进行经营活动。调研显示,仅少部分企业对合规概念的理解存在片面和偏差的情况。

（二）企业对违规涉罪后的合规激励作用认识不足

合规的激励制度，主要包括行政法和刑法上的奖励，即企业建立合规管理体系，同时满足其他法定条件，可以争取行政监管部门的宽大处理，或者受到较为宽大的刑事处罚。而调研显示，仅两成左右的企业意识到合规的刑事和行政激励作用，不到四成的企业认识到合规管理制度的建立可以帮助涉外经营企业免于境外制裁。

二、企业合规管理制度建设

（一）过半企业制定了总体合规管理制度

总体合规管理制度是一种以管理为导向的合规建设思路，强调遵循"保证企业依法依规经营"的理念，建立旨在预防企业违法违规行为的管理体系。调研显示，52%的企业制定了总体的合规管理制度，而20%的企业在短期内无制定或者推行合规计划的打算。

（二）大部分企业已经制定了专项合规管理制度

专项合规制度强调根据企业规模、行业特点、业务范围、违法违规事件等因素，建立有针对性的专门化合规管理体系。常见的专项合规制度有：反垄断合规计划、反商业贿赂合规计划、知识产权保护合规计划、大数据保护合规计划、税收合规计划等。调研显示，有73%的企业已经在某一个合规管理领域制定了专项管理制度，6%的企业表示短期内无制定或推行计划。

整体上看，劳动用工和财税是企业制定专项合规管理制度最普遍的领域，占比均在八成以上。其次，约五成的企业对数据与信息安全、环境保护、知识产权保护以及商业贿赂领域给予较高的风险关注度。此外，少量企业对反不正当竞争（包括反垄断）、出口管制以及其他方面也给予一定的关注。

（三）大部分企业依靠自身力量搭建合规制度体系

调研显示，48%的企业主要依靠自身力量搭建合规制度，38%的企业选择和第三方共同搭建，这意味着企业正在逐步引入外部专业机构进行合规管理，以增强合规管理的专业性和有效性。

三、企业合规管理机构设置

（一）董事长是企业合规制度最高负责人

样本企业中，合规工作的最高负责人主要是董事长（69%），其次是总经理或执行董事（53%），仅不足一成的企业表示合规工作的最高负责人为一级或二级部门总经理，这说明绝大多数企业都能充分认识到合规工作的重要性。

从企业规模看，小型企业中，合规负责人为总经理或执行董事的企业占比最大（58%）；大、中型企业中，董事长作为合规负责人的企业占比最多，均在80%以上。由此可见，规模越大的企业，对企业合规的管理工作越重视。

（二）多数企业的合规管理由其他职能部门兼任

整体来看，大部分企业没有设立专门的合规管理部门，44%的企业由法务部、财务部、审计部、人力资源部等一个或多个部门兼任合规管理职能。

从企业规模看，不到一成的小型企业设立了合规管理机构，而大、中型企业设立合规管理机构的比重均在三成左右。从侧面说明，当企业发展到一定规模时，对专门的合规管理机构的需求更强。

（三）过半企业设置了合规联络员

调研显示，过半企业已经设立了合规联络员。合规联络员在合规工作中发挥着重要的作用，其工作包括：负责本部门合规风险识别、评估、管控的组织工作；与其他部门合规联络员和法规部合规专员进行日常合规工作的交流；向法规部门报送本部门和系统合规信息；撰写并提交本部门年度合规报告等。

四、合规监督情况

合规举报激励制度有一定的推广空间。合规举报的功能包括：预警功能、导向功能、保障功能以及警示功能。调研显示，64%的企业设立了合规举报途径，且51%的企业已经设置了合规激励机制以鼓励员工举报不合规的行为。企业有必要进一步加强举报奖励机制的应用和推广，以提高员工的举报意愿，提升企业合规管理制度的运营效率。

合规风险防范措施

一、合规审计

企业合规审计是企业内部审计部门对作为企业内部控制核心内容的企业合规管理的适当性和有效性进行的内部审计。

样本企业中，绝大部分的企业都会开展合规审计工作，其中，52%的企业选择定期开展，32%的企业选择不定期开展。

从上市情况看，选择定期开展合规审计的上市公司占比67%，而非上市公司中这一比例仅为48%。由此可见，上市公司的合规审计工作实施更加广泛，并且履行地相对规范，非上市公司应该更加重视合规审计工作，定期开展合规审计。

二、合规风险评估

（一）仅三成企业定期进行合规风险评估

合规风险是一种制裁性风险，即企业因违反公法类规定而被国家权力机关施以惩戒的风险，包括企业构成行政违法的风险和构成刑事犯罪的风险。从实践上来看，合规风险还包括被世界银行、亚洲开发银行等多边金融机构制裁的风险。

随着国家相关部门对企业合规的推行以及企业自身合规意识的逐步形成，越来越多的企业开始重视合规风险的存在，并开始进行合规风险评估活动。根据调研，有超过80%的企业会开展合规风险评估，但是，其中只有32%的企业会定期进行，可见，企业对于合规风险评估的重视程度仍然有待提高。

（二）财税和劳动者权益是企业关注度最高的合规风险领域

调研数据显示，在进行合规风险评估时，92%的企业会涵盖财税领域，89%的企业会涵盖劳动用工和安全生产领域，60%的企业会涵盖环境保护领域，56%的企业会涵盖数据与信息安全领域。此外，将反腐败和反商业贿赂以及知识产权这两个领域纳入合规风险评估的企业均接近50%。

三、合规尽职调查

（一）七成企业会在投资前进行合规尽职调查

合规尽职调查是企业在进行投资活动时需要给予高度重视的一项工作。根据调研，在涉及投资行为的50家企业中，有七成企业会在投资前进行专门的合规尽职调查，降低企业的投资风险。其余三成企业虽然会进行尽职调查，但只会在法律尽调中简单覆盖部分合规内容，而不倾向于进行专门的合规尽调。

（二）劳动用工和安全生产是企业进行合规尽职调查最重点的领域

根据调研，在企业投资过程中，有90%的企业在合规尽调中会涵盖劳动用工和安全生产领域；涵盖环境保护、知识产权和数据与信息安全领域的企业数量大体相当，超过半数的企业会在合规尽调中关注反腐败和反商业贿赂领域。

四、第三方合规管理

企业作为市场经营的主体，除了需要进行自身的合规管理之外，还需要考虑第三方合作伙伴的合规状况。根据调研，仅48%的企业表示会在合作中开展第三方合规管理。由此可见，企业对于第三方合规管理的重视程度还有待加强。

五、合规文化建设与培训

对于企业而言，要建立一个完整有序、运转有效的合规体系，离不开合规文化的建设。在样本中，55%的企业表示会在企业中进行合规文化建设，40%的企业表示目前尚未开展相关方面的工作。35%的企业已经编制了合规手册，且8%的企业已经公开推行。82%的企业会对员工进行合规培训，且35%的企业会定期举办相关活动，47%的企业虽然有相关的培训安排，但尚未制度化、周期化地执行。劳动用工和安全生产是企业合规培训最重点的领域（92%），其次是财税合规（78%），近一半的企业会在员工培训中进行环境保护、知识产权、数据与信息安全、反腐败和反商业贿赂的合规教育。

企业合规体系建设成效

一、企业被执法情况

样本企业中，自2021年1月1日以来，有13%的企业因境外合规要求导致业务下滑；遭受过境内行政处罚或者刑事处罚的企业只有2家，涉及广告和税务两个领域，绝大多数企业没有因不合规问题受到过相关的处罚。据样本企业反馈，对企业进行过调查的境内执法机关或者司法机关主要包括市场监管、税务、环保以及海关等部门。

二、合规体系建设的困难与挑战

从内、外部的困难与挑战来看，调研显示，缺乏相关知识领域的人才是企业建设合规体系面临的最大困难；其次是随着业务的发展变化，因而产生的新的合规需求；最后是不同国家和地区的法律法规和合规要求的差异。

从支持措施来看，明确的合规管理体系建设标准、法律法规和政策指导、加强合规意识和风险管控教育是企业需求最迫切的三个方面。企业同时关注专项合规领域的能力提升，特别是在财税合规、劳动用工和安全生产、数据与信息安全三个方面。

结论与建议

一、加速出台行业合规体系建设标准

建立行业标准和信用评价体系。明确企业合规体系建设的指导原则和合规要求，对合规良好的企业给予奖励和宣传，对合规不达标的企业进行警示和处罚。

二、加强行业合规培训，提升企业合规能力

加强宣传教育和培训。以行业标准为基础，面向不同细分类型的行业企业，开展差异化的合规体系建设培训，帮助企业了解并遵守相关法律法规，提升企业应对合规风险的能力。

加强企业自律和社会责任。引导纺织服装企业自觉加强自身的合规建设，制定并执行合规管理制度，加强环保、劳工权益、产品质量等方面的管理工作。倡导企业积极履行社会责任，参与公益活动，提升企业形象和市场竞争力。

三、开展行业合规建设试点工作

甄选专项合规试点企业。结合企业的特点，针对反商业贿赂、知识产权保护、环境合规、用工合规等重点领域，选择和建设试点企业，定期总结试

点工作经验，并在全行业推广复制。

开展纺织服装企业合规体系有效性评价研究。全面对标国内法律法规、主要海外市场法律法规及国际机构合规体系要求，开展纺织服装企业合规体系有效性评价研究，形成有效性评价体系，系统跟踪行业合规管理体系在专项合规试点企业中的应用与落地；鼓励参与合规体系建设培训的企业，周期性地参与合规体系有效性评估，并形成行业合规体系建设评估报告及企业合规体系建设诊断报告，为行业和企业合规体系建设工作提供洞见。

四、促进信息技术应用

提升企业信息化生成水平。引导纺织服装企业采用信息化系统来管理和监控合规事项，提供技术支持和资金扶持，推动企业建设数字化的合规管理平台，优化合规管理流程，提高管理效率和准确性，从源头上杜绝不合规操作。

建设中国纺织服装行业企业合规数据库。开发和建设基于公开网络平台的中国纺织服装行业企业合规数据库，跟踪国内、各主要产品出口市场及国际机构的法律法规动态；针对各合规领域和各主要产品出口市场，汇总和分析国内和海外企业遭遇合规执法的典型。

五、强化产业链合作与沟通

将企业合规融入供应链尽责管理，在整个纺织服装产业链上下游之间建立合规信息互通的机制，引导供应链合作伙伴加强合规管理，共同推动整个产业链的合规发展。企业应与供应商建立长期稳定的合作关系，通过培训和审核等方式，提升供应商和商业伙伴的合规意识和能力。

（撰稿人：王　静　刘　卉　郑　剑）

纺织行业单项冠军企业培育现状及发展措施建议

中国纺织工业联合会产业部

2016年3月，工业和信息化部（下文简称工信部）印发《制造业单项冠军企业培育提升专项行动实施方案》，4月正式启动第一批遴选工作。根据该行动方案，制造业单项冠军企业指长期专注于制造业某些特定细分产品市场，生产技术或工艺国际领先，单项产品市场占有率位居全球前列的企业。2023年6月，工信部发布《制造业单项冠军企业认定管理办法》，明确了新的单项冠军企业认定标准，进一步优化管理措施。截止目前，共完成7批次1186家国家级制造业单项冠军企业的认定工作，有66家纺织企业入选，第8批认定工作正在进行当中。单项冠军的认定在纺织行业中，特别是为广大中小型企业树立了专注特定领域、建立核心竞争优势的转型升级路径示范，对于纺织行业加快推动高质量发展、建设现代化产业体系发挥了重要引领作用。

单项冠军企业培育工作的背景意义

一、强化示范引领，建设制造强国

单项冠军培育示范工作最初的启动背景是贯彻落实《中国制造2025》任务目标。《中国制造2025》由国务院于2015年5月发布，当时正值我国国民经济进入加快转换发展方式的新阶段，与新一轮科技革命和产业变革相互交汇，促进国际产业格局重塑。《中国制造2025》着眼把握住重要历史机遇，建设引领世界的制造强国，提出了九大战略任务，其中的结构调整任务专门指明了中小型企业创新发展方向，即发展一批主营业务突出、竞争力强、成长性好、专注于细分市场的专业化小巨人企业。单项冠军工作以此为指引正式启动，旨在鼓励企业专注擅长领域，培育一批具有产业链示范引领作用的骨干企业，强化建设纺织制造强国的中坚力量。

2016年6月，工信部发布了《纺织工业发展规划（2016—2020年）》，指导纺织行业有效落实《中国制造2025》，深度优化产业结构，推动产业迈向中高端，初步完成建成纺织强国目标。该规划引导纺织中小企业专注于纺织特定细分产品市场、技术领域和客户需求，走"专精特新"的发展道路，提出了通过提升技术创新能力和生产工艺水平，从"专精特新"成长壮大为"单项冠军"的升级发展路径。

二、增强发展韧性，推进供给侧结构性改革

"十三五"时期以来，国内外经济形势更趋复杂严峻，中小企业面临的成本、市场等发展压力明显增加，亟待深化供给侧改革。有关政府部门及行业组织出台多份文件，指导中小企业提升创新发展能力，努力在稳增长、稳就业、防风险中发挥作用，加强"专精特新"发展，打造单项冠军，成为中小型企业转型的重要方向。

2016年6月，工信部发布《促进中小企业发展规划（2016—2020年）》，以提质增效为中心，降成本、补短板，优化发展环境，同时深入推进供给侧结构性改革，培育中小企业新增量、新动能。作为重点任务，鼓励中小企业"专精特新"发展，打造一批专注于细分市场、技术或服务出色、市场占有率高的"单项冠军"。2019年4月，中共中央办公厅、国务院办公厅发布《关于促进中小企业健康发展的指导意见》，进一步强调了推动中小企业转型升级，激发中小企业活力和发展动力。

2021年6月，中国纺织工业联合会编制并发布《纺织行业"十四五"发展纲要》，以深化产业结构调整与转型升级、加快迈向全球价值链中高端为目标，提出了在先进制造业成熟地区，引导形成单项冠军等领先企业的集聚的发展任务。

三、培育优质梯队，建设现代化产业体系

近年来，随着我国优质企业数量增多，打造具有产业链带动作用的优质企业梯队，进一步提升产业链供应链自主可控能力，加快建设现代化产业体系，成为高质量发展重点和重要政策导向。2021年6月，工信部等六部门发布《关于加快培育发展制造业优质企业的指导意见》，提出构建优质企业梯度培育格局，聚焦重点行业和领域引导小巨人等各类企业成长为国际市场领先的单项冠军企业。

培育发展优质企业梯队的任务要求在纺织行业中深入落实。2023年12月，工信部等四部门印发《纺织工业提质升级实施方案（2023—2025年）》，强调以高质量发展为主题，提升产业链供应链韧性和安全水平，培育有产业引领力的优质企业，鼓励龙头企业提高资源整合和创新引领能力，发展一批制造业单项冠军企业。2023年8月，中国纺织工业联合会发布《建设纺织现代化产业体系行动纲要（2022—2035年）》，提出打造具有完整性、先进性、安全性特点的纺织现代化产业体系的发展目标。针对提升企业竞争力，提出要发挥领先企业链主效能，引导单项冠军等领先企业发挥龙头带动作用。部分单项冠军相关政策和行业指导文件汇总情况见表1。

表1 部分单项冠军相关政策和行业指导文件汇总

序号	时间	文件名称
1	2016年3月	《制造业单项冠军企业培育提升专项行动实施方案》
2	2016年6月	《纺织工业发展规划(2016—2020年)》
3	2016年6月	《促进中小企业发展规划(2016—2020年)》
4	2019年4月	《关于促进中小企业健康发展的指导意见》
5	2021年3月	《国民经济和社会发展第十四个五年规划和2035年远景目标纲要》
6	2021年6月	《纺织行业"十四五"发展纲要》
7	2021年6月	《关于加快培育发展制造业优质企业的指导意见》
8	2021年11月	《提升中小企业竞争力若干措施》
9	2022年4月	《关于化纤工业高质量发展的指导意见》
10	2022年7月	《"十四五"促进中小企业发展规划》
11	2023年8月	《建设纺织现代化产业体系行动纲要(2022—2035年)》
12	2023年8月	《制造业单项冠军企业认定管理办法》
13	2023年12月	《纺织工业提质升级实施方案(2023—2025年)》
14	2024年2月	《关于加快推动制造业绿色化发展的指导意见》

纺织行业单项冠军企业的主要特点

根据企业主营产品及所属行业统计，纺织行业先后有7批、累计66家企业被认定为制造业单项冠军，约占我国制造业单项冠军总数的5.6%，与纺织行业产销规模占制造业的比重基本相当。纺织行业单项冠军企业主要有以下特点。

一、主要集中在纺织产业链科技创新关键领域

已认定的66家单项冠军企业在纺织产业链上的分布具有集中特定环节的特点，重点集中的行业为化纤、产业用纺织品和纺织机械，合计约占单项冠军企业总数的65.2%。其中，主营纺织机械的企业数量最多，约占27.3%；其次为化纤企业，约占21.2%；产业用纺织品企业数约占16.7%（图1）。

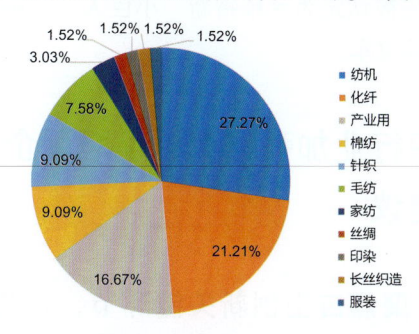

图1 工信部前七批纺织行业单项冠军产业链分布情况

单项冠军企业在产业链上分布不均的原因，从政策导向层面看主要是，单项冠军的遴选标准有侧重领域，纺织行业的遴选重点领域包括关键基础零部件、先进纺织机械、高性能纤维及制品和复合材料、生物基和生物医用材料、其他前沿新材料等，因此化纤、产业用纺织品和纺机企业在遴选中相对更具有优势。从遴选程序层面，单项冠军采取分省推荐的方式，在遴选名额有限的情况下，纺织企业由于规模与其他制造企业相比相对偏小，在省内竞争中不占优势，化纤、产业用纺织品、纺机企业相较于传统纺织制造环节，具有技术附加值高的特点，因此相对更容易在省内选拔中脱颖而出。

而从产业链自身角度来看，化纤、产业用纺织品、纺机等行业是我国纺织行业自主创新的关键领域，技术创新空间广阔，产品线丰富，具备发展形成一批单项冠军企业的条件。从发展阶段来看，近年来，纺织行业在上述领域的关键技术突破不断取得进展，自主创新能力稳步提升，在较多细分领域市场份额和国际竞争力显著增强，不断有骨干企业成长为单项冠军。

二、区域分布主要集中在东部沿海

纺织行业单项冠军企业的区域分布与产业布局大体一致，以东部沿海纺织强省为主（图2）。但山东省被认定为单项冠军的纺织企业数量超过了纺织产业规模更大的江苏省和浙江省，位居全国首位，这与山东省的产业结构特点及地方政策环境相关。与江苏省、浙江省以中小型企业集群为主体的产业布局形态有所不同，山东省有较多规模较大的骨干型企业，具备培育单项冠军的有利条件；山东省发展纺织机械行业也具有良好基础，包括拥有多家知名纺织机械企业及全国唯一的配件集群，此外，山东省有关政府部门高度重视单项冠军培养工作，出台了专门的管理方法，并配套了相应的支持措施，对于相关企业的成长具有重要支持引导作用。

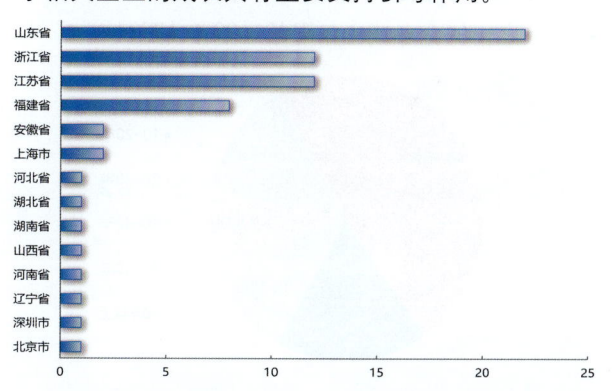

图2 工信部前7批纺织行业单项冠军区域分布

在地级市中，单项冠军企业数量排位第一的是山东省青岛市，被认定为单项冠军的纺织企业以纺织机械生产企业为主。此外，宁波、福州、常州、滨州等均为国内知名纺织产业集群地，单项冠军企业均较多，且冠军产品基本覆盖纺织产业链各个环节。

中西部地区由于纺织产业基础相对薄弱，具有较强综合竞争力的纺织企业数量较少，因而单项冠军企业数也较少。虽然近年来，中西部地区在承接纺织产业转移方面取得积极进展，但大部分承接转移的企业将研发设计等核心环节留在沿海总部，中西部地区以加工制造为主，通过跨地区合作与东部总部企业形成供应链合作关系，在中西部地区的自主创新投入不足。在现已认定的的单项冠军企业中，仅有1家为承接东部转移的企业，其余均为有较长发展历程的本地企业。

三、坚持深耕自主创新

制造业单项冠军要求坚持专业化发展，长期专注并深耕于产业链某一环节或某一产品领域。纺织行业已认定的单项冠军企业绝大多数自创立以来就专注细分领域，部分企业的创始人和创始团队甚至在企业成立之前就已经从事并深耕该产品领域多年，也有一些企业虽然经历了改制、重组、更名等各种变化，仍坚持在原有优势领域不断创新发展。根据企业官方网站信息梳理，截至2023年，纺织行业前7批入选单项冠军的企业平均成立年限已达30.8年，其中约三分之一的企业成立年限超过30年（图3）。

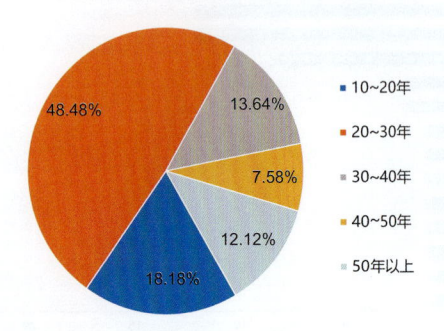

图3 工信部前7批纺织行业单项冠军成立年限分布

单项冠军企业由于长期专注在细分领域做精做深做强，很多企业在产业链关键核心技术领域取得了重要创新性突破，为行业解决了技术性难题，企业自身也因拥有自主知识产权，形成了在市场上的核心优势，从而有实力成为单项冠军。已认定的纺织行业单项冠军企业分别自主突破了超高分子量聚乙烯、电脑横机、数码印花机等行业关键技术装备，填补了国内技术空白，依托原创技术和产品实现了产品进口替代和市场份额的大幅提升，也为我国纺织行业提升在国际供应链中的主动权做出重要贡献。

一些单项冠军企业也验证了中小型企业从"专精特新"发展成为单项冠军的成长路径，为纺织行业中小企业树立了转型升级路径示范。常州纺兴精密机械有限公司、湖北天门纺织机械有限股份有限公司、江苏鹰游纺机有限公司、浙江朝隆纺织机械股份有限公司、天鼎丰非织造布有限公司等5家企业均是先被认定为专精特新"小巨人"，随后被认定为单项冠军。

纺织行业加强培育单项冠军企业的措施建议

一、聚焦自主创新关键环节，加强优质企业培育

纺织产业链条较长，产品门类丰富多元，每个产业链环节、每种产品都能够产生单项冠军企业。但从高效推动产业高质量升级发展的角度，单项冠军的培育发展工作应集中于产业链自主创新关键领域。现有单项冠军企业所集中的化纤、产业用纺织品和纺织机械三大子行业，正是对纺织全产业链自主创新能力提升具有引领带动作用的关键环节，表现出单项冠军遴选标准符合行业发展方向。现阶段，我国纺织行业在纤维新材料、中高端产业用纺织品、智能化高端化纺织装备研发制造领域不断取

得创新突破，但也仍有部分技术领域与国际先进或领先水平存在差距。虽然单项冠军企业数量相较于其他子行业明显更多，但仍有大量重点化纤、产业用纺织品和纺织机械品种尚未成长出单项冠军企业。

纺织行业的单项冠军培育工作要更加聚焦纤维新材料、产业用纺织品、高端纺织装备等关键领域，特别是主要品种的高性能、功能性、生物基纤维，医疗卫生、安全防护、结构增强、特种绳缆等产业用纺织品，智能化纺织装备及关键零部件、专用件等重点领域。大力引导相关领域的纺织企业加强关键技术创新，全力推动产业链关键技术锻长板、补短板，以核心技术优势实现市场份额提升，从而培育形成更具实力的单项冠军企业梯队。

二、加大创新投入，引导企业提升竞争力

单项冠军企业的成长经验表明，拥有关键技术自主创新能力是形成市场竞争优势的核心，因此，要在行业中坚持实施创新驱动战略，引导企业增强创新动力，扩大在关键技术领域的创新投入，形成自主技术优势，从而在市场竞争中占据主动。

国家及地方财政专项应加强对纺织行业关键技术创新应用的支持力度，项目遴选可适当关注具备条件发展成为特定领域单项冠军的企业主体。各级地方政府及行业协会组织也应组织开展单项冠军培育重点领域梳理和潜力企业摸底工作，针对重点领域、重点企业定向强化政策引导支持，开展针对金融、人才等创新要素的精准服务，形成有效支撑优质企业培育的政策引导和社会服务体系。

做好优质企业培育基础工作，在相关产业政策、行业指导文件中，加强对纺织行业自主创新关键领域的方向指引。出台政策措施，进一步扩大研发投入的加计扣除比例，鼓励企业扩大创新投入。完善行业创新平台体系，针对单项冠军作为中小型企业成长路径的特点，促进行业重点创新平台、骨干企业研发中心等平台资源向中小型企业开放，提升其对中小型企业自主创新的支撑作用。完善人才培养体系，积极推进产学研融合、校企合作的人才模式，强化人才对于优质企业培育的支撑作用。

三、结合优质企业梯队建设，高水平推进区域协同发展

纺织行业现有已认定的单项冠军企业主要集中在东部沿海省份，中西部和东北地区分布较少。培育发展单项冠军等优质企业梯队，对于促进中西部及东北地区产业升级和区域经济发展具有重要意义，应结合优质企业培育，着力促进纺织产业的跨区域协同布局发展。

从现有单项冠军企业经验，本土优质企业对于中西部地区产业发展发挥了重要引领作用。中西部各省要加强对本地具有较长发展历史和良好产业基础企业的关注和支持，有针对性的打造优质企业梯队基石。在开展跨区域产业合作、承接产业转移过程中，要充分结合本地资源禀赋，加强规划布局，可立足"专精特新"及"单项冠军"思路，选择符合本地条件、具有市场潜力的特定领域、细分产品引入投资，形成差异化区域产业发展路线和优质企业培养路径。在制造基地的基础上，积极引入研发、设计等创新环节，推动价值链条式转移，形成优质企业培育的核心支撑。

（撰稿人：白　婧）

2023/2024 中国纺织工业发展报告

2023/2024 CHINA TEXTILE INDUSTRY DEVELOPMENT REPORT

原料供求

2023年棉花市场回顾及2024年展望

中国棉花协会

2023年，国内新冠病毒疫情防控平稳转段，我国宏观经济运行持续回升，市场预期有所好转，纺织行业内需市场逐步恢复，带动了经济运行态势逐步好转；年内新棉减产预期强烈，国内棉价快速上涨，有关部门组织销售了中央储备棉，并适时增发了75万吨棉花进口滑准税配额，有效缓解了原料供应偏紧局面。但国际政经局势错综复杂，全球主要发达经济体物价及生活成本仍处于高位，不利于纺织服装产品消费回暖，海外订单处于紧缩状态。受欧美需求下降、国际贸易环境风险上升影响，我国纺织行业出口形势逐渐承压，特别是棉制纺织服装产品出口额占全行业出口总额的比重呈明显下降趋势。展望2024年，所谓"涉疆法案"对新疆棉及疆棉制品影响依然存在，国内棉价面对的不稳定因素较多，在国家宏观政策调控下，市场氛围或逐渐向好，国家出台一系列政策提振信心，增强经济活力，刺激居民消费，国内消费预期转好，棉价稳中上涨，长期来看棉价有望保持稳定运行；全球棉花供应量减少,市场需求增长较快，棉价上涨幅度较大，但美联储降息预期降低，高棉价缺乏长期支撑。

2023年棉花供求基本形势

一、棉花供给充足

（一）2023年全国棉花产量下降

2023年，据国家统计局公布的全国棉花产量数据显示，全国棉花播种面积4182.2万亩，比2022年减少318.3万亩，下降7.1%；单产134.3千克/亩，比2022年增加1.5千克/亩，增长1.1%；产量561.8万吨，比2022年减少36.2万吨，下降6.1%。与2022年相比棉花价格下降，棉花播种面积减少，新疆引导次宜棉区退减棉花种植，播种面积3554.0万亩，比2022年减少191.4万亩，下降5.1%，长江、黄河流域棉花播种面积同样减少，其中，长江流域棉区播种面积307万亩，比2022年减少44.9万亩，下降12.8%；黄河流域棉区播种面积285.0万亩，比2022年减少79.9万亩，下降21.9%（图1）。

图1 十年全国棉花种植面积变化

资料来源：国家统计局

2023年，全国棉花单产略增，全国棉花单产134.3千克/亩，比2022年增长1.5千克/亩，增长1.1%。新疆地区单产略降，受春季天气影响，棉花生长进度缓慢，夏季新疆持续高温对棉花生长不利，加之次宜棉区面积调减，新疆地区单产略有下降，新疆棉花单产143.9千克/亩，比2022年减少0.2千克/亩，下降0.1%。2023年长江流域农业气象正常，长江流域棉区实现恢复性增产，单产71.4千克/亩，比2022年增加3.6千克/亩，增长5.3%；黄河流域棉区得益于植棉管理水平提升，单产较2022年增加，黄河流域棉花单产83.8千克/亩，增长1.5%。

全国棉花产量下降，由于播种面积减少，造成棉花产量下降，2023年全国棉花产量561.8万吨，比2022年减少36.2万吨，下降6.1%。其中，新疆棉花产量511.2万吨，比2022年减少28.1万吨，下降5.2%；长江流域棉花产量21.9万吨，比2022年减少1.9万吨，下降8.1%；黄河流域棉花产量23.9万吨，比2022年减少6.2万吨，下降20.7%。

（二）新棉质量指标整体好于2022年

我国棉花质量持续提升，中国棉花公证检验数据统计，截至2024年1月31日，2023年度全国共有1121家棉花加工企业进行公证检验，检验量约2447.4万包，552.5万吨，同比增长18.1%，其中新疆棉539.2万吨，同比增长16.9%，在全国范围内占比为97.6%；内地棉13.3万吨，同比增长98.5%，在全国范围内占比2.4%。

除白棉颜色级指标外，新棉其他各项质量指标总体好于上一年度情况，其中：白棉3级及以上占比79.7%，较去年同期降低8.7%；纤维长度28毫米及以上占比97.7%，同比高4.3个百分点；马克隆值A+B（3.5~4.9）档占比92.1%，同比高2.2个百分点；断裂比强度S2（29.0~30.9）及以上档占比63.8%，同比高33.2个百分点。

（三）储备棉销售有序进行

为保障棉纺企业用棉需要，加强市场调控，有关部门于2023年7月31日启动储备棉销售，并在收购期持续销售，且首次在十一假期期间销售。截至11月14日，成交88.5万吨，成交率71.8%。其中进口棉成交62.3万吨，成交率72.4%，新疆棉成交26.2万吨。储备棉轮出成交均价17424元/吨，折标准级（3128）价格17927元/吨，最高成交价18630元/吨，最低价15680元/吨；其中新疆棉成交均价17201元/吨；进口棉成交均价17518元/吨（图2）。

图2 2023年储备棉轮入成交量价情况

资料来源：中储棉信息中心

（四）我国棉花进口量回升

2023年，国内棉花进口量大幅增长。国家发改委7月公告增发了75万吨滑准税配额，发放数量较2022年增加30万吨，随着配额申领工作结束，棉花进口量大幅增长。据中国海关数据，2023年我国累计进口棉花196万吨，同比增长1.1%；分国家看，美国依旧是第一大进口来源国，进口量为75.2万吨，占比38%，较2022年减少38万吨，同比下跌33.6%；巴西占比排在第二位，进口量为57.2万吨，较2022年减少0.5万吨，同比下跌0.9%，进口量占比29%。澳大利亚进口超过印度排名第三，2023年进口量27.1万吨，比2022年增长12.6倍，进口量占比13.8%。分贸易方式看，进口贸易方式中一般贸易排在首位，占比42%；进料加工贸易、保税监管场所进出境货物和海关特殊监管区域物流货物所占比率分别为4%、25%和28.6%（图3）。

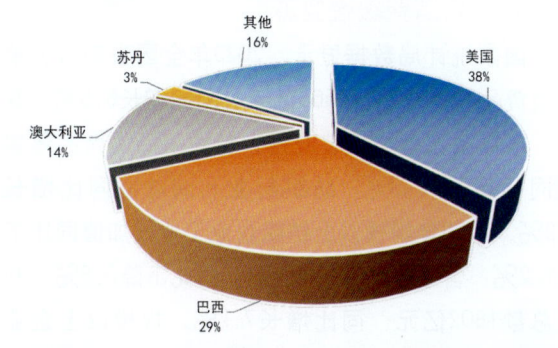

图3 2023年我国棉花进口主要来源国占比情况

资料来源：中国海关

二、棉花需求逐步恢复

2023年以来，我国经济恢复步伐加快，总体上呈现持续恢复向好态势，扩大内需各项政策措施落地生效，内需潜力持续释放，消费对经济增长的拉动作用明显增强，国内纺织服装消费整体复苏向上，但是后期动力不足。全球经济增长动能呈现走弱态势，消费不及预期，仍是产业面临的最大挑战，国际市场处于去库存周期，加之日益激烈的供应链竞争，美西方国家对新疆棉的抵制，我国纺织出口面临较大压力。

（一）全球棉花供应量减少

根据美国农业部发布2024年2月全球棉花供需预测月报数据显示，2023/2024年度全球棉花消费量2448.6万吨，较2023年同期上调39.2万吨；全球棉花产量缩减至2456.4万吨，较上一年度下调33.8万吨，同比下跌1.4%，全球棉花产大于需。从主产棉国看，美国产量270.6万吨，较2022年度下调49万吨，同比下跌15.3%，巴西产量317万吨，较2023年度上调28万吨，同比增长10%。印度产量小幅下跌，较2022年度下调10万吨，同比下跌2%；澳大利亚产量104.5万吨，较2023年度下调1.3万吨，同比下跌1.2%。全球期末库存1822.4万吨，较2023年度下调117.1万吨，同比下跌6%，库存消费比为74.4%。

（二）国内消费缓慢复苏

国家统计局数据显示，2023年全国限额以上单位消费品零售总额178563亿元，同比增长6.5%，其中，限额以上单位服装鞋帽、针纺织品类商品零售额同比增长12.9%，纺织行业利润总额同比增长7.2%。2023年规模以上纺织企业工业增加值同比下降1.2%，营业收入47009亿元，同比下降0.8%；利润总额1802亿元，同比增长7.2%。规模以上企业纱、布、服装产量同比分别下降2.2%、4.8%、8.7%，化纤产量同比增长10.3%。2023年全年我国棉纱线进口量169万吨，同比增长43.4%（图4）。

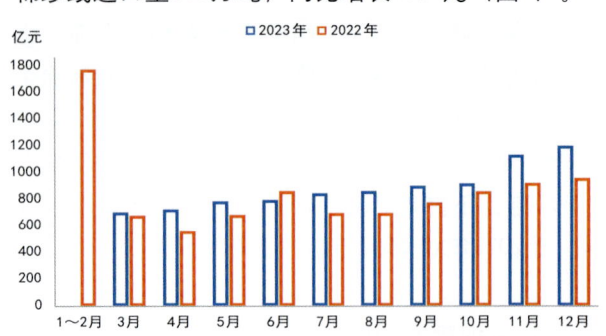

图4 2022年、2023年服装类商品零售类值情况

资料来源：国家统计局

（三）纺织品服装出口企稳向好

2023年以来，全球经济复苏缓慢，受地缘政治冲突等因素影响，国际市场需求不振，加上美西方国家制裁新疆棉的影响进一步加大，我国对美欧等传统贸易地区纺织品服装出口大幅回落，贸易内热外冷特征明显。

据中国海关统计数据，2023年纺织服装累计出口额2936.4亿美元，下降8.1%，其中纺织品出口额1345亿美元，下降8.3%，服装出口额1591.4亿美元，下降7.8%。12月，纺织服装出口额252.7亿美元，增长2.6%，环比增长6.8%，其中纺织品出口112.1亿美元，增长3.5%，环比增长0.8%，服装出口140.7亿美元，增长1.9%，环比增长12.1%。12月纺织服装出口252.7亿美元，同比7个月后再次转为正增长，增幅为2.6%，环比增长6.8%，出口逐步走出低谷，企稳向好（图5）。

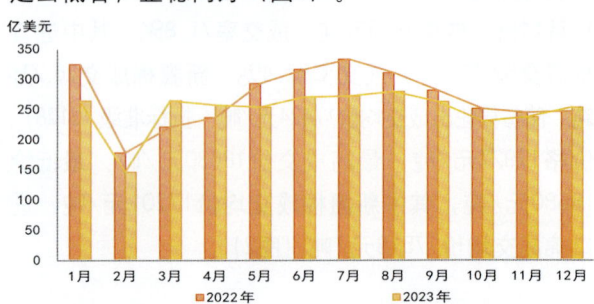

图5 2022年、2023年纺织品服装出口金额情况

资料来源：中国海关

三、2023年国内外棉花价格情况

2023年国内棉价逐步回升，价格先涨后跌，整体运行好于2022年，国际棉花价格受宏观因素影响角度，棉价震荡中下跌，走势弱于国内棉价，国内外棉价差倒挂由负转正。

（一）国内棉价先涨后跌

2023年，国内棉价先涨后跌，年初中国棉花价格指数（CCIndex3128B）延续上年底走势缓慢回升，1月3日全年最低点为15050元/吨。随着国内经济数据表现向好，市场预期增强，原料需求回升，国内棉价持续上涨，9月4日达到全年最高点为18433元/吨，随后受新棉上市、宏观调控等多种因素影响，棉价逐步回落，全年平均价格为16767元/吨，同比下跌10.8%（图6）。

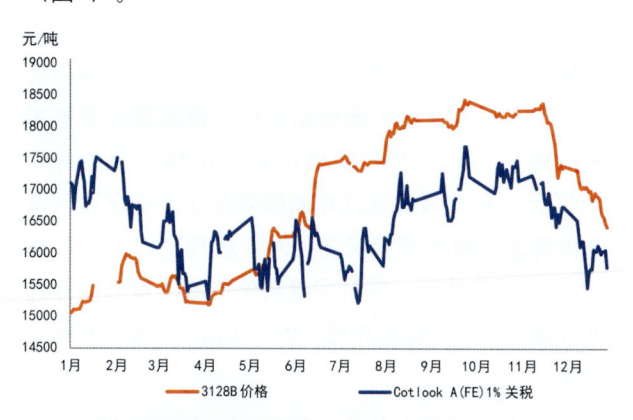

图6 2023年国内外棉花价格走势变化情况

资料来源：中国棉花协会、Cotlook网站

（二）郑棉期货成交量先跌后涨

2023年国内期货价格震荡运行，在新棉减产预期强烈的影响之下期货价格震荡上涨，储备棉销售以及配额发放缓解了供给紧张局面，叠加新棉上市，原料充足，纺织订单减少，期货价格再度回落（图7）。

郑商所棉花主力合约全年日均成交量45.6万手，比2022年增长9.9万手，同比上涨27.7个百分点，最高单日成交量20.5万手。年末主力合约结算价格为15550元/吨，较年初高1325元/吨，全年均价为15802.8元/吨，同比下跌9.6个百分点，其中最高价17785元/吨，最低价13845元/吨。

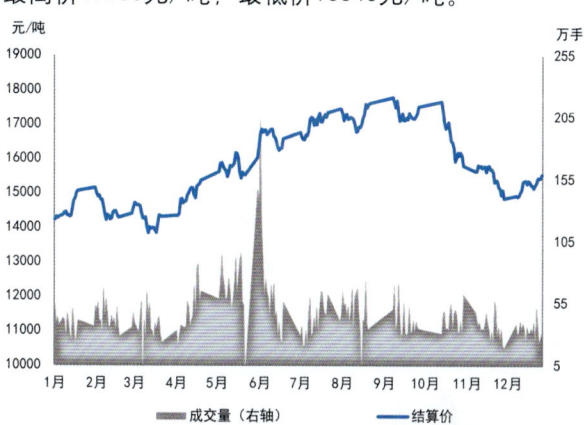

图7 2023年郑棉期货主力合约量价图

资料来源：郑州商品期货交易所

（三）收购价格高于同期

2023年新棉收购期间，收购市场基本稳定，加工企业理性经营，秩序正常，未出现抢收现象，籽棉价格高开低走，总体高于去年同期，全国平均收购价格为7.62元/千克，同比上涨25%；其中，新疆均价为7.62元/千克，同比上涨28%，内地均价为7.96元/千克，同比上涨2.5%。截至2024年1月31日，新棉交售基本结束，全国加工总量约为557.9万吨，同比增长9.8%。分区域看，新疆累计加工棉545.6万吨，内地棉加工总量为12.3万吨（图8）。

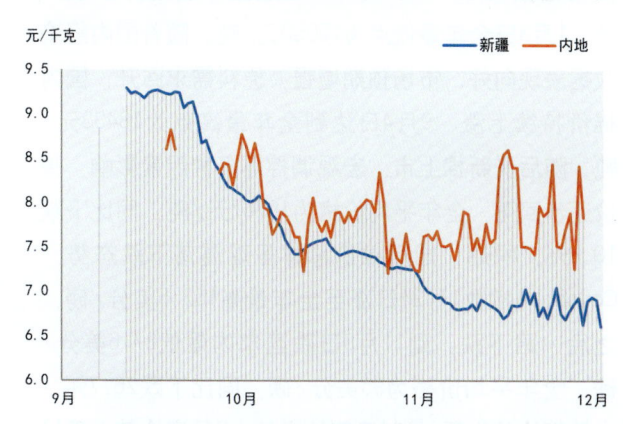

图8 2023年新疆与内地棉花收购价格走势图

资料来源：中国棉花协会

（四）国际棉价震荡运行

2023年，国际棉价震荡下跌。2023年美联储共加息4次，全球经济复苏不确定性增强，国际市场因美国通胀压力加大，经济衰退担忧加剧，大宗商品市场震荡等因素影响，整体运行弱于2022年。Cotlook A指数1月24日涨至全年最高102.5美分/磅，之后一路下跌，到11月9日跌至年内最低87.6美分/磅，全年平均价格为95美分/磅，同比下跌26.7%。ICE近期合约全年均值为82.9美分/磅（图9）。

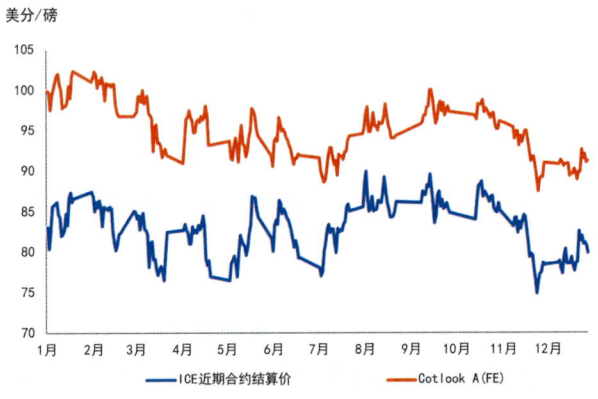

图9 Cotlook A指数与ICE近期合约结算价格走势图

资料来源：Cotlook官网、中国棉花信息网

（五）内外棉价差由负转正

2023年，内外棉价差由负转正，年初中国棉花价格指数（CCIndex3128B）延续上年底走势缓慢回升，1月3日全年最低点为15050元/吨。随着国内经济数据表现向好，市场预期增强，原料需求回升，国内棉价持续上涨，9月4日达到全年最高点为18433元/吨，随后受新棉上市、宏观调控等多种因素影响，棉价逐步回落，全年平均价格为16767元/吨，同比下跌10.8%。同期，国际棉价总体呈现震荡下跌态势，Cotlook A指数1月24日涨至全年最高102.5美分/磅，之后一路下跌，到11月9日跌至年内最低87.6美分/磅，全年平均价格为95美分/磅，同比下跌26.7%。内外棉价差也于4月24日倒挂逆转，6月底价差一度扩大至2000元以上，年末价差约350元（图10）。

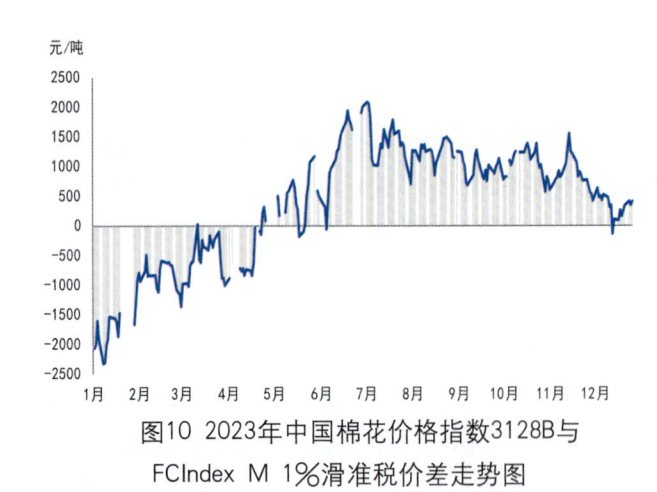

图10 2023年中国棉花价格指数3128B与FCIndex M 1%滑准税价差走势图

资料来源：中国棉花协会

四、2023年棉花供需宏观环境

（一）棉花目标价格政策

2023年4月14日，国家发改委、财政部发布《关于完善棉花目标价格政策实施措施的通知》，经国务院同意，在新疆继续实施棉花目标价格政策并完善实施措施：2023～2025年棉花目标价格水平为每吨18600元；统筹考虑近几年新疆棉花生产情况以及当地水资源、耕地资源状况，对新疆棉花以固定产量510万吨进行补贴；同时完善实施措施，着力提升棉花质量，推进全疆棉花统一市场建设，完善配套制度安排。

（二）棉花进口管理政策

2023年7月20日，发改委发布关于2023年棉花关税配额外优惠关税税率进口配额申请有关事项的公告，为保障纺织企业用棉需要，经研究决定，发放2023年棉花关税配额外优惠关税税率进口配额，本次发放棉花非国营贸易进口滑准税配额75万吨，不限定贸易方式。

（三）2023年中央储备棉销售顺利进行

2023年7月31日～11月14日，为促进棉花市场平稳运行，有关部门组织销售了部分中央储备棉，实际成交88.5万吨，成交率71.8%，其中新疆棉成交26.2万吨，进口棉成交62.3万吨。储备棉轮出成交均价17424元/吨，折标准级（3128）价格17927元/吨，最高成交价18630元/吨，最低价15680元/吨。

（四）四部门印发《纺织工业提质升级实施方案（2023—2025年）》

6月29日国务院召开常务会议，审议通过《关于促进家居消费的若干措施》，就促进家居消费部署相关举措。会议指出，家居消费涉及领域多、上下游链条长、规模体量大，采取针对性措施加以提振，有利于带动居民消费增长和经济恢复。要打好政策组合拳，促进家居消费的政策要与老旧小区改造、住宅适老化改造、便民生活圈建设、完善废旧物资回收网络等政策衔接配合、协同发力，形成促消费的合力。

2024年棉花市场展望

2024年促消费、扩内需政策多管齐下，内销市场将持续改善，纺织出口形势仍不明朗。2024年1月以来，国际棉价快速攀升，内外棉价格再度呈现倒挂，在美西方限制新疆棉的背景下，纺织行业复苏存在不确定性，企业对棉价上涨承受能力有限，棉价上涨压力较大，短期内价格以窄幅振荡为主。企业应该密切关注国际、国内政治经济环境及政策变化，应把稳健经营、防控风险放在首位，同时应适应棉花产业高质量发展趋势。

2024年2月，全国新棉收购、加工基本结束。由于宏观调控政策出台及时，节奏把控得当，市场各方经营相对理性，新棉收购市场运行总体平稳，平均收购价格有较大幅度上涨，中国棉花协会预测：2024年全国植棉意向面积为4088万亩，同比下降1.5%。

（撰稿人：胡高帆）

2023年涤纶市场回顾及2024年展望

浙江华瑞信息资讯股份有限公司

聚酯原料类

一、PX（对二甲苯）市场

（一）2023年PX市场运行回顾

2023年布伦特原油期货均价在82.2美元/桶，现货均价在82.6美元/桶，分别同比2022年下跌17.0%和18.5%；同期WTI原油期货在77.6美元/桶，现货均价为77.8美元/桶，分别同比下跌17.4%、17.7%。2023年，俄乌战争对原油价格影响明显减弱，另外发达国家持续性的货币紧缩政策引起全球陷入经济衰退的担忧，需求疲软对油价造成阶段性打压。与此同时，主要产油国组织OPEC+年内多次减产措施为油价托底。

2023年，石脑油价格依旧受到供应端持续增加的供应压力和下游需求疲软的拖累，尽管有调油需求阶段性的支撑，但整体价格走势仍较弱，年均价在649美元/吨CFR附近，同比下跌18.7%。CFR石脑油效益（与Brent期货价差）同比大幅降低18.4%至31美元/吨（图1）。

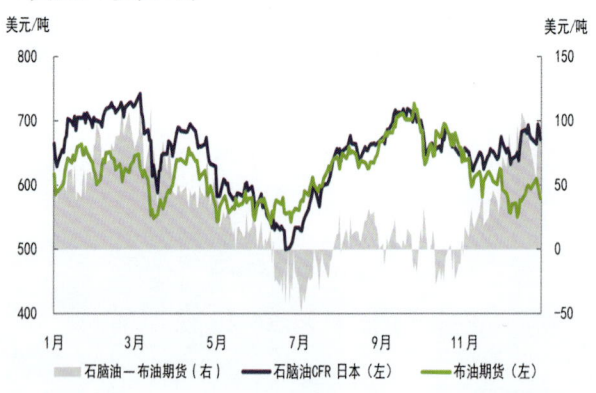

图1 2023年原油和石脑油的价格及两者价差
资料来源：华瑞信息（CCF）

2023年从PX绝对价格来看，最低在1月4日的940美元/吨CFR，最高在9月15日的1160美元/吨CFR。PX年均价为1038美元/吨CFR，同比下跌5.9%。2023年PX价格波动幅度较2022年明显放缓。全年来看，PX价格震荡为主（图2）。

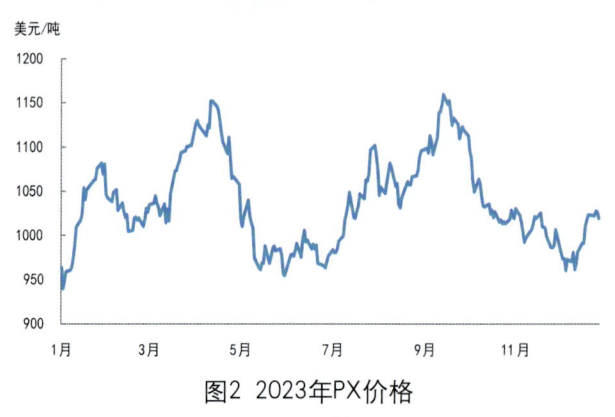

图2 2023年PX价格
资料来源：华瑞信息（CCF）

2023年PX效益进一步扩大（主要指PX和石脑油价差），达到2019年以来的最高水平。全年来看，PXN年均值为389美元/吨，同比增长21.9%。从绝对值看，PXN最低在2月底的283美元/吨，而最高在三月中下旬，达到484美元/吨（图3）。

图3 2023年PX和石脑油价格及两者价差
资料来源：华瑞信息（CCF）

（二）2023年PX供需情况

至2023年底，中国大陆PX的产能在4367万吨，增速21.4%。2023年国内PX产量在3366万吨，增速在36.1%。2023年国内PX进口量约910万吨，同比下降近14%，进口依存度下降9个百分点至21%左右。2023年中国大陆仅在6月出口PX 1万吨和12月19吨，较2022年同期骤降近6.9万吨。

（三）2024年PX市场展望

预计2024年PX价格重心和市场供需的核心矛盾都与2023年类似，PX绝对价格以上半年呈现由弱及强，下半年从强到弱的走势为主。PX绝对价格变动核心仍然在于油价的涨跌，而加工差波动的主要影响因素仍然来自调油市场的需求变动。

二、PTA（精对苯二甲酸）市场

（一）2023年PTA市场运行回顾

2023年，PTA价格呈M型走势。年初PTA和PX新装置投产供需逐渐承压，价格低位震荡，3月开始PX装置检修落地以及调油扰动，聚酯负荷回升，PTA价格震荡上涨，4月随着原油减产消息提振，PTA价格冲高，随后由于原料成本高企，聚酯下游逐渐负反馈，原油下跌导致PTA价格再次回落。下半年，因沙特延长减产时间，原油低位上涨，加之PX供需偏紧PXN维持在高位，PTA成本支撑下价格跟涨。四季度，PTA价格跟随PX震荡走弱（图4）。

图4 2023年PTA内外盘现货价格

资料来源：华瑞信息（CCF）

据华瑞信息（CCF）数据，2023年PTA内盘均价为5852.87元/吨，同比下降3.4%。2023年PTA美金均价为777.81美元/吨，同比下降7.8%。

2023年，国内PTA加工差平均值为286.03元/吨左右（按照汇率卖出价计算），相较于2022年的439.29元/吨，下降153.26元/吨左右，降幅达到34.9%，PTA企业亏损幅度扩大（图5）。

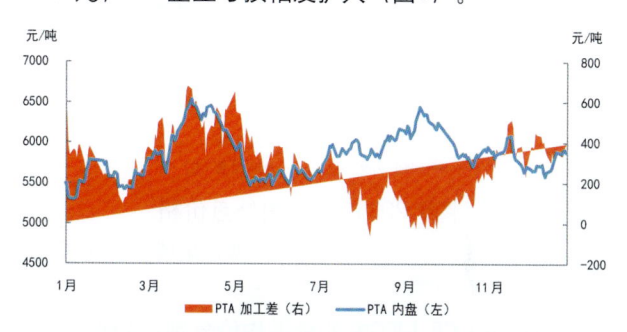

图5 2023年PTA内盘加工差

注 内盘生产价差按照0.656×PX×1.02×1.13×汇率卖出价核算加工费。

资料来源：华瑞信息（CCF）

（二）2023年PTA供需情况

截至2023年底，中国大陆PTA产能8061.5万吨，同比增加16.4%。2023年国内PTA产量6422万吨附近，进口总量（PTA+QTA）2.7万吨，出口351万吨，表观需求量约6073.8万吨。2023年PTA社会库存积累，全年累库在46万吨附近。

（三）2024年中国PTA市场展望

2024年PTA仍处于产能投扩周期，预计有450万吨的产能新投计划，产能增速下降至6%附近。2024年PTA的效益仍然以低位维持为主，不过考虑聚酯长丝景气度回升，随着下游改善，PTA加工差或同比向好。

三、MEG（乙二醇）市场

（一）2023年MEG市场运行回顾

2023年MEG价格区间整理，整体波动性下降明显。

新装置投产多集中于年初与年底，年内大部分时间供应相对平稳，上下驱动有限，乙二醇绝对价格箱体震荡为主，整体重心低位盘整（图6）。

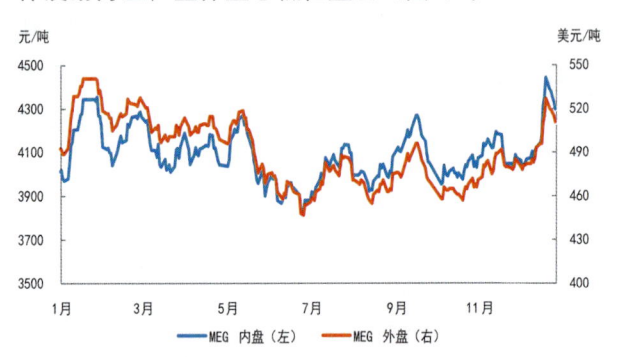

图6 2023年MEG内外盘价格

资料来源：华瑞信息（CCF）

2023年CCF MEG内外盘平均价分别在4084.41元/吨、488.63美元/吨，同比分别下跌455.4元/吨、82.01美元/吨。

2023年石脑油制乙二醇外盘现金流持续亏损，平均现金流在-187美元/吨，较2022年上升29美元/吨；2023年乙烯制乙二醇外盘平均现金流约为-127美元/吨，较2022年亏损减少20美元/吨附近；2023年甲醇制乙二醇现金流持续处于亏损状态，全年现金流为-1662元/吨，较2022年亏损收缩55元/吨附近。

（二）2023年MEG供需情况

截至2023年底，中国大陆MEG企业总产能达2792.5万吨，产能增幅13%。2023年国内MEG产量为1678万吨，同比增加23%；进口总量为714万吨，同比减少5%；出口量为10万吨，同比增加150%；表观需求量约2382万吨。2023年MEG供需格局为小幅过剩，整体在10万吨附近。

（三）2024年MEG市场展望

2024年国内MEG产量增速预计回落，不过绝对量仍能维持不小的增长幅度。主要的增长点来自于国内共计230万吨的新增产能，存量装置增量相对有限。从价格的角度来看，预计2024年乙二醇均价重心较2023年将有所提升，但是整体幅度不会太高，期间也需要关注基本面跟意外事件的叠加可能。

聚酯产品类

截至2023年底，国内聚酯产能达到7984万吨，同比增长13.0%。2023年聚酯平均负荷在84%左右（聚酯负荷=当年聚酯产量/当年聚酯产能），同比提升2个百分点。2023年全国聚酯产量在6716万吨左右，同比增长16.4%。从2023年新增聚酯产能的产品结构来看，涤纶长丝仍然是投产量最大的品种，但是与往年相比，份额有所下滑，主要是瓶片装置投产开始加速，其中配套涤纶长丝和瓶片的装置分别占总新投产聚酯产能的43%和41%，其余产品分别为切片、短纤和薄膜。

一、聚酯切片市场

（一）2023年聚酯切片市场运行回顾

2023年，聚酯切片价格呈扁M型走势，高低价波动区间较2022年明显缩窄。3月中下旬，随着美硅谷银行风波逐渐平息，国际油价低位反弹，同时上游PX、PTA供应偏紧格局发酵，带动聚酯原料成本快速抬升，切片价格跟随成本逐步上移，4月初涨至7200元/吨上方，此后由于终端需求疲软，下游减停产增加，切片价格逐步回落；下半年，原油市场进入明显上行格局，聚酯成本端震荡抬升，切片价格上涨至7300元/吨上方，创下年内新高，但此后随着原油基本面走弱，聚酯成本端逐渐缺乏支撑，切片市场再度进入下行通道（图7）。

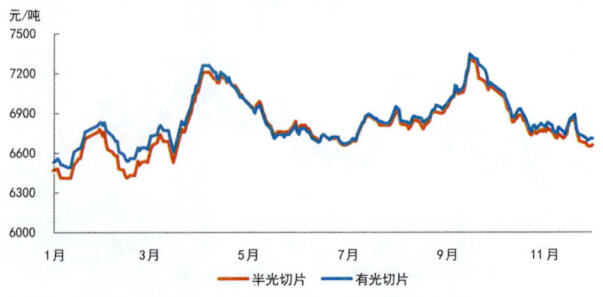

图7 2023年聚酯切片现货价格

资料来源：华瑞信息（CCF）

据CCF价格指数，2023年半光切片均价为6788元/吨，同比下跌4.7%；有光切片均价为6823元/吨，同比下跌6.1%。

2023年，聚酯切片加工差总体处于良性区间，但不同产品间表现有所分化，半光切片加工差较2022年小幅提升，有光切片加工差反而明显回落。2023年，半光切片平均加工费在428元/吨，较2022年扩大11元/吨，有光切片平均加工费在463元/吨左右，较2022年减少98元/吨。

（二）2023年聚酯切片供需情况

2023年聚酯切片市场新增产能较多，纯切片和侧切片均有不少增量，不过考虑到部分老装置产能退出市场以及部分新装置配套纺丝后暂停生产切片，2023年底国内聚酯切片总产能在950万～970万吨（因侧切片产量可调剂，聚酯切片无明确产能数据），产能较2022年明显增长。

（三）2024年聚酯切片市场展望

2024年，国内外经济环境仍然面临挑战，市场不确定因素较多，聚酯行业景气度回升依赖于整体需求的复苏。对于聚酯切片而言，供应端明确存在增量预期，而需求端暂时看不到大幅增长的可能，切片市场供需明显承压。

二、聚酯瓶片市场

（一）2023年聚酯瓶片市场运行回顾

2023年聚酯瓶片行业迎来了集中投产期，新产能的供应冲击是行业面临的主要问题。而需求增量却十分有限，一方面是国内需求复苏疲软，另一方面是海外加息周期下全球需求受到了不同程度的抑制。供需矛盾不断激化使得行业开启了一轮投产－亏损－减产之路。2023年聚酯瓶片市场价格先扬后抑，市场重心较2022年回落（图8）。

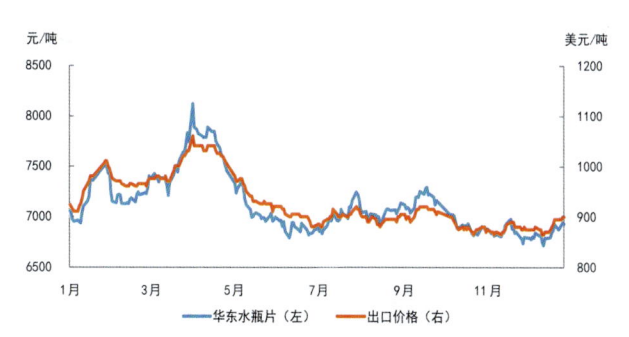

图8 2023年华东聚酯水瓶片和FOB中国出口价格
资料来源：华瑞信息（CCF）

据CCF指数，2023年华东水瓶片均价在7115.43元/吨，出口均价在927.29美元/吨FOB上海港，同比分别下跌12.9%和15.8%。2023年内盘最高价格指数在8122元/吨，最低在6740元/吨；外盘最高价格指数在1315美元/吨FOB上海港，最低价格指数865美元/吨FOB上海港。

据CCF统计，2023年聚酯瓶片内外盘平均加工差分别为755元/吨和100美元/吨，同比分别下滑49%和48%。部分装置因规模效益、设备技术更新、人工以及能源等成本偏低，单位生产成本压缩至较低水平，仍有一定获利空间，但十分有限。

（二）2023年聚酯瓶片供需情况

截至2023年底，国内聚酯瓶片有效年设计产能达到1661万吨，同比增长34.9%。2023年聚酯瓶片年产量为1310万吨附近，同比增长13.7%；内需在756万吨附近，同比增长5.1%；出口在455万吨附近，同比增5.6%，年末社会库存在169.7万吨附近，同比增长69万吨附近。

（三）2024年聚酯瓶片市场展望

2024年，国内瓶片新产能投放仍较多，投产计划近600万吨附近。不过部分企业可能会因行业供需面变化，工程进度等原因出现计划延迟、搁置或取消。但总的来说，2024年聚酯瓶片行业供需格局将继续面临较大考验，部分装置或出现淘汰或更替。从工厂效益来看，考虑到上游原料成本预计继续维持低位附近震荡，且后期供应压力下抬升幅度预计受限，2024年在新产能投放预期下，聚酯瓶片的整体利润状况预计维持低位区间震荡为主。

三、涤纶长丝市场

（一）2023年涤纶长丝市场运行回顾

2023年，虽然海外纺服处于去库存期，对涤丝需求有一定利空，但与此同时，涤丝直接出口良好，以及国内新冠病毒疫情因素消退后需求修复，对涤丝需求形成进一步利好。因此，虽然年内涤丝新增产能较大，但库存压力整体不及2022年，价格整体跟随成本端运行为主。2023年涤纶长丝价格全年来看，整体呈现出中间高、两边低的区间震荡走势，和前几年价格相比，2023年涤丝价格波峰和波谷的价差缩小，价格波动性走弱（图9）。

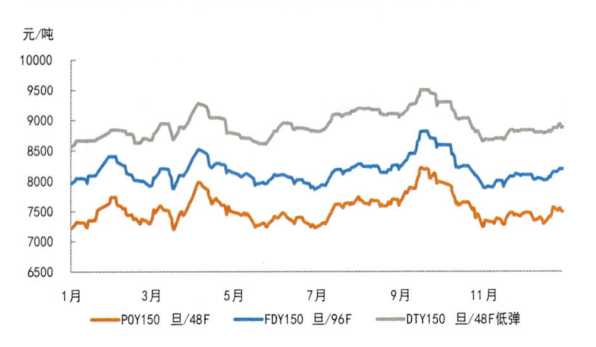

图9 2023年涤纶长丝价格

资料来源：华瑞信息（CCF）

据CCF价格指数，2023年，半光POY150旦/48F、FDY150旦/96F、DTY150旦/48F低弹年均价分别在7527元/吨、8156元/吨、8917元/吨，较2022年分别下跌299元/吨、186元/吨、289元/吨。

聚酯熔体投料成本来看，2023年熔体投料成本平均在6360元/吨，较2022年下跌342元/吨。2023年涤丝前纺POY150旦/48F、FDY150旦/96F均价跌幅不及熔体成本跌幅，前纺加工差环比有所改善；后纺DTY的加工差波动不大，2023年均值较2022年小升10元/吨。

（二）2023年涤纶长丝供需情况

截至2023年底，涤纶长丝产能为5168万吨，同比增长8.0%。2023年，国内涤纶长丝产量在4060万吨，同比增加22.7%。2023年，国内涤纶长丝进口量在6.64万吨，同比下降21.1%；出口量在398.98万吨，同比增长20.7%；净出口量在392.34万吨，同比增长21.8%；国内涤丝表观消费在3668万吨左右，同比增加22.8%，处于历史高位。

（三）2024年涤纶长丝市场展望

从供应端来看，经过2023年投产高峰期后，未来几年涤纶长丝投产将进入低谷期，其中2024年新增产能预期在116万吨附近。从需求端来看，2024年纺服终端内需增速预期回落，外贸增速结构性回升，而涤丝的直接出口上，预计增速也会放缓。

总体来说，2024年涤纶长丝产业供需格局有望改善，行业景气度或继续适度走高。不过，最终还是依赖于2024年需求的增长。在2023年已经偏高的产量和产能基数下，2024年涤纶长丝市场竞争性依旧较强，产量增量和效益回升量是工厂需要做一定取舍的地方。

四、直纺涤纶短纤市场

（一）2023年直纺涤短市场运行回顾

2023年直纺涤短价格波动明显较2022年减缓，整体在7000~8000元/吨区间在震荡，低位在年初，高位出现在9月中附近，年均价在7393元/吨，较2022年下降396元/吨（图10）。

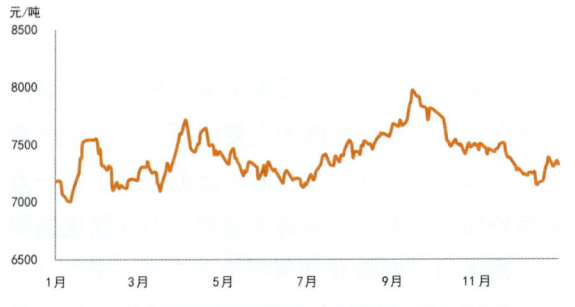

图10 2023年半光1.4旦直纺涤短价格

资料来源：华瑞信息（CCF）

2023年直纺涤短平均加工差为953元/吨，较2022年下降53元/吨。一季度，因原料上涨而下游跟涨乏力，直纺涤短加工差被逐步压缩；4~5月，行业降负及原料回落情况下，加工差逐步恢复；年中，加工差整体维持区间盘整；10月初，因原料跌幅较快，加工差出现短暂扩大；随后，下游需求逐步转弱，短纤库存压力下，加工差再次逐步压缩。

（二）2023年直纺涤短供需情况

截至2023年底，国内直纺涤短产能在943万吨，同比增加4.8%。2023年，直纺涤短产量大增至770万吨，增速12.4%；国内未梳涤纶短纤出口总量为120.5万吨，同比增加21%；涤纶短纤进口量为10万吨，同比增加11%；结合库存方面来看，2023年年底较年初增加1.5天，因此综合评估，2023年国内直纺涤短表观供应量为680.6万吨，较2022年增加79万吨左右。

（三）2024年直纺涤短市场展望

从供应端来看，预计2024年新投产能在80万吨，因此供应量依旧不容小觑。而2024年终端需求中，国外存在补库需求，国内因2023年增长较大，2024年需求增速放缓。整体而言，2024年直纺涤短市场投扩压力依然存在，产品结构性差异明显，工厂、贸易商利用期货、期权工具来进一步增强自身的竞争力。

（撰稿人：王伟飞　何玲莉　孔令方）

2023年全球羊毛市场回顾

2023年是中国社会生活、经济重返常态的"拐点之年"。但是，全球"灰犀牛"事件频发，地缘政治局势复杂演变，通胀压力缓慢回落，全球经贸活动放缓叠加货币环境收紧、能源和金融市场波动加剧、大国博弈等多重风险因素，全球羊毛市场面临较为复杂的运行环境，在曲折中努力复苏前行。

澳大利亚羊毛市场

澳大利亚羊毛产量预测委员会确认2022/2023年度羊毛产量为32.8万吨（含脂毛），与2021/2022年度的产量相比增长1.3%（图1）。主要羊毛产区的优良气候条件从四月起一直持续到2022/2023年度末。2023/2024年度羊毛产量的第二次预测为32.4万吨（含脂毛），较此前预测减少1.1%。预计绵羊数量将保持相对稳定，为7210万只，同比增长0.8%。

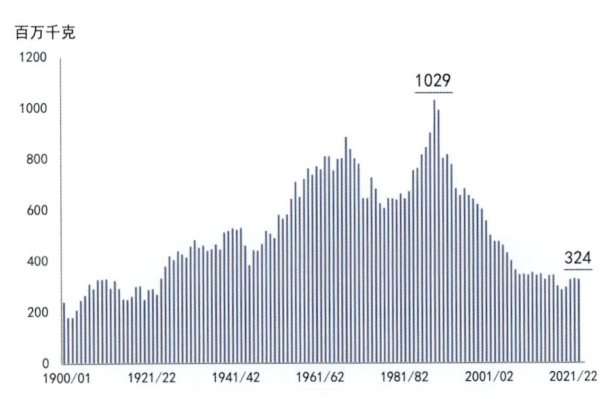

图1 澳大利亚羊毛产量走势变化情况
注 2023/2024年度为预测值。
资料来源：澳大利亚羊毛交易所AWEX

2023年初，澳洲供应商对中国市场预判向好，总体供应量、平均成交率均高于2022年同期。春节

南京羊毛市场

假日期间，中国买家也积极关注好型号羊毛以采购备货。但全球经济复苏远不及预期，通胀压力及地缘政治风险抑制消费信心，中国毛纺织行业的订单和需求受到冲击，羊毛采购越发谨慎，市场价格从2023年2月的高位之后震荡下行，尤其是细支毛跌幅较大，90支以细价格跌幅超20%~25%。此外，为了更好地管控化学品在羊毛纤维加工过程中的污染问题，推进可持续发展，欧盟制定了《关于化学品注册、评估、许可和限制的法规》，对中国毛纺织企业今后一段时间生产接单及质量保障提出了更高要求。

截至2023年12月，澳大利亚东部市场指数（EMI）澳元价收于1212澳分/千克，同比下跌8.7%，美金价收于814美分/千克，同比下跌10.4%，与2023/2024年度首拍相比分别下跌9.1%、11.6%（图2）。

图2 澳大利亚东部市场指数（EMI）走势
资料来源：澳大利亚羊毛交易所AWEX

2023年，澳大利亚羊毛拍卖总供应量194.1万包，较2022年增加10.2万包，同比增长5.6%，年平均成交率89%，高于2022年水平（图3）。

原料供求

图3 2023年澳大利亚羊毛供应量及成交情况

资料来源：澳大利亚羊毛交易所AWEX

图4 新西兰粗支毛价格指数走势

资料来源：新西兰国际羊毛有限公司

新西兰羊毛市场

2023年2月，受飓风"加布里埃尔"极端天气影响，新西兰北岛的吉斯伯恩和霍克湾地区许多牧场、牧民和社区受到冲击，洗毛厂灾情较为严重，恢复和重建导致新西兰洗净毛的交货时间有所延长，供应一度发生波动。

2023年新西兰羊毛的市场需求仍然呈现了稳步恢复态势，粗支羊毛消费需求有所提振，主要原因有三方面：一是2023年初国内新冠病毒疫情防控转段，旅游业快速回暖，带动了酒店羊毛地毯等产品需求增长。二是近年来羊毛被作为毛制家纺产品的市场关注度和认可度迅速提升，羊毛被消费平稳扩大。三是扩版女装"小香风"保持了较好的市场热度，也在一定程度上提升了羊毛服装面料需求。在需求端多重因素共同推动下，2023年新西兰羊毛价格稳中有增。

2023/2024年度，新西兰采用了新的市场指数系统，数据统计中纳入了许多非标和非主流品种（图4）。2023年7月第一次开拍后，粗支毛价格指数收于247新分/千克，远低于2022/2023年度收市价格指数。2023年底新西兰粗支杂交毛价格指数收于266新分/千克。2023年1~12月拍卖总供应量39.7万包，年平均成交率83.1%。

从主流羊毛品种的美金价走势来看（图5），目前T107、T121、T128、T730洗净毛价格同比分别上涨15.6%、15.6%、13.3%、20.8%，但环比2023年11月，各品种环比略有回调。

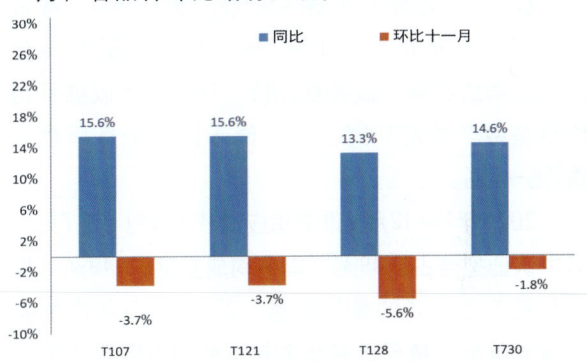

图5 新西兰粗支毛主要品种价格涨跌情况
（以美元计价）

资料来源：南京羊毛市场

南非羊毛市场

2023年南非羊毛市场走势变化情况与澳洲市场保持一致，2023年南非拍卖价格整体呈现先上涨后震荡下行的走势。年初随着中国市场消费的回暖，拍卖价格持续走高，并在2023年2月8日达到本年度的最高点，开普羊毛市场的认证羊毛指数达到了196.45兰特/千克，非认证羊毛指数达到183.89兰特/千克（图6）。

219

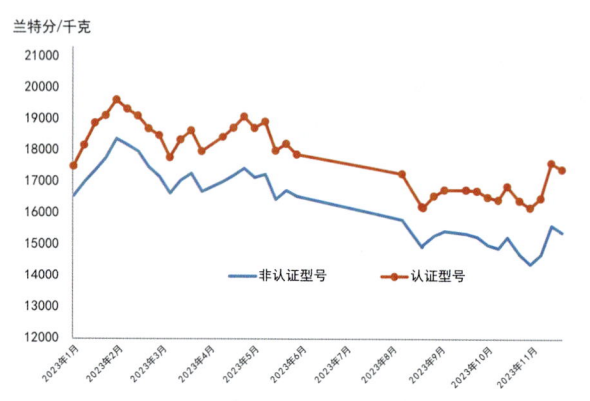

图6 南非羊毛认证型号与非认证型号平均价格指数

资料来源：南非羊毛局

但是复杂的国际形势和疲弱的国内外市场需求，积极向上的趋势并没有持续多久，跌幅主要出现在细支羊毛上。以兰特计价，18.5微米以细平均拍卖价格指数较2022年度下跌3%~9.5%，但19.5~22微米平均拍卖价格指数则上涨2%~15%。受兰特兑美元汇率的影响，以美金计价，18.5微米以细平均价格指数下跌超10%，19.5微米以粗价格指数下跌2%~6%。

2023年1~12月南非总供应量31.6万包（图7），其中认证型号占比49%，年平均成交率92.49%。根据开普羊毛市场的最新数据，2023/2024年度拍卖的南非羊毛产量预计将比去年（4.14万吨含脂毛）略有下降。

图7 2023年南非羊毛认证型号与非认证型号供应情况

资料来源：南非羊毛局

南非马海毛市场

2023年南非马海毛需求相对平稳，除花式纱用量较多之外，面料用总体偏少。在此形势下，2023年南非马海毛市场订单下跌20%~50%，价格下行行情较为明显。南非马海毛市场平均价格指数收于330.28兰特/千克（图8），同比基本持平。再从各品种的拍卖情况来看，除青年马海毛（28~32微米）拍卖价同比下跌7.21%，其他各品种同比略涨。

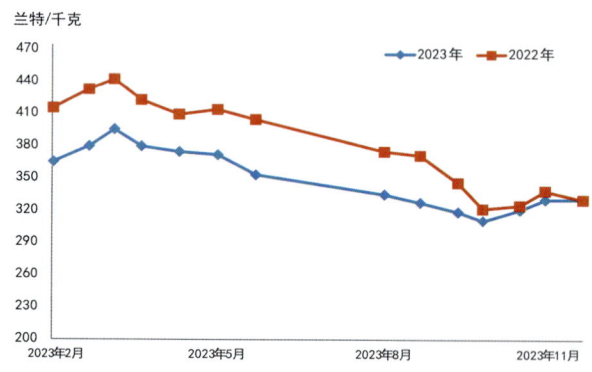

图8 南非马海毛拍卖场平均价格指数

资料来源：南非马海毛协会

2023年1~12月，南非马海毛供应总量为1831.8吨，其中83%为RMS（责任认证马海毛）型号，年平均成交率88.22%。

中国羊毛市场

2023年以来世界经济复苏势头不稳，中国毛纺织企业也面临各方面的压力。从羊毛市场走访调研的情况来看，多数中小型毛纺织企业普遍面临着需求不足、外贸环境复杂、生产成本高企等多重经营压力。在此背景下，2023年中国毛纺产品出口形势持续承压，总体呈现先升后降态势。

根据中国海关数据，2023年1~11月，中国出口毛纱17332吨，同比下跌2.4%，其中羊毛含量≥85%的毛纱出口量12382吨，同比略跌0.4%。从不同阶段来看，1~5月毛纱出口在终端需求恢复及上一年较低基数因素共同作用下实现强势复苏。但进入6月之后，国际市场需求疲弱态势逐步体现，毛纱出口增速明显回落，11月毛纱（羊毛含量≥85%）出口量同比下滑32.5%，毛纱（羊毛含量＜85%）出口量同比下滑35.8%。一方面受人力成本高企、贸易环境波动等多重因素影响，部分出口加工订单转移到东南亚国家；另一方面由于欧美需求减弱，导致国外采购商削减库存，减少订单下达。

毛纺面料的出口也大同小异。2023年1~11月，中国出口羊毛精纺面料1888万米，同比下跌18%。其中精梳毛含量≥85%的机织物出口674万米，同比下跌27.8%，精梳毛含量＜85%与纤维混纺机织物出口1214万米，同比下跌11.3%。

粗纺面料出口呈现明显上升态势。2023年1~11月中国出口粗纺面料1322万米，同比增加9.6%，尤其是2023年8月开始粗纺面料（粗梳毛含量≥85%的机织物）出口同比大幅增长三倍之多。虽然2023年以来我国对欧美、日韩出口基本是同比下跌，但东盟"一带一路"国家，几乎出现成倍增长，实现了贸易网络多元化。在全球贸易放缓的背景下，我国毛纺企业"失之东隅，收之桑榆"，"一带一路"的合作对加强毛纺企业出口的韧性以及抗冲击能力非常重要。外贸企业应积极把握高质量共建"一带一路"进入新阶段的历史性机遇，开拓多元化国际市场，努力创造更多贸易增量。

国内内销方面，2023年"双十一""双十二"消费偏于平淡，毛纺产品需求较往年偏弱。但在11月末国内大规模寒潮天气来临这一因素影响下，保暖内衣、毛衣、羽绒服等御寒产品消费快速增长，形成短期内刚性支撑。南京羊毛市场价格在经历前三季度逐步下行态势后，四季度实现企稳回升。2023年12月末，南京羊毛市场综合价格指数收于6127分/千克（图9），同比小幅下跌2.3%。

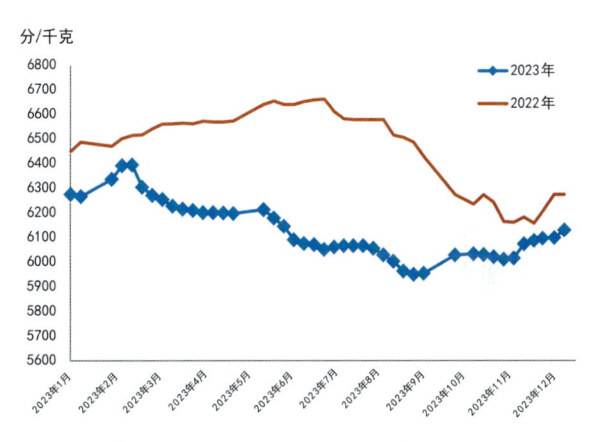

图9 南京羊毛市场综合价格指数（分/千克）

资料来源：南京羊毛市场

2024年，全球羊毛市场形势预计仍将错综复杂，国内外市场需求完全回暖仍需时日，年初地缘冲突加剧导致红海运输受阻，中国毛纺织企业保持平稳生产经营需谨慎研判市场行情，不断提升抗风险能力和发展韧性。

（撰稿人：蒋雅丽）

2023/2024 中国纺织工业发展报告

2023/2024 CHINA TEXTILE INDUSTRY DEVELOPMENT REPORT

统计资料

国内统计

国内统计数据资料详见表1~表9。

表1 2023年国民经济主要指标
Table 1 Main Indicators of National Economy in 2023

指标名称 Indicators	单位 Unit	数值 Value	比上年增长(%) Percentage Change over Previous Year
国内生产总值 GDP	亿元 100 million yuan	1260582	5.2
规模以上工业企业实现利润 Gained Profit of Enterprises above Designated Size	亿元 100 million yuan	76858	−2.3
其中：国有控股企业 State-controlling Enterprises	亿元 100 million yuan	22623	−3.4
全部工业增加值 All Industrial Added Value	亿元 100 million yuan	399103	4.2
其中：规模以上企业增加值 Added Value of Enterprises above Designated Size	亿元 100 million yuan		4.6
其中：国有控股企业 State-controlled Enterprises	亿元 100 million yuan		5.0
股份制企业 Stock Enterprises	亿元 100 million yuan		5.3
外商及港澳台投资企业 Foreign, Hong Kong, Macao and Taiwan Invested Enterprises	亿元 100 million yuan		1.4
私营企业 Private Enterprises	亿元 100 million yuan		3.1
其中：采矿业 Mining and Quarrying	亿元 100 million yuan		2.3
制造业 Manufacturing	亿元 100 million yuan		5.0
电力、热力、燃气和水的生产和供应业 Production and Distribution of Electricity, Heat, Gas and Water	亿元 100 million yuan		4.3
全社会完成固定资产投资 Total Fixed Assets Investment in the Whole Country	亿元 100 million yuan	509708	2.8
固定资产投资（不含农户） Fixed Assets Investment excluding Rural Household	亿元 100 million yuan	503036	3.0
全年社会消费品零售总额 Social Consumable Retail Total Amount	亿元 100 million yuan	471495	7.2
全国居民消费价格指数 National Residents' Consumption Price Index	上年=100	100.2	0.2

续表

指标名称 Indicators	单位 Unit	数值 Value	比上年增长(%) Percentage Change over Previous Year
全国居民人均可支配收入 National Residents' Disposable Income Per Capita	元 RMB YUAN	39218	6.3
其中：全国城镇居民人均可支配收入 National Urban Residents' Disposable Income Per Capita	元 RMB YUAN	51821	5.1
其中：全国农村居民人均可支配收入 National Rural Residents' Disposable Income Per Capita	元 RMB YUAN	21691	7.7
全年货物进出口总额 Imports and Exports Total Value	亿元 100 million yuan	417568	0.2
其中：出口总额 Export Total	亿元 100 million yuan	237726	0.6
进口总额 Import Total	亿元 100 million yuan	179842	−0.3
全年货物进出口差额 Favorable Balance of Imports and Exports	亿元 100 million yuan	57883	3.5
年末国家外汇储备 National Foreign Exchange Reserve	亿美元 USD 100 million	32380	3.5
广义货币供应量（M2）余额 Money Supply (M2) Balance in Broad Sense	万亿元 1,000 billion yuan	292.3	9.7
狭义货币供应量（M1）余额 Money Supply (M1) Balance in Narrow Sense	万亿元 1,000 billion yuan	68.1	1.3
流通中现金（M0）余额 Balance of Cash (M0) in Circulation	万亿元 1,000 billion yuan	11.3	8.3
金融机构本外币存款余额 Home and Foreign Currency Balance of Deposits of Financial Organization	万亿元 1,000 billion yuan	289.9	9.6
全国总人口 National Total Population	万人 10,000 persons	140967	−0.1
全年城镇新增就业人员 Urban Newly-increased Employees	万人 10,000 persons	1244	3.2
全国城镇调查失业率 National Urban Ivestigated Unemployment Rate	%	5.1	0.4（百分点）

表2　2023年纺织行业规模以上企业经济指标完成情况汇总表（不含纺织机械制造业）
Table 2　Main Indicators of Textile Enterprises above Designated Size in 2023 (Excluding Textile Machinery Manufacturing)

序号 Number	指标名称 Indicators	单位 Unit	本年累计 Current Year	去年累计 Previous Year	同比(%) Percentage Change over Previous Year
1	企业单位数 Number of Enterprises	户 household	36739	35494	
2	亏损企业数 Number of Loss-making Enterprises	户 household	7910	7630	
3	亏损面 Proportion of Loss-making Enterprises	%	21.53	21.50	0.03（百分点）
4	营业收入 Operating Revenue	万元 10,000 yuan	459590089	463242448	−0.79
5	营业成本 Operating Costs	万元 10,000 yuan	405548186	411041763	−1.34
6	销售费用 Sales Expenses	万元 10,000 yuan	9650398	9986538	−3.37
7	管理费用 Management Expenses	万元 10,000 yuan	16719514	16949836	−1.36
8	财务费用 Financial Expenses	万元 10,000 yuan	3815116	3561069	7.13
9	利润总额 Total Profit	万元 10,000 yuan	17240814	16163335	6.67
10	亏损企业亏损额 Total Loss of Loss-making Enterprises	万元 10,000 yuan	4164630	5169711	−19.44
11	资产合计 Total Assets	万元 10,000 yuan	456492296	443168349	3.01
12	其中：流动资产合计 Total Working Capitals	万元 10,000 yuan	252716722	246107678	2.69
13	其中：应收票据及应收账款 Trade and Bills Receivables	万元 10,000 yuan	58090959	56191432	3.38
14	存货 Inventory	万元 10,000 yuan	68863498	65907112	4.49
15	其中：产成品 Finished Goods	万元 10,000 yuan	36590164	34925904	4.77
16	负债合计 Total Liabilities	万元 10,000 yuan	267916177	255335859	4.93
17	出口交货值 Export Delivered Value	万元 10,000 yuan	57960800	64029558	−9.48

注　2023年，纺织行业规模以上企业主要经济指标根据国家统计局发布的纺织业、服装服饰业和化纤业数据加总。
Note　In 2023, the main indicators of enterprises above designated size in the textile industry have been aggregated according to the data of the textile industry, apparel industry and chemical fiber industry released by the National Bureau of Statistics.

中国纺织
CHINA TEXTILE
中国纺织工业联合会会刊

我们**关注**，中国纺织产业的每一步进程；

我们**汇聚**，纺织界的顶级资源；

我们**贯通**，纺织产业链的对话平台；

我们**分享**，纺织人的情怀故事；

我们**拓新**，为纺织企业提供决策指南。

Infocus
Collection
Connection
Sharing
Exploration
Innovation

纺织天下·强国版图

www.tex1951.com
010-85229015
zgfz530@126.com

新媒体矩阵号
微信 公众平台 | 视频号 | 中国纺织 CHINA TEXTILE | 中国童装 | 专精特新 | i尚·游
中国纺织官网 www.tex1951.com | 头条号 | 抖音 | 中国纺织 CHINA TEXTILE 中国童装
CHINA TEXTILE官网 www.cntex2006.com | 新浪微博 weibo.com | 西瓜视频 | 小红书
网易号 | 搜狐号 | 优酷云 | 微视

中国纺织　　中国纺织专精特新
　　　　　　中国童装新传媒

表3(a)　2023年纺织行业规模以上企业经济指标分行业完成情况（不含纺织机械制造业）
Table 3(a)　Industry Main Indicators of Textile Enterprises above Designated Size by Industrial Sectors in 2023 (Excluding Textile Machinery Manufacturing)

单位：万元
Unit：10,000 yuan

行业 Industrial Sectors		纺织行业（不含纺织机械制造业）The Overall Textile Industry (Excluding Textile Machinery Manufacturing)	纺织业 Textile	纺织服装、服饰业 Garment and Accessory Manufacturing	化学纤维制造业 Chemical Fiber Manufacturing
企业户数 Number of Enterprises		36739	20822	13625	2292
亏损企业数 Number of Loss-making Enterprises		7910	4491	2834	585
亏损面（%）Proportion of Loss-making Enterprises		21.53	21.57	20.80	25.52
营业收入 Operating Revenue	本年累计 Current Year	459590089	228790912	121046588	109752589
	去年累计 Previous Year	463242448	232480369	127953214	102808865
	同比(%) Compared Ratio	-0.79	-1.59	-5.40	6.75
营业成本 Operating Costs	本年累计 Current Year	405548186	202353927	101772503	101421756
	去年累计 Previous Year	411041763	206269040	108762762	96009961
	同比(%) Compared Ratio	-1.34	-1.90	-6.43	5.64
销售费用 Sales Expenses	本年累计 Current Year	9650398	4027388	4855754	767256
	去年累计 Previous Year	9986538	4217754	4942708	826076
	同比(%) Compared Ratio	-3.37	-4.51	-1.76	-7.12
管理费用 Management Expenses	本年累计 Current Year	16719514	7968286	6849892	1901336
	去年累计 Previous Year	16949836	8111072	6856613	1982151
	同比(%) Compared Ratio	-1.36	-1.76	-0.10	-4.08

续表

行业 Industrial Sectors		纺织行业(不含纺织机械制造业) The Overall Textile Industry (Excluding Textile Machinery Manufacturing)	纺织业 Textile	纺织服装、服饰业 Garment and Accessory Manufacturing	化学纤维制造业 Chemical Fiber Manufacturing
财务费用 Financial Expenses	本年累计 Current Year	3815116	2114629	489161	1211326
	去年累计 Previous Year	3561069	2029614	394518	1136937
	同比(%) Compared Ratio	7.13	4.19	23.99	6.54
利润总额 Total Profit	本年累计 Current Year	17240814	8395341	6138212	2707261
	去年累计 Previous Year	16163335	7925991	6353895	1883450
	同比(%) Compared Ratio	6.67	5.92	-3.39	43.74
亏损企业亏损额 Total Loss of Loss-making Enterprises	本年累计 Current Year	4164630	2072990	951364	1140277
	去年累计 Previous Year	5169711	2494674	910515	1764523
	同比(%) Compared Ratio	-19.44	-16.90	4.49	-35.38
资产总计 Total Assets	本年累计 Current Year	456492296	227186440	109403446	119902410
	去年累计 Previous Year	443168349	220517478	109868819	112782052
	同比(%) Compared Ratio	3.01	3.02	-0.42	6.31
其中：流动资产合计 Total Working Capitals	本年累计 Current Year	252716722	131341433	70407422	50967867
	去年累计 Previous Year	246107678	128052503	70120337	47934838
	同比(%) Compared Ratio	2.69	2.57	0.41	6.33

表3(b) 2023年纺织行业规模以上企业经济指标分行业完成情况（不含纺织机械制造业）

Table 3(b) Industry Main Indicators of Textile Enterprises above Designated Size by Industrial Sectors in 2023 (Excluding Textile Machinery Manufacturing)

单位：万元
Unit: 10,000 yuan

行业 Industrial Sectors		纺织行业（不含纺织机械制造业） The Overall Textile Industry (Excluding Textile Machinery Manufacturing)	纺织业 Textile	纺织服装、服饰业 Garment and Accessory Manufacturing	化学纤维制造业 Chemical Fiber Manufacturing
其中：应收票据及应收账款 Trade and Bills Receivables	本年累计 Current Year	58090959	31947150	18914054	7229755
	去年累计 Previous Year	56191432	30546067	18464110	7181256
	同比(%) Compared Ratio	3.38	4.59	2.44	0.68
存货 Inventory	本年累计 Current Year	68863498	38082135	18248544	12532819
	去年累计 Previous Year	65907112	35948519	18664098	11294495
	同比(%) Compared Ratio	4.49	5.94	−2.23	10.96
其中：产成品 (Include) Manufactured Products	本年累计 Current Year	36590164	19978252	9502349	7109562
	去年累计 Previous Year	34925904	18689301	9785627	6450976
	同比(%) Compared Ratio	4.77	6.90	−2.89	10.21
负债合计 Total Liabilities	本年累计 Current Year	267916177	134251692	58113861	75550624
	去年累计 Previous Year	255335859	128259007	57804416	69272436
	同比(%) Compared Ratio	4.93	4.67	0.54	9.06
出口交货值 Export Delivered Value	本年累计 Current Year	57960800	24565173	27118135	6277492
	去年累计 Previous Year	64029558	27467506	30320817	6241236
	同比(%) Compared Ratio	−9.48	−10.57	−10.56	0.58

注 2023年，纺织行业规模以上企业主要经济指标根据国家统计局发布的纺织业、服装服饰业和化纤业数据加总。

Note In 2023, the main indicators of enterprises above designated size in the textile industry have been aggregated according to the data of the textile industry, apparel industry and chemical fiber industry released by the National Bureau of Statistics.

纺织科学研究

《纺织科学研究》杂志创刊于1984年，专注行业40年，是由中国纺织工业联合会主管、中国纺织科学研究院有限公司主办的纺织专业期刊，国内外公开发行。

　　杂志致力于推进科技与产业的融合，为科技成果产业化搭建平台，内容贯穿科技创新的全领域和全过程。在确保权威性、专业性、可读性的基础上，杂志形成内容丰富、前瞻性强、观点鲜明、形式简约的风格。杂志包括前沿、头条、深度、专题、百科、学术等具有影响力的精彩版块，倾力打造实用、高质的纺织专业媒体。

　　期刊全文被"知网""超星""维普"收录。发行网络覆盖纺织产业链上下游以及行业协会、科研机构、高等院校等，重点关注纺织科技领域研发与产业化的全过程。

全年定价：240元

不仅仅是一本杂志

欢迎订阅《纺织科学研究》杂志
国内刊号：CN 11-2717/TS
国际刊号：ISSN 1003－1308
邮发代号：80-502

联系方式
电话：010-65987189
邮箱：fzkxyj_123@126.com
地址：北京市朝阳区延静里中街3号

表4 2023年纺织工业产量增速汇总表（全行业规模以上企业）
Table 4 Main Products Output Rate of Textile Industry in 2023 (Enterprises above Designated Size)

序号 Number	名称 Products	累计同比(%) Percentage Change over Previous Year
1	纱 Yarn	−2.21
2	棉纱 Cotton Yarn	−1.82
3	棉混纺纱 Blended Yarn	−4.00
4	化学纤维纱 Chemical Fiber Yarn	−1.96
5	布 Cloth	−4.82
6	其中：色织布（含牛仔布）Yarn-dyed Fabric (Including Denim)	−7.09
7	其中：棉布 Cotton Cloth	−1.67
8	棉混纺布 Blended Cloth	−9.75
9	化学纤维布 Pure Chemical Fiber Cloth	−7.17
10	印染布 Dyed and Printed Fabric	1.30
11	绒线（毛线）Wool Yarn	5.80
12	毛机织物（呢绒）Woolen Fabrics	−5.27
13	亚麻布（含亚麻≥55%） Linen Fabrics	−5.07
14	苎麻布（含苎麻≥55%） Ramie Fabrics	−47.54
15	蚕丝 Silk	−9.85
16	其中：绢纺丝 Schappe Silk	−0.33
17	蚕丝及交织机织物（含蚕丝≥50%）Silk Textile	0.44
18	蚕丝被 Silk Quilt	−40.32
19	非织造布（无纺布）Nonwowen Fabric	−3.63
20	帘子布 Cord Fabric	9.06

续表

序号 Number	名称 Products	累计同比(%) Percentage Change over Previous Year
21	服装 Garments	−8.69
22	机织服装 Non-knit Clothes	−15.01
23	其中：羽绒服装 Down & Feather Clothes	−23.78
24	西服套装 Suits	−9.37
25	衬衫 Shirts	−9.86
26	针织服装 Knit Clothes	−5.08
27	化学纤维用浆粕 Pulp for Chemical Fiber	−3.68
28	化学纤维 Chemical Fiber	10.27
29	其中：人造纤维（纤维素纤维） Cellulose Fiber	10.85
30	其中：黏胶短纤维 Viscose Fiber	4.79
31	黏胶纤维长丝 Viscose Filament	8.82
32	醋酯纤维长丝 Cellulose Acetate Filament	6.02
33	其中：合成纤维 Synthetic Fiber	9.82
34	其中：锦纶 Nylon (Polyamide Fiber)	15.55
35	涤纶 Polyester Fiber	9.71
36	腈纶 Acrylic Fiber	2.27
37	维纶 Polyvinyl Fiber	15.61
38	丙纶 Polypropylene Fiber	−8.85
39	氨纶 Spendex Fiber	14.40

表5(a) 2023年纺织工业产量增速分地区汇总表（全行业规模以上企业）
Table 5(a) Main Products Output Rate of Textile Industry by Provinces in 2023 (Enterprises above Designated Size)

地区	Region	纱 Yarn 累计同比(%) Percentage Change over Previous Year	棉纱 Cotton Yarn 累计同比(%) Percentage Change over Previous Year	棉混纺纱 Blended Yarn 累计同比(%) Percentage Change over Previous Year	化学纤维纱 Chemical Fiber Yarn 累计同比(%) Percentage Change over Previous Year
全 国	National Total	-2.21	-1.82	-4.00	-1.96
北 京	Beijing				
天 津	Tianjin	11.22	3.79		12.25
河 北	Hebei	3.01	-5.45	-1.40	62.77
山 西	Shanxi	-51.33	-65.31	4.53	-77.02
内蒙古	Inner Mongolia				
辽 宁	Liaoning	-6.42	-2.76	-3.65	-60.44
吉 林	Jilin	-5.94	-0.21		-11.28
黑龙江	Heilongjiang	-29.06			-29.06
上 海	Shanghai	-20.07	-35.94		-15.37
江 苏	Jiangsu	-0.68	-7.25	8.14	0.92
浙 江	Zhejiang	3.31	3.33	3.04	3.45
安 徽	Anhui	-2.18	-11.21	7.29	34.91
福 建	Fujian	-7.36	6.38	-16.19	-6.69
江 西	Jiangxi	-19.10	-27.03	-17.56	25.20
山 东	Shandong	5.87	6.27	-0.33	9.57
河 南	Henan	-16.47	-15.14	-35.73	-29.53
湖 北	Hubei	-12.14	-9.56	-18.18	-13.64
湖 南	Hunan	-3.28	-2.78	-15.55	1.69
广 东	Guangdong	-4.21	-1.28	-1.41	-16.89
广 西	Guangxi	-27.04	8.84	-46.23	-58.70
海 南	Hainan				
重 庆	Chongqing	-6.27	-15.61	25.75	26.40
四 川	Sichuan	10.46	-13.68	20.95	36.54
贵 州	Guizhou	-8.47		40.28	-40.45
云 南	Yunnan	-14.79		-35.75	2.71
西 藏	Tibet				
陕 西	Shaanxi	-0.84	11.95	-20.47	-11.87
甘 肃	Gansu	-0.77	-0.77		
青 海	Qinghai				
宁 夏	Ningxia	13.75	20.57	7.95	-22.43
新 疆	Xinjiang	20.50	22.42	-3.84	14.55

续表

布 Cloth 累计同比(%) Percentage Change over Previous Year	色织布 Yarn-dyed Fabric 累计同比(%) Percentage Change over Previous Year	棉布 Cotton Cloth 累计同比(%) Percentage Change over Previous Year	棉混纺布 Blended Cloth 累计同比(%) Percentage Change over Previous Year	化学纤维布 Pure Chemical Fiber Cloth 累计同比(%) Percentage Change over Previous Year
-4.82	-7.09	-1.67	-9.75	-7.17
-53.47		-46.43	-55.63	
-2.23	-11.58	-4.09	5.30	-6.58
27.88		45.05	20.17	
5.16	-49.21	14.92	-0.97	-9.70
-1.27		-1.27		
-8.26	-47.68	-20.09	-33.91	5.20
2.29	-12.16	5.51	-5.59	1.52
-0.90	-4.06	2.37	-2.86	-4.02
1.56	-91.48	3.61	-16.14	5.59
-23.33		-45.31	-14.88	-21.99
-24.12	21.13	-24.44	-14.57	-27.79
2.60	-10.77	3.59	-9.09	6.75
-22.53	-37.74	-27.68	-15.62	24.20
-15.13		-15.02	-22.45	-3.36
9.12	7.47	3.52	16.96	
-20.66	4.48	-24.18	7.72	-36.91
-23.93	-14.34	-23.93		
-0.17		7.52	-5.55	33.73
-6.97		-1.69	-19.15	223.21
14.26				14.26
1.22		12.01	-5.39	-16.77
2.59		3.68	-13.85	-11.50
52.22		54.07	-0.60	496.18

表5(b)　2023年纺织工业产量增速分地区汇总表（全行业规模以上企业）
Table 5(b)　Main Products Output Rate of Textile Industry by Provinces in 2023
(Enterprises above Designated Size)

地区	Region	印染布 Dyed and Printed Fabric 累计同比(%) Percentage Change over Previous Year	绒线(毛线) Wool Yarn 累计同比(%) Percentage Change over Previous Year	毛机织物(呢绒) Woolen Fabrics 累计同比(%) Percentage Change over Previous Year	亚麻布 Linen Fabrics 累计同比(%) Percentage Change over Previous Year
全　国	National Total	1.30	5.80	−5.27	−5.07
北　京	Beijing		−26.43		
天　津	Tianjin	−6.92	−55.56		
河　北	Hebei	−0.62	5.50	−9.24	29.09
山　西	Shanxi	6.45			
内蒙古	Inner Mongolia			112.30	
辽　宁	Liaoning	−10.90			5.63
吉　林	Jilin			1.53	
黑龙江	Heilongjiang				−15.31
上　海	Shanghai	−17.29			
江　苏	Jiangsu	0.90	8.82	−4.04	0.20
浙　江	Zhejiang	1.09	19.78	−1.44	−14.47
安　徽	Anhui	3.59		−33.35	−19.49
福　建	Fujian	−13.55	−14.42	−9.91	
江　西	Jiangxi	6.31	−22.72	−12.18	
山　东	Shandong	8.02	37.20	2.19	−31.52
河　南	Henan	−12.57	−66.18	13.54	66.63
湖　北	Hubei	−27.57		−91.72	19.34
湖　南	Hunan	90.17			8.65
广　东	Guangdong	17.78	−24.49	−17.93	
广　西	Guangxi	−12.54			−15.76
海　南	Hainan				
重　庆	Chongqing	156.72			
四　川	Sichuan	−46.12			
贵　州	Guizhou	31.17			
云　南	Yunnan				
西　藏	Tibet		−28.28		
陕　西	Shaanxi	−64.72			
甘　肃	Gansu			0.44	
青　海	Qinghai				
宁　夏	Ningxia				10.94
新　疆	Xinjiang	88.55			

续表

苎麻布 Ramie Fabrics	蚕丝 Silk	绢纺丝 Schappe Silk	蚕丝及交织物(含蚕丝≥50%) Silk Textile	蚕丝被 Silk Quilt
累计同比(%) Percentage Change over Previous Year	累计同比(%) Percentage Change over Previous Year	累计同比(%) Percentage Change over Previous Year	累计同比(%) Percentage Change over Previous Year	累计同比(%) Percentage Change over Previous Year
−47.54	−9.85	−0.33	0.44	−40.32
	−0.41			29.03
	22.70			
				26.13
	−5.12	9.20	15.82	6.95
	−12.05	−3.07	−4.51	18.78
	−3.46		4.39	42.04
				−46.54
−36.60	−42.78		2.08	−95.32
	−6.08		−1.52	10.42
	9.25	−4.85		113.61
−3.58	−6.98			14.20
−56.15				−88.17
	−17.45			−3.22
−55.37	−5.90	3.90	9.05	−0.35
−92.09	−13.33	12.61	8.46	−6.01
98.23	−25.91	11.61	1.45	51.03
	−12.20			−6.56
	−24.00		−20.97	−95.65
	−21.73		70.55	9.51
			−0.85	

表5(c)　2023年纺织工业产量增速分地区汇总表（全行业规模以上企业）
Table 5(c)　Main Products Output Rate of Textile Industry by Provinces in 2023
(Enterprises above Designated Size)

地区	Region	非织造布（无纺布）Nonwoven Fabric 累计同比(%) Percentage Change over Previous Year	帘子布 Cord Fabric 累计同比(%) Percentage Change over Previous Year	服装 Garments 累计同比(%) Percentage Change over Previous Year	机织服装 Non-knit Clothes 累计同比(%) Percentage Change over Previous Year
全　国	National Total	-3.63	9.06	-8.69	-15.01
北　京	Beijing	-2.41		-25.09	-33.69
天　津	Tianjin	-16.36		-18.98	-25.92
河　北	Hebei	8.95		-25.95	-24.22
山　西	Shanxi			-37.65	-26.97
内蒙古	Inner Mongolia	-56.58		-10.06	-25.15
辽　宁	Liaoning	-9.32		-13.10	-14.83
吉　林	Jilin	-18.02	15.86	-10.89	-3.70
黑龙江	Heilongjiang	-66.61		-41.92	-36.83
上　海	Shanghai	-6.16	-79.14	-21.12	-24.99
江　苏	Jiangsu	-4.20	0.68	-11.79	-7.90
浙　江	Zhejiang	4.80	2.96	-7.15	-12.60
安　徽	Anhui	-12.49		-18.36	-21.82
福　建	Fujian	9.69	4.57	-5.45	-18.71
江　西	Jiangxi	-69.20		-12.13	-18.44
山　东	Shandong	0.49	57.12	1.50	5.62
河　南	Henan	-1.64	-5.20	-23.67	-20.63
湖　北	Hubei	-0.64		-18.90	-29.09
湖　南	Hunan	7.92		5.84	11.80
广　东	Guangdong	5.61	1.62	-12.75	-16.98
广　西	Guangxi	-20.17		42.38	-18.02
海　南	Hainan	-51.02			
重　庆	Chongqing	23.26		-50.21	-60.21
四　川	Sichuan	2.09		2.61	-13.73
贵　州	Guizhou			-5.34	-20.85
云　南	Yunnan			3.02	-20.36
西　藏	Tibet				
陕　西	Shaanxi	16.73		29.84	78.67
甘　肃	Gansu	3.58		-19.67	-19.67
青　海	Qinghai			-83.19	-83.19
宁　夏	Ningxia			17.85	-3.84
新　疆	Xinjiang	105.19		-5.97	-12.02

续表

羽绒服 Down & Feather Clothes	西服套装 Suits	衬衫 Shirts	针织服装 Knit Clothes	化学纤维用浆粕 Pulp for Chemical Fiber
累计同比(%) Percentage Change over Previous Year	累计同比(%) Percentage Change over Previous Year	累计同比(%) Percentage Change over Previous Year	累计同比(%) Percentage Change over Previous Year	累计同比(%) Percentage Change over Previous Year
-23.78	-9.37	-9.86	-5.08	-3.68
-8.63	-27.05	-7.15	-14.95	
-58.37	120.60	-1.93	18.95	
-53.64	5.82	21.19	-58.76	-2.96
	-58.09		-42.03	
	-52.36		3.10	
-34.08	-15.57	-5.39	-7.94	
-34.84	5.52	-12.90	-24.64	
	62.81		-67.75	
-49.23	28.34	-27.53	-16.78	
-7.55	-22.84	-6.75	-15.93	18.31
-11.48	-4.06	-3.58	-4.64	
-7.43	-2.57	-27.35	-14.65	4.90
-56.51	-35.30	-22.72	-1.97	111.55
-43.09	2.28	313.69	-9.01	
-27.64	-3.82	-5.62	-0.24	-3.77
-83.19	-57.20	-71.07	-31.26	
-18.75	23.62	-42.54	7.09	22.07
36.76	-7.74	-10.02	3.03	-24.90
5.88	-2.19	-12.37	-10.49	
2.50	256.99	3.04	69.73	
4.21	-0.11	-9.39	24.44	
30.02	48.88	9.96	44.64	-4.92
-3.30		101.73	-2.84	
	3.59	-0.13	89.04	
-67.36	-4.74	-35.11	-57.67	
	-6.09			
	-93.47	-29.17		
	-24.73	-2.00	110.71	
-0.34		29.67	0.74	-3.69

表5(d)　2023年纺织工业产量增速分地区汇总表（全行业规模以上企业）
Table 5(d)　Main Products Output Rate of Textile Industry by Provinces in 2023
(Enterprises above Designated Size)

地区	Region	化学纤维 Chemical Fiber 累计同比(%) Percentage Change over Previous Year	人造纤维(纤维素纤维) Cellulose Fiber 累计同比(%) Percentage Change over Previous Year	黏胶短纤维 Viscose Staple 累计同比(%) Percentage Change over Previous Year	黏胶纤维长丝 Viscose Filament 累计同比(%) Percentage Change over Previous Year
全　国	National Total	10.27	10.85	4.79	8.82
北　京	Beijing	7.26			
天　津	Tianjin	−85.73			
河　北	Hebei	22.33	23.39	23.57	
山　西	Shanxi	79.33	15.04		
内蒙古	Inner Mongolia	−10.12			
辽　宁	Liaoning	60.43			
吉　林	Jilin	11.62	14.75	15.96	13.07
黑龙江	Heilongjiang	−4.43			
上　海	Shanghai	5.76			
江　苏	Jiangsu	27.78	42.93	15.61	9.19
浙　江	Zhejiang	6.24	3.90		214.29
安　徽	Anhui	−5.41	−0.24		
福　建	Fujian	−6.05	−4.56	−4.66	
江　西	Jiangxi	−9.28	4.81	4.81	
山　东	Shandong	28.49	23.30	17.73	−0.14
河　南	Henan	−18.01	2.87		2.58
湖　北	Hubei	6.99	9.59	9.65	6.05
湖　南	Hunan	27.12	32.77		
广　东	Guangdong	−14.72	−21.16		
广　西	Guangxi				
海　南	Hainan				
重　庆	Chongqing	40.10			
四　川	Sichuan	−9.31	−24.97	−28.32	−5.59
贵　州	Guizhou	0.64			
云　南	Yunnan	0.83	1.11		
西　藏	Tibet				
陕　西	Shaanxi	−4.27	−0.10		
甘　肃	Gansu	−65.50			
青　海	Qinghai	116.15			
宁　夏	Ningxia	91.57			
新　疆	Xinjiang	39.11	−3.03	−11.37	

续表

醋酯纤维长丝 Cellulose Filament	合成纤维 Synthetic Fiber	锦纶 Nylon Fiber	涤纶 Polyester Fiber	腈纶 Acrylic Fiber
累计同比(%) Percentage Change over Previous Year	累计同比(%) Percentage Change over Previous Year	累计同比(%) Percentage Change over Previous Year	累计同比(%) Percentage Change over Previous Year	累计同比(%) Percentage Change over Previous Year
6.02	9.82	15.55	9.71	2.27
	−99.03	−47.16		
	20.71	−26.54	29.80	−1.76
	260.00	589.47	16.67	
	−10.12			
	60.43		61.92	
	2.89			3.05
	−4.43			−4.43
	5.28	7.37	5.38	9.47
2.41	26.38	19.47	27.72	38.15
45.29	6.25	13.21	6.04	−9.05
	−4.32		−5.01	2.17
	−6.32	16.29	−12.36	
	−55.13	13.76	−49.42	
81.22	18.24	46.93	7.83	10.92
	−25.41	−1.58	−53.29	
	2.92	16.82	8.41	
	26.99	−1.43		
−1.90	−11.77	−16.42	−12.47	
	39.05		5.72	
	1.15	14.14	0.52	
	0.64		0.76	
1.11	−1.15		−1.15	
−0.10	−17.41	−30.77		
	−69.17			
	92.26			
	1698.21	16.26		

表5(e) 2023年纺织工业产量增速分地区汇总表（全行业规模以上企业）

Table 5(e) Main Products Output Rate of Textile Industry by Provinces in 2023
(Enterprises above Designated Size)

地区	Region	维纶 Polyvinyl Fiber 累计同比(%) Percentage Change over Previous Year	丙纶 Polypropylene Fiber 累计同比(%) Percentage Change over Previous Year	氨纶 Spendex Fiber 累计同比(%) Percentage Change over Previous Year
全　国	National Total	15.61	−8.85	14.40
北　京	Beijing			
天　津	Tianjin			
河　北	Hebei		26.67	−19.73
山　西	Shanxi			
内蒙古	Inner Mongolia	−10.12		
辽　宁	Liaoning			
吉　林	Jilin			
黑龙江	Heilongjiang			
上　海	Shanghai		−5.53	
江　苏	Jiangsu		−27.97	−2.95
浙　江	Zhejiang		−12.53	−8.08
安　徽	Anhui	−11.36	53.39	
福　建	Fujian	−2.68	11.68	2.85
江　西	Jiangxi	62.80		
山　东	Shandong		−1.56	16.58
河　南	Henan			35.64
湖　北	Hubei		8.50	−44.13
湖　南	Hunan	66.82		
广　东	Guangdong		−4.34	−9.49
广　西	Guangxi			
海　南	Hainan			
重　庆	Chongqing	12.71		49.63
四　川	Sichuan			
贵　州	Guizhou			
云　南	Yunnan			
西　藏	Tibet			
陕　西	Shaanxi			4.84
甘　肃	Gansu			
青　海	Qinghai			
宁　夏	Ningxia			92.26
新　疆	Xinjiang		53.29	

注 规模以上企业划分标准为年主营业务收入2000万元及以上工业法人企业。

Note Enterprises above designated size refer to enterprises whose revenue from principle business is over 20 million yuan per year.

资料来源（表1～表5）：国家统计局

Source(Table 1～Table 5)：National Bureau of Statistics of China

纺织导报
CHINA TEXTILE LEADER

传递纺织科技信息
推动企业价值增长

以全新视野、宏观视角、深刻思想、前瞻观点，发现纺织科技进步所带来的巨大价值和无限潜力，解析技术市场变局，促进价值生产和传递，实现传媒自身价值，构建纺织业交流平台。

关注《纺织导报》官方微信

欢迎订阅《纺织导报》杂志

订阅热线：010-84463638-8850
更多精彩内容请登录本刊网站：www.texleader.com.cn

表6 全国纺织品服装出口贸易总值表
Table 6　China's Import and Export Total Value of Textile and Apparel

年份 Year	项目 Item	进出口 Import and Export (亿美元) (USD 100 Million)	出口 Export (亿美元) (USD 100 Million)	进口 Import (亿美元) (USD 100 Million)	贸易差额 Balance of Trade (亿美元) (USD 100 Million)	累计同比(%) Percentage Change over Previous Year 进出口 Import and Export	出口 Export	进口 Import
2013年	全国 The Whole Nation	41603.1	22100.20	19502.90	2597.30	7.60	7.90	7.30
2013年	纺织 Textile Industry	3196.20	2920.75	275.45	2645.30	11.22	11.24	11.06
2013年	纺织占全国比重(%) Textile vs. Nation	7.68	13.22	1.41				
2014年	全国 The Whole Nation	43030.4	23427.50	19602.90	3824.60	3.40	6.10	0.40
2014年	纺织 Textile Industry	3343.33	3069.58	273.75	2795.83	4.60	5.10	−0.62
2014年	纺织占全国比重(%) Textile vs. Nation	7.77	13.10	1.40				
2015年	全国 The Whole Nation	39586.40	22765.70	16820.70	5945.00	−8.00	−2.80	−14.10
2015年	纺织 Textile Industry	3176.92	2911.48	265.44	2646.04	−4.48	−4.78	−1.01
2015年	纺织占全国比重(%) Textile vs. Nation	8.03	12.79	1.58				
2016年	全国 The Whole Nation	36849.30	20974.40	15874.80	5099.60	−6.80	−7.70	−5.50
2016年	纺织 Textile Industry	2942.99	2701.2	241.79	2459.41	−7.36	−7.22	−8.91
2016年	纺织占全国比重(%) Textile vs. Nation	7.99	12.88	1.52				
2017年	全国 The Whole Nation	41044.70	22634.90	18409.80	4225.10	11.40	7.90	15.90
2017年	纺织 Textile Industry	3001.24	2745.05	256.19	2488.86	1.98	1.62	5.96
2017年	纺织占全国比重(%) Textile vs. Nation	7.31	12.13	1.39				
2018年	全国 The Whole Nation	46230.40	24874.00	21356.40	3517.60	12.60	9.90	15.80
2018年	纺织 Textile Industry	3120.50	2849.71	270.79	2578.92	3.97	3.81	5.70
2018年	纺织占全国比重(%) Textile vs. Nation	6.75	11.46	1.27				

续表

年份 Year	项目 Item	进出口 Import and Export (亿美元) (USD 100 Million)	出口 Export (亿美元) (USD 100 Million)	进口 Import (亿美元) (USD 100 Million)	贸易差额 Balance of Trade (亿美元) (USD 100 Million)	累计同比(%) 进出口 Import and Export	累计同比(%) 出口 Export	累计同比(%) 进口 Import
2019年	全国 The Whole Nation	45753.00	24984.10	20768.90	4215.10	5.70	7.30	3.80
2019年	纺织 Textile Industry	3061.79	2807.05	254.74	2552.31	-1.88	-1.50	-5.93
2019年	纺织占全国比重(%) Textile vs. Nation	6.69	11.24	1.23				
2020年	全国 The Whole Nation	46559.13	25899.52	20659.62	5239.90	1.70	3.60	-0.60
2020年	纺织 Textile Industry	3300.12	3066.61	233.51	2833.10	7.78	9.25	-8.33
2020年	纺织占全国比重(%) Textile vs. Nation	7.09	11.84	1.13				
2021年	全国 The Whole Nation	59954.34	33160.22	26794.12	6366.10	28.80	28.00	29.70
2021年	纺织 Textile Industry	3627.52	3346.33	281.19	3065.14	9.92	9.12	20.42
2021年	纺织占全国比重(%) Textile vs. Nation	6.05	10.09	1.05				
2022年	全国 The Whole Nation	62509.41	35444.34	27065.07	8379.28	4.30	6.90	1.00
2022年	纺织 Textile Industry	3640.48	3409.49	231.00	3178.49	0.36	2.50	-19.67
2022年	纺织占全国比重(%) Textile vs. Nation	5.82	9.62	0.85				
2023年	全国 The Whole Nation	59368.26	38800.24	25568.02	8232.23	-5.00	-4.60	-5.50
2023年	纺织 Textile Industry	3327.92	3104.64	223.28	2881.36	-8.59	-8.94	-3.34
2023年	纺织占全国比重(%) Textile vs. Nation	5.61	8.00	0.87				

表7 全国纺织品服装分月度进出口贸易总值表
Table 7 China's Import and Export Total Value of Textile and Apparel by Month

单位：亿美元
Unit: USD 100 million

年月 Month/Year	进出口 Import and Export	出口 Export	进口 Import	贸易差额 Balance of Trade	1月至当月累计 进出口 Import and Export	出口 Export	进口 Import	贸易差额 Balance of Trade
2022年1月 01/2022	347.19	324.14	23.05	301.08	347.19	324.14	23.05	301.08
2022年2月 02/2022	194.41	177.89	16.52	161.37	541.60	502.02	39.58	462.45
2022年3月 03/2022	241.58	220.49	21.08	199.41	783.16	722.51	60.65	661.86
2022年4月 04/2022	253.14	235.92	17.22	218.70	1036.28	958.41	77.87	880.54
2022年5月 05/2022	310.45	292.27	18.18	274.10	1346.65	1250.66	95.98	1154.68
2022年6月 06/2022	335.53	315.46	20.07	295.40	1680.94	1564.89	116.04	1448.85
2022年7月 07/2022	350.73	332.22	18.51	313.70	2028.09	1893.54	134.55	1758.99
2022年8月 08/2022	330.14	309.76	20.38	289.38	2357.95	2203.03	154.92	2048.11
2022年9月 09/2022	299.96	280.51	19.45	261.05	2657.86	2483.49	174.37	2309.12
2022年10月 10/2022	266.52	250.23	16.29	233.95	2923.12	2732.47	190.65	2541.81
2022年11月 11/2022	261.67	243.86	17.81	226.05	3182.44	2973.98	208.46	2765.52
2022年12月 12/2022	268.72	252.97	15.75	237.21	3457.66	3233.45	224.21	3009.24

续表

年月 Month/Year	进出口 Import and Export	出口 Export	进口 Import	贸易差额 Balance of Trade	1月至当月累计 From January to This Month			
					进出口 Import and Export	出口 Export	进口 Import	贸易差额 Balance of Trade
2023年1月 01/2023	276.94	263.44	13.50	249.94	276.94	263.44	13.50	249.94
2023年2月 02/2023	161.26	144.99	16.28	128.71	438.20	408.42	29.78	378.65
2023年3月 03/2023	282.28	263.90	18.38	245.52	720.46	672.31	48.16	624.15
2023年4月 04/2023	272.86	256.58	16.28	240.30	993.27	928.84	64.43	864.40
2023年5月 05/2023	270.94	253.20	17.74	235.46	1264.11	1182.02	82.08	1099.94
2023年6月 06/2023	287.65	269.92	17.72	252.20	1526.60	1426.79	99.81	1326.98
2023年7月 07/2023	290.07	271.15	18.93	252.22	1816.37	1697.91	118.46	1579.45
2023年8月 08/2023	299.82	278.62	21.20	257.42	2111.79	1972.14	139.65	1832.49
2023年9月 09/2023	281.86	261.96	19.90	242.07	2391.02	2231.48	159.54	2071.94
2023年10月 10/2023	248.60	229.65	18.94	210.71	2635.66	2457.18	178.48	2278.69
2023年11月 11/2023	255.92	236.65	19.27	217.38	2883.36	2685.61	197.75	2487.86
2023年12月 12/2023	272.06	252.72	19.34	233.38	3153.53	2936.42	217.10	2719.32

注 2022年、2023年纺织行业进出口统计不含第94章褥垫、睡袋及其他寝具。

Note The import and export data in 2022 and 2023 do not include Chapter 94.

表8(a) 2023年纺织品服装进出口额
Table 8(a) China's Import and Export of Textile and Apparel in 2023

金额单位：亿美元
Value Unit: USD 100 million

项目 Item	出口 Export 小计 Subtotal 当年 Current Year	出口 同比(%) Percentage Change over Previous Year	出口 纺织品 Textiles 当年 Current Year	出口 纺织品 同比(%)	出口 服装 Garments 当年 Current Year	出口 服装 同比(%)	进口 Import 小计 Subtotal 当年 Current Year	进口 小计 同比(%)	进口 纺织品 当年	进口 纺织品 同比(%)	进口 服装 当年	进口 服装 同比(%)
一、贸易方式 Mode of Trade	3104.64	-8.94	1431.50	-8.73	1673.14	-9.12	223.28	-3.34	118.63	-1.10	104.65	-5.76
1.一般贸易 Normal Trade	2506.26	-10.31	1237.83	-9.81	1268.43	-10.80	165.22	-1.15	75.95	4.41	89.27	-5.43
2.进料加工 Import Material Processing	104.43	-28.17	46.81	-28.12	57.62	-28.21	23.49	-15.48	22.75	-15.64	0.74	-10.13
3.来料加工 Raw Materials on Client's Demand	21.55	-14.58	1.44	-36.06	20.11	-12.47	9.01	-11.09	8.77	-11.13	0.24	-9.49
4.其他贸易 Others	472.39	6.30	145.41	13.17	326.98	3.51	25.56	-1.45	11.16	7.66	14.40	-7.52
二、主要国家和地区 Major Countries and Regions												
1.亚洲地区 Asia	1441.87	-6.80	781.03	-9.55	660.85	-3.32	148.85	-4.44	95.71	0.14	53.15	-11.73
(1)中国香港 Hong Kong, China	41.63	-13.66	18.03	-22.54	23.60	-5.37	0.52	-3.76	0.20	-21.77	0.32	12.15
(2)中国澳门 Macao, China	1.05	-16.29	0.28	-11.12	0.77	-18.01	0.15	-36.20	0.00	-89.86	0.15	-35.82
(3)中国台湾 Taiwan, China	26.54	-2.35	7.05	-16.85	19.49	4.22	9.81	-29.08	9.62	-28.86	0.20	-38.38
(4)日本 Japan	183.67	-14.16	53.03	-17.15	130.65	-12.89	21.25	-8.58	17.18	-4.93	4.07	-21.33
(5)韩国 Korea	105.90	-3.27	32.35	-8.42	73.56	-0.83	12.08	-7.96	8.36	-13.47	3.72	7.38
(6)土耳其 Turkey	24.26	2.87	20.16	4.23	4.10	-3.33	3.85	1.44	0.76	7.73	3.10	0.01

续表

项目 Item	出口 Export						进口 Import					
	小计 Subtotal		纺织品 Textiles		服装 Garments		小计 Subtotal		纺织品 Textiles		服装 Garments	
	当年 Current Year	同比(%) Percentage Change over Previous Year	当年 Current Year	同比(%) Percentage Change over Previous Year	当年 Current Year	同比(%) Percentage Change over Previous Year	当年 Current Year	同比(%) Percentage Change over Previous Year	当年 Current Year	同比(%) Percentage Change over Previous Year	当年 Current Year	同比(%) Percentage Change over Previous Year
(7)东盟 Eastern Union	521.37	-10.41	352.65	-11.82	168.72	-7.31	61.90	-7.83	34.49	-2.52	27.42	-13.75
2.欧洲 European	560.95	-14.55	179.95	-8.06	380.99	-17.30	63.41	-1.22	17.54	-4.35	45.87	0.03
(1)欧盟 EU	400.39	-18.24	124.16	-12.75	276.23	-20.48	58.50	-1.18	15.53	-4.75	42.97	0.18
3.非洲 Africa	245.09	0.88	150.95	-3.70	94.14	9.21	2.49	9.10	0.32	-8.54	2.18	12.25
4.大洋洲 Oceania	89.62	-8.59	26.06	-12.52	63.56	-6.87	0.25	-15.74	0.20	-19.04	0.05	2.62
(1)澳大利亚 Australia	77.71	-8.44	22.08	-11.97	55.63	-6.96	0.22	-18.82	0.18	-23.19	0.04	6.16
5.北美自由贸易区 North America Free-trade Area	613.79	-11.57	210.62	-8.06	403.17	-13.30	6.93	-7.92	4.72	-10.67	2.22	-1.44
(1)美国 USA	516.72	-11.74	166.20	-7.87	350.52	-13.46	5.19	-7.80	4.39	-8.84	0.80	-1.62
(2)加拿大 Canada	40.36	-19.87	13.59	-15.50	26.76	-21.92	1.49	-1.12	0.16	-20.97	1.34	1.89
(3)墨西哥 Mexico	56.71	-2.78	30.83	-5.46	25.88	0.61	0.25	-35.79	0.17	-35.55	0.08	-36.33
6.欧盟、美国 EU and USA	915.49	-14.71	289.55	-10.04	625.94	-16.70	63.64	-1.77	19.91	-5.69	43.73	0.13
7.非欧盟、美国 Non-EU and USA	2186.24	-6.42	1140.46	-8.51	1045.78	-4.03	159.15	-4.25	98.71	-0.13	60.44	-10.30
8."一带一路"沿线国家 The Belt and Road	1234.58	-5.31	747.84	-8.03	486.74	-0.80	103.26	1.99	57.53	12.98	45.72	-9.14

表8(b)　2023年纺织品服装进出口额

Table 8(b)　China's Import and Export of Textile and Apparel in 2023

金额单位：亿美元
Value Unit：USD 100 million

项目 Item	出口 Export 小计 Subtotal 当年 Current Year	同比(%) Percentage Change over Previous Year	纺织品 Textiles 当年 Current Year	同比(%) Percentage Change over Previous Year	服装 Garments 当年 Current Year	同比(%) Percentage Change over Previous Year	进口 Import 小计 Subtotal 当年 Current Year	同比(%) Percentage Change over Previous Year	纺织品 Textiles 当年 Current Year	同比(%) Percentage Change over Previous Year	服装 Garments 当年 Current Year	同比(%) Percentage Change over Previous Year
三、分原料加工　Divided on Raw Material Processing											
1.棉制产品 Cotton Products	693.16	-13.89	205.10	-16.54	488.07	-12.72	84.79	8.10	49.86	16.54	34.93	-2.03
2.毛制产品 Wool Products	53.60	-5.51	16.77	-6.75	36.83	-4.94	20.19	2.87	5.42	6.77	14.77	1.51
3.麻制产品 Bast Products	18.34	-2.40	18.34	-2.40	0.00	0.00	1.51	-24.07	1.51	-24.07	0.00	0.00
4.丝制产品 Silk Products	11.63	-9.58	6.64	-9.28	4.99	-9.98	2.66	-10.65	0.22	7.47	2.44	-12.02
5.化纤制产品 Chemical Fiber Products	1775.99	-5.78	948.11	-5.11	827.88	-6.53	76.77	-10.14	44.30	-12.14	32.47	-7.26
6.未列名其他材料 Others	551.92	-12.57	236.54	-15.32	315.38	-10.38	37.36	-12.16	17.31	-11.05	20.05	-13.11

毛纺科技

月刊 CN 11-2386/TS, ISSN 1003-1456

《毛纺科技》1973年创刊,是毛纺工业系统唯一的全国性科技综合期刊。《毛纺科技》立足于为读者服务、为企业服务、为行业服务的宗旨,致力于促进我国毛纺工业及相关产业的科技进步、推动国内外新技术的交流与推广,已成为连接高校、科研院所、企业间进行学术交流和开展科研活动的桥梁,是科技工作者的良师益友。刊登毛纺织、毛针织、麻纺织、染整技术、服装、纺机器材等各专业领域的原创性论文。

主要栏目

- 纺织工程
- 染整与化学品
- 服装设计与工程
- 机械与器材
- 标准与测试
- 书评/设计作品
- 综合述评

收录情况

- 中国知网
- 万方数据
- 荷兰Scopus
- 美国EBSCO
- 俄罗斯AJ
- 中国学术期刊(网络版)
- 中文科技期刊数据库
- ……

广告征集

《毛纺科技》广泛征集国内外纺织机械设备、染化料助剂、毛纺原材料、纺织器材、纺织实验仪器、纺织产品、企业介绍及相关内容的广告。

邮发代号2-195,每册定价15元,全年定价180元(含平邮邮费)

全国中文核心期刊

电 话:010-65913844, 65008693
官 网:http://www.wooltex.org (投稿网址)
E-mail: mfkj333@sina.com
地 址:北京市朝阳区延静里中街3号主楼6层 (100025)

主管:中国纺织工业联合会
主办:中国纺织信息中心、中国纺织工程学会
出版:《毛纺科技》杂志社

表9(a) 2023年纺织原料及制品章类进出口额
Table 9(a) Import and Export of Textile Raw Material and Manufactures by Chapters in 2023

金额单位：亿美元
Value Unit: USD 100 million

类章 Category and Chapter	全贸易方式 Multi-trade Mode 当年 Current Year	全贸易方式 同比(%) Percentage Change over Previous Year	一般贸易 Normal Trade 当年 Current Year	一般贸易 同比(%) Percentage Change over Previous Year	进料加工 Import Material Processing 当年 Current Year	进料加工 同比(%) Percentage Change over Previous Year	来料加工 Raw Materials on Client's Demand 当年 Current Year	来料加工 同比(%) Percentage Change over Previous Year
一、出口 Export								
十一大类(50~63章) Eleven Categories (Chapter 50~63)	2912.27	-8.90	2348.30	-10.40	96.90	-26.84	22.05	-17.17
50章 丝及丝绸 Chapter 50: Silk and Silk Cloth	8.02	-13.99	7.82	-13.80	0.03	-22.43	0.00	53.51
51章 毛及毛织品 Chapter 51: Wool and Woolen Fabric	20.57	-8.97	16.61	1.95	1.71	-29.79	1.53	-45.03
52章 棉及棉织品 Chapter 52: Cotton and Cotton Fabric	106.55	-19.67	95.97	-17.90	4.37	-56.54	0.00	1717.45
53章 麻及麻织品 Chapter 53: Bast and Bast Fabric	15.90	-1.62	14.94	-1.85	0.44	18.00	0.13	-32.17
54章 化纤长丝及织品 Chapter 54: Chemical Fiber Filament and Fabric	286.41	-3.19	250.52	-6.86	8.91	-0.70	0.11	-28.52
55章 化纤短纤织品 Chapter 55: Chemical Fiber Spun Fabric	132.10	-8.91	117.31	-11.87	4.85	21.24	0.29	-25.19
56章 絮、毡、无纺织物 Chapter 56: Wadding, Felt, Nonwowens	75.62	-4.87	65.43	-3.70	2.21	-24.56	0.03	115.50
57章 铺地织品 Chapter 57: Floor Cloth	40.03	3.87	33.81	2.84	0.63	-25.52	0.04	16.07
58章 特种织物花边 Chapter 58: Special Fabric Lace	56.72	-6.67	48.63	-7.39	1.11	-28.67	0.08	-19.61
59章 涂层布及工业用布 Chapter 59: Coating and Industrial Fabric	92.63	-9.53	81.91	-10.92	4.15	-7.54	0.04	-59.58

续表

类章 Category and Chapter	全贸易方式 Multi-trade Mode 当年 Current Year	全贸易方式 同比(%) Percentage Change over Previous Year	一般贸易 Normal Trade 当年 Current Year	一般贸易 同比(%) Percentage Change over Previous Year	进料加工 Import Material Processing 当年 Current Year	进料加工 同比(%) Percentage Change over Previous Year	来料加工 Raw Materials on Client's Demand 当年 Current Year	来料加工 同比(%) Percentage Change over Previous Year
60章 针织布 Chapter 60. Knitting Fabric	215.23	-9.94	178.17	-10.91	11.45	-29.80	3.84	-16.87
61章 针织服装及附件 Chapter 61. Knitting Garments and Accessories	825.71	-9.21	645.72	-11.64	19.60	-31.97	15.37	-10.84
62章 机织服装及附件 Chapter 62. Tatting Garments and Accessories	704.19	-8.40	512.12	-9.61	26.80	-26.16	0.60	-40.75
63章 其他纺织织物 Chapter 63. Other Fabric	332.56	-11.71	279.34	-12.37	10.64	-30.69	0.00	0.00
二、进口 Import								
十一大类(50~63章) Eleven Categories (Chapter 50~63)	298.73	-5.00	206.09	-6.43	27.69	-17.39	9.68	-11.29
50章 丝及丝绸 Chapter 50. Silk and Silk Cloth	0.80	-0.91	0.67	-0.01	0.08	-7.56	0.04	-18.32
51章 毛及毛织品 Chapter 51. Wool and Woolen Fabric	27.86	-10.20	21.19	-0.75	2.63	27.07	2.28	2.11
52章 棉及棉织品 Chapter 52. Cotton and Cotton Fabric	89.86	-3.34	53.74	-16.16	6.91	-14.29	0.69	-10.44
53章 麻及麻织品 Chapter 53. Bast and Bast Fabric	14.08	30.45	9.81	15.54	0.50	-11.40	0.11	-8.26
54章 化纤长丝及织品 Chapter 54. Chemical Fiber Filament and Fabric	20.93	-8.72	12.84	-1.59	4.91	-23.67	1.80	-10.60
55章 化纤短纤织品 Chapter 55. Chemical Fiber Spun Fabric	14.52	-6.88	7.96	1.26	2.32	-10.39	1.16	-18.45

表9(b) 2023年纺织原料及制品章类进出口额

Table 9(b) Import and Export of Textile Raw Material and Manufactures by Chapters in 2023

金额单位：亿美元
Value Unit: USD 100 million

类章 Category and Chapter	全贸易方式 Multi-trade Mode 当年 Current Year	全贸易方式 同比(%) Percentage Change over Previous Year	一般贸易 Normal Trade 当年 Current Year	一般贸易 同比(%) Percentage Change over Previous Year	进料加工 Import Material Processing 当年 Current Year	进料加工 同比(%) Percentage Change over Previous Year	来料加工 Raw Materials on Client's Demand 当年 Current Year	来料加工 同比(%) Percentage Change over Previous Year
56章 絮、毡、无纺织物 Chapter 56: Wadding, Felt, Nonwowens	11.20	-9.15	7.88	-6.54	1.77	-19.81	0.65	-14.61
57章 铺地织品 Chapter 57: Floor Cover	0.90	-2.52	0.48	0.42	0.04	-11.03	0.01	361.84
58章 特种织物花边 Chapter 58: Special Fabric Lace	2.89	-15.17	1.25	-11.32	0.86	-25.29	0.61	-10.62
59章 涂层布及工业用布 Chapter 59: Coating and Industrial Fabric	12.91	-14.44	7.20	-10.33	3.99	-19.33	0.93	-20.09
60章 针织布 Chapter 60: Knitting Fabric	6.76	-25.58	2.48	-18.91	2.84	-33.66	1.20	-17.43
61章 针织服装及附件 Chapter 61: Knitting Garments and Accessories	39.64	-5.19	33.24	-6.41	0.17	16.79	0.07	0.14
62章 机织服装及附件 Chapter 62: Non-knit Garments and Accessories	53.00	-1.59	45.60	-0.44	0.26	-26.12	0.07	-29.44
63章 其他纺织织物 Chapter 63: Other Fabric	3.38	-12.08	1.75	-13.13	0.44	-28.92	0.07	-13.84

资料来源（表6～表9）：中国海关
Source (Table 6～Table 9): China Customs

隆重推出：
2023/2024
《中国纺织工业发展报告》
——纺织行业白皮书

由中国纺织工业联合会编著的《中国纺织工业发展报告》，是集权威性、前瞻性、研究性、指导性于一身的中国纺织行业白皮书。该书是集中反映中国纺织工业及棉、毛、麻、丝绸、化纤、长丝、印染、针织、服装、家纺、产业用、纺织机械制造各子行业年度发展与趋势预判的研究报告。自2001年出版发行以来，以其观点鲜明、内容丰富、数据翔实、指导性强等特点，深受行业内外人士的欢迎，已成为行业的品牌图书。

《2023/2024中国纺织工业发展报告》涵盖行业运行、现代化产业体系、新质生产力、行业研究、原料供求、统计资料等栏目。该书围绕贯彻落实党的二十大精神，立足高质量建设现代化纺织产业体系目标任务，加强了我国纺织行业发展形势研判和趋势、方向研究。栏目多样可读，内容丰富翔实，视角开阔新颖，研究深入实际，具有较高的使用和参考价值。

该书主要面向国内外纺织行业及相关企业，各级政府与行业社团组织、金融与投资、贸易与咨询、科研与教育机构，极具参考、使用、研究和收藏价值。

《2023/2024中国纺织工业发展报告》将于2024年6月由中国纺织出版社有限公司正式出版，每本定价380元（含邮资），发行数量有限，欢迎订阅。

品牌图书　行业发布　每年推新

欢迎订阅　每本定价 380元 含快递费

订阅专线　010-85229411　85229284

本广告引用的相关数据和调查结果由中国纺织工业发展报告提供

国际统计

国际统计数据资料详见表1～表15。

表1 世界纺织纤维产量及增速
Table 1 Worldwide Textile Fiber Production and Growth Rate

产量单位：万吨
Output Unit: 10,000 ton

年份 Year	合计 产量 Output	合计 同比增速(%) y-o-y in(%)	天然纤维 产量 Output	天然纤维 同比增速(%) y-o-y in(%)	化学纤维 小计产量 Output	化学纤维 同比增速(%) y-o-y in(%)	化学纤维 合成纤维产量 The Output of Synthetic Fibers	化学纤维 同比增速(%) y-o-y in(%)
2000年	5615.1	5.6	2501.4	2.1	3113.7	5.7	2836.6	5.7
2005年	7346.9	7.7	3300.7	21.3	4046.2	8.0	3709.0	8.6
2010年	8018.7	10.7	2842.4	-3.5	5176.3	13.7	4739.6	13.7
2015年	10237.9	4.3	3222.3	-0.5	7015.6	5.9	6387.9	6.4
2020年	11309.8	-3.2	3201.0	0.5	8108.8	-0.6	6298.8	-14.3
2021年	11875.2	9.6	2985.4	-6.7	8889.8	9.6	7553.4	19.9
2022年	11861.0	-1.0	3112.5	4.3	8748.5	-1.6	7675.5	1.6

表2 世界天然纤维及化学纤维比重（%）
Table 2 The Proportion of Worldwide Natural Fibers and Chemical Fibers

年份 Year	总计 Total	天然纤维 Natural Fibers	化学纤维 小计 Subtotal	化学纤维 合成纤维 Synthetic Fibers
2000年	100.0	44.5	55.5	50.5
2005年	100.0	44.9	55.1	50.5
2010年	100.0	35.4	64.6	59.1
2015年	100.0	31.5	68.5	62.4
2020年	100.0	28.3	71.7	55.7
2021年	100.0	25.1	74.9	63.6
2022年	100.0	26.2	73.8	64.7

表3 世界纺织纤维产量增量及年均增速
Table 3 Worldwide Textile Fiber Production Increment and Average Annual Growth Rate

产量增量单位:万吨
Increment Unit: 10,000 ton

年份 Year	合计 Total 增量 Increment	合计 年均增速(%) Average Annual Growth Rate(%)	天然纤维 Natural Fibers 增量 Increment	天然纤维 年均增速(%) Average Annual Growth Rate(%)	化学纤维 Chemical Fibers 增量 Increment	化学纤维 年均增速(%) Average Annual Growth Rate(%)	纺丝成网 Spunlaid 增量 Increment	纺丝成网 年均增速(%) Average Annual Growth Rate(%)
2000~2005年	1807.2	5.6	799.3	5.7	932.5	5.4	75.4	8.5
2005~2010年	822.4	2.1	−458.3	−2.9	1130.1	5.0	150.5	10.8
2010~2015年	2401.2	5.2	379.9	2.5	1839.3	6.3	182.0	8.2
2015~2020年	1433.2	2.5	−21.3	−0.1	1093.2	2.9	361.4	10.5
2020~2022年	459.1	1.9	−88.6	−1.4	639.7	3.9	−90.2	−5.1

表4 世界天然纤维消费量
Table 4 Worldwide Natural Fibers Consumption

单位:万吨
Unit: 10,000 ton

年份 Year	合计 Total	棉 Cotton	毛* Wool*	麻** Bast**	其他*** Other***
2000年	2548.8	1966.7	134.3	332.7	115.1
2005年	2963.0	2361.2	121.9	368.7	111.2
2010年	3143.4	2530.5	110.4	383.6	118.9
2015年	3057.1	2457.9	113.2	364.8	121.2
2020年	2878.9	2305.0	103.1	367.9	102.9
2021年	3154.1	2568.7	103.4	377.7	104.3
2022年	3176.0	2581.3	104.9	384.1	105.7

*羊毛为洗净毛;**麻包括亚麻、大麻、黄麻、苎麻及其他麻纤维;***其他包括蕉麻、剑麻、椰壳纤维、木棉、丝、西沙尔麻。
*clean weight;**flax,hemp,jute,ramie and allied fibers;***abaca,agave,coir,kapok,silk and sisal.

资料来源(表1~表4):纤维年报
Source (Table 1~Table 4): The Fiber Year 2023

表5 世界棉花产量、消费量及期末库存量
Table 5 Worldwide Cotton Production、Use and Ending Stocks

单位:万吨
Unit: 10,000 ton

年份 Year	产量 Production	消费量 Use	期末库存 Ending Stocks
2000年	1952.6	2021.3	1062.2
2005年	2567.8	2501.3	1264.9
2010年	2586.8	2480.5	1050.3
2015年	2164.7	2441.3	2052.6
2020年	2396.1	2571.0	2053.0
2021年	2524.7	2584.3	1993.5
2022年	2484.4	2367.7	2122.5
2023年	2430.7	2375.5	2181.3

资料来源：ICAC
Source：ICAC

表6 世界及主要地区化学纤维产量
Table 6 Production of Chemical Fibers by Major Regions in the World

单位:百万吨
Unit：million ton

地区 Regions	2000年	2005年	2010年	2015年	2020年	2021年	2022年
世界合计 Total	31.1	40.5	51.8	70.2	81.1	88.9	87.5
中国大陆 Mainland of China	6.7	17.6	30.0	47.3	59.4	64.2	63.0
印　　度 India	1.9	2.3	4.2	5.3	5.5	6.4	6.7
美　　国 USA	4.2	3.9	2.8	2.9	2.7	2.9	2.7
土耳其 Turkey	0.8	1.0	1.0	1.3	1.8	2.1	2.1
印度尼西亚 Indonesia	1.4	1.2	1.7	1.8	1.7	2.0	1.8
韩　　国 Korea	2.8	1.8	1.6	1.5	1.2	1.4	1.2
中国台湾 Taiwan of China	3.2	2.9	2.4	2.0	1.3	1.5	1.2
越　　南 Vietnam	0	0.1	0.2	0.4	0.9	1.1	1.1
泰　　国 Thailand	0.9	1.1	0.9	0.8	0.9	0.9	0.9
巴基斯坦 Pakistan	0.5	0.6	0.4	0.5	0.4	0.6	0.6
日　　本 Japan	1.5	1.2	0.9	0.8	0.6	0.6	0.6
马来西亚 Malaysia	0.4	0.5	0.5	0.5	0.4	0.4	0.4

表7 世界主要品种化学纤维产量
Table 7 Worldwide Production of Chemical Fibers by Major Material

单位：百万吨
Unit: million ton

化学纤维 Chemical Fiber		2000年	2005年	2010年	2015年	2020年	2021年	2022年
合 计	Total	31.1	40.5	51.8	70.2	81.1	88.9	87.5
涤纶长丝	PES FY	10.7	15.7	24.5	37.4	45.9	51.5	51.1
涤纶短纤	PES SF	8.1	11.1	13.4	15.5	16.9	17.8	17.3
锦纶长丝	PA FY	3.6	3.6	3.8	4.8	5.2	5.7	5.5
锦纶短纤	PA SF	0.5	0.4	0.2	0.2	0.3	0.4	0.4
丙 纶	PP	2.8	3.3	3.0	3.2	3.4	3.4	3.3
腈 纶	PAN	2.6	2.6	2.0	1.8	1.3	1.3	1.3
纤维素纤维短纤*	Cellulosic SF*	2.2	2.9	4.0	5.9	6.5	7.0	6.9
纤维素纤维长丝	Cellulosic FY	0.5	0.5	0.4	0.3	0.3	0.3	0.3
其 他	Others	0.2	0.4	0.6	0.9	1.2	1.4	1.4

* 2005年及之后包括莫代尔和莱赛尔纤维。
* since 2005 with modal and lyocell fibers included.

资料来源（表6~表7）：纤维年报
Source (Table 6~Table 7): The Fiber Year 2023

表8 全球纺织品、成衣进出口额
Table 8 Global Import and Export of Textiles and Clothing

单位：亿美元
Unit: USD 100 million

年份 Year	出口额 Export			进口额 Import		
	合计 Total	纺织品 Textiles	成衣 Clothing	合计 Total	纺织品 Textiles	成衣 Clothing
2000年	3539.8	1562.6	1977.2	3683.9	1653.3	2030.5
2005年	4815.8	2031.1	2784.7	4943.7	2149.1	2794.6
2010年	6076.6	2528.4	3548.2	6384.1	2675.2	3708.9
2015年	7418.6	2882.3	4536.3	7900.6	3105.4	4795.2
2020年	7784.4	3283.6	4500.8	8506.0	3611.9	4894.1
2021年	9027.1	3542.2	5484.9	9678.7	3896.4	5782.3
2022年	9286.6	3509.6	5777.0	10145.2	3860.5	6284.7

表9 中国纺织品、成衣进出口贸易状况
Table 9 China's Import and Export of Textiles and Clothing

单位：亿美元
Unit: USD 100 million

年份 Year	出口额 Export 合计 Total	出口额 Export 纺织品 Textiles	出口额 Export 成衣 Clothing	进口额 Import 合计 Total	进口额 Import 纺织品 Textiles	进口额 Import 成衣 Clothing	贸易顺差 Trade Surplus
2000年	522.1	161.4	360.7	140.2	128.3	11.9	381.8
2005年	1152.1	410.5	741.6	171.3	155.0	16.3	980.8
2010年	2066.9	768.7	1298.2	202.0	176.8	25.2	1864.9
2015年	2835.1	1089.3	1745.7	255.4	189.7	65.7	2579.7
2020年	2955.9	1540.9	1415.0	236.0	141.1	94.9	2719.9
2021年	3216.2	1455.7	1760.5	284.8	161.7	123.1	2931.4
2022年	3305.5	1481.3	1824.2	229.6	121.6	108.0	3075.9

表10 中国纺织品、成衣出口额占全球出口份额
Table 10 The Proportion of China's Export Value of Textiles and Clothing to the World

金额单位：亿美元
Value Unit: USD 100 million

年份 Year	合计出口 全球 World	合计出口 中国 China	合计出口 中国占比(%) Ratio(%)	纺织品出口 全球 World	纺织品出口 中国 China	纺织品出口 中国占比(%) Ratio(%)	成衣出口 全球 World	成衣出口 中国 China	成衣出口 中国占比(%) Ratio(%)
2000年	3539.8	522.1	14.7	1562.6	161.4	10.3	1977.2	360.7	18.2
2005年	4815.8	1152.1	23.9	2031.1	410.5	20.2	2784.7	741.6	26.6
2010年	6076.6	2066.9	34.0	2528.4	768.7	30.4	3548.2	1298.2	36.6
2015年	7418.6	2835.1	38.2	2882.3	1089.3	37.8	4536.3	1745.7	38.5
2020年	7784.4	2955.9	38.0	3283.6	1540.9	46.9	4500.8	1415.0	31.4
2021年	9027.1	3216.2	35.6	3542.2	1455.7	41.1	5484.9	1760.5	32.1
2022年	9286.6	3305.5	35.6	3509.6	1481.3	42.2	5777.0	1824.2	31.6

表11　2022年全球纺织品进出口国和地区10强
Table 11　Top 10 Exporters and Importers of Textiles in 2022

金额单位：亿美元
Value Unit: USD 100 million

排序 Rank	出口 Export 国家和地区 Countries & Regions	金额 Value	占全球(%) Proportion to the World(%)	排序 Rank	进口 Import 国家和地区 Countries & Regions	金额 Value	占全球(%) Proportion to the World(%)
	全　球 World	3509.6	100.0		全　球 World	3860.5	100.0
1	中国大陆 Mainland of China	1481.3	42.2		欧　盟 EU	788.7	20.4
	欧　盟 EU	723.1	20.6	1	美　国 USA	392.2	10.2
2	印　度 India	193.3	5.5	2	越　南 Vietnam	189.3	4.9
3	土耳其 Turkey	145.9	4.2	3	德　国 Germany	147.1	3.8
4	德　国 Germany	140.8	4.0	4	孟加拉国 Bangladesh	144.4	3.7
5	美　国 USA	137.8	3.9	5	中国大陆 Mainland of China	121.6	3.1
6	意大利 Italy	125.2	3.6	6	意大利 Italy	100.3	2.6
7	越　南 Vietnam	110.2	3.1	7	日　本 Japan	96.2	2.5
8	巴基斯坦 Pakistan	92.7	2.6	8	法　国 France	85.2	2.2
9	中国台湾 Taiwan of China	83.3	2.4	9	土耳其 Turkey	80.7	2.1
10	韩　国 Korea, Republic of	83.0	2.4	10	英　国 United Kingdom	77.3	2.0

＊为预计数。
＊the estimated data.

表12　2022年全球成衣进出口国和地区10强
Table 12　Top 10 Exporters and Importers of Clothing in 2022

金额单位：亿美元
Value Unit: USD 100 million

排序 Rank	出口 Export 国家和地区 Countries & Regions	金额 Value	占全球(%) Proportion to the World(%)	排序 Rank	进口 Import 国家和地区 Countries & Regions	金额 Value	占全球(%) Proportion to the World(%)
	全　球 World	5777.0	100.0		全　球 World	6284.7	100.0
1	中国大陆 Mainland of China	1824.2	31.6		欧　盟 EU	2163.7	34.4
	欧　盟 EU	1571.1	27.2	1	美　国 USA	1160.6	18.5
2	孟加拉国 Bangladesh	457.1	7.9	2	德　国 Germany	471.7	7.5
3	越　南 Vietnam	353.0	6.1	3	法　国 France	291.0	4.6
4	意大利 Italy	287.8	5.0	4	日　本 Japan	270.7	4.3
5	德　国 Germany	267.7	4.6	5	英　国 United Kingdom	256.7	4.1
6	土耳其 Turkey	199.1	3.4	6	西班牙 Spain	234.4	3.7
7	印　度 India	176.4	3.1	7	荷　兰 Netherlands	218.5	3.5
8	荷　兰 Netherlands	174.1	3.0	8	意大利 Italy	207.8	3.3
9	西班牙 Spain	166.6	2.9	9	波　兰 Poland	147.4	2.3
10	法　国 France	152.5	2.6	10	加拿大 Canada	136.5	2.2

表13 2022年全球纺织品、成衣出口国和地区10强
Table 13 Top 10 Exporters of Textiles and Clothing in 2022

金额单位：亿美元
Value Unit: USD 100 million

排序 Rank	国家和地区 Countries & Regions	合计 Total	纺织品 Textiles	成衣 Clothing	占全球(%) Proportion to the World(%)
	全 球 World	9286.6	3509.6	5777.0	100.0
1	中国大陆 Mainland of China	3305.5	1481.3	1824.2	35.6
	欧 盟 EU	2294.2	723.1	1571.1	24.7
2	孟加拉国 Bangladesh	478.8	21.7	457.1	5.2
3	越 南 Vietnam	463.2	110.2	353.0	5.0
4	意大利 Italy	413.0	125.2	287.8	4.4
5	德 国 Germany	408.5	140.8	267.7	4.4
6	印 度 India	369.7	193.3	176.4	4.0
7	土耳其 Turkey	345.0	145.9	199.1	3.7
8	荷 兰 Netherlands	247.1	73.0	174.1	2.7
9	西班牙 Spain	215.4	48.8	166.6	2.3
10	美 国 USA	209.4	137.8	71.6	2.3

表14 2022年全球纺织品、成衣进口国和地区10强
Table 14 Top 10 Importers of Textiles and Clothing in 2022

金额单位：亿美元
Value Unit: USD 100 million

排序 Rank	国家和地区 Countries & Regions	合计 Total	纺织品 Textiles	成衣 Clothing	占全球(%) Proportion to the World(%)
	全 球 World	10145.2	3860.5	6284.7	100.0
	欧 盟 EU	2952.4	788.7	2163.7	29.1
1	美 国 USA	1552.8	392.2	1160.6	15.3
2	德 国 Germany	618.8	147.1	471.7	6.1
3	法 国 France	376.1	85.1	291.0	3.7
4	日 本 Japan	366.9	96.2	270.7	3.6
5	英 国 United Kingdom	334.0	77.3	256.7	3.3
6	意大利 Italy	308.1	100.3	207.8	3.0
7	西班牙 Spain	290.2	55.8	234.4	2.9
8	荷 兰 Netherlands	281.4	62.9	218.5	2.8
9	中国大陆 Mainland of China	229.6	121.6	108.0	2.3
10	波 兰 Poland	201.7	54.3	147.4	2.0

表15　2021～2022年亚洲主要国家和地区纺织品、成衣出口贸易变化
Table 15　The Export of Textiles and Clothing in Asia from 2021 to 2022

单位：亿美元
Unit: USD 100 million

排序 Rank	国家和地区 Countries & Regions		纺织品出口 Textiles Export 2022年	2021年	成衣出口 Clothing Export 2022年	2021年	合计 Total 2022年	2021年
1	中国大陆	Mainland of China	1481.3	1455.7	1824.2	1760.5	3305.5	3216.2
2	孟加拉国	Bangladesh	21.7	21.4	457.1	358.1	478.8	379.5
3	越南	Vietnam	110.2	115.6	353.0	306.2	463.2	421.8
4	印度	India	193.3	222.3	176.4	161.5	369.7	383.8
5	巴基斯坦	Pakistan	92.7	91.9	95.7	84.6	188.4	176.5
6	印度尼西亚	Indonesia	31.9	34.7	100.8	93.5	132.6	128.2
7	韩国	Korea, Republic of	83.0	86.8	22.0	22.1	104.9	108.9
8	中国香港	Hong Kong of China	32.4	54.1	68.5	85.9	100.8	140.0
9	柬埔寨	Cambodia	3.3	3.0	91.2	81.3	94.2	84.3
10	中国台湾	Taiwan of China	83.3	85.6	6.9	7.5	90.2	93.1
11	马来西亚	Malaysia	19.8	20.0	57.8	145.4	77.6	165.4
12	泰国	Thailand	34.6	33.1	40.9	54.4	75.5	87.5
13	日本	Japan	60.0	62.4	9.2	8.7	69.2	71.1
14	阿联酋	United Arab Emirates	22.3	18.3	42.0	33.7	64.4	52.0
15	斯里兰卡	Sri Lanka	4.5	4.6	58.6	53.9	63.1	58.5
16	缅甸	Myanmar	0.5	0.6	56.2	39.1	56.7	39.7
	以上合计	Total Value of the Above	2274.8	2310.1	3460.5	3296.4	5734.8	5606.5

资料来源（表8～表15）：世界贸易组织
Source (Table 8～Table 15): World Trade Organization

非物质文化遗产办公室

中国纺织工业联合会

简介

中国纺织工业联合会多年来高度重视纺织非物质文化遗产（简称"非遗"）的保护与传承，不断加强纺织非遗创新工作。中国纺织工业联合会非物质文化遗产办公室从行业体制上保障纺织非遗保护、传承与创新工作的科学性、深入性和系统性，致力弘扬中华优秀传统文化、振兴纺织传统工艺，积极探索并实践纺织非遗可持续发展新思路与新模式，始终践行"让纺织非遗走进当代生活"的使命，在开展田野调研、非遗大会、推广大使、展览展演、行业发布、技能赛事、研习培训、标准制定等具体工作中，积极打造传播交流平台、整合纺织非遗资源、培养传承人群队伍、融合传统与时尚设计、推进品牌建设与渠道开发、助力乡村振兴等工作，有效促进了纺织非遗产业化、市场化与生活化的发展进程。

更多请关注
【中国纺织非遗】微信公众号

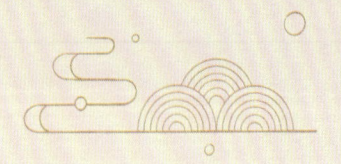

办公地点：北京市朝阳区朝阳门北大街18号
邮政编码：100020
联系电话：010-85229350